탈사회주의 체제전환과
발트3국의 길

서울대학교 통일평화연구원 탈사회주의 연구총서 1

탈사회주의 체제전환과 발트3국의 길

초판 1쇄 인쇄 2018년 3월 15일
초판 1쇄 발행 2018년 3월 20일

지은이 정근식 · 김병로 · 김성철 · 김학재 · 백지운 · 이문영 · 이찬수 · 정동준
펴낸이 성낙인
펴낸곳 서울대학교출판문화원

출판등록 제15-3호

주소 08826 서울 관악구 관악로 1
대표전화 02-880-5252 | 팩스 02-888-4148
홍보마케팅팀(주문상담) 02-889-4424, 02-880-7995
이메일 snubook@snu.ac.kr
홈페이지 www.snupress.com

ISBN 978-89-521-2023-6 94340
978-89-521-2022-9 (세트)

이 저서는 2010년 정부(교육과학기술부)의 재원으로 한국연구재단의 지원을 받아 수행된 연구임(NRF-2010-361-A00017).

서울대학교 통일평화연구원
탈사회주의 연구총서 1

탈사회주의 체제전환과
발트3국의 길

정근식 · 김병로 · 김성철 · 김학재
백지운 · 이문영 · 이찬수 · 정동준

서울대학교출판문화원

발간사

2017년은 러시아 혁명(1917) 100주년이 된 해였다. 약 100년 전 러시아 제국은 아래로부터의 혁명에 의해 무너졌고, 사회주의의 이념에 입각한 소비에트 사회주의 공화국 연방이 수립되었다. 제2차 세계대전에서 소련이 연합국의 일원으로 승전국이 되면서, 사회주의의 영향력은 더욱 확대되어 동유럽과 아시아, 아프리카와 중동, 남미에 이르기까지 사회주의를 지배 이념으로 채택한 국가들이 크게 증가했다. 한반도의 북쪽에도 사회주의국가가 성립하였다.

하지만 지금으로부터 약 30년 전인 1989~1990년부터 동유럽에서는 구 소련체제 혹은 사회주의권에 속해 있던 10여 개의 유럽 국가들이 탈사회주의(정치적 독립과 민주화, 자본주의 시장경제의 도입과 개방, 사회 문화적 개방과 변화)로의 체제 이행을 경험하였다. 동유럽의 폴란드, 동독, 러시아 등지에서 시작된 역사적 전환이 발생한 지 벌써 약 30년의 세월이 경과했다. 그동안 이러한 역사적 전환은 전 세계적으로 약 30여 개국에서 발생하여 약 4억 명의 사람들이 경험한 세계사적 사건이자 과정이 되었다.

따라서 이 역사적 경험에 대해 그동안 비교정치학자들을 비롯해 수많은 사회과학적 연구들이 이루어졌고, 그 연구의 결과 바람직한 체제전환의 방향이 무엇인지, 각 사회별로 정치, 경제, 외교, 사회, 문화 영역에서 어떤 변화가 발생했는지에 대해 많은 분석과 토론이 이루어졌다. 체제전환에 대한 연구는 그동안 사회과학 연구에서 진행되어 온 국가형성, 경제 발전, 정치적 민주화, 전지구화와 같은 거시적 사회변동을 수많은 국가들을 비교하며 분석할 수 있게 해주었기 때문에, 그동안 발전된 이론들이 다시 검증되고, 정교해지고, 추가로 일반이론들이 더 발전할 수 있게 해준 연구 분야(Research Field)가 되었다.

지금까지 경험적으로 관찰한 바에 따르면 체제전환의 경로나 속도는 상당히 다르다. 특히 정치적 민주주의와 시장경제라는 두 차원에서 유럽과 아시아는 큰 차이를 보인다. 동유럽형 탈사회주의는 대체로 서유럽에서 발전한 의회 민주주의를 받아들여 다원정당체제로 전환하였고, 경제적으로는 시장경제를 수용하여 경제성장과 유럽으로의 시장 통합을 지향했다. 반면, 아시아에서는 상황이 달랐다. 아시아형 탈사회주의는 정치적으로는 사회주의 이념하에 당-국가 지배체제가 유지되면서 점진적으로 시장경제를 수용하는 양상을 보였다. 다원정당체제를 받아들였다고 하더라도 실질적으로는 기존의 일당체제가 유지되는 경향이 나타났다. 2017년 현재까지 마르크스-레닌주의적 사회주의를 공식 정치이념으로 삼아 정치체제를 유지하고 있는 국가는 중국, 쿠바, 라오스, 베트남 4개국이고, 독자적인 사회주의 이념을 공식 정치이념으로 보유하고 있는 국가로는 방글라데시, 네팔, 포르투갈, 인도, 스리랑카, 그리고 북한이 있다.

아시아의 사회주의 국가들이 점진적인 경제적 개혁, 개방을 추구하기 시작한 것은 1970년대 말부터라고 할 수 있다. 중국은 덩샤오핑의 주도로 1979년부터 체제 개혁 및 개방 정책을 추진하여, 40여 년이 지난 지금은 세계의 공장으로서 최대의 경제규모를 가진 경제 대국이 되었고, 베트남도 1986년 '도이 머이(Doi Moi, 쇄신)'라는 슬로건을 내걸고 30년간 개혁 개방 정책을 취해 오늘날은 아시아의 다국적 기업들과 협력하며 국가 경제의 상당부분을 수출에 의존하는 국가로 변모했다.

과연 북한도 체제를 전환하고 개혁 개방을 추진할 수 있을 것인가? 북한에서도 시장경제적 요소가 형성되기 시작했지만, 세계적 맥락에서 보면 북한은 여전히 가장 폐쇄적이고 고립적인 정책을 취하는 국가로 남아있다. 그러나 언젠가는 체제전환이 이루어지지 않을 수 없다. 북한이 변화한다면 어떤 경로를 따라 어떤 유형으로 변화할 것인가? 북한의 미래 변화를 위한 조건과, 그 변화 과정에서 대면하게 될 여러 문제는 무엇일까? 그런 변화가 파괴적 결과와 갈등, 혼란과 피해를 초래하지 않고, 평화를 유지하면서 진행될 수 있는 조건은 무엇일까?

탈사회주의 연구총서는 이런 질문과 고민들에 대한 하나의 응답으로 기획되었다. 일반적으로 매우 특이하고 이해하기 어려운 것으로 여겨지는 북한의 사례를 포함할 경우, 글로벌한 관점에서의 비교사회주의, 비교 체제전환 연구는 아마도 일반화 가능성과 특수한 예외사례의 설명 불가능성의 극한을 실험하는 도전이 될 것이다. 한국 학계에서도 이러한 문제의식에서 2000년대 이후 다양한 연구들이 출간되었다.

서울대학교 통일평화연구원은 그동안 단지 개별 국가별로, 지역별로 진행되어 온 탈사회주의 체제전환 연구를 유럽과 아시아 비교, 아시아 사회주의 국가들 간의 비교, 주제별 분석 등을 통해 더욱 심화한 '탈사회주의 연구총서'를 기획하였다. 이를 통해 사회주의 역사 100년, 탈사회주의의 역사 30년을 지구적 차원에서 조망하면서, 북한의 미래와 한반도의 평화를 증진하기 위한 지혜를 도출하기 위한 학문적 여정을 시작하려고 한다.

2018년 2월

서울대학교 통일평화연구원장

머리말

서울대학교 통일평화연구원의 10여 명의 연구진들은 2016년 8월 중순 발트3국을 직접 답사하고 체제전환 이후 30년 가까이 지난 세 나라의 현황을 직접 보고 경험했다. 발트3국에 대한 관심을 불러일으킨 계기는 바로 외신 보도를 통해 접했던 2007년 에스토니아의 수도 탈린에서 발생한 '청동병사' 사건이었다. 에스토니아의 수도 탈린은 아름답기로 유명한 구시가 외에 소련 시절에 건설된 소련식 건물과 주택, 기념물들이 많이 남아있다. 그런데 도심에 건립되어 있던 소련군기념비를 이전하는 문제로 에스토니아인들과 러시아인들 사이에서 충돌이 일어났고, 러시아는 이에 대해 매우 민감한 반응을 보였다. 이 사건은 사회주의 역사를 가진 발트3국이 탈사회주의 과정에서 당장 겪게 되는 문제들을 그대로 보여주는 상징적 사건이었다.

소련으로부터 독립되고 사회주의로부터 체제를 전환한 에스토니아 시민들에게 그동안 '알로샤'라는 애칭으로 불렸던 이 동상은 곧 침략과 점령의 상징으로 변화되면서 혐오와 분노의 대상이 되었다. 청동병사상은 몇 년간 에스토니아 시민들의 공격을 받았는데, 밤에 붉게 얼굴이 페인트칠되거나 소련을 비방하는 낙서로 어지럽혀지곤 했다. 점차 이 동상을 철거해야 한다는 여론이 높아졌지만, 탈린 인구의 40%를 차지하는 러시아인들은 동상 철거에 반대하고 있었다.

2007년 3월 에스토니아 의회는 소련 상징물의 철거를 합법화하는 법안을 통과시켰고, 4월에 실제로 동상을 철거하려는 작업이 시작되자 러시아계 시민 1,500명이 격렬한 시위를 벌이다가 한 명이 숨지고 43명이 다치는 유혈사태가 발생했다. 탈린 시가지에서는 술에 취한 젊은 러시아계 청년들이 신문 가판대를 부수거나 자동차를 뒤집는 등 난동을 벌였다. 결국 에스토니아 의회는 임시회의를 소집해 이 동상을 완전히 철거하기로 결정했고 27일 아침에 동상은 탈린 외곽의 국립 군인묘지로 이전되었다. 러시아 정부는 에스토니아와 국교 단절을 요구하는 등 반발했고 에스토니아 정부와 은행 등 공공사이트가 사이버 공격을 받았다.

이 사건은, 소련 체제에 속하던 국가가 그로부터 벗어날 때 발생하는 국제관계와 잠재된 사회내적 갈등의 양상을 그대로 보여주었다. 탈사회주의 체제 이행을 겪은 국가와 사회는 사회주의 시절을 어떻게 기억할 것인가? 탈사회주의 이후 러시아와의 관계는 어떻게 될 것인가? 체제전환은 시민들에게 어떤 의미로 인식될 것인가?

러시아인들이 보기에 발트3국은 소련이 엄청난 희생을 감내하면서 나치 독일로부터 해방시켜 준 곳이고, 사회주의 건설을 도와준 국가들이었다. 하지만 에스토니아인들에게 소련은 침략자 혹은 가혹한 점령자로 기억되었다. 소련의 해체와 그로부터의 '독립'은 1944년부터 1990년까지의 역사를 재해석하고, 과거의 지배자이자 이제는 소수자로 전락한 러시아인들과의 관계를 재정립하는 계기였다.

일견 사소해 보이는 기념물 하나를 둘러싸고 발생한 사회적 갈등은, 탈사회주의라는 체제전환이 결코 간단한 문제가 아님을 잘 보여준다. 체제전환은 한 사회를 지배하는 정치, 경제적 이념과 이와 직결된 지정학적 국제관계를 변화시키고 이것이 사회 구성원들의 정체성과 기억에까지 영향을 주는 너무나 큰 역사적 사건이자 총체적인 사회변동인 것이다.

우리는 사건 발생 이후 이미 10여 년이 지난 현장을 직접 답사하면서, 기념비가 사라진 자리를 확인하고, 또 새롭게 자리잡은 곳의 의미를 토론하면서, 풍요롭고 평화로워 보이는 탈린의 거대한 사회변동을 이해하기 위한 노력을 시작했다. 탈린의 구시가에는 북유럽 항구도시들을 만들어 간 한자동맹의 오래된 역사가 그대로 남아있었고, 1980년대 후반의 민주화를 위한 투쟁의 흔적들이 새롭게 다듬어지고 있었다. 세계 각지로부터 몰려든 관광객들과 함께 도시의 아름다움과 체제전환의 현장을 직접 확인하면서 라트비아의 수도 리가, 그리고 리투아니아의 수도 빌뉴스와 비교할 수 있는 안목을 만들어 갔다.

에스토니아의 탈린이나 타르투 같은 도시들처럼, 리가도 1282년 한자동맹의 회원도시로 승격되며 부와 발전을 이루게 되었다. 이 시기 한자동맹 도시들은 루터의 종교개혁 등의 영향을 받아 문화적으로 발전했고, 경제적으로도 번영을 이루었다. 하지만 이 도시들은 독일과 러시아라는 강대국 사이에 위치하고 있어서 늘 전쟁과 점령으로 점철된 역사를 가지고 있다. 아름답고 좋은 항구를 가진 이 도시들은 13세기경 독일 기사단에 의해 점유되고 기독교와 봉건주의를 받아들여 번성하기 시작했지만, 이후 덴마크, 스웨덴, 폴란드, 러시아 등 인접 강대국들이 각축을 벌이는 싸움터가 되었다.

발트3국의 지정학적 현실에서 가장 중요한 것은 독일과 러시아 간의 세력 다툼과 그 영향력의 문제였다. 20세기로 국한해서 볼 때, 이들의 운명은 1917년의 러시아 혁명, 1939~1945년의 제2차 세계대전, 그리고 1980년대 말의 탈냉전으로 결정되었다고 할 수 있다. 발트3국은 제1차 세계대전 이후 독립되었다가 소련과 독일 사이의 비밀협정으로 분할점령의 대상이 되었으며, 소련과 나치 독일의 연쇄적 점령을 거쳐 1949년부터 1990년까지는 공식적으로 소련에 합병되었다. 소련이 해체되는 과정에서 발트 3국은 다시 독립을 쟁취하였고, 2004년 유럽연합(EU)에 가입함으로써 '서쪽으로의 귀환'을 마무리했다. 발트3국은 체코, 폴란드, 헝가리 등 중부유럽 국가들과 함께 성공적으로 체제 이행을 이루었고, 현재 동유럽의 체제이행국들 중 정치적·경제적으로 가장 안정되고 번영을 이룬 국가들에 속한 것으로 평가된다.

발트3국은 사회주의로부터 체제전환을 이루고 독립을 성취한 후 정치적 민주주의, 자유시장경제, 새로 성장하는 시민사회와 지역 공동체로의 편입이라는 다차원적인 과제를 성취하기 위해 수많은 문제와 어려움을 겪었다. 민주주의 체제의 공고화, 경제 성장과 사회 경제적 갈등의 해소, 소수민족 통합과 외교 안보 갈등의 도전이 여전히 남아 있지만, 약 30년의 과정을 통해 발트3국은 새로운 독립국가로서 비교적 성공적인 이행을 이루었고 앞으로도 이를 해결해 나갈 저력을 키우고 있다.

발트3국에 대해서는 그동안 국내에 일반적인 개설서와 여행을 위한 소개서, 가벼운 에세이 중심의 글들이 출간되어 있다. 아마도 발트3국에 대한 최초의 학술서가 될 이 책이 나오기까지 많은 분들의 도움이 있었다.

발트3국으로의 답사를 기획하는 과정에서 타르투(Tartu) 대학의 엘로 한나(Elo Hanna Seljamaa)의 도움이 컸다. 엘로 한나 박사는 발트3국의 소수자와 문화적 정체성에 대한 전문가로서 에스토니아, 라트비아, 리투아니아의 여러 체제전환 전문가들을 소개해 주었고, 답사 중에는 탈린에 있는 쿠무 예술 박물관(Kumu Art Museum)에서 세미나와 강연을 통해 발트3국의 역사와 체제전환 이후의 쟁점을 개괄적으로 설명해 주었다. 독일 포츠담 소재 아인슈타인 포럼의 연구원인 미샤 가보비치(Mischa Gabowitsch) 박사도 체제전환과 기억문화 관련 전문가들을 찾는 데 많은 도움을 주었다. 미샤의 도움을 통해 발트3국에 공통적으로 존재하는 소련군기념비의 특성과 차이점, 그것이 발트3국

체제전환 이후의 상황변화에서 의미하는 바를 포괄적으로 이해할 수 있었다. 영국 맨체스터 대학의 강사인 에바 오크만(Ewa Ochman) 박사는 발트3국 답사 이전에 이루어졌던 폴란드 바르샤바 답사에서 폴란드를 포함한 탈사회주의 국가들의 최근 동향을 상세히 설명해 주었을 뿐만 아니라 이후에도 지속적으로 각 분야 전문가들을 소개해 주는 호의를 베풀었다. 연구 기획과 답사에 도움을 주신 모든 분께 이 자리를 빌려 감사 인사를 드리고자 한다.

사전 연구와 전문가들과의 교류, 그리고 실제 답사에 이어 통일평화연구원 연구진들은 2017년 1월 내부 워크숍을 통해 각자 주제에 대한 연구를 공유하고 내부의 토론을 진행했다.

탈사회주의를 경험한 국가들마다 각기 그 유형과 의미, 결과가 다르고, 필자마다 전문분야와 해석의 지점이 달랐으며, 더구나 아시아의 상황과 큰 차이를 보이는 경우가 있어서 답사 당시와 마찬가지의 열띤 토론과 다양한 해석들이 분분했다. 하지만 워낙 멀리 있고 차이가 클 것으로 여겨진 사례와 경험을 통해 우리의 역사와 현실을 반추해 보는 작업은 값진 통찰과 지적 자극을 주었다. 발트3국의 사례를 통해 어떤 단순하고 성급한 이분법적 결론이나 교훈을 얻으려 하기보다는, 우리가 도달해 있는 역사와 현실이 어떤 다른 궤적과 조건들을 거쳐 형성된 것인지를 폭넓게 이해할 수 있는 기회가 되었다.

이 책은 한편으로는 한국연구재단의 지원을 받아 '한반도발 평화인문학'을 정립하기 위해 통일평화연구원이 수행하는 '인문한국(HK)' 사업의 일환이고, 다른 한편으로는 서울대학교가 통일평화연구원을 중심으로 교내의 수많은 연구기관을 통일기반구축 네트워크로 조직하여 운영하는 '통일기반구축'사업의 지원을 받은 결과물이다. 한반도의 평화구축과 통일의 과정에서 탈사회주의 체제전환을 평화롭게 유도하고 관리하는 것만큼 큰 복합과제는 드물 것이다. 이런 연구들을 통해서 새로운 이론적 도전을 가능케 하는 폭넓은 비교와 조망, 실제 현실에 적용할 수 있는 정책 준비를 위한 구체적 지식이 축적되기를 바란다. 이 책의 출간을 맡아 세심하게 애써준 서울대학교 출판문화원에 감사의 마음을 전하고자 한다.

2018년 2월 28일

저자 일동

차례

제5장 발트 예술의 소비에트 정체성: 1960~70년대 에스토니아를 중심으로 • 백지운

제6장 발트의 민주화와 인민전선의 역할 • 김병로

제1장

서론

탈사회주의 체제전환과 발트3국의 길

정근식
(서울대학교 통일평화연구원장)
김학재
(서울대학교 통일평화연구원 HK교수)

1
왜 발트3국인가?

발트3국의 경험은 체제전환국 비교연구 분야에서 어떤 특징과 함의를 갖고 있을까? 탈사회주의 체제전환의 역사적 경험을 전 지구적 비교의 관점에서 접근할 때, 우선 동유럽형과 아시아형의 차이가 뚜렷이 구분되고, 동유럽에서는 다시 발트형과 중부유럽형, 그리고 발칸형이 서로 차이를 보이는 것으로 알려져 있다. 동유럽의 중부유럽형에 속하는 체코와 폴란드, 헝가리는 상대적으로 접근이 용이하고 많이 알려져 있는 것에 비해, 발트형과 발칸형은 좀 더 낯설다. 따라서, 발트3국으로 불리는 에스토니아, 라트비아, 리투아니아, 그리고 발칸에 속하는 루마니아, 불가리아는 탈사회주의 연구에서 나름대로의 독자적인 의미를 지니는 국가들이다.

동유럽의 경우, 역사적 경험과 대내외적 상황에 따라 서로 다른 체제 이행 경로를 보여주었다. 체제전환 방식은 기본적으로 그것이 위로부터의 개혁인지 아래로부터의 개혁인지를 기준으로, 1) 엘리트에 의한 위로부터의 개혁, 2) 대중에 의한 아래로부터의 개혁, 3) 외부의 유도나 압력에 의한 외부로부터의 개혁으로 구분할 수 있다. 최완규·최봉대는 체제전환에 실질적인 영향을 미치는 핵심적인 집단 행위자인 지배 엘리트를 고려하고, 비교의 시야를 좀 더 넓혀서 체제전환의 유형을 1) 러시아형, 2) 동부유럽형, 3) 중부유럽형, 4) 중국형, 5) 쿠바형으로 구분하였다.[1]

---

1 최완규·최봉대, "사회주의 체제전환 방식의 비교 연구", 윤대규 엮음, 『사회주의 체제전환에 대한 비교 연구』(한울아카데미, 2008), 38쪽.

〈표 1-1〉 체제전환의 유형과 특징

유형	체제전환 방식
러시아형	지배엘리트의 분열(개혁파 vs. 보수파) → 소련 해체 → 보수파 몰락과 급진파 엘리트와 금융 과두제 연합 형성
동부유럽형	지배엘리트의 잠재적 분열(개혁파 엘리트 부재) → 미약한 대중적 저항, 제한적 권력 투쟁 → 지배엘리트의 지속성 유지
중부유럽형	지배엘리트의 타협(개혁파+반체제인사, 보수파 고립) → 정치엘리트의 일부 교체, 경제 엘리트의 지속성 유지
중국형	지배엘리트 내부의 타협(개혁파+보수파) → 점진적 경제 개혁 추진 → 지배 엘리트의 내적 통합과 정치 체제 지속성 유지
쿠바형	지배엘리트의 잠재적 갈등 → 최고 권력자의 반개혁 성향 → 제한적 경제 개혁 → 지배 엘리트의 내적 통합과 정치 체제 지속성 유지

출처: 최완규 · 최봉대(2008), 38쪽에서 재구성.

하지만 이렇게 분류된 유형에 잘 포함되지 않는 사례가 바로 발트3국이다. 발트3국의 체제전환의 가장 큰 특징은 이들의 이행이 단순히 체제의 성격이 바뀌는 것이 아니라 바로 소련으로부터의 독립이라는 의미로 받아들여졌다는 점이다. 동유럽의 어떤 국가들보다도 더욱 더 과거 사회주의 시절과의 단절과 변화에 대한 열망이 컸다. 발트3국의 평화로운 체제전환 과정을 상징하는 것이 바로 노래혁명(Singing Revolution)인데, 세 나라의 시민들은 소련의 해체 이전에 200만 명 이상의 시민이 참여하여 인간 사슬을 만들고 노래를 부르며 독립을 요구하는 평화로운 시위를 전개하였다.

이후에 더 자세히 살펴보겠지만, 발트3국 내에서도 유사점과 차이점이 나타난다. 에스토니아와 라트비아에서는 독립 이후 정치 체제도 완전히 개혁되었고, 경제적으로도 급격한 시장경제로의 이행이 나타났다. 두 국가의 전환 유형은 개혁파 인사들이 주도하고 구체제 엘리트들은 거의 완전히 힘을 잃었다는 점에서 중부유럽형보다도 더 급진적인 개혁을 이루었다고 할 수 있다. 하지만 리투아니아의 경우는 구지배엘리트들의 영향이 더 강력했고, 따라서 지배엘리트가 주도하여 정치적·경제적 개혁을 주도하며 지속성을 이어가는 동부유럽형 이행을 보였다.

2
체제전환과 발트3국의 변화

그렇다면, 발트3국에서 탈사회주의 체제전환의 결과는 무엇인가? 세 나라는 이런 거시적 체제변동을 겪으며 어떤 문제들을 대면했을까? 1장에서는 우선 발트3국이 체제전환을 한 이후 최근에 이르기까지 정치, 경제, 사회, 외교적 측면에서 경험한 변화들을 간략히 개괄하고자 한다.[2]

처음에는 독립이라는 행복을 만끽한 발트3국은 사실, 그 이후부터 여러 가지 새로운 도전에 직면했다. 통제된 경제에서 시장경제로 전환하며 반드시 겪을 수밖에 없었던 경제적 혼란을 몇 년간 경험했고, 구소련의 유산을 떠안고 국가를 건설하는 어려운 임무들을 마주했다. 또한 발트 국가들은 서유럽과 교역을 확대하고 유럽 공동체로 통합되려는 야심찬 목표를 갖고 EU와 NATO에 가입하는 데 필요한 기

2 탈사회주의 체제전환 이후 발트3국의 정치, 경제, 사회 변동에 대해서는 다수의 기존 연구들이 출간되어 있다. 최근에 출간된 비교 정치 연구로 대표적인 것은 Daunis Auers, *Comparative Politics and Government of the Baltic States: Estonia, Latvia and Lithuania in the 21st Century*(Palgrave Macmillan, 2015)이 있다. 특히 동유럽 국가들의 정치 변동에 대해서는 Sten Berglund, Joakim Ekman, Kevin Deegan-Krause, & Terje Knutsen (eds.), *The Handbook of Political Change in Eastern Europe*, third edition(Edward Elgar, 2013)을 참고할 수 있다. 근현대사를 포괄한 개괄적 역사서로는 A. Kasekamp, *A History of the Baltic States*(Basingstoke: Palgrave Macmillan, 2010)가 대표적이다. 제1장에서 기술한 발트3국의 체제전환 이후 변화의 개요는 이들 대표적인 연구들을 참고하여 정리한 것이다.

준과 조건을 갖추기 위해 노력했다. 이 과정을 정치, 경제, 사회, 그리고 외교적 변동의 순서대로 살펴보기로 하자.

1) 민주주의의 재건

먼저, 발트3국이 정치적으로 당면한 문제는 소련식 1당 체제로부터 벗어나 민주주의의 원칙에 입각한 새로운 정치 체제를 수립하는 일이었다. 그런데, 독립 초기에 발트 국가들이 선택한 새로운 정치 시스템은 서로 비슷했다. 왜냐하면 발트3국은 소련에 병합되기 이전인 제1차 세계대전과 제2차 세계대전 사이의 시기인 전간기에 채택했던 여러 제도들을 회복하려 했기 때문이었다. 1920년대와 마찬가지로 독립 이후 발트3국이 모방한 헌법은 독일모델이었다.[3]

먼저 에스토니아 헌법은 특별 제헌의회가 제정한 것으로 1992년 6월 국민투표로 승인되었다. 리투아니아 최고 위원회가 만든 헌법은 1992년 10월 국민투표로 승인되었다. 라트비아는 전간기 공화국과의 연속성을 강조하며 1993년 7월, 1922년의 헌법을 약간 개정하여 공표했다. 에스토니아와 라트비아는 주로 의회중심제의 특성을 갖고 있었고, 리투아니아는 준대통령제(Semi-Presidential)를 선택한 것으로 평가된다.

이 헌법들에 따르면, 세 국가 모두 국가의 수장은 대통령이었고, 그 권한은 대체로 상징적인 것이었다. 에스토니아와 리투아니아 대통령은 5년 임기로 선출되었고, 라트비아 대통령은 4년 임기였으며, 한 번 연임이 가능했다. 라트비아 대통령 선거는 의회에서 절대 다수결제로 선출되었으며, 에스토니아에서는 의회의 3분의 2가 동의해야 하는 규정을 두었다. 따라서 에스토니아에서 대선은 대체로 의회와 지방정

3 Kasekamp, *Ibid.*, p. 172.

〈표 1-2〉 동유럽 탈사회주의 국가의 대통령의 권력 크기 비교

국가	Frye(1997)	Metcalf(2000)	Siaroff(2003)
불가리아	10	2	3
체코공화국	4.75	5	2.1
에스토니아	4.5	6	2
헝가리	7.25	10	1
라트비아	4.75	3	1
리투아니아	12	8	4
폴란드	13	13.9	6.3
루마니아	14	9	5
슬로바키아	5	5	1.2
슬로베니아	5.5	3	1

출처: Csaba Nikolenyi, *Institutional Design and Party Government in Post-Communist Europe*, (Oxford University Press, 2014). p. 35.

부 대표들로 구성된 선거인단을 통해 결정되었다. 리투아니아는 의회주의를 채택한 두 나라와 달리 프랑스 스타일의 대통령 직선제를 채택했고, 결선투표제(run-off)를 도입했다.

의회의 경우, 세 국가 모두 단원제를 선택했다. 에스토니아 의회 리이키코구(Riigikogu)는 101석, 라트비아 의회 사에이마(Saeima)는 100석, 리투아니아 의회 세이마스(Seimas)는 141석으로 구성되었고 국회의원들은 4년간의 임기 동안 활동했다. 정당이 의석을 갖기 위해서는 5%의 최소 득표 제한을 두었다. 에스토니아와 라트비아는 정당 명부제와 비례제를 토대로 국회의원을 선출했지만, 리투아니아는 독일처럼 혼합형 시스템을 채택해 절반은 소선거구제의 최다득표자를 선출하고, 나머지 절반은 정당명부제로 비례대표를 선출했다. 이러한 의회중심적인 대의제를 중심으로 하되, 라트비아에서는 국민투표제를 적극 활용해 직접민주주의적인 요소를 활용하였다.[4]

헌법을 마련한 세 국가는 선거를 통해 의회를 구성하기 시작했다.

〈표 1-3〉 유럽 민주주의 국가들의 정치 시스템

선거제도 / 정부 유형	지역구	혼합형 (지역구/비례제)	비례제
단원-의회제		헝가리	에스토니아, 라트비아, 덴마크, 그리스, 룩셈부르크, 포르투갈, 스웨덴
단원-준대통령제		리투아니아	불가리아, 슬로바키아, 아이슬란드, 핀란드
양원-의회제	영국	독일	체코공화국, 네덜란드, 스페인, 이탈리아
양원-준대통령제	프랑스		폴란드, 루마니아, 슬로베니아, 오스트리아, 아일랜드

출처: Csaba Nikolenyi, *Institutional Design and Party Government in Post-Communist Europe*, (Oxford University Press, 2014). p. 14.

먼저 에스토니아는 1992년 9월 정초 선거(Founding election)를 치렀는데, 이 선거를 통해 세 국가 중 가장 분명하게 소련시절과 단절한 것으로 평가된다. 이 선거에서 에스토니아의 젊은 역사학자인 마르트 라르(Mart Laar)가 이끄는 프로 파트리아(Pro Patria) 정당이 승리했고, 새로 선출된 정부 인사들은 과거와 거의 연관이 없었다. 신임 총리 라르를 포함해 신정부의 여러 장관들은 35세 이하였고, 세 명은 이주민 출신이었다. 라르 정부는 매우 급격하게 자유시장제를 도입하며 경제의 자유화와 사유화를 추진했다. 의회는 여러 외국어를 구사하는 렌나르트 메리(Lennart Meri)를 대통령으로 선출했는데, 그는 또 한 번 소련과의 단절을 강조했다. 작가이자 감독 출신이던 메리는 에스토니아 외무부를 새로 창설했다.

반면, 리투아니아는 탈사회주의 국가로서 처음으로 다시 구공산주의 세력이 정권을 차지해 세계를 놀라게 했다. 1992년 10월 선거

4 *Ibid.*, p. 173.

에서 구공산주의 계열의 민주노동당이 승리했고, 지도자인 알기르다스 브라자우스카스(Algirdas Brazauskas)가 1993년 2월 첫 대통령이 되었다. 리투아니아에서 구공산주의자들의 승리는, 당시 쇠퇴하던 리투아니아 경제와 독립 후 초대 대통령 비타우타스 란스베르기스(Vytautas Landsbergis)의 좌충우돌하는 스타일 때문인 것으로 설명되기도 하지만, 원래부터 리투아니아 공산당은 에스토니아와 라트비아와 달리 지역사회에 더 깊이 뿌리를 내리고 있었다는 점이 지적된다. 에스토니아와 라트비아에서 공산당은 곧 러시아에 의한 점령과 러시아인의 지배로 동일시되었던 것과 대비된다. 또 다른 이유는, 브라자우스카스가 마지막 공산당 서기장으로서 소련으로부터 리투아니아의 독립을 주도하는 역할을 했다는 점이다. 이처럼, 리투아니아 공산주의 세력은 이미 독립의 상징성을 선취하고 지역 기반에 근거해 정권을 잡았다고 할 수 있다.

라트비아의 경우는 새로운 체제가 수립되는 데 가장 오랜 시간이 걸렸다. 라트비아는 러시아식 과거와의 단절이냐, 지속이냐의 측면에서 중간의 길을 택했다. 라트비아에서는 독립을 주도한 인민전선으로부터 자라나온 중도우파 정당인 '라트비아의 길(Latvia's Way)'이 1993년 정초 선거에서 승리했다. 발디스 비르카우스(Valdis Birkavs)의 지도하에 정부가 구성되었고, 전간기 지도자와 이름이 유사했던 군티스 울마니스(Guntis Ulmanis)라는 온건한 인물이 의회에서 대통령으로 선출되었다.

이렇게 첫 선거를 통해 의회를 구성했지만, 정당에 기반한 의회정치는 세 국가 모두에서 처음에는 잘 작동하지 않았다. 50여 년간 1당제 국가에서 살아온 에스토니아, 라트비아, 리투아니아의 시민들은 완전히 자유롭고 열린 시민사회에 열정적으로 참여하고자 했으나, 준비되어 있지 않았다. 특히 새로운 정치 정당들과 사회의 관계가 튼튼하지 못했다. 정치 정당들이 어떤 특정한 이익단체에 기반한 것이 아니었고, 따라서 정당들은 주로 사회경제적 균열구조보다는 특정 인물들에 의해 창립되었다. 이런 취약한 기반은 매우 불안정한 정치정당 체제로 귀결되었다. 특히 에스토니아와 라트비아에서는 1990년대에 정권이 수시로 바뀌며 정국의 혼란을 초래했다. 이런 정치적 불안정성은 발트3국 모두에서 두 번째, 세 번째 총선 결과 집권당이 물러났다는 점에서 확인된다. 아래의 〈표 1-4〉에서 보는 것처럼 발트3국의 의회정부는 내각의 지속기간이 그리 길지 않았다. 에스토니아는 총선 직후에 수립된 내각의 경우 2년 정도 지속되었으나 그 이후에 들어선 내각은 1년밖에 지속되지 못하여 평균 514일 정권을 유지했고, 리투아니아는 총선 직후 수립된 내각이 455일밖에 지속되지 못했으나 그 후에 들어선 내각이 540일간 지속되어 평균 내각 지속기간이 509일로 에스토니아와 유사했다. 하지만 라트비아는 총선 직후 성립된 내각조차 1년 3개월 정도밖에 지속되지 못해 정권의 지속기간이 평균 1년 미만

〈표 1-4〉 탈사회주의 국가의 내각 지속기간(1990~2010)

국가	총선 직후 내각	임기중 내각	전체
에스토니아	714	380	514
헝가리	980	530	780
불가리아	1114	284	803
슬로베니아	820	666	743
라트비아	466	288	337
슬로바키아	1321	147	930
리투아니아	455	540	509
폴란드	552	313	399
루마니아	361	469	438
체코공화국	604	631	618
평균	790	382	551

출처: Csaba Nikolenyi, *Institutional Design and Party Government in Post-Communist Europe* (Oxford University Press, 2014). p. 109.

으로 가장 불안정한 모습을 보였다.

먼저 가장 의회중심적 기반으로 시작된 에스토니아의 의회정치사를 개괄하자면, 1995년 총선에서는 전 총리인 티트 바히(Tiit Vähi)의 연합정당 쿤데라콘드(Koonderakond)가 기존의 국정운영 경험을 내세워 승리했다. 바히는 연정을 구성했는데, 처음에는 또 다른 전임 총리인 사비사르(Savisaar)가 이끄는 중도정당과, 다음에는 전임 중앙은행장이던 심 칼라스(Siim Kallas)가 이끄는 자유주의 개혁정당을 선택했다. 이 연합정당은 4년간 이어져 1999년 총선까지 집권을 유지하는 데 성공했다. 하지만 마지막 2년간은 방송인인 마르트 시만(Mart Siimann)이 이끄는 소수정부로 취약한 지지기반을 갖고 있었다.

1999년 선거에서는 라르가 이끄는 친애국연합(Pro Patria Union)당이 다시 승리했고, 중도우파 연정을 구성해 개혁당, 사민당과 함께 국정을 운영했다. 라르 정부는 시장경제를 도입하기 위해 기반시설 민영화를 완수했지만, 불과 2년 후인 2001년 대선에서 구공산당(Presidium of the Supreme Soviet of the Estonian) 의장을 역임한 아르놀드 뤼텔(Arnold Rüütel)이 승리하였다. 뤼텔은 독립을 위한 '노래혁명' 시기에 독립을 찬성하는 입장을 보여 대중적 인기를 얻었으며, 지방에서 강한 지지를 받고 있었다. 이렇게 구공산당 계열이 부상하자, 중도정당이 점차 약화되는 상황에서 라르가 2002년 1월 사임하게 되었다.

이후 에스토니아에서는 친기업적인 개혁정당과 중도정당의 연정이 구성되었다. 새로 들어선 정부에서 중도정당(Centre party)이 내각의 대다수를 차지했지만, 전임 재무부 장관을 역임한 개혁당의 칼라스가 총리가 되어 주도했다. 그런데 이렇게 서로 상반되는 이데올로기를 가진 두 정당의 연정이 놀랍게도 많은 지지를 받으며 안정적으로 운영되었다. 1990년대 이후 에스토니아의 국내 정치는 좌파와 우파의 대결이라는 이데올로기적 차이의 문제로 보는 것보다 사비사르와 그의 중도정당의 입장이 무엇이었는지를 이해하며 보는 것이 더 정확한 분석이라고 할 수 있다. 중도정당은 가장 큰 정당이었지만, 다른 정당들이 집권할 경우에는 모두 반드시 권력으로부터 배제하려 했던 정당이기도 했다.

라트비아의 경우, 민주주의 정치 운영이 매우 혼란스러웠고, 정치정당들이 공고화되지 못했다. 이를 단적으로 증거하는 것은 2006년까지 개최된 모든 총선에서 이전 선거 당시에는 존재하지도 않던 신생정당들이 승리했다는 사실이다. 1995년 총선에서는 새로운 포퓰리스트 좌파정당인 민주당(Democratic Party) 사임니엑스(Saimnieks)가 불과 15%의 지지로 승리했고, 새로운 포퓰리스트 우파정당인 라트비아 인민운동(Popular Movement for Latvia)이 2위를 차지했다. 이 정당은 논란의 중심에 있던 독일계 라트비아인 정치인 요아힘 지거리스트(Joachim Siegerist)가 이끌었는데, 아무런 정치적 소속이 없던 유명한 기업가인 안드리스 스켈레(Andris Šķēle)가 총리가 된 후 연합정부의 모든 정무직에서 배제되었다. 1997년에 총리직에서 쫓겨난 스켈레는 자신의 독자 정당인 인민당(People's party)을 만들었고, 1998년 선거에서 다시 승리했다. 하지만 총리는 '라트비아의 길'당의 빌리스 크리스토판츠(Vilis Krištopans)가 차지했다.

대통령 울마니스의 두 번째 재임기간이 1999년 7월 끝나자, 새로운 대선 경쟁이 극심해졌다. 대중들은 유명한 대중음악 작곡가인 라이몬츠 파울스(Raimonds Pauls)를 선호했으나, 논란 끝에 의회는 결국 타협점을 찾기 위해 몬트리올 출신의 심리학 교수 바이라 비케 프레이베르가(Vaira Vīķe-Freiberga)를 선출했다. 그녀는 동유럽 최초의 여성 대통령이 되었다. 영어와 프랑스어를 완벽하게 구사하는 그녀는 국제적인 지명도를 갖게 되었고, '발트의 철의 여인'이라는 명성을 누렸다. 에스토니아에서는 미디어가 선호했던 메리가 대통령으로 당선되어

1990년대 발트 국가의 국제적 대변인 역할을 했다면, 바이라 비케 프레이베르가는 침착하고 자신있게 21세기에 걸맞은 역할을 했다. 비케 프레이베르가는 1999년 7월 스켈레를 다시 총리로 임명했다. 그러나 불과 1년 후에 민영화와 관련된 의견 불일치로 연정이 결렬되었다. 결국 '라트비아의 길' 소속의 안드리스 베르진스르크(Andris Bērziņšrk)가 새로 내각을 꾸리고 2002년 10월까지 정부를 유지했다.

에스토니아와 라트비아의 1990년대와 비교하면, 리투아니아의 정당 시스템이 가장 공고했다고 평가할 수 있다. 리투아니아 정치는 좌와 우를 대표하는 두 개의 거대 정당들로 매우 양극화된 모습을 보였다. 처음에는 구공산주의 세력이 집권했지만, 1996년 총선에서는 진자의 추처럼 다시 우측으로 이동하며 란스베르기스가 이끄는 리투아니아 보수정당인 홈랜드 유니언(Homeland Union)이 절대 다수를 차지하게 되었다.

발트 국가들의 어떤 총리도 정해진 임기를 마치지 못했다. 1990년대에 가장 오랫동안 총리를 역임한 사람은 아돌파스 슬레제비시우스(Adolfas Šleževičius, 1993~1996)와 게디미나스 바그노리우스(Gediminas Vagnorius, 1996~1999)였다. 1998년 임기의 마지막 해에 브라자우스카스는 정계 은퇴를 선언했다. 그의 라이벌이던 란스베르기스 역시 고전을 면치 못했고, 리투아니아 정치에 새로운 세대를 위한 시대가 열리는 듯했다. 그러나 브라자우스카스의 후계자인 아르투라스 파울라우스카스(Artūras Paulauskas)가 미국 환경보호기구의 전직 고위 관료이던 발다스 아담쿠스(Valdas Adamkus)에게 패배했다. 아담쿠스는 대통령으로서 리투아니아가 EU와 NATO 회원이 될 가능성을 높였다. 중도주의자인 롤란다스 팍사스(Rolandas Paksas)가 이끄는 정부에서 잠시 물러나 있던 브라자우스카스는 2001년에 다시 총리가 되어 다수연정을 이끌고 거의 5년간 총리직을 역임했다. 이렇게 첫 10년간의 발트3국의

민주정치는 정당정치의 취약한 기반과 집권 정당의 변화, 잦은 정권교체로 특징지워진다.[5]

2000년대로 접어들면서 발트3국의 정치는 새로운 풍경을 보여주었다. 매우 도전적인 포퓰리스트 정당들이 등장한 것이다. 예컨대 2003년 3월 에스토니아 총선에서 중도정당과 개혁정당 정부가 선전했지만, 새로운 포퓰리스트 중도우파 정당인 레스 푸블리카(Res Publica)가 부패와의 투쟁, 그리고 법, 질서, 투명성을 앞세우며 최고의 득표를 기록했다. 레스 푸블리카의 지도자 유한 파르츠(Juhan Parts)는 개혁정당과 함께 연정을 꾸렸다. 당시 파르츠 내각은 매우 젊은 인사들로 구성되었기 때문에, 대체로 경험이 매우 부족했다. 신생 정당의 인기는 과도한 기대를 만족시키는 데 실패하며 급락했다. 이 정부는 2005년 3월까지 겨우 임기를 유지했다. 개혁정당의 지도자인 전임 타르트주지사 안드루스 안시프(Andrus Ansip)는 유럽이사회 부통령이 된 칼라스의 자리를 이어받아 새로운 총리가 되었고, 사비사르의 중도정당이 레스 푸블리카를 대체했다.

새로 구성된 중도-개혁당 연정은 2006년 대통령 선거에서 또 다시 갈라졌다. 뤼텔 대통령은 재선에 실패했고, 투마스 헨드릭 일베스(Toomas Hendrik Ilves)가 근소한 차이로 대통령에 선출되었다. 일베스는 뉴저지에서 자라나 에스토니아를 유럽연합에 가입시킨 외무장관으로 스스로를 차별화했다. 이렇게 2006년 대선에서 일베스가 선출되면서 발트3국의 대통령들은 모두 북아메리카에서 성년기를 보내고 귀국한 해외파 인사들로 교체되게 되었다. 하지만 이렇게 공직에 복무하게

---

5 Sten Berglund, Joakim Ekman Kebin Deegan-Krause, & Terje Knutsen (eds.), *op. cit.*; Susanne Jungerstam-Mulders (ed.), *Post-Communist EU Member States: Parties and Party Systems* (Ashgate, 2006).

된 다수의 해외파 인사들 중에서 고향에서 영주권을 취득하고 완전히 귀국한 경우는 실제로는 수백 명에 지나지 않았다.

2007년 에스토니아 두 개의 주요 정당 득표율이 상승했지만, 개혁정당이 중도정당보다 좀 더 많은 지지를 얻었다. 처음으로 야당이 의회선거에서 승리한 것이다. 그러나 안시프 총리는 대연정 파트너를 버리고 이데올로기적으로 좀 더 가까운 프로 파트리아와 레스 푸블리카 유니언, 그리고 잠시는 사민당과도 함께 정부를 꾸리기로 결정했다.

라트비아에서도 포퓰리즘 정당이 부상했다. 이를 주도한 인물은 신시대(New Era)당을 창설하기 위해 2001년에 사임한 중앙은행장 에이나르스 레프세(Einars Repše)였다. 신시대 정당은 당시 이슈가 되던 반부패 전략을 내세우며 2002년 선거에서 승리했는데, 지지율의 25%로 의회에서 가장 큰 정당이 되었다. 레프세가 투명성과 책임성을 강조하자 연정 파트너이자 기업가 아이나르스 슬레세르스(Ainārs Šlesers)가 구성한 새로운 포퓰리스트인 라트비아 제1당(Latvia's First Party)과 대립관계를 형성했다. 결국 2004년 2월 정부가 물러나고, 새롭게 녹색당, 농민당이 새로운 소수파 중도 정부를 구성했다. 이는 세계에서 최초로 녹색당 총리가 주도하는 정부였다. 그러나 녹색당 정부는 2004년 12월에 물러나고 다시 인민당의 아이가르스 칼비티스(Aigars Kalvītis)가 이끄는 중도우파 연합정부가 탄생했다.

2006년 라트비아 총선에서 여당은 빠른 경제성장을 약속하며 처음으로 재선에 성공했다. 그러나 칼비티스 총리의 새 정부는 곧 정치적 부패로 수차례의 스캔들을 겪게 되었다. 대표적인 것은 세 명의 거물 스켈레, 슬레세르스, 아이바르스 렘베르그스(Aivars Lembergs)가 거대한 영향력을 행사했다는 비판 여론이었다. 당시 라트비아에서는 정치적 이해와 경제적 이해관계가 유착되어 있었고, 라트비아는 EU 국가들 중에서 정치선거자금을 조달하는 데 가장 투명하지 못한 제도를 갖춘 것으로 평가되고 있었다. 이런 맥락에서, 비케 프레이베르가 대통령은 2007년 7월 두 번째 임기를 마치고 떠나면서, 칼비티스 정부에게 과두제 세력들이 감찰기관의 독립을 훼손하는 입법을 시도했다고 공개적으로 경고했다. 그녀의 뒤를 이어 정치적으로 경험이 없던 정형외과 의사인 발디스 자틀러스(Valdis Zatlers)가 여당에 순종적인 인물로 의회의 지지를 받으며 대통령으로 선출되었다. 이때 라트비아 정부는 반부패청장을 해임했는데, 대중이 반발하여 2007년 11월 '우산혁명'으로 불린 대규모 시위가 발생했고,[6] 칼비티스는 사임했다. 그럼에도 이바르스 고드마니스(Ivars Godmanis)가 이끄는 연정은 유지되었다.

'우산혁명' 당시 라트비아 시민들은 다음 선거로 새 정부가 들어설 때까지는 아무런 영향력을 행사할 수 없다는 절망과 분노로 결집해 20만 명 이상 모인 집회를 통해 전체 유권자의 10%가 동의하면 의회를 해산할 수 있는 국민투표가 가능하게 하는 개헌을 비난하였다. 2008년 8월, 국민투표에서 97%가 개헌에 찬성했으나 전체 유권자의 50% 이상의 지지를 받지는 못했다. 특히 정부가 경기불황으로 공공지출을 축소하자 정부에 대한 분노와 정당에 대한 불신이 증가했다. 2009년 3월 고드마니스는 사임했고, 신시대 정당의 발디스 돔브롭스

---

6 우산혁명은 2007년 11월 칼비티스 정부에 반대하는 대규모 대중 집회를 칭하는 이름이다. 칼비티스는 여러 부패 스캔들을 무마하기 위해 부패문제를 뿌리뽑기 위해 창설된 반부패청장(Aleksejs Loskutovs)을 해임시키려 시도했고, 이에 분노한 대중들은 처음에는 의회 앞에서 항의 집회를 시작했다. 비가 오는 날씨에 집회에 모인 사람들이 대부분 우산을 가져왔고, 이를 보도한 방송 화면에는 우산이 가득 차 있었기 때문에 이런 이름이 붙게 되었다. 우산혁명은 처음에는 큰 영향이 없는 듯했으나, 이후 들어선 두 정부가 모두 실각하고 우산혁명과 긴밀하게 연계된 정부가 들어섰기 때문에, 체제전환 이후 큰 영향을 미친 첫 대중 집회의 사례로 기록되어 있다. 2014년에 홍콩에서 발생한 우산혁명은 이와 무관하나 라트비아에서 먼저 이 명칭이 사용되었다. Aldis Purs & Andrejs Plakans, *Historical Dictionary of Latvia* (Rowman & Littlefield Publishers, 2017), pp. 330-331.

키(Valdis Dombrovski)로 교체되었다. 돔브롭스키는 국가 예산을 과감히 줄이고 경제를 재구조화하여 국제통화기금(IMF)으로부터 대출을 받는 요건을 충족시키는 것을 정부가 해결할 최우선 과제로 삼았다.

리투아니아에서도 포퓰리즘이 부상했다. 원래 두 개의 좌우 거대 정당 간에 권력을 주고받았지만, 2000년대에는 이것이 어려워졌다. 먼저, 2003년 대선에서 불만을 가진 사람들의 지지를 받아, 빌뉴스의 지사인 롤란다스 팍사스가 아담쿠스를 상대로 아무도 예상치 못한 승리를 거두었다. 하지만 곧바로 팍사스의 선거 자금에 대한 의혹이 제기되었고, 2004년 4월 그의 재정 후원자인 러시아 무기상 유리 보리소프(Yuri Borisov)에게 위헌적으로 시민권을 부여했다는 이유로 의회는 팍사스 대통령을 탄핵했다. 그러자 아담쿠스가 2004년 7월 대통령직에 복귀했다.

리투아니아 시민들은 한 명의 포퓰리스트의 등장과 몰락을 지켜보고도 또 다른 포퓰리스트를 정치무대로 불러냈다. 바로 러시아인인 빅토르 우스파스키흐(Voktor Uspaskich)였는데, 그는 음식 가공업으로 성공한 인물로 포퓰리즘적인 노동당을 통해 2004년 총선에서 승리했다. 아담쿠스 대통령이 노동당이 정부를 이끄는 것을 허용하지 않겠다고 밝히자, 노동당은 다시 브라자우스카스가 이끄는 연정의 파트너가 되었다. 하지만 노동당은 2006년 의원들에게 이중회계로 비용을 지출한 것이 밝혀지면서 흔들렸다. 결국 브라자우스카스는 사임했고, 그의 측근인 게드미나스 키르킬라스(Gedminas Kirkilas)가 사민당의 지도자가 되어 2008년 10월 총선까지 정권을 담당했다.

리투아니아의 2008년 총선에서는 다시 과거처럼 좌파와 우파를 오가는 패턴이 돌아왔다. 사민당은 참패하고 보수파 조국연합이 승리했다. 포퓰리스트인 팍사스와 우스파스키흐는 새로 수립된 민족재생당(National Resurrection Party)에게 패배했다. 이 정당을 주도한 유명한 연예인인 아루나스 발린스카스(Arūnas Valinskas)가 국회의장이 되었다. 이 정당은 보수정당의 안드리우스 쿠빌리우스(Andrius Kubilius)가 이끄는 연정의 파트너가 되었다. 2009년 급격한 경제 침체의 와중에 리투아니아 시민들은 유럽 위원회 재정계획 담당인 달리아 그리바우스카이테(Dalia Grybauskaitė)를 대통령으로 선출했다.

이렇게 20년간 혼란스러운 민주주의를 경험한 발트3국의 정치체제는 조금씩 안정되고 공고화되는 국면으로 접어들고 있다. 하지만 오랜 민주주의 경험을 가진 주변 국가들만큼 정치적으로 민주주의가 성숙하기 위해서는 아직 상당한 시일이 걸릴 것으로 예상된다.

2) 경제 개혁

다음으로 중요한 것은 경제체제의 개혁이었다. 발트3국은 독립 이후 수십 년간 익숙했던 통제 경제에서 새로운 시장 경제로 이행하며 극심한 어려움을 겪게 된다. 가장 시급한 문제는 이들의 경제가 여전히 구소련과 긴밀히 연결되어 있었는데, 당시 러시아의 경제가 급속히 초인플레이션과 혼란으로 침체되고 있었다는 점이었다. 발트 국가들은 구소련과 상당수의 무역이 여전히 유지되고 있었기 때문에, 1992년 6월, IMF와 세계은행(World Bank)이 발트 국가들에게 루블화를 계속 사용하도록 권고했는데, 세 국가는 모두 자국 화폐를 도입하기 시작했다.

구소련 국가 중 처음으로 에스토니아 정부가 먼저 자국의 화폐 크룬(kroon)을 도입하는 행보를 보였다. 이 개혁을 통해 에스토니아는 인플레이션을 완화할 수 있었고, 수년간 수입되지 못하던 물품들이 유통되었으며, 암시장을 근절시켰다. 화폐위원회를 통해 독일 마르크와 연동된 이 화폐로 에스토니아는 급격하게 자유시장경제로 개혁하는 과정에서 최소한의 재정적 안정성을 확보했고, 경제 회복의 기반을 마련했다. 에스토니아와 달리 라트비아와 리투아니아는 1993년에 자국의 화폐(라트비아의 lats, 리투아니아의 litas) 체제를 수립하기 전에 루블화에 연동되는 임시 화폐(라트비아의 rubelis, 리투아니아의 talonas)를 도입했다.[7]

경제개혁에서도 에스토니아는 가장 급격하고 근본적인 자유 시장 개혁을 시작했다. 첫 정부인 마르트 라르 정부의 경제철학은 밀튼 프리드만과 마거릿 대처에게 영감을 얻은 것으로 '충격 요법(shock therapy)'으로 불렸다. 이에 대해 IMF는 호의적 입장을 보였지만, 시장개방으로 눈에 띄게 생활이 열악해진 농민과 연금생활자들은 분노했다. 라트비아는 조금 늦게 에스토니아식 개혁을 뒤따라 추진했고, 세 국가의 경제 개혁 속도는 사회적 태도의 차이와도 연관되는데, 리투아니아의 경우는 다른 두 국가와 비교해 가장 점진적인 개혁을 추구했다. 리투아니아는 에스토니아의 개인주의와 비교하면, 규모가 좀 더 크고, 좀 더 집단주의적인 경향이 있었다.

경제 개혁 직후에는 세 국가 모두 큰 어려움을 겪었다. 당장 1993년부터 경제상황은 바닥을 쳤다. 당시 경제규모 축소는 리투아니아에서는 16.2%, 라트비아는 14.9%, 에스토니아는 9%에 달했다. 인플레이션은 더 심각했다. 에스토니아에서는 인플레이션이 90%, 라트비아에서는 109%, 리투아니아에서는 410%에 달했다. 초기의 어려운 상황은 1996년 들어서 점차 회복되기 시작했다. 1996년 한 해 라트비아는 3.3%, 에스토니아는 4.0%, 리투아니아는 4.7% 경제가 성장했고, 인플레이션은 에스토니아 23%, 라트비아 18%, 리투아니아는 25%로 떨어졌다.

세 국가에는 경쟁력 있는 제조업 기업들이 없었다. 제조업 분야 기업들은 비효율적이었고 규모가 작았다. 이들은 경쟁에서 뒤처지면

7 세 국가는 모두 전간기에 자국 화폐를 도입한 경험이 있었고, 독립 이후 도입한 화폐는 과거의 화폐시스템을 복원한 것이었다. Aldis Purs, *Baltic Facades: Estonia, Latvia and Lithuania since 1945*(Reaktion Books, 2012), p. 141.

서 문을 닫았으며 그 결과 큰 도시 외곽에서 실업률이 상당히 높아졌다. 소련 시장을 향하던 산업들, 특히 군수물자를 생산하던 시설들은 이제 불필요한 것이 되었다.

이렇게 1990년대 초기 발트3국의 경제 개혁은 상당한 사회적 비용을 초래했다. 이미 낮은 상태였던 세 국가의 평균 기대수명이 더 낮아졌다. 급격하게 민간 시장 경제로 이행하자 특히 연금생활자들이 불이익을 당했다. 세 국가들은 어려운 경제여건에서 높은 비용의 연금을 지불할 수 없었고, 생활비는 눈에 띄게 상승했기 때문이었다.[8] 이런 경제적 혼란으로 말미암아 공공질서가 악화되었으며, 범죄율이 상승했고, 특히 마피아로 불리는 범죄조직이 증가했다. 1990년대 기업 경쟁자들을 폭력 수단으로 협박하는 것이 상시적으로 발생했다. 소련 체제의 특성이던 부패가 지속되는 것은 말할 것도 없었다.

다음으로 세 국가가 당면하게 된 경제 개혁의 문제는 바로 국유재산의 사유화였다. 이는 시장경제 구축의 기반이었다. 세 국가는 서로 다른 형태로 사유화를 추진했지만, 대체로 개인별로 고용 기록에 따라 바우처를 발행하는 방식으로 추진했고, 주택과 기업이 가장 많이 팔려나갔다. 사유화는 또한 소련 시절에 강제로 국유화되었던 땅과 건물들을 원래의 소유자와 자손들에게 돌려주는 일을 포함하고 있었다. 기존 재산의 반환과정은 매우 어려웠고 복잡했으며, 여러 분쟁을 일으켰다. 사유화 문제는 이후 20년이 지나고도 많은 분쟁을 초래하곤 했다.[9]

---

8 Zenonas Norkus, "Why did Estonia Perform Best? The North-South Gap in the Post-Socialist Economic Transition of the Baltic States", *Journal of Baltic Studies*, Vol. 38, No. 1(2007), pp. 21-42.

9 집단농장과 공장, 대규모 국영기업이 민영화되면서 부패가 발생했고, 이후 재정적으로 강력한 힘을 가진 과두제 집권층이 등장하는 요인이 되었다. 이후 이들은 부를 활

〈그림 1-1〉 발트3국의 GDP 성장률(1991~2012)
출처: World Bank, World Development Indicators 2014.

농업의 경우에도 집단농장을 기업농으로 변화시켜야 하는 것이 큰 과제였다. 극도로 인원이 과잉이었던 국영농장이나 집단농장은 시장경제에서 경쟁할 수 없었으므로 해체되었다. 효과적으로 기능하기 위해 많은 농장이 근대화되어야 할 필요가 있었고 이를 위하여 자본투자가 필요했다. 그러나 과거의 국영농장을 협동조합으로 전환하여 운영하려는 시도는 극히 일부만 성공했다. 원래 소유자에게 재산을 반환하면서 많은 농지가 작은 단위로 분할되었는데, 이는 전간기의 가족농장과 유사한 형태였다. 이 이행의 결과 도시 외곽 지역에서는 다수가 불안정한 취업, 혹은 실업상태에 처하게 되었다. 토지를 보유한 연

용해 정치영역에 영향력을 행사하기 시작한다. 이는 발트3국뿐 아니라 탈사회주의를 경험한 동유럽 국가들 대다수의 공통된 경험이었다. Purs(2012), *op. cit.*, p. 143.

금생활자들은 경제적 이행의 피해자가 되었고, 상황을 개선하기 위한 주도력이나 자본이 없었다. 따라서 점차 몇몇 기업농들이 더 큰, 경제적으로 수익성이 있는 농지를 확보했고 이는 원주인에게 돌려진 농지들이 대체로 경작되지 않고 있었기에 가능했다. 그 결과 점차 기업형 농업이 발달하기 시작했다.

앞서 지적한 것처럼 리투아니아의 경우는, 시장 경제로의 전환이 매우 느리게 진행되었다. 에스토니아와 달리 리투아니아는 국가가 농민들에게 주는 보조금을 즉시 중단하지 않았기 때문이다. 농업분야에 고용된 인구의 비율과 생산성을 통해 보면, 리투아니아에서 가장 많은 인구가 농업에 종사했지만, 생산성이 가장 낮았다.

국유 재산의 민영화 과정은 또 다른 문제인 부패문제를 낳았다. 1990년대 말부터 2000년대 초반 사이에 진행된 대규모 기반시설 민영화 조치는 여러 정치적 논란과 스캔들을 초래했다. 이 과정에서 몇몇 국영 통신 회사의 민영화 같은 성공적 사례도 있었지만, 에스토니아 철도의 민영화 같은 실패사례도 있었고, 전략적 이유로 미국에 판매한 리투아니아 정유사가 다시 러시아 회사에 팔린 경우도 발생했다.

이런 어려운 과정을 거쳐 경제 구조를 개혁한 세 국가들은 1990년대 후반에는 유럽에서 가장 매력적인 해외 직접 투자의 대상국이 되었다. 특히 에스토니아는 일방적으로 자유 무역을 도입하고 급진적인 조세개혁을 추진해 이를 주도했다. 에스토니아는 유럽에서 처음으로 1994년에 26%의 낮은 임금소득세를 도입했고, 1999년에는 재투자된 기업 이윤에는 조세를 폐지했다. 라트비아와 리투아니아도 이를 따라서 낮은 세금을 도입하기 시작했다.[10]

10 Magnus Feldmann, "The Fast Track from the Soviet Union to the World Economy: External Liberalization in Estonia and Latvia", *Government and Opposition*, Vol. 36,

이렇게 1990년대 중반부터 경제를 회복하던 발트 국가들은 1998년의 아시아, 러시아 재정 위기의 영향을 받았다. 이 위기로 발트 국가의 주식시장 거품이 꺼졌고, 러시아에 수출하던 많은 발트 기업들이 도산했다. 하지만 이런 침체는 일시적이었다. 발트 국가의 기업들은 점차 소련시장으로부터 유럽시장으로 방향을 전환하게 되었다.

2000년대 초반 경제성장의 속도가 더욱 빨라졌다. 발트 국가들은 유럽에서 가장 빠르게 성장하는 지역이 되었고, '발트의 호랑이들(the Baltic Tigers)'이라고 불리게 되었다. 2005~2006년에는 GDP가 10~12% 성장하여 세계에서 가장 높은 성장률을 보였다. 에스토니아가 선도하던 분야는 ICT 분야였다. 스카이프(Skype) 같은 유명한 애플리케이션은 인터넷을 통해 전화를 하는 소프트웨어로 에스토니아에서 개발된 것이었다. ICT에 대한 열정은 또한 종이 없는 정부 같은 공공분야에도 적용되었다. 2007년 에스토니아는 세계에서 최초로 인터넷을 통해 전자투표로 총선을 치른 국가가 되었다.

이렇게 발트3국의 경제가 급속히 성장했지만, 다른 한편으로는 노동력이 해외로 이주해 가는 어려움을 겪기도 했다. 2004년 EU 회원국이 된 첫해에 발트3국에서는 수만 명의 노동인구가 더 높은 임금을 찾아 이웃국가로 이동했고, 특히 에스토니아의 버스 운전사와 의사들이 이웃 핀란드로, 라트비아와 리투아니아의 건설 노동자들은 아일랜드와 영국으로 이주해 나갔다.

2000년대 중반 발트 국가들의 놀라운 경제성장의 기저에 존재하던 취약성은, 이 역동적 성장이 국내 생산에 의해서가 아니라 국내 소비, 특히 은행업을 지배하던 노르딕 은행들이 제공한 값싼 대출로 추

No. 4 (2001), pp. 537-558.

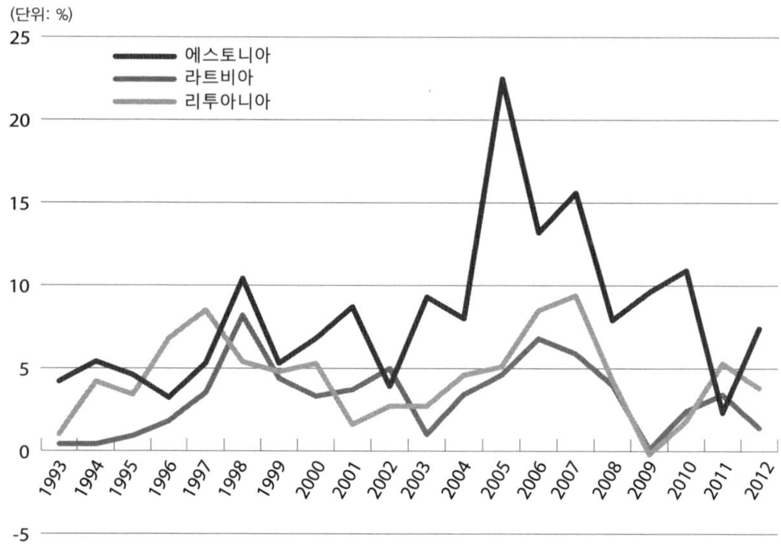

〈그림 1-2〉 발트3국으로의 해외직접투자(FDI) 유입 1993~2012

동된 주택 건설붐에 의한 것이었다는 점이다. 이뿐만 아니라 대규모의 무역 적자는 항상 발트 국가 경제의 현실에 대한 우려스러운 지표로 남았다.

이런 문제로 2008년경에는 발트 국가의 성장이 늦춰졌고 인플레이션이 증가했다. 그해 9월부터 세계 금융위기가 덮치면서 세 정부는 재정 지출을 급격히 줄일 수밖에 없었다. 세 국가 중 라트비아가 가장 큰 어려움을 겪었는데, 라트비아는 IMF에서 화폐 절하를 피하기 위해 대출을 받았다. 대출 조건은 대대적인 정부지출 감축, 세금 인상, 공공영역의 합리화였다. 유럽 대부분의 국가들이 겪는 긴축 정책을 펴게 된 것이다.

2008년 금융위기 이후 현재 발트3국의 국민소득은 위기 이전 수준으로 회복되었지만, 발트 국가들이 연구와 개발, 혁신 분야에 더 많은 투자와 노력을 기울이고 부패문제를 해결하지 못하면 EU 28개국

평균 수준의 소득을 갖게 되기는 어려울 것이라고 전문가들은 예측하고 있다.[11]

3) 사회 변동

이렇게 정치, 경제적 변동을 겪게 된 발트3국에는 여러 사회적 현상이 발생했다. 먼저 개방과 경제 개혁의 사회적 비용이 발생했다. 소련시절 발트3국의 경제는 낮은 수준이기는 하지만 삶의 최소 기준이 확보되어 있었고, 임금이 낮은 수준이지만 평등했으며, 보편적인 복지와 보조 물품과 서비스들이 제공되고 있었고, 실업률은 매우 낮았다. 하지만 발트3국의 경제 개혁은 주로 신자유주의적 성격을 띠고 있어서, 긴축정책을 통해 불평등이 심화되었다. 발트국가 경제의 성장과 침체는 복지, 노동시장, 이주, 이윤, 연금, 교육문제와 건강에 많은 영향을 주었다.[12]

먼저 발트3국은 유사한 방식으로 기존 사회복지 제도를 개혁했다. 경기가 침체할 때 실업률이 급증했는데, 이는 모두에게 큰 도전이 되었다. 직업교육을 거의 받지 못하고 제조업에서 일하던 사람들은 급속히 성장하는 서비스업 분야에서 직업을 구하기 어려웠다. 노동시장이 유연화되면서 직업안정성이 떨어지자 불이익을 보는 사람들이 생겨났다. 이런 문제에 직면해 세 국가는 모두 실업보험, 임금 보조수당, 아동수당, 육아 수당 등의 복지 제도를 도입했다. 하지만 경제 규모에 비해 발트3국의 복지 지출은 낮은 편이었다. 2009년 유럽 27개국 평균 복지 지출은 GDP의 29%였지만, 에스토니아는 19.2%, 라트비아는 18.8%, 리투아니아는 21.3%에 불과했다.[13]

---

11 Auers, *op. cit.*, p. 182.

12 *Ibid.*, p. 182.

발트3국은 노르딕 국가들에 비해 가장 불평등이 심한 지역 중 하나가 되었다. 2012년 지니 계수는 32~35 수준이어서 EU 27개국 평균(30)보다 훨씬 높고 빈곤율도 높은 편이었다. 여성의 지위도 체제전환으로 큰 변화를 겪게 되었다. 소련시절에 여성들은 남성들로부터 수평적으로 수직적으로 분리된 직업을 갖고 있었다.[14] 소련 시기에 여성들은 주로 의료와 교육 분야를 독차지하고 있었다. 2000년대에 이르면 에스토니아와 라트비아에서는 이런 분리가 더 심화되었고 리투아니아에서만 분리의 정도가 줄어들었다.

교육분야에서도 많은 개혁이 이루어졌다. 소련시절의 교육은 상당히 많은 주민들에게 고등교육을 제공했지만, 민주주의로 전환하자 교육과 사회가 요구하는 기술 사이의 불균형이 발생하여 교육제도의 개혁이 필요했다. 그러나 고등교육 분야는 전문직의 교수나 연구원들이 민주정치에 개입하여 교육부의 고위직을 차지하여 개혁을 막는 역할을 했다. 소련시절에는 경제학이나 경영학, 정치학이나 행정학 같은 것은 가르치지 않았지만, 새로운 교육 프로그램을 구축하기 위해서는 자금과 경험 있는 인물들이 필요했다. 리가에 있는 스톡홀름 경제학교처럼 해외로부터 투자를 받아 고등교육기관을 수립하는 경우도 있었다. 많은 대학들이 방문 교수제를 활용해 새로운 교육과정을 경험하기도 했다. 발트해 국가들 간에는 유로 패컬티(Euro Faculty)라는 제도를 만들었는데, 이를 통해 주요 대학들이 교환교수를 활용해 법학, 정

---

13 Alari Purju, *Economic and Social Development in the Baltic States: Estonia*(European Economic and Social Committee, 2013), p. 18.

14 남성과 여성의 직업 분리(Job Segregation)는 젠더적 시각에서 노동시장을 분석할 때 사용되는 개념으로, 수직적 분리는 같은 직종 내부에서 좀 더 고위직을 수행하거나 하위 단순직을 수행하는 분리를 일컫고, 수평적 분리는 남성은 제조업, 여성은 단순 서비스업 등 아예 다른 직종과 다른 분야에서 직업을 갖게 되는 경우를 일컫는다.

치학, 행정학, 경제학 프로그램을 만들었다. 세 국가들은 EU에 가입한 이후 더 체계적인 교육개혁 프로그램을 도입했고, 2012년이 되면 고등교육기관이 라트비아에는 60개, 에스토니아에는 30개, 리투아니아에는 45개가 존재하게 되었다.[15]

이주와 이민도 새로운 사회현상이 되었다. 소련시절 발트3국은 러시아인들이 대량으로 이주해 오는 곳이었지만, 1991년 이후는 상황이 바뀌었다. 특히 라트비아와 리투아니아에서 해외로의 이주가 눈에 띄게 증가했다. 발트3국이 EU에 가입하기 이전인 2000~2003년 사이에는 발트 주민들, 특히 러시아계 인구가 서유럽으로 이주하여 직장을 구하고 싶어하는 경향이 생겨났다. 하지만 여전히 이민 관련 규제가 풀리지 않아서 실제로 많은 이주가 일어나지는 않았다.

하지만 2004년 이후 유럽 고용서비스 자문을 제공받으면서 이민 친화적 제도들이 적용되기 시작하자 이주가 급격히 늘어났다. 또한 저가 항공사들이 운항을 시작하면서 여행과 이주가 급격히 증가했고, 특히 2008년 금융위기 이후 실업이 증가하자 일자리를 구하러 이주를 택하는 사람들이 증가하고 있다. 2009년부터 2011년 사이에 라트비아는 총 노동인구의 10%가 해외로 이주했고 리투아니아는 1990년부터 2011년 사이에 72만 명이 이주를 선택했다. 하지만 에스토니아에서는 해외로의 이주가 많지 않아 2004년 이후 해외 이주 인구는 전체 인구의 약 2.4%에 그쳤다. 또한 에스토니아인들은 주로 근접한 핀란드로 이주하는 것으로 드러났다. 발트3국은 해외로 이주한 국민들을 다시 귀환하게 하는 계획과 정책들을 도입하고 있다.[16]

인구 이동과 인구의 구성비 문제는 발트3국에 내재된 가장 큰 사

---

15 Påhl Ruin, "Mergers have become a necessity", *Baltic Worlds* (2012, June 27).

16 Auers, *op. cit.*, pp. 191-192.

회문제와도 관련되어 있다. 문제는 발트3국에 거주하는 대규모의 러시아인들이었다. 에스토니아와 라트비아에는 제2차 세계대전 이후 수많은 러시아인들이 유입되었다. 토착 주민들과 소련시기 정착민들과의 이익과 권리를 조정하는 것은 매우 복잡하고 감정적인 난제였고, 이는 국제적인 관심을 불러일으켰다.

러시아인의 입장에서 보면, 구소련 시기의 지배적인 에스닉 그룹이 갑자기 주변화된 소수민족이 되는 상황이었다. 수만 명의 러시아인들과 다른 민족들이 발트의 독립 이후 바로 떠나갔지만, 대다수 러시아인들은 발트 국가를 자신의 고향으로 생각했고 다른 구소련 지역보다 높은 생활수준을 누리고 있었다. 대부분의 경우 아무도 그들의 고향에서 그들을 기다리는 사람들이 없었다.

이러한 상황에 대처하기 위해 발트3국은 체제전환을 한 이후 시민권을 규율하기 위한 여러 법제를 마련했다. 에스토니아와 라트비아가 법적 연속성의 원칙에 따라 체제전환을 했기 때문에, 소련이 1940년대에 이 지역을 차지하기 전의 발트 시민과 자녀들은 시민으로 인정받았다. 다른 이들은 귀화를 신청해야 했다. 사실 대다수의 러시아인들은 권리를 박탈당했다. 1993년에 에스토니아, 1994년에 라트비아에 도입된 시민권법에 따르면, 귀화의 핵심 요건은 언어 시험이었다. 에스토니아와 라트비아의 러시아 소수민족인들은 세 집단(시민, 무국적자, 러시아 시민권을 획득한 사람)으로 나뉘었다. 라트비아 시민권법은 특정 시기에 특정 연령층의 소수의 개인에게만 귀화 신청자격을 부여한 쿼터 제도로 상당한 국제적 비판을 받았다. 국제적 압력에 반응하여 라트비아는 1998년 국민투표로 쿼터 제도를 폐지했다.[17]

17 Bernd Rechel (ed.), *Minority Rights in Central and Eastern Europe* (Routledge, 2009).

〈표 1-5〉 발트 국가의 민족구성, 1989~2009

(단위: %)

	에스토니아			라트비아			리투아니아		
	1989	2000	2009	1989	2000	2009	1989	2000	2009
국적자	61.0	67.6	68.7	52.0	57.7	59.3	79.6	83.5	84.0
러시아인	34.6	28.9	28.9	42.0	36.4	33.9	12.3	8.2	6.6
폴란드인	0.2	0.2	0.2	2.3	2.5	2.4	7.0	6.7	6.1

출처: Estonian Human Development Report 2011, p. 45.

EU에 가입하기 위한 조건으로 에스토니아와 라트비아 정부는 점차 러시아 소수민족을 포섭하는 정책을 도입하기 시작했다. 1990년대 후반에는 현실을 좀 더 명확히 직시하게 된 이 정부들은 시간이 지난다고 러시아인들이 돌아가지 않을 것이며 더 적극적으로 정책을 취해야 한다는 것을 깨닫게 되었다. 결국 두 정부는 2000년에 국가통합프로그램을 채택해 러시아인들을 사회로 통합하겠다고 선포했다.

리투아니아는 에스토니아나 라트비아에 비해 매우 동질적인 사회였고, 유사한 문제를 경험하지 않았다. 1990년대 초반 폴란드 소수민족과의 불신이 있었지만, 리투아니아와 폴란드는 1994년 협약을 체결하고 국경과 소수민족의 권리를 존중하기로 결정했다.

또 다른 중요한 문제는 구소련시절의 여러 역사적 유산들을 대면하는 일이었다. 먼저 소련 붕괴 이후 발트국가들은 공산당에 가담했던 사람들을 점령정부의 '부역자'로 보기 시작했다. 과거청산 과제가 사회적 문제로 대두한 것이었다. 구공산당원들은 자신이 순전히 실용적 입장에서 또는 국가를 돕기 위해 정당에 가담했다고 정당화했다. 이들은 자신이 그런 직위를 수행하지 않았다면 발트 문화에 아무런 공감대가 없는 러시아인에 의해 더 나쁜 상황이 초래되었을 것이라고 주장했다.

소련 시기는 다양한 도덕적·윤리적 타협이 있었기에 단지 흑백 논리로만 보기 어렵고 다양한 회색지대가 존재했다. 결국, 여러 갈등과 논란 끝에 대체로 사회적 합의가 도출되어, 억압적인 KGB 같은 기구에서 일했던 이들만 공직에서 추방되었다. 에스토니아와 라트비아에서는 대다수의 고위 공산당관료는 정치를 지속할 수 없게 되자 기업가로 변신했다. 리투아니아에서는 공산당을 승계한 정당과 인물이 초기에 집권했기 때문에 문제가 더 오래갔다. 하지만 전반적으로 발트 국가에서 마녀사냥이 없었던 것은, 발트 사회가 작은 사회여서 모두가 서로를 알고 있었고, 인적 자원이 제한적이라서 정치적 보복으로 제거하기 어려웠기 때문이다.

이와 관련해 발생한 사건이 바로 앞서 언급한 2007년 에스토니아의 '청동 병사' 사건이다. 2007년 4월 에스토니아 정부가 기념비 아래에 있던 소련군 유해를 옮기려 하자 러시아인들은 이에 항의해 이틀간 폭동을 일으키며 주변 상점을 약탈하기도 했다. 이 사건은 한편으로는 독립 이후 숨겨져 있던 원주민과 러시아인 간의 분열을 드러낸 것이었고, 다른 한편으로는 에스토니아의 시민사회가 활성화된 것을 드러내 준 것이기도 했다.[18]

전반적으로 이런 어려움을 겪으며 발트3국의 시민사회는 조금씩 개방되고 활성화되는 과정을 거쳤다. 하지만 시민사회의 활성화와 재건은 단시일에 이뤄진 것이 아니었다. 과거에 소련 정부는 개인적 주도성과 책임성을 파괴했다. 시민들은 과거의 주민동원 경험으로 수동화되고 정치와 공적 참여에 대해 냉소와 불신을 갖고 있었다.

무엇보다 체제전환 이후 발트3국을 괴롭힌 것은 정치, 경제, 사

18 Auers, *op. cit.*, p. 120.

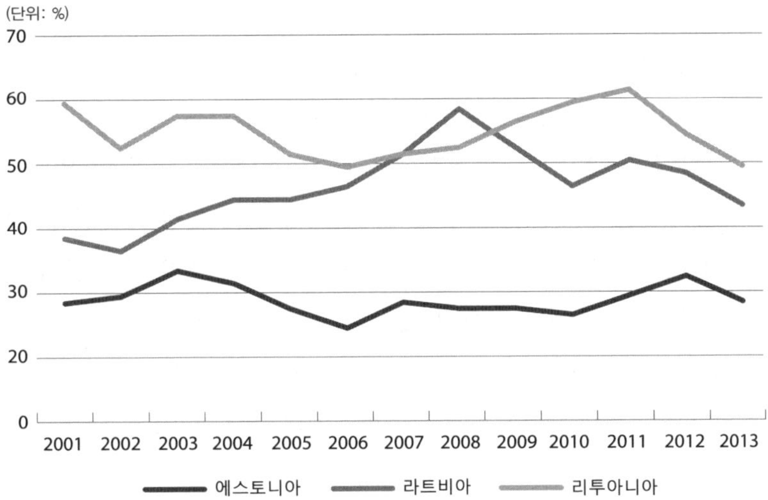

〈그림 1-3〉 발트3국의 부패 인식 지수와 순위 2001~2013
출처: Transparency International, Corruption Perception Index(2014).

회 전 분야의 부패문제였다. 〈그림 1-3〉에서 보이듯이, 발트3국은 대체로 부패의 수준이 높은 것으로 인식되고 있으며, 이를 해결하기 위해 다양한 시도를 했다. 에스토니아와 리투아니아는 특별위원회를 구성하여 큰 권한을 주면서 정치, 행정적 불법행위를 감찰하게 했다. 라트비아와 리투아니아는 홍콩이나 싱가포르의 사례처럼 독립적인 반부패 기구를 창설하여 운영하고 있다. 반면 에스토니아는 법무부가 반부패 프로그램을 운영하고 있다. 세 국가에서 부패가 지속되는 것은 분명하지만, 부패 문제가 더는 민주주의 사회 전체를 근본적으로 위협하는 수준은 아니다.

흥미롭게도, 부패문제와 관련해 시민사회의 발전에서 중요한 역할을 했던 것은 국제 금융 기구들이었는데, 대표적인 것이 미국계 헝가리인 자선 사업가 조지 소로스가 수립한 재단으로, 비정부 시민조직과 '열린 사회'를 촉진하는 데 큰 역할을 했다.[19]

2000년대에 경제성장이 이루어지고 나서야 점차 시민사회가 활성화되기 시작했고, 여러 시민단체들이 점차 전문화되면서 다양한 국제기구의 기금을 유치하는 데 성공했다. 처음에 만들어진 시민사회 조직들은 주로 문화단체나 스포츠클럽들로 대체로 소수이고 수동적이었다. 다른 유럽 국가들에 비하면 노조의 조직률이나 단체 협상이 체결되는 비율 역시 매우 낮은 편이었다. 그럼에도 불구하고 노조와 기업 단체들은 다른 시민조직들에 비해 영향력 있는 이익단체라고 할 수 있다.

이렇게 점차 활성화된 시민사회에 기반해 2000년대에는 다양한 집회와 시위, 거리에서의 투쟁들이 발생했다. 예컨대 경기침체와 라트비아 정부의 긴축정책에 항의해 야당이 노조, 시민단체와 함께 리가시의 중심부 도마 광장에서 대규모 집회를 열었다. 여기에 참석한 만 명의 시민들이 대통령에게 의회 소환을 요구했다.

최근에는 발달한 인터넷 기술에 기반해 정치 개혁을 요구하는 다양한 시민단체의 활동이 다양하게 발전하고 있다. 발트3국은 대체로 미디어에 대한 신뢰가 높으며, 미디어의 영향력도 매우 큰 편이다. 에스토니아 미디어는 주로 노르딕 미디어 회사의 소유이고, 라트비아 신문은 라트비아와 러시아 기업의 소유이며, 리투아니아만 자국 소유로 운영되고 있다.

체제전환 이후 발트국가들에서는 1990년대 초반에 종교의 자유가 다시 허용되었다. 교회 출석과 종교 의식이 더 이상 금지되지 않자, 목회와 교회 결혼식이 유행하였다. 리투아니아의 가톨릭 교회와 에스토니아와 라트비아의 루터 교회가 다시 공적 역할을 회복했다. 하지만

---

19 소로스 재단은 1990년대 이후 발트3국의 반부패 운동을 주도하며 다양한 시민단체와 학자, 정치인들을 후원해 왔다. 이에 반발해 각국 보수정당들이 반소로스적 비판을 제기하는 갈등이 생겨나기도 했다. Auers, *op. cit.*, pp. 126-127.

에스토니아와 라트비아는 세계에서 가장 비종교적인 국가로 남게 되었다. 주류 교회들과 달리 복음주의 신학이 급속도로 성장했고 새로운 교회들이 등장했다.

문화의 여러 측면에서 새로운 자유가 기존의 많은 터부를 무너뜨리고 새로운 행동 양식을 출현하도록 했다. 하지만 아이러니하게도 마르크스주의적 교조주의와 검열이 사라졌지만, 소련 시기에 누리던 모든 국가의 보조가 사라졌기 때문에 박물관과 극장, 오케스트라와 다른 문화 기구들은 재정적인 어려움을 겪기도 했다.

소련사회는 여러 측면에서 매우 보수적인 유산을 남겼기 때문에 에스토니아, 라트비아, 리투아니아 사회는 이웃의 노르딕 국가의 진보적인 규범들을 따라가기 위해 매우 짧은 시간에 사회발전을 따라잡아야 했다. 특히 젠더 평등이나 호모섹슈얼리티 문제 등이 그랬다. 소련 시기 형법 121조는 동성애를 불법으로 규정했었고, 2014년 10월이 되어서야 에스토니아를 시작으로 동성 동거를 법적으로 승인하는 움직임이 이어졌다.[20]

새로운 자유를 누리게 된 발트3국의 시민사회는 기존의 집단적인 사회적 책임 대신 개인의 이득을 강조하는 기업가적 정신을 강조하는 분위기로 변화했다. 평등했던 사회가 급격히 계층화된 사회로 변모했다. 대규모 쇼핑몰로 상징되는 새로운 소비사회가 등장했다. 다른 서유럽 국가들에 비해 싼 가격과 낮은 세금이 외국인들, 특히 핀란드 여행객들을 끌어들였다. 시민들이 가장 좋아했던 자유는 바로 여행의 자유였다. 에스토니아, 라트비아, 리투아니아 사람들은 세계로 여행을 할 수 있게 되었다.

---

20 Anton Steen, *Between Past and Future: Elites, Democracy and the State in Post-Communist Countries: A Comparison of Estonia, Latvia and Lithuania* (Ashgate, 1997),

4) 유럽으로의 귀환

정치, 경제, 사회적 변화 외에 발트3국 체제전환의 또 다른 과제는 바로 국제사회로의 편입이었다. 발트3국은 소련의 유산으로부터 가능한 한 빨리 거리를 두려 했다. 이들의 최우선적 대외정책은 최대한 빨리 유럽과 국제기구로 통합되는 것이었다. 이 과정에서 두 가지 중요한 성취가 있었다. 에스토니아와 리투아니아가 1993년에 EU가입의 승인을 받았고, 에스토니아와 라트비아가 1999년 세계무역기구에 가입하였다. 리투아니아는 러시아 소수민족정책 문제로 2년 늦게 EU 가입 승인을 받았고, 세계무역기구에는 2001년에 가입했다.[21]

1990년대 초반 유럽기구에 가입하기 전에 이들은 서로 협력체제를 구축했다. 발틱 의회 협회, 발틱 장관위원회 등이 1990년대 초반에 공식 협력기구로 창설되었다. 정치적 상징성을 위해 1994년에 발틱 자유무역지대가 수립되었다. 서유럽 국가들도 이들이 유럽연합이나 나토에 가입하기 위해 얼마나 준비가 되어있고 성숙했는지를 보여주는 수단으로 발트3국 협력체제의 운영을 독려했다.

노르딕 국가인 핀란드, 스웨덴, 덴마크와의 협력도 성공적 이행에 결정적 역할을 했다. 노르딕 국가들은 안정성과 번영의 지대를 확장하기 위해 많은 관심을 기울여 이 지역에 많은 투자를 했다. 지역 간 교류는 공적 수준에서뿐 아니라 풀뿌리 수준에서도 활성화되어 교회, 학교, 전문 단체, 스포츠 클럽과 문화계 등의 다양한 시민사회가 발트해를 가로지르는 두터운 네트워크를 구축하려 했다.

1994년 러시아 병력이 철수한 후, 발트3국은 EU에 가입하고 NATO 회원이 되는 데 많은 에너지를 집중했다. 세 국가는 스웨덴과

---

21 Peter van Elsuwege, *From Soviet Republics to EU Member States: A Legal and Political Assessment of the Baltic States' Accession to the EU* (Brill, 2008),

핀란드가 EU 회원이 되자 1995년에 공식 신청서를 접수했다. 실제 가입까지의 기간은 총 9년이 걸렸다.

처음에는 EU 가입에 대한 정치인과 일반 대중의 인식 격차가 컸지만, 결국은 더 높은 삶의 수준을 누리고 싶은 열망이 커졌다. 여러 논의를 거쳐 2003년의 국민투표에서 리투아니아는 90%, 에스토니아와 라트비아는 3분의 2 정도의 찬성으로 EU 가입이 승인되었다. 폴란드, 헝가리, 체코, 슬로바키아, 슬로베니아, 말타, 사이프러스 등과 함께 발트3국은 2004년 5월 1일 EU에 공식 가입했다.

EU 가입과 함께 NATO 가입 절차가 추진되었다. 독립 후 수년간의 경험을 통해 발트3국이 얻은 교훈은 중립은 적절한 선택이 아니라는 것이었다. 발트 국가들은 서유럽과 러시아 사이의 회색지대로 남는 것을 두려워했다. 따라서 NATO 가입은 발트3국에게 독립을 보증해 주는 유일한 선택으로 여겨졌다. 여러 가지 노력을 기울인 끝에 발트3국은 2004년 3월 29일 NATO에 공식 가입했다.[22] 발트3국의 EU와 NATO 가입으로 러시아와의 관계는 다소 긴장상태에 놓이게 되었고 이는 현재까지도 유지되고 있다.

3
책의 구성

이 책은 이렇게 비교적 성공적인 결과를 가져온 것으로 평가되는 발트3국의 탈사회주의 체제전환 과정을 다각도로 이해하기 위해 역사와

---

22 European Commission, *Regular Report from the Commission on Estonia's Progress towards Accession* (European Commission, 1998),

정치, 경제와 사회, 그리고 국제관계의 세부 쟁점들을 검토했다.

먼저, 기존 탈사회주의 체제전환 연구들이 지적하듯이 각 국가들의 역사적 유산과 경험의 차이는 이후 체제전환 과정과 그 결과에 서로 다른 영향을 미쳤다. 발트3국의 경우에 중요한 것은 이 국가들이 공통적으로 경험한 1920년대의 독립 국가 건설의 경험이다.

제2장에서 김학재는 발트3국의 독립 경험의 문제를 구체적으로 분석한다. 발트3국은 러시아 혁명과 제1차 세계대전이라는 격변 속에서 모두 독립을 선언하고 독립국가를 건설했다. 이들은 민주주의 헌법과 정치체제를 수립해 민주정치를 심화시키고 국가의 상징과 정체성을 확립하려 노력했다. 하지만 1930년대 유럽의 경제 위기와 권위주의 파시즘의 등장으로 세 국가는 모두 권위주의 체제로 퇴행하는 경험을 하게 된다. 김학재는 이 글에서 1920년대의 국가건설과 민주주의 경험이 이후 1990년대 독립 이후의 체제전환과 제도적 선택에 어떤 경로 의존적 연속성을 남겼는지를 구체적으로 보여주고 있다.

다음으로 사회주의 시기 억압되었던 종교는 체제전환에 어떤 영향을 주었는지도 중요한 검토 대상이다. 3장에서 이찬수는 소련 체제의 기저에 있던 러시아 정교가 어떤 특성을 갖고 있었으며, 특히 가톨릭을 포함한 전통 종교들이 탈사회주의 과정에서 어떤 역할을 했는지를 리투아니아의 사례를 통해 분석하고 있다. 국민 대다수를 차지했던 가톨릭 신자들이 리투아니아에서는 오랜 정치 참여의 전통을 이어받아 독립과 체제전환을 위한 시위와 저항운동에 적극적으로 참여했다. 발트3국에서는 종교적 신념보다 민족주의가 더 강력해서, 종교인들이 독립을 위한 노력에 적극적으로 참여하는 것이 가능했다.

4장에서 이문영은 탈사회주의 전환 이후 세 국가가 가장 큰 어려움을 겪은 러시아인의 문제를 세세히 분석하고 있다. 소련에 속했던 이 국가들에는 다수의 러시아 이주민들이 거주하고 있었는데, 갑작스러운 체제 변동에도 이들은 대체로 러시아 본국으로 귀환하지 않았다. 체제전환을 '독립'으로 규정하는 3국의 정치체제는 이들에게 시민권을 부여하고 통합하기 위해 노력하는 측면에서 미온적인 모습을 보였다. 이는 이 국가들이 EU 가입을 위해 노력하는 과정에서 다소 완화되었지만, 작은 국가들이 체제전환 과정에서 직면하게 되는 사회적 문제들을 적나라하게 보여주고 있다.

5장에서 백지운은 1960~1970년대 에스토니아 예술의 주요 흐름들을 살펴보며, 소비에트 시대를 살았던 에스토니아에서 초현실주의와 실존주의적 성향이 강했던 이유를 설명한다. 이는 소비에트라는 외부로부터 강제적으로 주어진 현실에서 자기 존재를 찾으려는 내면적 고투였다는 것이다. 소비에트 시기의 정체성을 탈사회주의 이후에도 발트의 정체성의 일부로 수용하고 혼종성을 강조하는 포스트 콜로니얼리즘적 관점에서 소비에트 시기에 대한 경험을 진지하게 분석하는 것이 진정한 탈사회주의로 가는 성숙한 길이라는 함의를 던지고 있다.

다음으로 중요한 것은 발트3국의 민주주의 정치에 대한 분석이다. 발트3국은 어떤 과정을 통해서 민주화되었으며, 이들 국가의 민주주의는 어떻게 운영되고 있을까? 6장에서 김병로는 발트3국의 독립과 민주화 과정을 세세하게 다루고 있다. 세 나라의 독립과 민주화 과정에서 가장 중요한 역할을 했던 것이 바로 인민전선이다. 세 국가의 인민전선은 아래로부터의 민주화 열망을 반영하며, 구체제 엘리트들을 압박하고 이들을 완전히 대체하는 사회적 힘을 형성했다. 하지만 독립에 성공한 이후 이 인민전선은 퇴조하거나 다른 정치세력으로 대체되었다. 이 글은 발트3국의 독립 과정을 특징짓는 인민전선 운동의 성격과 성취, 그리고 그 한계를 짚어 본다.

7장에서 정동준은 3국의 민주주의 정치가 어떤 형태로 운영되고 있고 가장 큰 어려움이 무엇인지를 구체적으로 분석했다. 체제전환 이후 세 국가에서는 모두 의회제와 다당제에 기반한 정당정치가 출현했는데, 여타 유럽의 안정적인 정당정치 체제와 다르게 발트3국의 정치는 늘 민주주의 정치와 민족주의가 갈등하는 양상을 보이고 있다. 이는 발트3국의 정치가 늘 지정학적 위협에 노출되어 있음을 증거하는 것이기도 하고, 신생 민주주의의 정치체제가 포퓰리즘이나 정치적 격변에 휩쓸리기 쉬운 취약성을 보여주는 것이기도 하다.

발트3국은 체제전환 이후 EU에 가입하면서 서유럽으로 국제관계를 확대하고 지역통합을 이루게 된다. 하지만 상대적으로 작은 국가들인 발트3국은 자체 방위력이 부족하고, NATO에 가입하여 의존하고 있지만 여전히 러시아가 유사시에 무력 개입을 할 수 있는 위험이 도사리고 있는 곳으로 평가된다. 김성철은 8장에서 발트3국이 직면한 안보문제가 무엇인지를 상세히 검토하고, 특히 러시아의 개입 가능성이 있는 지역과 시나리오들을 분석하고 있다. 이미 서유럽으로 통합된 발트3국에는 우크라이나 사례처럼 러시아가 적나라한 군사개입을 할 가능성은 낮지만, 러시아 영토인 칼리닌그라드와, 리투아니아의 러시아인 밀집 지역에는 여전히 개입 가능성이 남아있다.

9장에서 정근식은 탈사회주의 전환 전후 발트3국의 기억의 정치의 핵심 무대로서 기념관과 기념비들의 문제를 다룬다. 저자는 소련군의 주둔에 대한 발트3국 국민들의 인식 변화를 점령박물관의 설립 및 소련군기념비의 이전을 중심으로 분석하였다. 해방자로서의 소련군 지위는 1990년 독립과 함께 약화되었고, 발트3국은 자신의 현대사를 점령이라는 개념으로 정리하였다. 근래에는 각종 소련군기념비들을 해체하거나 이전하면서 새로운 정체성을 보여주고 있다. 기억의 정치를 이해하는 과정은 소수자들을 포용하는 성숙한 다문화주의적 민주주의를 지향하는 발트3국의 정치적 발전에 매우 중요한 과제이다.

이 책은 발트3국의 역사와 정치, 사회와 문화에 대한 최초의 학술적 연구라고 할 수 있을 것이다. 이 책은 발트3국의 탈사회주의 경험을 다루고 있지만, 이런 학술적 작업은 어디까지나 우리의 과제인 통일과 평화를 달성해 가는 과정의 일환이다. 유럽이나 아시아의 여러 사례들은 우리의 문제를 성찰하고 더 나은 대안을 구상하는 데 좋은 참조가 될 수 있다. 독일과 같은 급속한 통일모델로 우리의 미래가 진행될지, 아니면 북한이 독립성과 자율성을 가지면서 점진적으로 교류와 협력의 길로 나아가는 길을 밟을지 현재로서는 알 수 없지만, 민주화와 탈사회주의로 나아가는 것은 필연적이라고 본다. 그런 의미에서 다양한 스펙트럼을 가진 발트3국의 탈사회주의의 경로들을 폭넓고 깊이 있게 검토하는 작업은 지난하지만 가치 있는 것임에 틀림없다.

| 참고문헌 |

최완규 · 최봉대. 2008. "사회주의 체제전환 방식의 비교 연구". 윤대규 엮음. 『사회주의 체제전환에 대한 비교 연구』. 한울 아카데미.

서진석 엮음. 2012. 『유럽속의 발트3국』. 명지 출판사.

이상금 · 박영미 외. 2011. 『발트3국의 역사 · 문화 · 언어』. 산지니.

Auers, Daunis. 2015. *Comparative Politics and Government of the Baltic States: Estonia, Latvia and Lithuania in the 21st Century*. Palgrave Macmillan.

Berglund, Sten, Joakin Ekman, Kevin Deegan-Krause, & Terje Knutsen (eds.). 2013. *Handbook of Political Change in Eastern Europe*. 3rd edition. Elgar.

Elsuwege, Peter van. 2008. *From Soviet Republics to EU Member States: A Legal and Political Assessment of the Baltic States' Accession to the EU*. Leiden: Brill.

European Commission. 1998. *Regular Report from the Commission on Estonia's Progress towards Accession*. Brussels: European Commission.

Feldmann, Magnus. 2001. "The Fast Track from the Soviet Union to the World Economy: External Liberalization in Estonia and Latvia". *Government and Opposition*, Vol. 36, No. 4, pp. 537-558.

Kasekamp, A. 2010. *A History of the Baltic States*. Palgrave Macmillan.

Larr, M. 2010. *The Power of Freedom: Central and Eastern Europe after 1945*. Centre for European Studies and Unitas Foundation.

Nikolenyi, Csaba. 2014. *Institutional Design and Party Government in Post-Communist Europe*. Oxford University Press.

Norkus, Zenonas. 2007. "Why did Estonia Perform Best? The North-South Gap in the Post-Socialist Economic Transition of the Baltic States". *Journal of Baltic Studies*, Vol. 38, No. 1, pp. 21-42.

North, Michael & Kenneth Kronenberg. 2015. *The Baltic: A History*. Harvard University Press.

Purju, Alari. 2013. Economic and Social Development in the Baltic States: Estonia. European Economic and Social Committee.

Purs, Aldis. 2012. *Baltic Facades: Estonia, Latvia and Lithuania since 1945*. Reaktion Books.

Purs, Aldis & Andrejs Plakans. 2017. *Historical Dictionary of Latvia*. Rowman & Littlefield Publishers.

Rechel, Bernd (ed.). 2009. *Minority Rights in Central and Eastern Europe*. Routledge.

Ruin, Påhl. 2012. "Mergers have become a necessity", Baltic Worlds (June 27). http://balticworlds.com/mergers-have-becomea-necessity/ (검색일: 2018.3.10)

Steen, Anton. 1997. *Between Past and Future: Elites, Democracy and the State in Post-Communist Countries: A Comparison of Estonia, Latvia and Lithuania*. Ashgate.

Susanne, Jungerstam-Mulders (ed.). 2006. *Post-Communist EU Member States: Parties and Party Systems*. Ashgate.

Transparancy International. 2014. Corruption Perception Index 2014.

Estonian Human Development Report 2011.

제2장

발트3국의 윌슨적 순간

독립과 민주주의의 역사적 유산

김학재
(서울대학교 통일평화연구원 HK교수)

1
서론: 독립으로서의 체제전환

발트3국의 탈사회주의 체체전환이 가진 특성 중 가장 중요한 것은, 이러한 변동이 '독립'으로서의 의미를 갖고 있었다는 점이다. 즉, 발트3국의 탈사회주의 경험은 단순히 정치 경제적 체제전환이 아니라, 소련이나 독일 등 주변 강대국으로부터 자율적 주권을 회복하는 독립이라는 의미로 이해되는 것이다.[1]

역사적으로 발트해 지역은 중요한 항구들이 위치해 수세기 동안 늘 외국의 점령과 침략의 대상이었다. 17~18세기에는 스웨덴 제국이 발트 지역을 통제했고, 18세기에는 러시아 제국이 이 지역을 영토로 편입시켰다. 2세기 동안 지속된 러시아의 지배로 라트비아어, 리투아니아어, 에스토니아어 사용이 금지되었고 러시아어가 지역의 공용어가 되었다.

이런 열강들의 영향력에서 벗어나 발트 국가들이 독립을 이룬 것은 1920년대에 이르러서였다. 이때 발트3국의 독립이 가능했던 것은 정치 지도자들의 선견지명이나 서구 승전국들의 의지와 비전 때문이 아니었다.[2] 이들을 지배해 온 러시아와 독일이라는 두 제국이 붕괴했기 때문이었다.[3]

---

* 이 글은 『동유럽발칸연구』 제41권 3호에 게재된 필자의 논문을 수정 보완한 것이다.

1 Geoffrey A. Hosking, Jonathan Aves, & Peter J. S. Duncan, *The Road to Post-Communism: Independent Political Movements in the Soviet Union, 1985-1991* (London: Pinter, 1992); D. J. Smith, et al. (eds.), *The Baltic States: Estonia, Latvia and Lithuania* (Routledge, 2002).

2 M. Eksteins, *Walking since Daybreak: A Story of Eastern Europe, World War II, and the Heart of Our Century* (Houghton Mifflin Company, 1999).

두 가지 계기가 결정적이었다. 먼저 1914년부터 1918년까지 제1차 세계대전이 발발했고, 독일의 패배로 종식되었다. 1917년에는 러시아 제국이 볼셰비키 혁명으로 무너졌다. 이 두 제국의 붕괴 시점에 리투아니아, 에스토니아, 라트비아의 민족 지도자들은 연이어 독립을 선포했고, 여러 주변 국가들이 이들의 독립을 인정했다.[4]

사실 이 시기 발트3국의 독립은 전 지구적으로 동시적인 현상의 맥락에서 보아야 한다. 이 시기는 소위 '윌슨적 순간(Wilsonian Moment)'으로서 제1차 세계대전으로 유럽의 제국주의적 시스템이 흔들리고 민족자결(Self-determination)이라는 구호 아래 제국의 통제를 받던 동유럽, 아시아, 아프리카 등지의 국가들이 모두 독립의 열망을 품었던 시기였다.

하지만 이런 독립의 열망이 실제로 실현된 곳은 오직 동유럽뿐이었다. 독일 제국, 러시아 제국, 오스트리아-헝가리 제국, 오토만 제국이 모두 무너지고 핀란드, 에스토니아, 라트비아, 리투아니아, 폴란드, 체코슬로바키아, 오스트리아, 헝가리, 유고슬라비아가 새로운 독립국가를 건설했다. 하지만 식민지 조선의 3 · 1운동은 진압되고[5] 식민지배가 정교화되었으며, 다수의 아시아, 아프리카 국가들은 즉각적인 독립을 이루지 못하고, 긴 탈식민 독립운동을 시작했다.[6]

이 20년의 독립 기간 동안 발트해의 세 국가들은 역사적으로 매

---

3 Daunis Auers, *Comparative Politics and Government of the Baltic States: Estonia, Latvia and Lithuania in the 21st Century* (Palgrave Macmillan, 2015).

4 A. Kasekamp, *A History of the Baltic States* (Palgrave Macmillan, 2010), p. 95; Adam Woog, *The Baltic States: Then and Now* (Reference Point Press, 2014), p. 14.

5 1919년 한국에서 3 · 1 운동이 일어났을 때, 이 상황이 국제사회에 알려지자 가장 먼저 한국의 독립을 인정한 나라가 바로 에스토니아였다.

6 Erez Manela, *The Wilsonian Moment: Self-determination and the International Origins of Anticolonial Nationalism* (Oxford University Press, 2003); Sebastian Conrad & Dominic Sachsenmaier, *Competing Visions of World Order: Global Moments and Movements 1880s~1930s* (Palgrave Macmillan, 2007).

우 결정적인 경험을 하게 된다. 이들은 국가를 건설하고 세계에서 자국의 지위와 안보를 강화하기 위해 노력했으며 여러 서구 국가들과 무역 협약을 체결함으로써 경제성장도 도모했다. 이들은 러시아와 평화협약을 체결하기 위한 협상을 시도했고, 주변국과의 국경선을 확정했다. 무엇보다 이들은 새로운 민주주의적 실험을 시도했다. 즉 발트3국은 새로운 헌법을 제정했고, 강력한 의회의 권력에 공화국의 기초를 두었고, 다른 유럽국가들보다 먼저 여성에게 투표권을 부여했으며, 선거를 통해 정치적 대표들을 선출했다. 이 짧은 시기에 발트3국은 특히 전면적으로 시행된 토지 개혁과 교육·문화적 자율성의 측면에서 진보적 민주주의와 평등한 사회를 구축한 것으로 평가된다.[7]

하지만 발트3국의 신생 민주주의는 불과 20년 후 안팎의 위기에 직면하게 되었다. 1929년 시작된 세계적 불황으로 인해 가난하고 작은 발트 국가들의 경제적 기반이 먼저 흔들렸다. 또한 유럽 전체가 권위주의화되면서, 특히 독일의 나치가 부상하자 정치군사적 위협을 받게 되었다. 발틱의 민주주의 체제 역시 아래로부터 지지를 받는 권위주의체제에 굴복하고 말았다. 1910년대 독립운동의 지도자이던 스메토나(Smetona), 패츠(Päts), 울마니스(Ulmanis)는 1930년대 권위주의 독재자로 변신했다. 결국 히틀러가 또 한 번의 세계대전을 일으키자 발트 국가들의 독립과 민주주의는 모두 무너지고 말았다.[8]

약 20년간의 독립과 국가건설, 민주주의의 체제 경험은 발트3국의 탈사회주의 체제전환에 어떤 영향을 주었을까? 무엇보다 1990년대 이후 발트3국의 탈사회주의 체제전환은, 과거의 짧은 독립 경험을 반추하며 진행한 긴 '독립'의 과정으로 설명된다. 아나톨 리벤은 발

7 Woog, *op. cit.*, p. 15; Kasekamp, *op. cit.*, p. 95.
8 *Ibid.*

트국가의 1990년대의 변화를 19세기에 러시아로부터 독립하려던 민족 자결의 투쟁에서 시작해, 1920년대와 30년대의 짧은 독립 성취를 거쳐, 100년 이상 이어지는 독립운동으로 이해한다. 이런 '독립'의 서사에서 1920~30년대의 독립 경험은 특히 중요한 위치를 차지하고 있는 것이다.[9]

이 글은 발트3국의 1920~30년대 독립의 경험이 갖는 역사적 의미를 좀 더 구체적으로 다섯 가지 측면에서 검토하고자 한다. 먼저 이 글은 제1차 세계대전 시기부터 이어진 발트국가 독립전쟁의 전개가 남긴 유산이 무엇인지를 검토할 것이다. 둘째로 이 글은 발트3국의 국가건설 과정에서 쟁점이 되었던 민족적 상징과 문화의 문제를 검토할 것이다. 셋째, 발트3국이 헌법을 제정하고 민주주의적 실험을 하던 과정을 상세히 검토하고, 넷째, 이 민주주의적 실험이 어떻게 권위주의로 후퇴하였는지를 분석할 것이다. 마지막으로는 이런 독립국가와 민주주의적 실험의 경험들이 1990년대 체제전환 이후 어떻게 복원, 해석되고 있는지를 간략히 짚어보고자 한다. 이를 통해 이 글은 발트지역의 독립국가 건설과 민주주의의 역사적 경험이 이후 탈사회주의 전환과정에 미친 영향에 대한 비교사적 함의들을 도출하려 한다.[10]

---

9 Anatol Lieven, *The Baltic Revolution: Estonia Latvia Lithuania and the Path to Independence* (Yale University Press, 1993), p. 14.

10 발트3국의 역사에 대해서는 이미 포괄적이고 수준 높은 역사서와 비교정치학적 분석이 이루어졌다. 가장 대표적인 저서들에는 Lieven, *Ibid.*; Kasekamp, *op. cit.*; Michael North & Kenneth Kronenberg, *The Baltic: A History* (Harvard University Press, 2015); Auers, *op. cit.*; A. Plakans, *A Concise History of the Baltic States* (Cambridge University Press, 2011); A. Purs, *Baltic Facades: Estonia, Latvia and Lithuania since 1945* (Reaktion Books, 2012); Rein Taagepera, *Estonia: Return to Independence* (Westview Press, 1993) 등이 있다. 이 연구가 정리한 발트3국의 독립과정은 주로 대표적인 기존 역사연구에 의존하고 있다.

2
제1차 세계대전 시기의 독립운동과 그 유산

먼저 살펴볼 것은 제1차 세계대전 시기에 전개된 발트3국의 독립운동이다. 기존의 많은 역사 연구들은 3국이 베르사유 협약의 결과로 독립을 성취하게 되었다고 설명해 왔다. 즉 이들의 독립은 서유럽이 볼셰비키로부터의 완충지대(Buffer Zone)를 만들기 위한 것이었다는 관점이다. 그러나 사실 1919년 파리 회담의 피스메이커들은 발트지역에서 무슨 일이 벌어지고 있는지에 대해 지식도 관심도 적었다. 에스토니아인, 라트비아인, 리투아니아인 들 외에는 이들의 독립국가 수립을 선호하지 않았다. 발트지역에서의 갈등은 러시아 내전의 부차적 요소로만 여겨졌다. 미국과 프랑스는 러시아 제국의 영토가 그대로 유지되기를 바라며 반볼셰비키 세력을 지지했다.[11]

기존의 해석과 다르게 이 글이 주목하는 것은 이런 강대국의 권력 균형이 변하는 와중에 발트3국이 스스로 어떤 노력을 기울였으며, 그것이 이후 독립국가 건설과정에 어떤 영향을 주었는가 하는 점이다. 여기서는 먼저 제1차 세계대전 과정과 그 이후 발트3국의 독립전쟁 전개 과정을 검토하려 한다.

사실 다른 유럽의 전장에 비하면 제1차 세계대전 기간에 발트지역은 상대적으로 평화로웠다. 리투아니아와 라트비아에서는 전투가 벌어졌지만 에스토니아 영토에서는 전쟁의 마지막 단계 전까지도 전투가 발생하지 않았다. 그러나 1914년에 러시아가 동프로이센을 침공

11 Kasekamp, *op. cit.*, p. 105.

하자 독일이 이에 반격하며 리투아니아 일대를 점령했고, 결국 발트 지역도 전쟁에 휘말리게 되었다.[12]

제1차 세계대전만큼 큰 영향을 준 것이 바로 1917년 2월의 러시아 혁명이다. 이 시기 핀란드, 에스토니아, 라트비아, 리투아니아, 폴란드인들은 러시아의 통제를 벗어나고 싶어했다. 실제로 1917년 3월에는 처음으로 에스토니아인들과 라트비아인들이 임시 정부의 행정책임자들로 임명되었고 이들은 의회를 구성하기 위한 선거를 소집했다.[13]

하지만 레닌이 이끄는 러시아의 혁명적 마르크스주의자 그룹들이 세계 혁명을 주창하며 러시아 내의 권력을 장악했고, 공산주의 사상을 다른 국가들에도 수출하려 했다. 이 과정에서 1922년 소비에트 사회주의공화국연방(The Union of Soviet Socialist Republics)이 탄생했고 여러 국가들이 러시아의 통제하로 들어갔다. 발트 국가들도 이런 흐름의 영향을 받았다. 즉, 1917년 10월 26일 볼셰비키가 페트로그라드의 권력을 장악하자마자 에스토니아와 라트비아 지역도 즉각 지역 볼셰비키의 통제하에 들어갔다.[14]

하지만 서구 열강들은 러시아에서 시작된 혁명이 세계로 확산되지 못하도록 이전의 러시아 동맹세력들을 지지하려 했다. 이 시기 발트 지역의 구지배엘리트들은 서구 유럽, 독일 점령군과 함께 제1차 세계대전 이전의 기존 질서를 회복하고 싶어했다. 마찬가지로 독일이 점령한 발트 지역의 독일인들이 독일 제국의 이해관계를 유지할 수 있는 속국들을 건설하려 시도했다.

이렇게 한편으로는 볼셰비키의 영향이, 다른 한편으로는 독일의

---

12 North & Kronenberg, *op. cit.*, p. 227.

13 Kasekamp, *op. cit.*, p. 96.

14 Woog, *op. cit.*, p. 14; Kasekamp, *op. cit.*, p. 96.

군사점령이 지속되자, 발트지역의 독립을 요구하는 목소리가 더 커졌다. 그동안 에스토니아와 라트비아는 직접적 독립보다는 러시아 연방 내에서의 자율성을 추구했으나 이는 더 이상 정당성이 없었다. 이에 따라 1917년 11월 15일 에스토니아 임시 의회가 에스토니아의 주권을 선언했고, 며칠 후에는 라트비아 임시 국민위원회(National Council)가 자신들이 라트비아 국민들의 유일한 합법적 대표라고 선포했다. 독일이 점령한 라트비아의 리가에서는 사민주의자들과 신농민연합 대표가 라트비아의 민족자결 원칙을 주장했다.[15]

심지어 이 시기에는 발트 지역만의 국가연합 구상도 제기되었다. 1917년 9월 7일 에스토니아의 자유주의 정치가인 얀 퇴니슨(Jaan Tonisson)이 3천만 인구의 발트-스칸디나비아 연방을 건설하여 러시아로부터 독립할 것을 주장했다. 하지만 덴마크나 스웨덴, 노르웨이는 크게 관심이 없었고, 오히려 대다수는 러시아와의 연합 속에서 자율성을 추구하기를 원했다.[16]

이 시기 발트 지역에서는 독립연방보다는 볼셰비키의 구호인 '평화, 땅과 빵'이라는 구호가 매우 큰 호소력이 있었고, 다수가 볼셰비키를 지지했다.[17] 실제로 볼셰비키와 그 지지자들이 독립의 요구를 압도하며 라트비아에서부터 권력을 장악하기 시작했다. 1918년의 에스토니아, 핀란드에서도 볼셰비키 지지자들이 일시적으로 권력을 차지했다. 이렇게 볼셰비키의 영향력이 강화되자, 핀란드와 에스토니아는 각각 1917년 12월 6일과 1918년 2월 24일 독립을 선포했다.[18]

리투아니아의 상황은 조금 달랐다. 당시 리투아니아를 점령하고

15 Kasekamp, *op. cit.*, p. 96; Auers, *op. cit.*, p. 16.
16 Lieven, *op. cit.*, p. 57.
17 Kasekamp, *op. cit.*, p. 97.
18 North & Kronenberg, *op. cit.*, p. 228.

있던 독일은 러시아를 약화시키기 위해 리투아니아 독립세력을 지원해 주었다. 독일은 추후 러시아와 평화협상을 체결하기 위해 리투아니아의 민족자결문제를 협상 카드로 가지려 했던 것이다. 이런 맥락에서 리투아니아에서는 1917년 9월 18~22일 222명의 대표들이 빌뉴스에서 모여 20명의 리투아니아 위원회(Council, Taryba) 위원들을 선출했고 스메토나를 대표로 선출했다.[19]

독일군은 리투아니아를 거점으로 더욱 공세적 팽창을 시도했다. 리가에 주둔 중이던 독일군이 라트비아와 에스토니아를 점령하고 핀란드까지 차지하려 했다. 그러나 핀란드군은 독일군 방어에 성공했고, 1918년 2월 16일 리투아니아 위원회는 아예 공식 독립을 선포했다.[20]

독일의 공세적 팽창에 대응하기 위해 러시아는 독일과 평화협약을 맺고 발트 지역을 넘겨주려 했다. 1918년 3월에 서명된 브레스트-리토프스크(Brest-Litovsk) 협약에 따라 발트 국가들은 독일의 통제하에 놓이게 되었다. 그러자 이를 견제하려던 영국과 프랑스 정부는 이미 독립을 선포한 에스토니아 임시 의회, 라트비아 임시 의회를 사실상의 정부로 인정했다. 이로써 발트 국가들의 지위는 제1차 세계대전 전후처리를 위해 또 다른 국제적 평화회담을 통해 논의되어야 하는 의제가 되었다.[21]

러시아와의 평화협약 이후에도 발트 지역은 독일의 뜻대로 통제되지 않았다. 리투아니아와 라트비아에서는 볼셰비키 세력들이 소련공화국을 수립하려 했다. 에스토니아의 일부 지역도 볼셰비키 통제하에 들어갔다. 결국 1918년 11월 독일이 전쟁에서 패배하자, 리투아니

19 Kasekamp, *op. cit.*, p. 98.

20 *Ibid.*, p. 98.

21 *Ibid.*, p. 99.

아, 라트비아, 에스토니아에서는 일제히 독립 정부를 수립하려는 움직임이 재개되었다.[22]

독일의 패권이 붕괴하자 러시아군이 이 지역에 입성했다. 1918년 말에는 러시아 적군(Red Army)이 에스토니아, 라트비아, 리투아니아에 들어섰다. 1919년 초에 이르면 볼셰비키가 에스토니아와 리투아니아의 동부 절반과 라트비아 전역을 획득했다.[23]

하지만 러시아의 지배 역시 오래가지 못했다. 이때부터 본격화된 것이 바로 소련에 대항한 발트3국의 독립전쟁이다. 러시아의 영향력 확대에 위협을 느낀 영국은 무장 투쟁을 하고 있던 에스토니아 독립군을 적극적으로 지원했다. 이 독립전쟁의 결과 1919년 봄에는 에스토니아 영토에서 볼셰비키군이 추방되었고, 러시아와 폴란드로부터 이중의 위협을 받던 리투아니아도 볼셰비키군의 침공을 받았지만 결국 무장 투쟁을 통해 볼셰비키의 영향으로부터 벗어났다.[24] 하지만 가장 광범위하게 볼셰비키를 지지했던 라트비아에서는 독립이 더디게 진행되었다. 라트비아의 내적 분열이 더 심해서 한때는 민족주의자, 친독파, 친러파 세 개의 정부가 수립되어 있기도 했기 때문이다. 그러나 라트비아에서도 결국 독일과 에스토니아의 지원으로 민족주의 정부가 소련군을 몰아냈다.[25]

발트3국의 독립전쟁은 이들의 독립뿐 아니라 이후 역사적 발전 과정에 크게 두 가지 영향을 미쳤다. 첫째, 발트3국의 군이 창설되었다. 라트비아에서는 독일이 라트비아를 공격했을 때부터 군이 창설되었는데, 이 부대의 군인들과 장교들이 나중에 독립전쟁과 이후 발트

---

22 *Ibid.*, pp. 99-100.
23 *Ibid.*, p. 101.
24 Lieven, *op. cit.*, pp. 58-59.
25 A. Plakans, *The Latvians: A Short History* (Hoover Press, 1995), pp. 116-120.

국가들의 군 창설에 결정적인 역할을 했다.[26] 에스토니아에는 1917년 봄에 에스토니아 여단(National regiment)이 창설되었다. 리투아니아는 자체적인 군 창설보다는 파리 평화회담에 파견할 대표단과 의제를 준비하는 데 주력했다.

둘째, 발트 지역 주민의 강제 이주와 난민을 돕기 위한 풀뿌리 조직들이 발전했다. 이 시기 발트 지역 주민 상당수가 독일 점령지로부터 러시아 내륙지방으로 강제 이주되었다.[27] 이로 인한 행정적 공백을 메우기 위해 라트비아 중앙 난민 위원회, 리투아니아 전쟁구호 위원회 같은 풀뿌리 조직들이 창설되었다. 이 조직들은 이후 정치적 조율뿐 아니라 행정적 운영을 훈련할 수 있는 유용한 기반이 되었다. 이 시기 난민 구호를 위한 전국조직을 운영했던 엘리트들과 임원들이 이후 민족 독립운동의 주도 세력으로 발전하게 된다.[28]

결국 제1차 세계대전 이후 독립전쟁 기간에 군과 풀뿌리 구호 조직에서부터 임시 의회와 의원 등 정부 조직의 중심이 될 만한 자체 조직들이 성장하고 있었다. 이들의 과제는 본격적으로 독립국가를 건설하는 일이었다.

---

26 Auers, *op. cit.*, p. 16.

27 리투아니아에서는 50만 명, 라트비아에서는 80만 명(당시 인구의 60%)이 이주했다.

28 A. Purs, "Working towards 'an unforeseen miracle' redux: Latvian refugees in Vladivostok, 1918~1920, and in Latvia, 1943~1944", *Contemporary European History*, Vol. 16, No. 4 (2007), p. 480.

3
발트3국의 국가건설

독립을 선포한 발트3국은 전쟁을 마무리하기 위해 러시아와 평화조약을 맺었다. 에스토니아는 러시아와 1920년 2월 2일 타르투 평화협약에 서명하고 서로를 주권국가로 인정했다. 라트비아도 폴란드의 지원으로 전쟁에서 이기고 1920년 8월 11일 평화협약에 서명했다. 이로써 러시아는 라트비아에 대한 모든 권리를 포기했다. 리투아니아는 한 달 전인 7월 12일에 평화협약을 맺었고 볼셰비키는 빌뉴스를 리투아니아의 수도로 인정하는 한편, 리투아니아는 러시아와 폴란드가 무력 분쟁이 있는 경우 적군(赤軍)이 리투아니아 영토로 진입하는 것을 허용했다.[29]

러시아와 평화협약을 체결했다고 해서 발트3국이 모두 국제적으로 인정받게 된 것은 아니었다. 에스토니아와 라트비아는 1921년 1월 26일 처음으로 법적인 승인을 받았으며, 세 국가는 모두 9월부로 국제연맹 회원국으로 가입했다. 리투아니아의 경우 영국과 프랑스의 법적 승인이 약 2년간 지연(1922년 12월 20일 승인)되었다.

이렇게 평화협약을 맺고 국제적 승인을 받은 발트3국은 이후 20년간 본격적인 국가건설과 발전의 길을 걷게 된다. 이 기간에 발트3국에서는 처음으로 민주주의가 꽃피웠으며 정치 · 경제적 근대화가 이루어졌다.[30]

하지만 그 과정이 순탄치는 않았다. 에스토니아, 라트비아, 리투아니아는 모두 새로운 국가를 건설하는 과정에서 엄청난 도전들에 직

29 Kasekamp, *op. cit.*, p. 104.
30 Auers, *op. cit.*, pp. 16-17.

에스토니아 라트비아 리투아니아

〈그림 2-1〉 발트3국의 독립 이후 국기

면했다. 새로 독립한 중부 동유럽 국가들은 모두 같은 문제를 겪고 있었으며, 이들은 서로 모방하며 새로운 혁신을 해나가고 있었다. 먼저, 성문 헌법으로 새로운 정치적 질서가 구축되었으며 국기와 국가, 국경일, 기념비, 훈장, 거리 이름, 기타 핵심적 국가 상징들을 통해서 민족 정체성이 구성되어 갔다.[31] 독립된 에스토니아, 라트비아, 리투아니아는 완전히 새로운 정치, 경제, 문화 구조를 만들어내야 했다.

이 시기에 세 국가는 에스토니아어, 라트비아어, 리투아니아어를 공식 언어로 발전시켰다. 리투아니아의 정치 지도자들은 특히 고등교육에 초점을 맞추어 이전에 독일인, 폴란드인, 유대인들에 의해 독점되어 있던 도시와 전문직 분야의 인력을 길러내려 했다. 교육체계 수립의 일환으로 라트비아와 리투아니아는 두 개의 새로운 국립대학을 창설했다[1919년 리가에 라트비아 대학, 1922년에 카우나스(Kaunas) 대학]. 1632년에 설립된 에스토니아의 타르투(Tartu) 대학은 독립 이후부터 처음으로 에스토니아어로 가르치기 시작했다. 그러나 이 세 대학 모두 처음에는 적합한 교수진들을 확보하지 못해 어려움을 겪었다.[32]

국가의 상징을 무엇으로 해야 하는지부터가 난제였다. 국기나 국가, 건물, 동상과 거리 이름 등 가장 가시적인 국가적 상징들이 빨리

31 *Ibid.*, p. 17.

32 *Ibid.*

창안되고 채택되어야 했다. 각 국가 건설가들은 서로 다른 방식으로 국기를 만들었다. 에스토니아의 파랑-검정-백색 삼색기는 1880년대 에스토니아 학생회의 상징으로 사용되던 것이었고 1918년 독립 선언 이후 공식 국기로 사용되었다. 하지만 1918년부터 1922년에 국기에 대한 법률이 채택되기까지 이 국기의 지위에 대한 논란과 다양한 색깔의 새로운 디자인들이 제안되었다. 이 중에는 노르딕적 색체를 띤 것이 많았고, 일본의 국기처럼 떠오르는 태양을 주제로 한 것도 있었다.[33]

라트비아의 빨강-백색-빨강 깃발과 관련된 이야기는 13세기로 거슬러 올라가 튜턴 기사단(Teutonic Knights)과 싸우던 전사들의 이야기로부터 시작된다. 깃발의 색은 제1차 세계대전 시기 라트비아의 전투부대에 의해 다시 채택되었다. 물론 이때 라트비아 학생 동맹의 녹색-파랑-노랑 삼색기를 채택해야 한다는 의견도 있었다.

리투아니아는 1905년 전국회의(the Great Seimas)에서 노랑-초록-빨강 삼색기를 채택했고, 1917년과 1918년에 열린 회합에서도 다시 채택되었다. 국기 디자인은 당대의 유럽 국가들의 것을 모방한 것이었다. 이렇게 고대와 국가 수립 시기, 서유럽에 대한 참조, 그리고 개인의 취향 등이 이 발트 국가들의 국기 형성 과정에 영향을 미쳤다.[34]

이렇게 세 국가는 1920년대에 독립국가를 건설하면서 국기와 국가의 상징들, 언어와 고등교육 체제 등을 개편하여 국가의 기본 문화적 정체성을 형성해 나갔고, 이것이 1990년대 이후 체제전환 과정에서 그대로 복원되었다. 지금 사용되는 국기들은 모두 이 시기에 만들어진 것이다.

---

33 Riigi Arhiiv, "Eesti Vabariigi lipu ja vapi kavandeid 1919 – 1922", Retrieved from Estonian State Archive: http://riigi.arhiiv.ee/est/eesti-vabariigilipu-ja-vapi-kavandeid-1919-1922/ (2014).

34 Auers, *op. cit.*, p. 18.

4
경제 재건과 토지개혁

국가적 상징을 만들어 내는 것 다음으로 중요한 것이 바로 전후 경제를 재건하는 일이었다. 발트 국가들은 산업 인프라들이 대부분 파괴되었고 제1차 세계대전 기간 동안 소련에 가까운 동쪽으로 다수의 시설들이 이전해 있었다. 더구나, 발트 국가들의 인구는 전쟁기에 급격히 감소되었다.

러시아 제국에서 독립한다는 것은 곧 경제적인 독립을 이루는 것이었다. 제1차 세계대전 이전에 러시아의 대규모 산업들은 상트페테르부르크(St. Petersburg)나 레발(Reval), 리가(Riga)에 집중되어 있었다. 예컨대, 1913년 리가에는 거의 9만 명의 노동자가 조선업, 기계, 고무, 화학, 면직 산업 분야의 372개 공장에 고용되어 있었다. 하지만 러시아 혁명 이후 대다수의 공장들이 문을 닫았다. 에스토니아에서도 같은 이유로 제조업 분야 고용이 감소하여 1913년에 4만 6,000명이었던 노동자 수가 1921년에 3만 1,000명으로 감소했다. 결국 산업이 매우 위축되었고 지역 시장의 수요를 맞추는 역량이 감소하기 시작했다.

이렇게 오랜 기간 러시아에 통합되어 있던 경제를 다시 서유럽과의 교역 확대로 방향전환하는 것이 큰 도전이었다. 여기에는 한편으로는 서유럽 국가들과 경제적 관계를 더 긴밀히 하려는 정치적 목적이 있었고, 다른 한편으로는 실제로 1920~1930년대 소련이 발트 국가들과 무역을 꺼려했다는 실질적 이유가 있었다.

하지만 발트 지역은 이미 자본주의적으로 발전한 서유럽과 근접해 있었으며 부분적으로 통합되어 있었다. 독립 후 20년이 지난 1930년대 후반이 되면 발트 국가들의 경제는 서유럽과 긴밀히 통합되었고

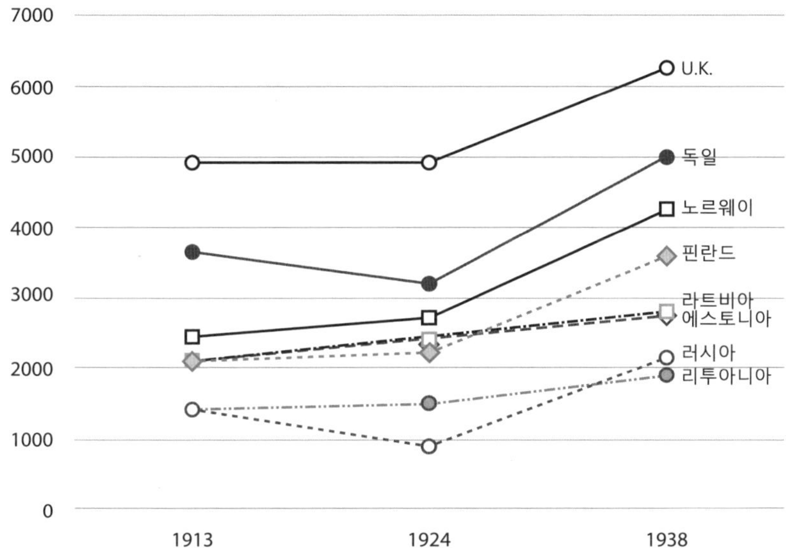

〈그림 2-2〉 독립시기 발트3국과 주변국의 소득수준 비교(1913~1938) [GDP per capita, ppp, $]
출처: The Maddison-Project, http://www.ggdc.net/Maddison/Maddison-project/home.htm

소련과의 무역은 전체 교역의 몇 %밖에 되지 않았다.

예컨대 1920년대 후반기에 에스토니아 노동인구는 3만 5,000명이 증가했다. 이 수는 계속 증가해 1936년에는 4만 9,000명이 되었고 1939년에는 거의 6만 명이 되었다. 가장 중요한 다섯 가지 제조업 분야는 면직 가공, 식품 가공, 제지, 철강, 목재처리 산업이었다. 석유 시추업이 개발되어 생산적인 화학 산업이 성장했다. 그럼에도 에스토니아는 주로 식품과 목재, 제지용 펄프 등을 수출하는 농업국가였다. 기계, 화학, 면화(raw cotton)와 설탕 등은 여전히 독일과 영국에서 수입했다. 라트비아에서도 주로 농업 상품과 식품을 수출했다.[35]

이렇게 발트3국에서 1920~1930년대에 경제적 회복이 급격히 이루어졌지만 이 시기 발트 국가들의 생활수준과 수입이 노르딕 국가들과 비슷했다는 것은 다소간의 과장일 것이다. 노르딕 국가 중 가장 가난하던 핀란드도 에스토니아보다 훨씬 빠르게 경제 성장을 이루고 있었다.[36] 그럼에도 발트 국가들의 대중 기억에서 1930년대의 권위주의적 시절은 경제 발전의 황금기로 남아있다.

제조업과 수출보다 중요한 것이 바로 농업이었다. 당시 발트 국가들은 기본적으로 농업국가들이었기 때문이다. 리투아니아 인구의 77%, 에스토니아 인구의 60%, 라트비아 인구의 66%가 농업에 종사하고 있었다. 따라서 가장 중요한 경제 개혁의 문제는 바로 토지개혁 문제였다. 이 국가들이 도입한 토지개혁법은 특히 새로운 국가를 건설하기 위해 싸웠던 군인들에게 토지를 분배한다는 약속을 지키기 위해 중요한 법이었다.

독립과 동시에 세 국가는 토지개혁을 실시했다. 에스토니아는 1919년 새로운 토지법을 공표하여 과거의 왕족, 교회, 귀족들의 소유지를 국유화했다. 시와 공동체, 교육기관들만 기존 토지를 보유할 수 있었다. 에스토니아 정부는 이미 독립전쟁 시절에 전쟁에 참전한 군인들과 그들의 가족에게 우선적으로 토지를 분배했다. 국영농업은행이 창설되어 가난한 정착자들에게 투자자금을 대출해 주었다. 전쟁에 참여한 농민들은 자신의 땅을 지키기 위해 싸우며 민족 정체성을 갖게 되었다. 전후인 1925~1926년 사이에 등장한 새로운 토지법들은 농민들의 토지 소유권과 지주들의 보상 문제를 정리하는 후속 조치들이었다.[37]

---

35 North & Kronenberg, *op. cit.*, p. 241.

36 T. Myllyntaus, "Standard of living in Estonia and Finland in the 1930s", *Proceedings of the Estonian Academy of Sciences*, Vol. 41, No. 3 (1992), pp. 184-191; Auers, *op. cit.*, p. 18.

37 North & Kronenberg, *op. cit.*, p. 235.

〈표 2-1〉 발트3국의 토지개혁과 그 결과

	에스토니아	라트비아	리투아니아
입법시기	1919 토지법 1925 개정 토지법	1920 토지법	1922 토지개혁법
몰수 면적/최대 농지 면적	94% / 50헥타르	84% / 50헥타르	77% / 150헥타르
결과	5만 2,560개의 신규 농장, 77.2%가 50헥타르 미만, 69%가 농민 소유	5만 4,129개의 신규 농장, 44.6%가 20헥타르 미만, 54%가 농민 소유	2만 3,370명의 농민가족 분배, 17%가 농민 소유

라트비아에서 토지개혁과 국유지의 창출은 1920년 독립전쟁 이후 이루어졌다. 라트비아에서는 기존의 농장 주인도 적절한 규모의 농장을 운영할 권리가 주어졌지만, 누구도 50헥타르 이상의 토지를 소유할 수 없게 했다.

리투아니아에서도 1918년 12월부터 토지개혁 위원단을 선정했고 러시아인 지주들로부터 토지를 환수하여 리투아니아군에 가담한 독립전쟁 참전군인들에게 분배하기로 약속했다. 실제로 1922년 토지개혁법이 공표되었고 80헥타르 이상의 모든 민간 농장이 해체되었다. 리투아니아는 토지가 없던 사람들에게 토지를 우선적으로 분배했다.

전반적으로 발트3국의 토지개혁은 매우 성공적이었다. 에스토니아에서는 1919년부터 1936년까지 94%의 토지를 몰수하여 작은 규모의 5만 2,560개의 새로운 농장이 만들어졌다. 에스토니아 정부는 이 중 400개의 농장을 모델로 지정해 운영했다. 농민들은 새 정착지에서 경지를 개발하도록 장려되었다. 농지 개혁 이후 전체 농지의 77.2%가 50헥타르 미만의 농장[5~20헥타르의 농장(42.4%), 20~50헥타르(34.8%)]이 되었다.

라트비아에서는 84%의 토지를 몰수해 5만 4,129개의 새로운 농장이 건설되었고 5~20헥타르 규모의 농장이 44.6%를 차지하게 되었다. 토지개혁으로 14만 4,000명의 농민 가족들이 이 재분배의 수혜를 입었다.

리투아니아에서는 77%의 토지를 몰수해 24만 9,170헥타르의 땅이 2만 3,370명의 농지 없는 농민가족에게 분배되었고 10만 4,210헥타르는 리투아니아군 자원자들에게 돌아갔다.

전체적으로 볼 때 발트3국의 토지개혁 이후 100헥타르 이상을 소유한 대지주는 전체 토지 소유의 1%밖에 되지 않았다. 이렇게 발트 지역의 토지개혁은 사회의 토지 소유구조를 완전히 바꾸었다. 토지개혁 이후 농지가 없는 농민은 없었다. 이런 개혁은 다른 동유럽의 어떤 신생국들보다 더 급진적이고 전면적이었으며 균등하고 성공적이었다. 토지개혁을 통해 발트 국가들은 유럽에서 가장 평등한 사회 중 하나가 되었다. 토지의 불균등한 소유문제를 제거함으로써 발트3국은 가장 근본적인 사회경제적 적대와 갈등의 원인을 제거했다.[38]

경제 재건의 측면에서 발트3국의 국가건설은 비교적 성공적이었다. 이들의 전후 재건은 비록 러시아로부터의 독립이라는 문제에 직면했지만, 이를 극복하며 발전을 이루었다. 발트3국은 평등하고 전면적인 토지개혁에 성공함으로써 독립운동에 참여한 국민들에게 보상을 해주었고, 이후 민주주의 체제를 수립하고 안정적으로 운영하는 데 필요한 사회경제적 토대를 마련했다고 평가할 수 있다.

---

38 Kasekamp, *op. cit.*, pp. 113-114.

5
헌법 제정과 민주주의 실험

국가건설의 가장 큰 과제는 바로 근대적 원칙에 입각해 정당하고 안정적인 정치 체제를 수립하는 것이었다. 이는 곧 발트3국이 역사상 처음으로 민주적 헌법과 제도를 도입해 국민의 대표를 뽑아 정치를 운영해 나가는 과정을 의미했다.

세 국가 모두 제헌의회를 수립하고 헌법을 제정했다. 에스토니아는 1919년 4월에 제헌의회를 소집하고 1920년에 헌법을 제정했으며, 제1차 세계대전이 좀 더 오랫동안 지속된 라트비아와 리투아니아에서는 이보다 늦어서 1920년에 제헌의회가 소집되고 1922년에 헌법을 마련했다.[39]

새로운 헌법은 매우 민주주의적이었다. 저명한 에스토니아 출신 미국인 정치학자 레인 타게페라(Rein Taagepera)는 새 헌법으로 탄생한 에스토니아 정치 시스템을 '초민주주의(ultrademocracy)'[40]라고 묘사했다. 국가의 수장(State Elder, Riigivanem)(총리의 역할뿐 아니라 대통령의 의례적 기능도 수행)은 의회(Riigikogu)에서 선출되었지만 의회의 입법권에 대한 비토권한은 없었다. 세 국가의 헌법은 모두 러시아 2월혁명의 해방적 이념으로부터 영향을 받았으며, 또 다른 한편으로는 당시 가장 근대적이고 진보적인 독일 바이마르 헌법의 영향을 받았다. 물론 프랑스 제3공화국 헌법과 스위스의 직접민주주의 모델로부터도 영향을 받았다. 새 헌법들은 모두 강력한 행정부에 매우 회의적이었으며 국민들

39 *Ibid.*, p. 106.
40 Rein Taagepera, *op. cit.*, p. 53.

의 대표인 입법부[41]에 많은 권한을 주었다. 대통령은 의회에서 선출되었고 매우 제한적이고 상징적인 권한만 갖고 있었다. 모든 성인 여성들에게도 투표권이 부여되었는데 이는 유럽에서 아직 흔한 일은 아니었다.[42]

특히 토지개혁에서 가장 급진적이었던 에스토니아 헌법은 모든 정치권력을 의회에 두었으며 독립된 행정부나 대통령도 만들지 않았다. 모든 권한은 의회의 대표인 총리에게 있었다. 견제할 수 있는 유일한 권한은 자유주의 이니셔티브 법으로서 2만 5,000명의 시민들이 의견을 모으면, 새로운 법을 발의하거나 거부할 수 있는 권한을 허용한 것이었다. 토지개혁이 조금 온건했던 라트비아와 리투아니아 헌법은 좀 더 전통적이었고, 행정부와 대통령이 어느 정도 권한을 가진 것이었지만, 기본적으로 의회가 행정부보다 훨씬 큰 영향력을 보유하고 있었다.[43]

새로 형성된 발트국가 정치 체제는 전간기에 발달된 세 가지 주요 균열구조에 기반해 있었다. 첫째, 민족주의와 공산주의의 분할은 독립운동에 가담하거나 반대했던 독립운동의 균열구조의 연장선에 있었다. 둘째는 도시 대 농촌의 균열구조로 이는 중장기적 경향으로 등장한 것이었다. 장기적으로는 농촌지역으로부터 산업의 중심지로 노동자들이 이주해 오는 경향, 그리고 전후 유산계급의 토지가 작은 농장으로 분할된 경향에 기반한 것이었다. 에스토니아에서만 1920년대에 3만 개 이상의 새로운 농장이 설립되었고 발트지역 인구의 4분의 3

41 세 국가는 모두 단원제를 채택했으며, 에스토니아는 리기코구(Riigikogu), 라트비아는 사에이마(Saeima), 리투아니아는 세이마스(Seimas)라고 불렸고 국회의원의 임기는 3년이었다.

42 Kasekamp, *op. cit.*, p. 106.

43 Auers, *op. cit.*, p. 19.

〈표 2-2〉 전간기 발트 국가들의 인구와 소수민족 구성 비율 (단위: %, 명)

	에스토니아(1934)	라트비아(1935)	리투아니아(1923)
고유 민족그룹	88.2	75.5	83.9
러시아인	8.5	10.6	2.7
독일인	1.5	3.2	1.4
유대인	0.4	4.8	7.6
폴란드인	0.1	2.5	3.2
총계	1,130,000	1,950,000	2,030,000

출처: Kasekamp(2010), p. 117에서 수정.

은 농업분야에 고용되어 있었다. 또한 농촌정당들은 발트지역 경제에서 농업의 중심적 역할만을 반영한 것이 아니라 발트지역 민족주의의 기원으로 여겨지며, 에스토니아와 라트비아 정당체제 내에서 보수정당들의 역할을 하기도 했다. 물론 농부들은 완전히 일관된 집단을 형성하지는 못했다. 구농부들과 신농부들 간의 대립이 있었기 때문이다. 이들의 이해관계가 충돌하여 1920년대 후반의 선거에서는 농촌 표가 갈라졌다.[44]

세 번째 균열구도는 소유자와 노동자의 구분이었다. 이는 특히 에스토니아와 라트비아에서는 노동자를 대변하며 강력하게 성장한 사민주의 정당들과 전문직과 중산층을 대변한 작은 자유주의 중도 정당들의 경쟁으로 나타났다.

네 번째 균열구도는 인종과 소수민족의 분포를 따른 것이었다. 에스토니아와 리투아니아는 라트비아와 달리 상대적으로 동질적인 인종 구성을 가진 국가였다. 에스토니아 인구의 88%가 에스토니아인이었

44 *Ibid.*, p. 20.

고, 8.2%를 차지한 러시아인들은 러시아 정교회 교인이 아닌 루터 개신교도들이었다. 라트비아는 더 다원적이어서 러시아인, 독일인, 벨라루스인, 유대인들이 전체 인구의 25% 정도를 차지하고 있었다.[45]

1934년 에스토니아 센서스에 따르면 에스토니아인들이 88.2%였고, 러시아인들이 8.2%, 독일인은 1.5%, 스웨덴이 0.7%를 차지했다. 1920년 헌법은 모국어 학교 교육을 보장해 주어 소수민족들도 문화적 자율성을 누릴 수 있었다. 소수민족의 문화분야에 대한 자치가 별도의 법으로 보증되어 여러 문화 기구들이 만들어져 직원과 교사를 고용했다.[46]

라트비아에서는 러시아, 유대인, 독일인, 벨라루스인들이 거의 인구의 25%를 차지했기에 소수민족의 문화적 자기 결정권이 1920년대에 들어 점차 공격받기 시작했고 1930년대에는 이 문제가 더 심해졌다. 라트비아에서는 독일인, 러시아인, 유대인과 폴란드인들이 각자 소수정당을 창설했고, 매번 총선에서 100석 중 15~17석을 이들이 차지해 상대적으로 일관된 집단을 형성했다.[47]

리투아니아의 소수민족 범주는 매우 광범위했다. 유대인이 폴란드인이나 러시아인, 벨라루스인, 독일인보다 많아 전체 인구의 16%를 차지했다. 그러나 리투아니아 주민들은 너무나 오랜 탄압으로 효율적인 교육기관이 부족했고, 유대인, 폴란드인, 독일인들처럼 좋은 직장을 얻기 위한 경쟁에 나설 수 없었다. 따라서 리투아니아 정부는 도시의 교육문제에 큰 노력을 기울였다. 이로 인해 급격한 도시화가 진행되어 1930년대에는 전체 인구의 절반이 도시에 거주했다.[48] 이 과정에

---

45 Plakans, *op. cit.*, p. 132.

46 North & Kronenberg, *op. cit.*, p. 243.

47 *Ibid.*, p. 244; Auers, *op. cit.*, p. 20.

48 North & Kronenberg, *Ibid.*

• 에스토니아

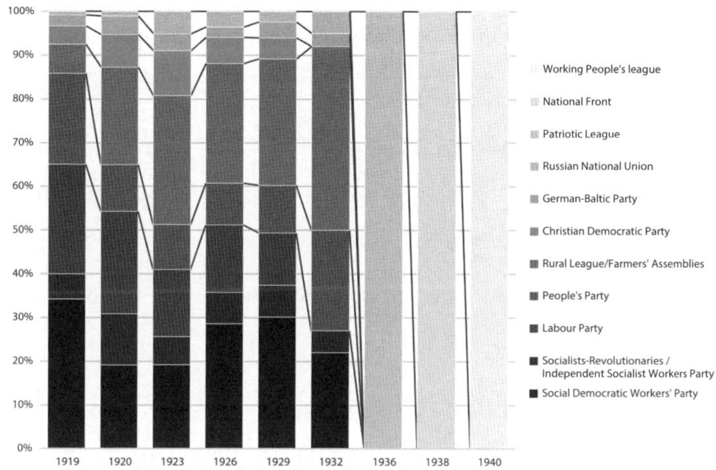

• 라트비아

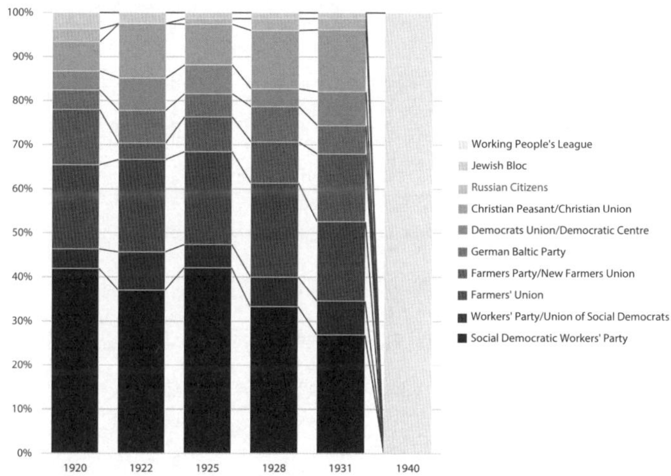

• 리투아니아

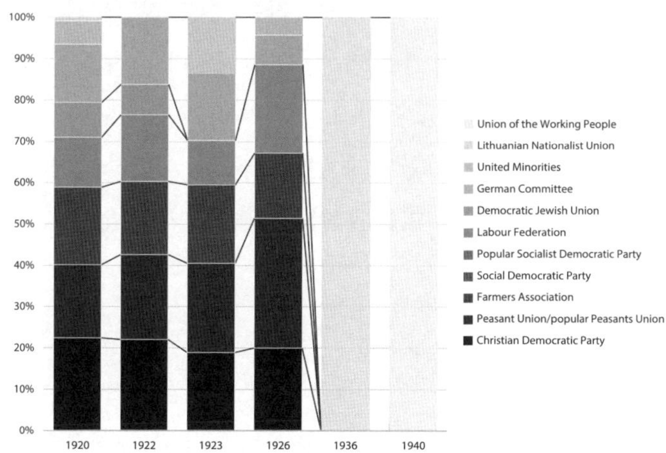

〈그림 2-3〉 발트3국 독립 시기 정치정당과 선거 결과(1919~1940)

출처: D. Nohlen, & P. Stöver, Elections in Europe: A Data Handbook(Nomos Verlagsgesellschaft, 2010).

서 리투아니아적 쇼비니즘이 발전하면서 가장 성공한 소수민족, 유대인에 대한 적대가 생겨났다.

에스토니아와 라트비아 정당체제는 대체로 유사했다. 왼편에서는 사민당이 큰 영향력을 갖고, 오른편에는 농촌정당이, 그리고 작은 자유주의 정당 혹은 소수민족, 혹은 단일이슈 정당이 중간에 있었다. 공산주의자들은 간혹 정당의 막후에서 활동하기는 했지만 기본적으로 정당활동이 금지되어 있었다. 이들은 예외적으로 1931년 라트비아 의회 선거에서 좋은 성과를 거두기도 했다. 하지만 에스토니아에서는 점점 대중적 신망을 잃었고 1924년 12월 1일 쿠데타에 실패한 이후 더욱 더 지하로 잠적했다.[49]

에스토니아와 라트비아 정당 정치의 흐름은 유사하게 전개되었다. 처음에는 사민주의자들이 가장 큰 의회 내 집단을 형성했고, 사민당의 유한 쿠크(Juhan Kukk)가 총리가 되었다. 이런 대중적 지지를 바탕으로 사민주의 정당들은 대대적인 개혁을 추진했는데, 그중에서 토지개혁이 가장 먼저 이루어졌다. 그런데 이 토지개혁으로 인해 각 사회에 존재하던 주된 대중적 불만들이 사라졌고, 이로 말미암아 사민주의 정당들에 대한 지지도 약화되었다. 자산을 갖게 된 신계층들은 덜 급진적인 수단들을 선호하게 되었다.[50]

결국 점차 농촌정당들이 작은 중도 정당들과 가장 큰 연합을 이루며 정부 운영의 주도권을 갖게 되었다. 농민들은 크게 두 정당, 즉 기존 토지소유자들을 대표하는 농민연합(Farmers Union)과, 토지개혁으로 새롭게 농지를 얻게 된 소농들을 대변하는 신농민(New Farmers)들로 구성되었다. 이들이 이룬 연합에 가장 연륜이 많은 지도자들이

49 Kasekamp, *op. cit.*, p. 106.

50 *Ibid.*, p. 107.

참여하며 이후 정부를 주도했다. 여기에는 에스토니아의 패츠와 라트비아의 울마니스 같은 인물이 대표적이었다. 라트비아 농민연합은 총 13개의 연정 중 11번 연정 파트너가 되었고 13번 중 10번의 총리를 배출했으며 4명의 대통령 중 3명의 대통령을 배출했다. 이에 비하면, 에스토니아 사민주의자들은 단 한 번만 총리를 배출했으며 행정부에는 거의 참여하지 못했다. 반면 에스토니아 농민당은 17명의 총리 중 10명을 배출했다. 중도의 다양한 정당 중 가장 중요한 것은 에스토니아의 퇴니슨(Tonisson)이 주도하는 국민의당, 그리고 라트비아의 민주주의 중도당이었다. 이들은 정부에 여러 번 참여했고, 연정의 형성에 결정적인 역할을 했다.[51]

두 국가에서 정권은 1년 이상 지속되지 못하고 계속 교체되었다. 특히 라트비아의 경우 의회는 매우 파편화되어 있었다. 선거에서는 비례제가 전면적으로 적용되었고, 최저 득표율 제한이 없었기 때문에 대다수의 군소정당들은 의석이 하나밖에 없는 경우가 많았다. 그리고 에스토니아와 라트비아에서는 초기에 가장 큰 사민주의 정당이 다른 '부르주아' 내각과 책임을 공유하기를 꺼렸기 때문에 연정이 수립되기 어려웠다. 하지만 이들 정부의 정책들은 비교적 안정적이고 효율적으로 추진되었다.[52]

리투아니아에서도 세 가지 정치 세력이 가장 큰 힘을 갖고 있었는데 기독교민주당, 인민주의 정당, 그리고 사민주의 정당이 그것이다. 리투아니아 정당시스템은 북유럽의 여러 이웃국가들과 유사하게 좌파 연합은 도시지역에 뿌리를 두고 있었고 농민의 우파들은 농촌지역의 지지를 받았다. 에스토니아나 라트비아와 가장 큰 차이점은 중산

51 Auers, *op. cit.*, p. 20; Kasekamp, *Ibid.*
52 Kasekamp, *Ibid.*

층이 충분히 존재하지 않아 중도정당이 자유주의가 아니라 포퓰리즘에 기반하고 있다는 것이었다. 또 다른 큰 차이는 가톨릭 교회가 정당 이데올로기를 형성하는 데 큰 영향을 미쳤다는 것이다. 리투아니아에서 가장 큰 정당은 기민당이었고, 농민들의 대대적 지지를 받으며 의회의 과반수를 넘게 차지했고, '민주주의'보다는 '종교적 가치'를 강조했다. 포퓰리즘 정당은 기민당과 유사한 지지기반을 갖고 있었지만, 이들은 종교적 색채가 옅었다. 사민당은 주로 노동계급과 인텔리겐치아의 지지를 받고 있었고, 세 정당 중 가장 약했다. 결국 리투아니아에서는 기민당이 1920년부터 26년까지는 전 기간을 모두 집권했다.[53]

이 신생 민주주의 시기 초기에는 정당 외에도 시민사회 조직들이 발전했다. 아돌프 실데(Adolfs Silde)는 1928년 라트비아에 6,000개의 다른 독립 조직들이 있음을 발견했다. 하지만 노조들은 대체로 작고 파편화되어 있었으며, 이들은 사민주의와 공산주의와 가깝게 연결되어 있었기 때문에 정치적 영향력이 크지 않았다. 가장 영향력 있는 비정부기구는 학생단체였다. 여러 관료와 장관들이 학생단체 출신이었지만, 그들의 소속은 비공식적이었기 때문에 학생단체의 정치적 영향력은 간접적이고 불투명했다.[54]

이처럼 발트3국의 민주주의 체제는 매우 이상적이고 진보적인 헌법과 대대적인 토지개혁의 바탕 위에서 시작되었다. 정당 구성과 기반의 균열 구조도 다소 교과서적이었다. 농촌 기반의 보수 정당과 노동자 중심의 사민주의 정당, 그리고 도시 중산층의 자유주의 중도 정당,

53 Auers, *op. cit.*, p. 21; Kasekamp, *Ibid.*

54 Ā. Šilde, *Latvijas Vēsture: 1914-1940 [A History of Latvia 1914-1940]* (Daugava, 1976), pp. 544-545; V. Ščerbinskis, "The Latvian student corps and politics in the inter-war period of the twentieth century", *Journal of Baltic Studies*, Vol. 36, No. 2 (2005), pp. 157-177.

혹은 포퓰리즘 정당, 그리고 소수민족 정당들이 비례제에 기반해 의회에 진출했다. 하지만 이런 이상적이고, 교과서적인 민주주의의 실험은 오랫동안 지속되지 못했다.

6 발트3국의 권위주의 시기

무엇보다 세 국가의 정당시스템은 매우 파편화되어 있었고, 정부는 1년 이상 지속되지 못하여 매우 불안정했다. 결국 발트3국의 취약한 민주주의는 1930년대에 모두 권위주의 체제로 후퇴했다. 민주주의가 군사쿠데타로 혹은 권위주의 체제로 퇴행했음에도 불구하고 이에 대한 대중적 반대는 매우 미약했다. 결국 민주주의와 정당들에 대한 사회적 지지가 깊지 않았고 취약했던 것이다.[55]

권위주의 체제의 등장을 알리는 첫 번째 신호는 바로 정치적 부패의 심화였다. 정치 정당들은 종종 부패 스캔들에 연루되었고 이 과정에서 정당과 민주주의 자체에 대한 대중적 지지가 침식되었다.[56] 스캔들, 특히 정치 엘리트와 민간 영역 간의 부적절한 관계들이 종종 언론에 의해 폭로되곤 했다. 아돌프 실데는 이 시기 모든 라트비아 정당들은 회색지갑(불법 비자금)을 갖고 있었다고 지적했고, 특히 의회 의석수가 몇 개 없는 작은 정당들은 더 쉽게 부패문제와 연루되었다. 이렇게 정치적 부패는 권위주의적 쿠데타가 일어날 수 있는 불안상태를

55 Auers, *op. cit.*, p. 21.

56 E. Z. Vēveris, "Blēdību pasaule: Korupcija pirmskara Latvijā un mūsdienu Eiropā. [A deceitful world: Corruption in interwar Latvia and modern Europe]", *Sestdiena* (2005, April 2~8), p. 9.

야기했다.

리투아니아의 사례가 대표적인 경우였다. 보수 기민당이 늘 절대 다수를 점하던 리투아니아에서는 권력남용과 부패가 심화되었다. 그런데 1926년 5월 선거에서 기민당이 여전히 가장 많은 의석을 보유한 정당이 되었지만, 다른 정당들이 다수가 되어 연정을 구성했다. 새 정부는 즉시 그동안 기독민주주의 정부의 비민주적 정책들을 되돌리기 시작했다. 시민들의 권리를 제약하던 규제들이 사라졌고, 정치범들이 사면되었으며, 소수민족들의 언어교육이 자율화되었고 군비 지출이 감소되었다. 그런데 군비가 삭감되자 젊은 장교들이 쿠데타를 기획했고 1926년 12월 16일 쿠데타가 발생했다.[57]

군부는 스스로 권력을 차지하지 않고 12월 19일 의회의 결정을 통해 독립을 주도했던 안타나스 스메토나(Antanas Smetona)와 아우구스티나스 볼데마라스(Augustinas Voldemaras)에게 각각 대통령과 총리의 자리를 맡겼다. 그런데 이들은 민주주의 제도에 대해 매우 비판적이었고, 의회 밖에 머물렀던 인물들이었다. 결국 이들은 1927년 4월 의회를 해산해 버렸고 이후 리투아니아에서는 선거가 치러지지 않았다. 이후 스메토나는 총리도 해임시킨 후에 그 자리에 자신의 조카를 앉히고, 자신이 창당한 민족연합을 지지기반으로 하여 권력을 유지했다.[58]

그러나 이런 정치적 부패 외에도 쿠데타를 촉진한 여러 요소들이 있었다. 정치 체제에 대한 신뢰의 위기, 반체제 정당들의 부상, 전 지구적 경제 불황의 효과들 모두가 기존 질서를 침식했다. 에스토니아와 라트비아 사례에서 가장 중요한 것은 1930년대 경제불황이었다. 두

57 이는 1926년 5월에 바르샤바에서 발생한 쿠데타를 보고 영향을 받은 것이었다.

58 Kasekamp, *op. cit.*, pp. 109-111; Auers, *op. cit.*, p. 23; North & Kronenberg, *op. cit.*, p. 230.

국가의 수출이 급락했고 외국 자본이 빠져나가고 실업이 증가했으며, 정치 체제의 자신감과 역량이 하락했다. 두 국가에서는 정치 지도자들이 이런 상황을 이용해 헌법 개정을 통해 의회를 약화시키고 대통령제를 강화하려 했다. 경쟁력이 약한 대선주자를 둔 사민주의자들만 이에 반대했을 뿐이었다.[59]

에스토니아의 경우 이미 1923년 선거에서 보수당이 다수가 되었고 보수주의적 동력이 더 증가한 상황이었다. 또한 1924년에 공산당이 불법적 쿠데타를 시도한 후 대중의 신뢰를 완전히 잃으며 보수화가 진전되었다. 그리고 1934년 선거에서 우파가 승리하자 콘스탄틴 패츠(Konstantin Päts)가 총리가 되었다. 패츠는 늘 대통령제를 도입하려 했다. 하지만 이때 에스토니아에서는 에스토니아 독립전쟁 참전군인중앙연맹(Central League of Veterans of the Estonian War of Independence; Vaps)이 등장했다. 이 군인단체는 점점 더 정치에 개입하며 파시스트적인 조직으로 변모해 갔다. 이들은 부패를 척결하고 애국심을 부활시키고 민족적 단합을 호소해 가며 대중적 지지를 획득했고, 1933년이 되자 이들은 에스토니아에서 가장 크고 역동적인 정치세력이 되었다. 이들은 의회를 압박하며 대통령제를 도입하기 위해 1933년 한 해에만 세 번의 개헌 국민투표가 치러지게 유도했다. 처음 두 번의 개헌은 패츠의 정당이 주도한 것이었지만, 에스토니아 독립전쟁 참전군인 중앙연맹(Vaps)이 보기에는 이것이 충분치 않았고 결국 1933년 10월 마지막 국민투표를 통해 의회의 권한과 규모를 축소하고 대통령을 강화하는 개헌안이 국민투표 73%의 지지로 통과되었다. 1934년 4월에 새롭게 대선과 총선을 치르기로 했다. 그러나 참전군인단체가 1934년 1월

59 Auers, *Ibid.*, pp. 22-23.

지방선거를 휩쓸며 세력을 키워가고 독자후보를 내세워 대선에서 승리할 것이 두려워지자 3월 12일 패츠 총리는 비상사태를 선포하고 참전군인단체의 지도부 중 400명을 체포하고 선거를 무기한 연기시켰다. 패츠는 이 조치가 민주주의를 구하고 파시즘과 사회 혼란을 예방하기 위한 조치라고 정당화했다.[60]

약 2개월 후에 라트비아 총리 칼리스 울마니스(Kārlis Ulmanis)가 이를 그대로 모방했다. 울마니스는 개헌을 통해 대통령에게 더 큰 권력을 주자고 주장했다. 하지만 다른 소수정당들이 이에 반대했고, 울마니스는 자신을 특수 사익과 싸우는 애국적 지도자로 내세우며 소수정당들을 비판하기 시작했다. 결국 그는 1934년 5월 15일 비상사태를 선포했다. 울마니스 역시 이것이 극단적 세력들의 위협에 대응하기 위한 조치라고 정당화했다. 실제로 라트비아의 천둥십자[Thunder Cross(Perkonkrusts)]는 매우 급진적인 단체였지만 대중적 지지가 별로 없었다. 이들은 주로 대학교육을 받은 젊은 집단으로 도시의 전문직과 리가의 상업을 지배하고 있는 독일인과 유대인에 대한 혐오를 확대하고 있었다. 하지만 울마니스가 겨냥했던 것은 사민주의 정당으로 비상사태 선포를 계기로 사민당 의장과 정당원들을 체포했다.[61]

세 국가는 권위주의 기간 동안 단 한 명의 지도자에 의해 통치되었다. 에스토니아의 패츠, 라트비아의 울마니스, 리투아니아의 스메토나는 모두 민족 계몽 운동의 핵심 지도자였고 독립과 자율을 위한 전투에서 주요 활동가였으며 첫 번째 정부에서 주요 관직을 역임했었다. 이들이 오랜 기간 정치적 활동을 했던 것이 그들에게 큰 정당성을 부여해 주었고 독립투쟁 기간 목숨을 잃을 뻔한 경험들이 폭넓은 대중

60 Kasekamp, *op. cit.*, p. 109; Auers, *Ibid.*, p. 24.

61 Kasekamp, *Ibid.*, p. 110; Auers, *Ibid.*

Antanas Smetona (1874~1944, Lithuania) | Konstantin Päts (1874~1956, Estonia) | Kārlis Ulmanis (1877~1942, Latvia)

〈그림 2-4〉 발트3국의 권위주의 지도자들

적 공감을 얻었으며, 스스로 선의를 가진 자애로운 국부의 모습으로 보이고 싶어했다. 1905년 혁명 이후 패츠와 울마니스는 망명을 떠났었고, 수년간 스위스와 핀란드 등지에서 체류하다가 이후 8년간 미국에 머물렀다. 이들은 그동안 미국에서 학사학위를 받기도 했다. 스메토나는 더 짧은 기간 해외에 체류했는데, 1918년과 1919년 독일과 스칸디나비아에 리투아니아의 독립을 청원하는 활동을 했다. 이들의 이런 특별한 경험은 동료들에 비하면 매우 국제적인 것이었으며, 이들 셋은 모두 전간기 유럽에서 등장한 권위주의의 길을 따라갔다. 이들은 세 국가의 권위주의 정부의 핵심이었으며, 지도자를 추종하는 문화를 만들어냈다.[62]

패츠, 울마니스, 스메토나는 일단 권력을 잡자 이를 내려놓을 의도가 전혀 없었다. 이들은 계엄을 통해 검열과 시민적 자유를 제한했

---

62 D. Hanovs & V. Tēraudkalns, *Ultimate Freedom — No Choice: The Culture of Authoritarianism in Latvia, 1934-1940* (Leiden: Koninklijke Brill, 2013); Auers, *Ibid.*

다. 정치 정당들은 해산되었다. 법조인이었던 에스토니아의 패츠는 1937년에 국민의회를 소집해 새 헌법을 만들고 1938년에 이를 공표했다. 이는 1933년 헌법보다는 덜 권위주의적이었고 경쟁적인 의회 선거를 허용했다. 울마니스는 더 무자비한 독재자였다. 그는 아예 선거 자체를 허용하지 않았다. 그는 1939년 총리의 임기가 끝나자 총리실과 대통령실을 합쳐 독자적으로 운영했다. 스메토나는 간선 대통령제를 도입했다. 그는 1928년 새 헌법을 공표하고 7년 재임에 의회가 아닌 정부가 임명한 대표들이 간선으로 선출하는 강력한 대통령제를 도입한 후 제2차 세계대전이 발발할 때까지 재임했다. 이들 셋은 모두 의회제가 실패했으며 정치 정당들이 민주주의를 위해 충분히 성숙해 있지 못하다며 자신들의 지속적인 독재를 정당화했다.[63]

정치 정당들이 폐쇄된 대신 에스토니아의 애국자연맹, 리투아니아의 리투아니아 민족연합 같은 지배 정당이 창설되었다. 울마니스는 아예 정당 없이 비상조치로 통치했다. 그는 정당 대신 자발적 결사체를 창설했다. 그는 이렇게 사회조직으로 정당을 대체하고 이것이 국민의 목소리라고 강조했다. 1938년 연설에서 그는 정당이라는 매개자 없이 국민들을 직접 대변하는 의회를 구상했다. 몇몇 금지된 정당들이 지하 운동을 했다. 그러나 대부분은 그냥 사라졌으며 그동안 정당조직들이 얼마나 취약했는지를 간접적으로 드러냈다.[64]

오히려 세 국가에서 모두 큰 우익, 반체제 운동이 등장했다는 것에 주목해야 한다. 먼저 리투아니아에서 1926년 쿠데타 이후 철의 늑대들이 등장했고, 볼데마라스와 연합을 맺었다. 1930년대 라트비아의

---

63 Kasekamp, *op. cit.*, p. 111; Auers, *Ibid.*, p. 25.

64 O. Freivalds, *Latviešu politiskās partijas 60 Gados [60 Years of Latvian political parties]* (Imanta, 1961); Auers, *Ibid.*

불십자가 1932년 1월 탄생했고 1933년 4월 법적으로 금지된 후 천둥십자로 이름을 바꾸었다. 이 단체는 1933년 최대 6,000명의 회원이 가입되어 있었다.[65] 에스토니아의 우익 단체 중에서는 에스토니아 독립전쟁 참전군인 중앙연맹이 가장 영향력이 컸다. 이 단체는 민주주의 실험 자체를 공격했고, 강력한 행정부와 정당 없는 민주주의를 요구했다.[66] 조직, 제복, 상징의 관점에서 이들은 중부 유럽의 파시스트 정당들과 유사했으나, 민족 사회주의자들은 아니었고 이들의 관점은 순전히 자생적으로 성장한 것이었다.[67]

이 시기에는 민족주의가 더 강해졌고 소수민족에 대한 처우가 약화되었다. 자유주의적인 소수자 법과 민주주의 시기 규칙들은 폐지되었다. 라트비아에서 러시아어와 독일어의 사용이 금지되었고 소수민족의 출판은 검열되었다. 모든 라트비아계 아이들은 강제로 라트비아어를 쓰는 학교에 다녀야 했다. 1934년 전에는 소수민족 소유였던 경제 영역도, 라트비아 소유로 두어야 한다는 울마니스의 이념하에 국유화되었다. 경제에 대한 국가의 개입이 증대했다.[68]

이런 권위주의적 흐름은 사회 전반의 불만과 침체의 분위기 속에서 가능했다. 이런 권위주의적 조치에 대한 사회적 저항은 거의 없었다. 더욱이 권위주의의 경험을 통해 이후 발트 국가의 시민사회는 매우 수동적이 되었다. 핀란드와 비교하면, 소련이 1939년 발트 국가를 위협하기 시작할 때 발트 국가들에서는 아무런 공적 논쟁이 발생하지

---

65 G. V. Rauch, *The Baltic States: The Years of Dependence 1917~1940* (C. Hurst & Co., 1974), p. 153.

66 A. Kasekamp, "The Estonian Veterans' league: A fascist movement?", *Journal of Baltic Studies*, Vol. 24, No. 3 (1993), p. 264.

67 Auers, *op. cit.*, p. 22.

68 Graham Smith, *"Latvia and the Latvians"*, G. Smith, *The Nationalities Question in the Post-Soviet States* (Longman, 1996), p. 150.

않았다. 물론 이들의 군부는 소련군보다 더 작고 약했으며, 중립 정책으로 인해 발트 국가는 아무런 군사 연맹이나 파트너가 없었다. 패츠, 울마니스, 스메토나는 안보 위협과 외부의 팽창주의적 정책에 무기력했으며 발트 국가들은 결국 1940년 이후 또 다시 소련의 통제하에 놓이게 되었다.[69]

이처럼 제1차 세계대전 이후 발트국가들과 중부 유럽 국가들의 독립은 종종 영광스러운 승리로 묘사되지만, 새롭게 등장한 민주주의 체제들이 20년 이상 지속되지 못했다.[70]

7
1990년대 발트3국의 독립 과정과 역사적 경로 의존성

약 50년 후 발트 국가들은 다시 한 번 소련으로부터의 독립이라는 문제에 직면했다. 1980년대 후반부터 시작된 소련과의 분리과정은 쉽지 않았고 완전히 평화적으로 이루어진 것도 아니었다. 특히 라트비아와 리투아니아에서는 소련의 고강도 경제제재와, 반발을 진압하기 위한 군사작전도 취해졌다.[71]

그런데 주목할 것은 발트국가의 독립 과정에 다양한 사회 집단

---

69 Plakans, *op. cit.*, p. 142; Auers, *op. cit.*, p. 26.

70 발트3국의 민주주의 실패는 스칸디나비아의 상황과 대비된다. 덴마크, 노르웨이, 스웨덴은 중립을 선포하며 제1차 세계대전에 휘말리지 않았고 안정적인 개혁의 길을 걸었다. 전쟁기간에 이 국가들은 독일, 오스트리아, 영국, 프랑스 등에 수출을 하며 안정적인 경제 수익을 얻었다. 덴마크와 스웨덴에서는 왕정이 의회주의로 변했고 결국은 사민주의자와 사회주의자들이 권력을 차지했다. 이 국가들에서는 노조와 협동조합들이 강화되었다. North & Kronenberg, *op. cit.*, p. 231.

71 Auers, *op. cit.*, p. 33.

〈표 2-3〉 발트3국의 민주주의 유형과 권위주의화 비교

	에스토니아	라트비아	리투아니아
제헌의회 헌법제정	1919/1920	1920/1922	1920/1922
헌정 유형	강력한 의회제	의회제	준-대통령제
주요 정당	사민당 농민당 자유주의 중도 소수민족	사민당 농민당 자유주의 중도 소수민족	기민당 포퓰리즘 정당 사민당
권위주의화	대공황과 경제 불안 1933년 대통령제 개헌 1934년 비상사태 선포 1938년 개헌 야당허용	대공황과 경제 불안 1934년 비상사태 선포 선거 정당, 의회 폐지 1939년 총리/대통령 통합	기민당의 부패 1926년 12월 쿠데타 1927년 국회해산 1928 간선 대통령제 개헌
독재 지도자	콘스탄틴 패츠	칼리스 울마니스	안타나스 스메토나
반의회주의 우익단체	에스토니아 독립전쟁 참전군인중앙연맹 (Vaps)	천둥십자 (Perkonkrusts)	철의 늑대

이 관여했지만, 모든 단체들이 '역사'를 가장 중요한 의제로 여겼다는 점이다. 유리 드레이펠트(Juris Dreifelds)(1996)와 클레어 톰슨(Clare Thompson)(1992) 모두 '역사'가 발트국가 독립운동의 중요한 동기였다고 주장했다. 예컨대 라트비아에서는 구교회와 종교를 되찾으려는 운동이 확산되었고, 시민운동 '헬싱키 86'은 라트비아 역사의 중요한 기념일을 강조했으며, 라트비아의 환경보호시민단체(VIDES AIZSARDZIBAS KLUBS)는 오랫동안 살아온 땅을 지키려 했다. 이러한 '역사적 불의에 대한 감각'이 독립운동의 핵심 추동력이었으며 다른 여러 입장들을 일시적으로 통합해 주었다.

에스토니아에서는 1987년 연말부터 활동가들이 '에스토니아 문화유산 보존협회'를 창설하고, 그동안 억압되어 있던 에스토니아의 역사를 부분적으로 회복하려 했다. 1988년 4월에는 제1차 세계대전 이

후 탄생한 파랑, 검정, 하양으로 된 에스토니아 국기가 타르투 전역에 게양되었다. 6월이 되면 탈린의 여러 구도시 페스티발에 에스토니아 국기가 넘쳐났다. 결국 에스토니아 최고평의회(Supreme Soviet of Estonia)는 이 삼색기를 국기로 인정했다.[72]

발트3국이 다시 독립되어 국가건설을 할 때, 1920년대 독립국가 건설의 경험들이 소환되었다. 예컨대 1991년 8월 말 이들 세 국가는 여러 가지 헌법안들을 갖고 있었는데, 그 첫 번째 안이 바로 1940년대 소련에 의해 폐기된 1920년대의 헌법을 다시 채택하는 것이었다. 1940년 이전으로 돌아가는 것은 상당히 논리적으로 타당했다. 하지만 다른 한편으로 세 국가는 모두 전간기의 헌법 구조로는 권위주의로 나아갈 수 있는 가능성을 막을 수 없다는 문제가 있었다. 이런 논의 끝에 라트비아에서는 1922년 헌법을 다시 채택했고, 에스토니아와 리투아니아는 아예 새로운 헌법을 마련했다. 그런데 새로 생긴 헌법들도 전간기의 전통을 그대로 이어받고 있었다. 즉 에스토니아와 라트비아 헌법질서는 의회주의적이었다면 리투아니아는 대통령에 조금 더 권한을 주는 이원집정부제 모델을 채택했다.[73]

이를 보다 긴 시선에서 비교 분석해 볼 필요가 있다. 즉, 1920~30년대 에스토니아, 라트비아, 리투아니아 발전의 차이를 관찰하면, 여기에는 각국 독립 경험의 영향이라는 측면에서 상당한 경로 의존적 모습을 보인다. 각 국가에서 토지개혁의 급진성과 포괄성 정도는 이후 헌법으로 보장된 의회민주주의의 강도와 정당정치의 발달과 관련이 있고, 이는 또 다시 이후 등장한 권위주의 체제가 얼마나 무자비한 것이었는지와 관련이 있다. 가장 급진적 토지개혁을 이룬 에스토니아

72 *Ibid.*
73 *Ibid.*, pp. 43-44.

〈그림 2-5〉 발트3국의 독립국가 건설 민주주의 경험의 역사적 경로 의존성

의 헌법이 가장 의회주의적이었고, 정치체제에서 사민주의와 자유주의 세력이 컸으며, 이후 등장한 권위주의도 가장 덜 무자비한 유형이었다. 토지개혁이 부족한 리투아니아에서는 강한 대통령제의 헌법이 도입되었고, 기독교 보수주의 정당이 강력히 집권하고 포퓰리즘 정당이 득세했으며, 이후에도 강력한 대통령 독재가 이루어졌다.

또한 이들은 1990년대 이후 다시 독립국가를 건설하면서도 유사한 경로로 발전했다. 독립국가와 민주주의 경험이 있던 세 국가에서는 소련으로부터의 독립이라는 의제가 점차 발전했고, 독립을 쟁취하기 위한 운동이 전개되었다. 세 국가는 일제히 1920년대의 국기를 채택했으며, 새 헌법을 마련하면서 에스토니아와 라트비아에는 좀 더 의회주의적 민주주의가, 리투아니아에는 다시 대통령 권한이 부여된 준대통령제가 도입되었다.[74]

74 안정적인 의회주의에 기반한 민주주의 체제가 점차 대통령제로 변화하고 권력이 집중되는 경향과 그 문제에 대한 비교연구는 Poguntke & Webb, *op. cit.* 참조.

8
결론: 거시적 지정학과 미시적 경로 의존성

오늘날 발트3국은 탈사회주의 체제전환 이후 가장 성공적으로 국가건설을 하고, 민주주의로의 전환과 공고화, 여러 사회복지 정책의 개혁, 평화와 안보의 유지라는 복합적 과제를 잘 성취한 것으로 평가된다.[75] 이렇게 평화로운 체제전환과 비교적 안정적인 민주주의, 사회 모델을 구축할 수 있었던 것에는 1920~30년대의 독립과 민주주의 경험이라는 뿌리 깊은 사회적 자산이 있었던 것이다.

이를 좀 더 거시적인 역사적 맥락에 위치시키고 되짚어 보자면, 어쩌면 1920년대 동유럽의 독립과 동시간대 동아시아에서 지속된 식민지배는 러일전쟁(1904~1905)의 결과가 두 대륙에서 낳은 서로 다른 역사적 결과라고 할 수 있다.

왜냐하면 러일전쟁에서 패배한 러시아에서는 러시아 혁명이 발생했고, 유럽에서는 독일이 부상했다면, 동아시아에서는 러일전쟁에서 승리한 일본이 제국주의 세력으로 부상하며 주변 국가들을 식민화하기 시작했기 때문이다. 유럽에서는 독일 제국의 부상에 영국과 프랑스가 대응했고, 러시아와도 어느 정도 균형을 이루었다. 하지만 동아

75 Nicholas Aylott (ed.), *Models of Democracy in Nordic and Baltic Europe: Political Institutions and Discourse* (Routledge, 2014); Gundar J. King & David E. McNabb, *Nation-Building in the Baltic States: Transforming Governance, Social Welfare, and Security in Northern Europe* (CRC Press, 2014); Juan J. Linz & Alfred C. Stepan, *Problems of Democratic Transition and Consolidation: Southern Europe, South America, and Post-Communist Europe* (Johns Hopkins University Press, 1996); Graham Smith, *Nation-Building in the Post-Soviet Borderlands: The Politics of National Identities* (Cambridge University Press, 1998).

시아에는 일본 제국주의의 부상을 막을 열강이 없었다. 동아시아에서는 일본을 막을 세력 균형이 없었지만, 유럽에서는 독일-러시아의 균형 공간에서 동유럽 국가들이 독립을 이룬 것이다. 이 글에서 살펴본 발트3국의 사례는 그 전형적인 역사적 경험을 증거하고 있다.

독립전쟁은 이후 국가의 기틀이 되는 군과 독립운동 단체들을 남겼고, 새로 수립된 국가는 참전군인들을 보상해 주기 위해 전면적인 토지개혁을 실시했다. 그 토대 위에 수립된 국가는 새로운 상징, 새로운 교육체계 외에 당시 가장 진보적인 의회 민주주의 헌법질서를 도입했다. 하지만 이상적이고 교과서적인 민주주의와 정치 체제의 도입에도 불구하고, 발트3국의 민주주의는 외적인 경제·안보 불안, 내적인 정치 불안을 겪으며 권위주의 체제로 퇴행하고, 이때 3국의 독립영웅들은 모두 권위주의 독재자가 되었다. 발트3국의 권위주의 체제는 모두 곧이어 나치가 시작한 제2차 세계대전에 휘말리며, 다시 소련의 점령을 받게 되었다.

발트3국의 20년간의 독립국가, 민주주의 경험의 역사에서 가장 뚜렷하게 인식되는 것은 바로 거시적 지정학 요인, 즉 압도적인 주변 국가로 인한 안보 위협의 문제이다. 사실 발트 국가들은 당시 가장 공격적이었던 나치 독일과 스탈린의 소련이라는 이웃국가를 두고 있었다.[76] 독립국가를 건설하고, 민주주의를 이루었지만 모두 독일과 소련의 영향에 무력했다.

하지만 발트3국은 긴 역사를 볼 때 미시적 차원의 국내적 요인, 즉 국가건설과 민주주의의 경험이 중요했다. 발트3국의 민주주의는 이상적인 것이었고, 토지개혁도 매우 전면적이었다. 전간기 발트3국

76 Kasekamp(2010), *op. cit.*, p. 111.

의 국내 정치에서 선택한 민주주의 제도들은 1990년대 이후 각국 민주주의의 복원과정과 매우 유사하고 연속성이 발견된다.[77]

결국 발트3국의 탈사회주의 전환 사례는, 소련의 영향이 점차 이웃국가로 확산되고, 냉전 이데올로기 경쟁이 전 세계적 규모로 전개되기 이전에 독립국가를 건설한 역사적 경험이 얼마나 중요했는지를 보여준다. 1990년대 탈사회주의 체제전환을 이룬 동유럽의 모든 국가가 제1차 세계대전 이후 독립국가를 건설한 경험이 있고, 1920년대에 그랬던 것처럼, 1990년대에도 동유럽 전체가 동시대적 변화의 물결에 동참했다. 각 국가가 선택한 국가의 권력구조, 민주주의 제도와 형태는 이후 체제전환 과정에서 중요한 상징적 · 실질적 자원이 되었다. 발트3국의 사례는 냉전 이전의 경험이 탈사회주의 이후의 경험과 연결되어 있음을 잘 보여주는 사례이다.

그렇다면 아시아의 경우는 어떠한가. 볼셰비키가 주도한 소련의 세계혁명이 동아시아에 본격적 영향을 미친 것은 바로 일본 제국주의가 패망한 1945년 이후였다. 그리고 같은 시점에 동아시아의 탈식민 국가들은 독립국가를 건설하기 시작했다. 냉전의 시간이 독립의 시간과 겹친 것이고, 동유럽과 발트3국의 경험으로부터 25년 뒤의 일이었다. 중국에는 내전을 끝낸 후 스탈린 체제의 영향하에서 마오의 1당 체제가, 북한에는 독립운동을 주도한 상징을 자산으로 김일성의 1당 체제가 들어선다.

그런데 동아시아에는 독일이 아니라 자유세계 수호자를 자임하는 미국이 이후 70년간 세력 균형을 이루었다. 일본은 미국에 의해 민주화되며 의회제가 도입되었고, 한국에는 독립의 상징성을 가져간 이

77 Plakans, *op. cit.*, p. 142; A. Pabriks & A. Purs, *Latvia: The Challenges of Change* (Routledge, 2001), p. 21; Kasekamp, *op. cit.*, p. 111.

승만 대통령이 미국식 대통령제로 권위주의 체제를 구축했고, 대만에는 역시 독립의 상징을 보유한 장개석이 계엄에 기반한 권위주의 체제를 수립했다. 결국 동유럽, 발트3국의 사례에 비하면 거시적 차원의 지정학적 균형이 훨씬 오래 지속되고 있고, 미시적 차원의 국내 권력 구조와 제도 선택의 경로 의존성도 매우 강고하다는 것을 확인할 수 있다. 향후 지정학적 요인과 국내 민주주의의 발전에 관한 차이점들이 더 체계적으로 규명되어야 할 것이다.

| 참고문헌 |

Auers, Daunis. 2015. *Comparative Politics and Government of the Baltic States Estonia, Latvia and Lithuania in the 21st Century*. Palgrave Macmillan.

Aylott, Nicholas (ed.). 2014. *Models of Democracy in Nordic and Baltic Europe Political Institutions and Discourse*. Ashgate.

Conrad, Sebastian & Dominic Sachsenmaier. 2007. *Competing Visions of World Order: Global Moments and Movements 1880s~1930s*. Palgrave Macmillan.

Eksteins, M. 1999. *Walking since Daybreak: A Story of Eastern Europe, World War II, and the Heart of Our Century*. Houghton Mifflin Company.

Freivalds, O. 1961. *Latviešu politiskās partijas 60. Gados. [60 Years of Latvian political parties]*. Imanta.

Hosking, Geoffrey A., Jonathan Aves, & Peter J. S. Duncan. 1992. *The Road to Post-Communism: Independent Political Movements in the Soviet Union, 1985~1991*. Pinter.

Kasekamp, A. 1993. "The Estonian Veterans' League: A Fascist Movement?". *Journal of Baltic Studies*, Vol. 24, No. 3, pp. 263-268.

Kasekamp, A. 2010. *A History of the Baltic States*. Basingstoke: Palgrave Macmillan.

King, Gundar J. & David E. McNabb. 2014. *Nation-Building in the Baltic States: Transforming Governance, Social Welfare, and Security in Northern Europe*. CRC Press.

Lieven, Anatol. 1993. *The Baltic Revolution: Estonia, Latvia, Lithuania, and the Path to Independence*. Yale university Press.

Linz, Juan J. & Alfred C. Stepan. 1996. *Problems of Democratic Transition and Consolidation: Southern Europe, South America, and Post-Communist Europe*. Johns Hopkins University Press.

Manela, Erez. 2003. *The Wilsonian Moment: Self-determination and the International*

Origins of Anticolonial Nationalism. Oxford University Press.

Myllyntaus, T. 1992. "Standard of living in Estonia and Finland in the 1930s". *Proceedings of the Estonian Academy of Sciences*, Vol. 41, No. 3, pp. 184-191.

Nohlen, Dieter & Philip Stöver. 2010. *Elections in Europe: A Data Handbook*, Nomos Verlagsgesellschaft.

North, Michael & Kenneth Kronenberg. 2015. *The Baltic: A History*. Harvard University Press.

Pabriks, A. & A. Purs. 2001. *Latvia: The Challenges of Change*. Routledge.

Plakans, A. 1995. *The Latvians: A Short History*. Hoover Press.

Plakans, A. 2011. *A Concise History of the Baltic States*. Cambridge University Press.

Poguntke, T. & P. Webb. 2005. *The Presidentialization of Politics: A Comparative Study of Modern Democracies*. Oxford University Press.

Purs, A. 2007. "Working towards 'an unforeseen miracle' redux: Latvian refugees in Vladivostok, 1918-1920, and in Latvia, 1943~1944". *Contemporary European History*, Vol. 16, No. 4, pp. 479-494.

Purs, A. 2012. *Baltic Facades: Estonia, Latvia and Lithuania since 1945*. Reaktion Books.

Rauch, G. V. 1974. *The Baltic States: The Years of Dependence 1917~1940*. C. Hurst & Co.

Raun, T. 1979. "The development of Estonian Literacy in the 18th and 19th centuries". *Journal of Baltic Studies*, Vol. 10, No. 2, pp. 115-126.

Riigi Arhiiv. 2014. "Eesti Vabariigi lipu ja vapi kavandeid 1919~1922". Retrieved from Estonian State Archive: http://riigi.arhiiv.ee/est/eesti-vabariigilipu-ja-vapi-kavandeid-1919－1922/

Šcerbinskis, V. 2005. "The Latvian student corps and politics in the inter-war period of the twentieth century". *Journal of Baltic Studies*, Vol. 36, No. 2, pp. 157-177.

Šilde, Ā. 1976. *Latvijas Vēsture: 1914~1940 [A History of Latvia 1914~1940]*. Stockholm: Daugava.

Šilde, Ā. 1982. *Pirmā republika [First republic]*. Grāmatu Draugs.

Smith, D. J., et al. (eds.) 2002. *The Baltic States: Estonia, Latvia and Lithuania*. Routledge.

Smith, Graham. 1996. *"Latvia and the Latvians"*. G. Smith (ed.), *The Nationalities Question in the Post-Soviet States*. Longman.

Smith, Graham. 1998. *Nation-Building in the Post-Soviet Borderlands: The Politics of National Identities*. Cambridge University Press.

Taagepera, R. 1993. *Estonia: Return to independence*. Westview Press.

Taagepera, R. & Romuald J. Misiunas. 1993. *The Baltic States: Years of Dependence, 1940-1990*. University of California Press.

Tēraudkalns, V. & D. Hanovs. 2013. *Ultimate Freedom — No Choice: The Culture of Authoritarianism in Latvia, 1934~1940*. Koninklijke Brill.

Uhlin, Anders. 2006. *Post-Soviet Civil Society: Democratization in Russia and the Baltic States*. Routledge.

Vēveris, E. Z. 2005. "Blēdību pasaule: Korupcija pirmskara Latvijā un mūsdienu Eiropā [A deceitful world: Corruption in interwar Latvia and modern Europe]". *Sestdiena* (April 2~8), pp. 8-11.

Woog, Adam. 2014. *The Baltic State.: Then and Now*. Reference Point Press.

제3장

사회주의를 '탈'하는 동력으로서의 종교와 민족주의

러시아 정교회와 리투아니아 가톨릭을 중심으로

이찬수
(서울대학교 통일평화연구원 HK연구교수)

1
들어가는 말

1) 체제전환의 동력

'체제(regime)'는 어떤 사회를 규정하고 정당화 혹은 정통화하는 가치, 규범, 제도의 총체를 일컫는다. 사유재산 제도를 근간으로 자본을 사회 작동과 유지의 근본 동력으로 삼는 자본주의도 하나의 체제다. 자본을 중시하기는 하되, 사회 전체의 이익과 평등을 위해 개인의 자유 혹은 사유재산을 제한 또는 통제하는 사회주의도 하나의 체제다. 자본주의든 사회주의든, 일정한 체제에는 그 구성원들이 있고, 체제의 형성과 변화의 동력은 원칙적으로 구성원들 모두에게 맡겨져 있다.

그런데 그 맡겨진 역할이 작동하는 방식은 균등하거나 균질적이지 않다. 특정 체제에 대한 구성원들의 참여 정도나 체제에 대한 기대 및 체제 유지의 역량이 저마다 다르다. 체제의 골격인 각종 제도들의 효과를 개인들이 향유하는 정도도 다르다. 그로 인해 기존 체제 구성원들 간에 불균형이 생기고, 그에 대한 비판적 인식이 커지면, 체제는 변화하기 시작한다. 이때 체제가 특정 세력에 의해 단기간에 일방적인 변화에 내몰리면, 기존 체제에 익숙한 이들은 저항하고, 저항을 통해 이전 체제로 회복되거나 다른 형태로 바뀌기도 한다. 저항력의 정도가 약해 체제의 외형은 급격히 바뀔 수도 있으나, 내적 갈등은 지속되면서 체제 불안의 요소가 된다. 체제는 그런 식으로 늘 변화에 직면해 있다.

이 글에서는 어떤 체제든 체제라는 것은 사람이 만들고 운용한다는 단순한 사실을 염두에 두고서, 체제를 전환시키는 근간과 동력에 대해 알아보고자 한다.[1] 특히 러시아와 리투아니아가 사회주의화하고

---

* 이 글은 『종교문화비평』 제26권에 게재된 필자의 논문을 수정 보완한 것이다.

다시 탈사회주의화하는 과정에 종교와 민족주의는 어떤 역할을 했는지, 체제 변화 및 전환의 지점에서 민족의식과 민족주의적 자세는 종교와 어떤 관계를 맺었는지, 종교와 민족주의는 국가와 어떤 관계를 맺고 있는지에 대해 알아보고자 한다. 러시아는 내부의 급진적 혁명에 의해, 리투아니아는 러시아 등의 외부적 세력에 의해 급격한 체제 전환을 경험했거나 그에 직면한 바 있는데, 그때 전환에 동의하거나 저항했던 대표적인 세력 혹은 이념이 종교와 민족주의였기 때문이다. 특히 러시아의 정교회와 리투아니아의 가톨릭이 민족주의적 의식과 결합하면서, 때로는 체제전환에 기여하기도 하고, 때로는 저항하기도 했던 사실을 구체적으로 알아보려고 한다. 내적 신앙이 외적으로 표현되고 민족의식이 민족주의적 행동으로 표출되는 형식에서 종교와 민족주의는 일단 유사하다는 사실부터 하나씩 풀어가 보자.

2) 종교와 민족주의의 관계

종교든 민족주의든 구성원들의 내적 의식을 공유하며, 그렇게 공유된다고 여겨지는 의식의 사회적 표출 과정에 공유되지 않는 영역을 배척하며 자기 정체성을 확립해 나가는 경향이 있다. 특히 조직 혹은 제도로서의 종교는 자신만의 정체성을 확보하기 위해 자신의 담론에 긍정적으로 동참하는 구성원들의 유대감을 도모하고, 신앙 및 실천상의 독특성을 부각시키면서 스스로를 차별화한다. 그리고 사회와 두루 관계를 맺으며, 자신만의 새로운 경계를 설정해 나간다. 이렇게 새로 설정된 경계 내부가 '정통적'이라고 생각하며, 동일성의 '보편주의적' 확대를 추구한다. 기존의 경계를 넘어서 외적 영역을 확장시키는 보편주

1 이 글에서 사용하는 '전환(transformation)'은 체제 내적 변화(change)와 체제 자체의 이행(transition)을 모두 포함하는, 다소 광의의 언어다.

의적 성향을 보여준다. '가톨릭'(보편)과 '올소독스'(정통) 사이에서 시소게임을 하고 있는 것이다.

민족주의 역시 민족의식이라는 내적 힘을 체제 변화의 동력으로 활용한다. 종교와 다소 다른 점이 있다면, 민족의식은 억압과 지배에 대한 대항 정신으로 인해 강화되는 경향이 있다는 것이다. 가령 수십 개의 영방국가(Territorialstaat)로 나뉘어 있던 독일은 프랑스의 지배를 받으면서 피지배자 의식이 커졌고, 이 피지배자 의식이 상호 연대 형태로 나타난 바 있다. 프랑스에 점령당한 프로이센의 수도 베를린에서 피히테(J. G. Fichte)는 독일의 각 영방이 독일어와 독일문화 교육의 강화로 연대의식을 함양해야 한다며 "독일 '민족(나치온)'에게 고함(Reden an die Deutsche Nation)"(1808)이라는 제목의 강연을 한 바 있는데,[2] 이것은 강력한 공동의 적이 출현하자 뚜렷한 동료의식이 없던 사람들 사이에 연대감, 공유의식이 생겨나던 상황을 잘 보여준다.

프랑스의 르낭(Ernest Renan)이 독일에 패배했던 프랑스인의 입장에서 『'민족(나시옹)'이란 무엇인가(*Qu'est-ce qu'une nation?*)』(1882)를 썼던 상황도 비슷하다.[3] 르낭은 이 책에서 "민족(나시옹)은 개인과 마찬가지로 노력과 희생과 헌신으로 이루어진 오랜 과거의 결과"라거나 "나시옹이란 사람들이 과거에 했고 또 앞으로도 하려는 의사가 있는 희생의 감정으로 구성된 위대한 연대감"이라 규정했다. 나시옹은 적의 도전에 희생을 무릅쓰고 연대하던 이들에 의해 형성되어 왔다는 것이다. 이것은 피히테가 "고귀한 사람은 기꺼이 나치온을 위해 자신을 희생한다"는 웅변을 한 것과 통하는 대항 의식을 잘 보여준다. 르낭이나 피히테 모두 나시옹/나치온 개념의 밑바탕에 구성원들의 저항에 의한

---

2 J. H. 피히테, 『독일 국민에게 고함』, 황문수 옮김(범우사, 1994).

3 에르네스트 르낭, 『민족이란 무엇인가』, 신행선 옮김(책세상, 2002).

희생의 감정을 두고 있고, 이 희생이 나시옹/나치온에 기반한 근대 민족국가를 형성하는 데 기여했다는 것은 이미 잘 밝혀진 바이다.[4]

가령 조지 모스(George L. Mosse)도 유럽 각국이 자국의 전몰 군인을 국가를 위한 영웅적 희생자로 미화하면서 민족주의적 정서를 강화하는 새로운 정치 체제를 만들어 갔다는 사실을 잘 밝히고 있다.[5] 그에 의하면, "(새로운 정치 체제는) 민족이라는 신화와 상징을 활용하고 민중 스스로 민족 숭배에 참여하게 만드는 의례를 개발함으로써 가능했던 일이다. […] (이 체제는) 의례와 축제, 신화와 상징을 통해 민중을 민족이라는 신비에 적극적으로 참여하게 만들었다".[6] 전사자에 대한 정치적 숭배 전략이 근대 민족국가를 강화하는 근거가 되었다는 것이다. 자국을 위해 또는 자국 때문에 희생당한 이들을 위로하고 그 영혼을 현창하되, 그 위로와 현창에 동의하는 이들을 '민족'의 틀 안에 두면서 근대국가가 형성되어 왔다는 말이다. 모스가 말하는 '정치종교' 혹은 '세속종교'는 근대국가의 '종교적' 성격 및 근대국가가 세속화한 형태의 종교적 구조를 하고 있다는 사실을 적절히 보여주고 있다.[7]

3) 러시아와 리투아니아의 종교

종교도 이러한 국가주의적 상황과 무관할 수 없다. 종교도 민족의식을 자신의 입장 안에 소화하면서 사회적 지지기반을 확보해 온 경향이 있다. 가령 일제 강점기 한국의 기독교(특히 개신교 지도자)는 민족의 고난에 대한 공유와 동참을 신앙의 영역 안에 수용함으로써, 당시 기독교의 문화적 생경함을 한국의 역사와 문화 안에 토착시키는 데 적지

4 다카하시 데쓰야, 『국가와 희생』, 이목 옮김(책과함께, 2008), 131, 143, 145쪽.
5 조지 L. 모스, 『전사자 숭배』, 오윤성 옮김(문학동네, 2015).
6 조지 L. 모스, 『대중의 국민화』, 임지현 외 옮김(소나무, 2008), 27-28쪽.
7 위의 책, 295쪽.

않은 공헌을 했다는 연구들이 그것을 잘 보여준다.[8]

종교는 인간의 내적 경험의 영역이 민족적 정통성의 옷을 입으며 외적으로 표현되는 경향이 있다. 특히 특정 종교가 주류를 형성하고 있는 지역일수록 이 둘은 서로를 계기로 삼아 자신의 정체성을 유지하고 다시 자기변화 및 확장을 시도하는 모습을 잘 볼 수 있다. 이곳에서 양자는 분리될 수 없도록 얽혀 있거나 서로 안에 녹아들어가 있다. 러시아에서 정교회, 리투아니아에서 가톨릭이 그런 경우를 잘 보여준다. 이들 지역의 종교와 민족의식은 정치적 억압 및 간섭 관계를 포함한 복잡한 관계들로 뒤섞여 있다. 민족의식이 종교적 자세를 강화하기도 하고, 종교적 자세가 민족주의적 행동으로 표출되기도 한다.

실제로 러시아가 혁명을 통해 동유럽에 강력한 영향력을 미치고 다시 개혁 및 개방의 길을 걷는 과정에 정교회의 역할은 적지 않았다. 정교회 신자 비율이 72%가량인 러시아에서 정교회는 오랫동안 러시아 민족의식을 강화하고 국가와 협력해 러시아적 정체성을 확립하는 데 기여해 왔다. 정교회는 애당초 민족의 운명과 함께해 온 민족적 종교이기에 러시아의 보전을 위한 활동은 정교회의 신앙과 모순되지 않는다는 입장이 비교적 분명했다.

리투아니아의 주류 종교인 가톨릭 역시 소련의 정치적 영향력하에서 사회주의에 동의하기도 하고 다시 탈사회주의화하는 과정의 주요 동인으로 작용했다. 발트3국의 한 축인 리투아니아는 다른 발트 국가인 에스토니아와 라트비아처럼 독일과 러시아 사이에서 피식민과 독립 경험을 비슷하게 했으면서도 다소 다른 특징을 보여준다. 리투아니아는 정치적 적대 관계에 놓였던 러시아인의 비율이 5% 정도로 발

8 이찬수, 『한국 그리스도교 비평』(이화여자대학교출판부, 2009), 175-205쪽.

트3국 중 가장 적으면서[9] 가톨릭 신자 비율은 79%로 훨씬 높다. 루터교, 러시아 정교회, 가톨릭 등이 혼재해 있는 다른 발트 국가들에 비해[10] 자민족 중심의 정체성, 국가적 통일성을 좀 더 강하게 가질 확률이 높다는 뜻이다. 소련 체제하에 있던 발트3국 중 반(反)러시아 정서가 더 강하게 나타날 문화적 장치가 마련되어 있었던 셈이다. 실제로 발트3국 중 리투아니아가 소련으로부터의 독립이 가장 빨랐고, 독립 이후 소련 시절 정체성의 확립을 위해 세워졌던 레닌 동상과 같은 사회주의 지향적 기념비들을 과감히 파괴하는 등 다른 발트 국가에 비해 소련을 극복하려는 태도가 좀 더 공격적으로 나타났다. 특정 민족의 비율이 높을 때 국가적 통일성을 좀 더 강하게 보여주는 사례라고 할 수 있다.[11]

이 글에서는 이러한 문제의식을 가지고 러시아의 정교회와 리투아니아의 가톨릭의 역사적 흐름을 정리하면서, 종교는 국가와 어떤 관계를 맺으며 사회 변화의 동력이 되어 왔는지, 그 과정에 민족주의적 정서는 종교와 국가 사이에 어떤 연결고리를 갖고 있는지 좀 더 구체적으로 살펴보도록 하겠다.

2
종교와 국가의 협력, 러시아 정교회의 경우

1) '제3의 로마'와 '정치적 종교'

단일 체제였던 로마제국의 교회가 서방 로마 측(가톨릭)과 동방 콘스탄

9 에스토니아의 러시아인 비율은 26%, 라트비아는 30% 정도이다.

10 에스토니아의 종교분포는 루터교 30%, 러시아정교 28%, 가톨릭 3%, 기타 20% 정도이고, 라트비아는 루터교 24%, 가톨릭 18%, 러시아정교 15% 정도이다.

11 러시아나 리투아니아 내 소수종교와 소수민족으로 인한 문제도 상존하지만, 이 글에서 그 문제는 일단 제외하고, 정교회와 가톨릭에 초점을 두고자 한다.

티노플 측(정교회) 간에 간극이 벌어지던 즈음 러시아에 정교회가 소개되었다. 오늘날 러시아의 선조 격인 고대 루시(키예프공국 초기)의 블라디미르 I세(Vladimir Svyatoslavich, 958~1015)가 비잔틴의 황녀 안나(Anna)를 아내로 맞아(988년) 동방정교회로 개종하면서부터였다. 블라디미르는 자연숭배 성향이 강했던 루시에 정교회의 국교화를 추진했다.[12] 서방 로마 측과 동방 콘스탄티노플 측이 예수의 신성을 둘러싼 교리적인 이유, 성화상(icon) 공경의 문제 등에 대한 이견이 겹치면서 서로를 파문하던 즈음이었다. 루시의 정교회 성직자들은 로마 측에 비판적 자세를 견지하며 반(反)서방적 입장을 고수했다.

그러던 중 서방 교회는 이슬람의 영토가 된 예루살렘을 회복하고자 이른바 십자군을 조직해 이슬람과의 전쟁에 나섰다. 전쟁의 와중이던 1204년, 예루살렘을 넘어 이집트까지 공략하겠다던 제4차 십자군이 예루살렘과의 중간 지점에 있던 비잔틴 제국의 수도 콘스탄티노플을 점령한 뒤 그곳에 라틴 제국을 세우는 일이 벌어졌다. 비잔틴 제국의 재공격을 받고 라틴 제국은 이내 멸망했지만, 이 사건으로 인해 서방 교회에 대한 동방 교회의 반감은 돌이킬 수 없이 커졌다. 스웨덴군과 독일기사단도 십자군을 내세우면서 루시의 지배하에 있던 동부 발트 지역을 침공하곤 했다. 이런 일을 겪으면서 십자군을 지원하던 로마 가톨릭에 대한 루시인들의 반감은 고조되고, 정교회에 대한 자긍심

12 애니미즘적 자연숭배 전통이 강했던 고대 루시인들의 종교적 관습은 대번에 바뀌지 않았다. 지배계급이 주도해 도입한 정교회는 당시 루시 지역에 뿌리내리기 위해서라도 루시인의 민간신앙을 완전히 배척할 수는 없었다. 정교회 도입 이후에도 기존의 민중종교 혹은 농촌의 민간신앙적 심성은 권력이 주도하는 중앙의 정교회와 습합되며 지속되었다(김경태, "러시아정교의 특성과 정치적 역할", 『노어노문학』 제15권 2호(2003.12), 657-658쪽). 고대 루시인의 종교문화와 정교회의 융화 과정에 대해서는 Paul Miliukov & Michael Karpovich (eds.), *Outline of Russian Culture: Religion and the Church*(University of Pennsylvania Press, 1942) 참조.

은 고취되었다.

이런 배경에서 키예프공국 시절의 제후(크냐지)들은 동방 정교회에 대한 자신들의 정통성과 종주권을 내세우며 민족적 자긍심을 유발시켰고, 공국의 수도 키예프를 '차르그라드'(皇都)로 간주했다. 키예프공국의 분열 이후 모스크바공국이 확립되어 갈 때도 정교회와의 상보적 관계 속에서 정권의 정당성 및 종교적 자긍심을 확립해 나갔다. 모스크바의 국토를 대폭 확장한 이반 III세(Ivan III, 1440~1505) 때는 종교도 대제(차르) 휘하에서 움직인다는 정치적 종교 분위기가 커졌다.

그 즈음 동방 정교회의 중심지 콘스탄티노플이 이슬람의 오스만 투르크 군대에 점령당했고(1453년), 동유럽 상당수 지역의 정교회들도 오스만 투르크의 영향력 속으로 들어갔다. 로마 가톨릭은 타락했고 정교회의 본산 비잔틴은 멸망했으니, 이제는 러시아가 '제3의 로마'라는 생각이 퍼지기 시작했다. 러시아의 정교회에 기독교의 최종적 정통성이 있다는 것이었다.[13] 이와 함께 바실리 II세(Vasily II, 1415~1462)와 이반 III세 시절 정교회는 루시의 정치적 통합의 기초 및 비잔틴 세계와의 정치적 통로로 자리매김했다. 러시아가 '제3의 로마'라는 사상에 기반해 비잔틴 제국의 정신세계를 러시아의 민족적 정체성 안으로 가져오려는 시도들이었다. 오늘날 러시아의 정체성은 이 시기에 생긴 '제3의 로마' 사상을 기반으로 형성되었다고 할 수 있다.[14]

그 뒤 러시아의 종교와 정치는 '정치적 종교' 혹은 '종교적 정치'의

13 이와 관련하여 16세기 프스코프공국의 수도사 필로페이(Filofei)는 1510년경 "모스크바는 제3의 로마"이며, "제4의 로마는 영원히 존재하지 않을 것"이라 말하기도 했다. 기연수, "〈모스끄바-제3로마〉論 연구", 『슬라브연구』 제11권(1995), 45-65쪽; 엄충섭, "〈모스끄바-제3로마〉 이론에 관한 연구", 『노어노문학』 제3권(1990), 201-218쪽.

14 김은실, "중심-탈중심주의의 문화정치학: 조선중화주의와 모스크바-제3로마사상을 중심으로", 『정치사상연구』 제19집 2호(2013), 142-149쪽.

특징을 보이게 되었다. 특히 종교사적 차원에서 러시아 정교회가 순수성과 정당성을 지닌다는 자부심이 지속되었고, 이러한 자부심은 18세기 이후 유럽 동부의 강자로 부상하던 시절에 더 강화되었다. 동유럽에 대한 러시아 정교회의 영향력은 더 커졌고, 러시아 정교회 스스로 국가 혹은 민족을 자신과 거의 일치시키는 경향이 강해졌다. 15~17세기에는 교회가 황제의 권력에 종속되기도 하는 등 정치와 종교의 관계에 굴곡은 있었지만, 전체적으로 이들은 하나의 통합된 전체, 일종의 운명공동체처럼 역였다.[15]

이런 배경에서 러시아는 일종의 '성국(聖國)', 러시아 민족은 '선민(選民)'이라는 자의식이 커졌고, 러시아 역사를 메시아니즘적으로 해석하는 흐름도 생겼다.[16] 교회와 국가가 얽혀 러시아를 특별한 나라로 간주하는 종교적 경향이 생긴 것이다. 이렇게 러시아에서 정교회가 수용되고 정착되는 과정에 정치권력이 개입해 온 경향이 컸고,[17] 정교 유착 가능성도 상대적으로 높았다. 14, 15세기 성립된 모스크바공국에서 18, 19세기의 제정 러시아 시기에 이르기까지 러시아 정교회는 국가 통치 이념의 형성 및 유지에 중요한 기능을 행사하며 특별한 지위를 누려 왔다. 특히 표트르 대제(Pyotr I, 1672~1725) 이후 정교회는 국

---

15 김은실, "러시아 정교 이념의 정치적 수용: '성루시', '제3로마' 사상, 메시아니즘을 중심으로", 『정치사상연구』 제5권(2001), 214쪽; 임영상, "동방교회와 서방교회: 교회와 국가의 관계", 임영상·황영삼 공편, 『소련과 동유럽의 종교와 민족주의』(한국외국어대학교출판부, 1996), 397쪽.

16 베르다예프(Nikolai A. Berdyaev)에 의하면, 정교회의 세계관에 기반한 러시아의 메시아니즘은 나중에 볼셰비즘이 등장하는 정서적 토대가 되었다. 볼셰비즘은 러시아에 이질적인 외부 유입물이 아니라, 러시아의 메시아적 꿈이 변질되어 나타난 러시아적 현상이라는 것이다. 조호연, "베르다예프의 기독교적 사회사상", 『슬라브학보』 제23권 제4호(2008), 388쪽.

17 러시아에 정교회가 권력 주도적으로 수용 및 정착되게 된 인문, 지리적 특징에 대해 김정훈, "러시아 정교와 메시아니즘", 『서양사학연구』 14집(2006), 77-78쪽 참조.

가조직의 일부로 편입되면서 사실상 국가적 기능을 했다. 정교회가 정부를 보호하고 국가 제도를 강화시켜 온 측면도 있었지만, 정부가 정교회를 통제하고 활용해 온 전통이 더 강했다고 할 수 있다.[18]

2) 교회의 국가 종속화

그러다가 1917년 러시아 혁명 발발 이후 상황이 바뀌었다. 경제적 침체와 차르 체제의 정치적 무능을 경험하면서 마르크스의 이념을 토대로 하는 강력한 정부가 출범했다. 프롤레타리아의 연대와 해방을 목표로 했던 마르크스주의자는 혈연에 기반한 토착적 민족문화를 극복 내지 타도의 대상으로 여겼다. 초민족적 소비에트 문화와 새로운 국가 정체성을 형성하는 데 걸림돌이 된다고 판단했기 때문이다. 특히 형이상학적 종교는 성격상 지역과 혈연은 물론 물적 기반도 넘어 확장할 수 있는 가능성이 있는 조직이었기에 더 철저하게 타파해야 할 대상이었다. 종교는 정치와 사회 영역에서 공식적으로 배제되고, 국가에 의한 감시와 통제의 대상이 되었다. 일하지 않고 먹기만 한다는 이유로 천 개 이상의 수도원이 폐쇄되었다. 이러한 현실에서 러시아 정교회는 레닌 정부 시절 생존을 위해서라도 국가의 정책을 지지하며 더욱 '국가 종속형 교회'가 되었다.[19]

레닌의 뒤를 이은 스탈린은 종교단체에 관한 법률(1927년)을 제정하여 종교 활동은 엄격한 허가를 받은 교회 안에서 개인적 차원에서만 할 수 있도록 했다. 러시아 정교회에서 레닌과 스탈린 정부의 교회 억압에 대한 비판과 반발도 있었지만, 1930년대까지의 러시아 정교회

18 신범식, "탈사회주의 체제 전환기 러시아의 교회-국가-사회 관계", 김회권 외, 『사회주의 체제전환과 기독교』(한울, 2012), 158쪽.

19 위의 글, 158쪽.

는 생존이 더 급했다. 가령 1927년 6월 당시 총대주교 직무대행이었던 세르기이(Sergii)가 정부에 충성을 선언한 것은 당시 교회의 절박함을 역설적으로 보여준다. "우리는 정교도이기를 원하며 동시에 소비에트 연방을 우리의 시민적 조국으로 간주하고자 한다. 조국의 기쁨과 성공이 우리의 기쁨이자 성공이며, 조국의 실패는 우리의 실패이다. 정교 기독교인으로 남아있는 한, 우리는 사도가 가르쳐 준 대로, 분노가 아니라 양심에 따라, 우리의 임무는 소비에트 연방의 시민이 되어야 한다는 것을 기억한다."[20]

이러한 상황에서 정교회 신자는 국가 종속적 경향성에 기반한 오랜 문화적 관습에 더 익숙해졌다. 오랜 민족주의적 관습에 기반해 국가 중심적 행위를 좀 더 자발적으로 하게 되었다.[21] 가령 독일이 1939년에 맺었던 '독소불가침조약(German Soviet Nonaggression Pact)'을 파기하고 1941년 소련을 침공하자 러시아 정교회가 국가의 방어를 위한 국민적 모금 운동에 나서는 등 더 적극적으로 애국주의적 행동을 보인 것이 그 사례다. 세르기이는 이렇게 말한 바 있다. "우리 정교회는 항상 민족과 운명을 함께하였습니다. […] 교회는 민족과 함께 시련과 성공을 경험하였습니다. 교회는 오늘날 그 백성을 포기할 수 없습니다. 이 민족적인 투쟁에 하늘의 축복을 내립니다."[22] 교회와 국가의 운명을 동일시하면서 전체주의자들(독일)에 의한 지배가 아닌 자국에 의한 지배를 우선시했고, 그것이 '관제적' 민족주의 행동으로 나타난 것

20 제프리 호스킹, 『소련사』, 김영석 옮김(홍성사, 1991), p. 235에서 재인용. 방일권, "종교와 민족주의: 소비에트 치하의 러시아 정교회를 중심으로", 임영상·황영삼 공편, 앞의 책, 74쪽 참조.

21 신동혁, "현대 러시아인의 종교성: 정교도의 종교성을 중심으로", 『러시아연구』 제24권 1호(2014), 180쪽 참조.

22 방일권, 앞의 글, 같은 쪽에서 재인용.

이다.[23] 교회사가들이 흔히 말하는 교권과 속권의 협력 관계가 공고해져 간 것이다.[24]

이즈음 스탈린은 정교회에 대한 입장을 바꾸어 종교 의례의 자유를 제한적이나마 허용했다. 정교회를 통해 러시아 민족주의를 확산시키기 위한 전략이었다. 이렇게 종교정책과 민족정책은 상호 연결되어 있었던 것이다.[25] 그러자 실제로 독일에게 침공받은 지역의 교회들에서 러시아의 전쟁 승리를 위한 모금 운동을 하는 등 민족주의적 정서가 더 강하게 나타났다. 그 결과 1943년 이후 정교회는 흐루쇼프가 등장할 때까지 십여 년간 일시적인 부흥기를 맞았고, 흐루쇼프 정부도 대외적으로는 러시아에 종교의 자유가 있다는 신호를 보내기도 했다.

이러한 정교회의 입장은 오로지 생존을 위한 외교적 술수나 정치적 제스처이기만 했던 것은 아니다. 뒤집어 보면, 그것은 기본적으로 종교가 민족의 운명이나 형편에 긴밀히 연결되어 있고, 결국 민족의 문제를 종교인 자신의 문제로 생각하기도 했다는 뜻이다. 그리고 인간의 내면에서 비롯된 종교는 외적 억압으로 뿌리 뽑을 수 없다는 뜻이기도 하다. 제도로서의 종교는 변형시키거나 와해시킬 수도 있지만, 그 근간인 내적 신앙으로서의 종교는 살아서 새로운 제도화의 길을 모색하기 때문이다. 종교(religion)는 없어져도 종교성(religiosity)은 유지된다는 식으로도 말할 수 있겠다. 소비에트 시절의 정교회는 억압적

---

23 앤더슨(Benedict Anderson)의 관제민족주의(official nationalism)라는 말에서 따왔다. 앤더슨은 혈연을 넘어 새로운 문화적 공동체를 창출하고자 특정 정권에 의해 만들어진 공동체, 지배층에 의해 의식적으로 만들어진 민족주의를 관제민족주의로 부른다. 베네딕트 앤더슨, 『상상의 공동체: 민족주의의 기원과 전파에 대한 성찰』, 윤형숙 옮김(나남출판, 2002), 198-210쪽.

24 이형기, 『세계교회사 I』(한국장로교출판사, 1994), 614-615쪽.

25 Peter Duncan, "Orthodoxy and Russian Nationalism in the USSR, 1917-88", G. Hosking (ed.), *Church and State in Russian and Ukraine*(St. Martin's Press, 1991), pp. 315-316.

상황에서도 민족의식을 연결고리로 지니고 있던 까닭에 종교적 근간은 늘 유지할 수 있었고, 그 종교성이 소비에트 사회에 정교회 문화를 지속시키는 동력이 된 것이다.

그러다가 1985년 공산당 서기장이 된 고르바초프의 개혁과 개방 정책으로 다시 급격한 변화가 일어나기 시작했다. 고르바초프는 경직된 채 파산 지경으로 치닫던 소련 경제의 회복을 위해 이른바 페레스트로이카(개혁) 정책을 펼치고, 확실한 개혁을 위해 투명한 정보 공개 등 글라스노스트(개방) 정책을 펼쳤다. 그러나 그것은 뜻밖에 다른 방향으로 흘러가 도리어 사회주의 체제의 해체로 이어졌다. 이 기회에 발트3국 등 소비에트 연방 내 소수민족의 독립을 향한 목소리가 봇물처럼 솟아오르는 등, 소련의 급격한 해체로 진행되어 나갔다. 동구권 사회주의 체제 전환의 기폭제였던 소련의 해체는 외부 세력에 의한 정복이나 무력적 투쟁의 결과가 아닌, 병리 현상이 심화되었던 자체적 모순을 해결하는 과정에서 이루어진 일이었다. 소련이 해체되면서 은폐되고 억압되었던 소수민족의 문제가 전면에 등장했는데, 그 소수민족의 문제는 다양한 종교의 문제이기도 했다. 러시아에서 정교회도 다시 부상하기 시작했다.

3) 정교회의 재부상과 민족주의화

러시아의 개혁 개방 이후 증대되기 시작한 정치적 자유는 소비에트 연방의 붕괴를 기점으로 러시아에 종교의 자유를 되돌려 주었다. 특히 1988년 러시아 정교회 1000주년 행사를 기점으로 소련 내 정교회의 위상은 다시 반전되기 시작했다. 1990년에 '포교와 종교단체 설립의 자유에 관한 법률'이 입안되었고, 1991년 "종교와 양심의 자유에 관한 법률"이 제정되었다. 국가에 몰수되었던 정교회의 재산이 상당 부분 환원되는 등, 실질적으로 정교회의 위상은 거의 이전 수준으로 확보되었다. 이것은 종교를 제한하는 정치적 정책에 대한 정교회의 불만이 지속되어 왔으며, 정치적 정책으로 일정 수준이 되는 종교 현상을 완전히 억압할 수는 없다는 뜻이다. 러시아뿐만 아니라, 다른 동유럽 국가들에서도 공산당이 집권한 뒤에는 종교를 탄압했지만, 당이 권력을 공고히 한 이후에는 다시 교회와 밀접한 관계를 가지는 경향이 있었는데, 이것은 무신론적 정책만으로는 민족 통합이 쉽게 이루어지지 않았다는 뜻이다.[26]

아울러 이것은 러시아 정교회가 민족적 정체성을 확보하도록 하는 가장 큰 문화적 세력이었다는 사실의 반증이다. 종교의 민족주의화는 소수민족이나 다른 종교의 유입을 불편해하는 분위기를 형성하기도 하지만,[27] 어떻든 러시아에서 정교회는 국가와 협력하는 '민족교회'로 자리매김해 가며 국민의 정신적 구심점 역할을 해온 것은 분명하다. 러시아 종교 연구자 임영상은 다음과 같이 간명하게 말한다. "러시아 민족은 모스크바 국가와 정교회 아래 통합되었다."[28] 소비에트

---

26 황영삼, "공산정권 치하의 소련과 동유럽의 종교와 민족주의", 황영삼·임영상 공편, 앞의 책, 29-30쪽.

27 오랫동안 종교문화적 차원에서 독점적 지위를 누려 왔던 러시아 정교회는 개혁 개방 이후 밀려오는 종교적 다원화의 과정을 소화하기 어려워했다. 러시아 정교회의 알렉세이 2세는 다원주의적 상황을 의식하면서 급격한 탈사회주의 과정에 많은 러시아인이 사교(邪敎)에 빠져들어 가고 있다고 경계하기도 했다. 이와 함께 정교회 관련 의원들의 발의로 1997년 7월 "양심과 종교의 자유에 관한 법률"(개정안)이 제정되었는데, 개정안에서는 러시아에서 특권적 지위를 인정받을 수 있는 종교로 러시아정교, 이슬람, 유대교, 불교의 네 종교를 명기했다. "주로 종교 신봉자들의 수, 국가발전에 대한 역사적 헌신 여부, 러시아연방에서 평화와 안정을 유지하는 목적을 잘 수행하고 있는지"가 이들 전통 종교를 판단하는 근거였다(정세진, "포스트소비에트 시기 러시아정교 이념의 패러다임", 『슬라브학보』 제23권 제3호, 361쪽). 이 개정안은 오늘날의 러시아가 외형적으로는 다원적 민주주의 이념을 수용하고 있지만, 내면적으로는 정교회를 제외한 다른 종교들이 정교회 중심의 오랜 러시아 문화 속으로 들어가기 쉽지 않게 만들었다. 이 법안은 기독교계 외국 선교사들의 활동을 제약하는 기초로 작용했다.

28 임영상, "러시아 민족과 러시아 정교회", 임영상·황영삼 공편, 앞의 책, 67쪽.

시절 극심한 탄압을 받았음에도 2008년 기준으로 러시아인의 72%가 자신을 정교도로 여기고 있고, 정교도라는 것과 러시아인이라는 것이 거의 동일시될 정도로 정교도는 러시아 문화의 근간에 있다.[29]

3
해방의 동력, 리투아니아 가톨릭의 경우

1) 리투아니아의 가톨릭화

발트3국 중 1989년 당시 소련으로부터의 분리 독립에 가장 적극적이었던 국가는 리투아니아다. 그 이유는 크게 두 가지로 요약될 수 있다. 하나는 자국의 역사에 대한 자부심과 그에 따른 민족주의적 정서이다. 리투아니아에는 민다우가스(Mindaugas, 1203~1263) 공작이 리투아니아인 거주 지역을 통일해 1236년 최초의 통일국가를 세우고, 게디미나스(Gediminas, 1275~1341)를 거치면서 발트해에서 흑해에 이르는 광대한 영역을 지배하던 시절이 있었다. 그 시절에 대한 역사적 기억과 그에 따른 민족적 자부심이 다른 발트3국에 비해 강하다. 민다우가스가 최초의 왕이 된 1253년 7월 6일은 지금도 리투아니아 국경일(민다우가스의 날)로 지켜지고 있다.

다른 하나는 가톨릭을 중심으로 하는 종교적 일체감이다. 현재 리투아니아 인구의 79%가 가톨릭 신자이다. 정교회 국가인 러시아의 지

29 탈사회주의 과정에 러시아 정교회 민족주의자들은 대체로 두 가지 부류로 나뉘었다. 하나는 인종, 민족주의 이념을 확실히 추종하는 근본주의적 그룹이고, 다른 하나는 정교회를 민족 정체성의 부흥에 영합한 상징적 주체 정도로 생각하는 그룹이다(정세진, 앞의 글, 372쪽). 어떤 부류든 러시아에서 정교회는 시대의 변화에 일정한 역할을 할 수 있는 일종의 문화적 힘이었으며, 정교회 신앙은 민족주의적 정서를 정당화하는 역할을 해왔다는 것은 분명하다.

배를 받았지만, 정교회 신자는 인구의 4% 정도에 머문다. 가톨릭을 중심으로 하는 종교적 동질감과 그에 따른 문화적 공유의식이 크다. 이런 정서가 러시아로부터의 분리 독립을 추동하는 주요 동력으로 작동했다.

물론 처음부터 가톨릭이 주류로 자리매김한 것은 아니었다.[30] 리투아니아에서는 오랫동안 천둥의 신 페르쿤(Perkun)의 가호를 비는 민족 신앙이 이어져 왔고, 중세기 리투아니아가 지배했던 지역 및 루시 국가와의 정치적 관계 속에서 정교회 문화를 경험하고 있었다. 그러다가 요가일라(Jogaila, 1351~1434) 재위 당시 독일기사단의 위협에 대응하기 위해 폴란드와 정략결혼에 따른 연정을 실시하면서, 폴란드의 주요 종교였던 가톨릭을 받아들였다. 당시 리투아니아에서 가톨릭은 사실상 그저 소개되는 정도였지만, 가톨릭으로 인해 폴란드를 통해 유럽과 소통하는 통로가 마련되었다는 사실은 중요했다. 특히 요가일라가 가톨릭으로 세례를 받자 리투아니아가 적어도 정교회 국가는 아니라는 인식이 퍼졌다.[31] 리투아니아에서 가톨릭이 주요 세력으로 자리 잡게 되는 데도 좀 더 시간이 필요했다는 뜻이다.[32]

리투아니아에서 가톨릭이 힘을 얻기 시작한 것은 역설적이게도 1795년 정교회국가 러시아의 침략으로 폴란드-리투아니아 연방이 와

---

30 Timothy Snyder, *The Reconstruction of Nations: Poland, Ukraine, Lithuania, Belarus 1569~1999*(Yale University Press, 2003), pp. 17-18.

31 *Ibid*, p. 18.

32 가령 18세기 후반 리투아니아에는 가톨릭의 직제와 정교회의 전례가 혼합된 형태인 우니아트 교회(Uniate Church)가 40% 정도였고, 정교회 6.5%, 유대교 10%, 순수한 가톨릭은 38% 정도였다. 가톨릭이 주요 세력으로 자리잡아 가는 동안 리투아니아 토착종교에 의한 저항도 적지 않았다. 가령 요가일라와 동시대 지도자인 비타우타스(Vytautas) 공작은 리투아니아를 기독교와 상관없는 국가로 만들기 위해 요가일라와 대적하기도 했다. 그만큼 반기독교적 흐름도 적지 않았다. 페르쿤 신앙도 사라지지 않고 민속화되어 민중적 신앙 형태로 지금까지 유지되고 있다.

해되면서부터라고 할 수 있다. 리투아니아 지역이 러시아령으로 편입되면서 러시아 정교회로의 개종 압력도 있었지만, 도리어 가톨릭이 러시아 정교회와 차별적인 리투아니아적 표지(mark)처럼 작용한 것이다.[33] 리투아니아 가톨릭은 침략자인 러시아 정교회에 이질감을 느꼈고, 가톨릭적 정서는 리투아니아가 러시아의 침략에 저항하는 문화적 계기로 작용했다. 가톨릭적 정서가 리투아니아의 민족주의적 감성을 증폭시켰을 뿐만 아니라, 이 민족주의적 정서는 리투아니아에 가톨릭을 공고히 하는 계기가 되었다. 친폴란드적 귀족 세력에 대한 비판적 흐름이 형성될 만큼 리투아니아 가톨릭의 사상적 원천인 폴란드에 대해서도 저항하는 민족주의적 흐름이 나타나기도 했다.

2) 교회의 정치 참여

1905년 러시아 1차 혁명의 기운을 틈타 같은 해 12월 빌뉴스에서 2천여 명이 참석한 '리투아니아 민족회의'가 개최되었다. 이 회의에서는 반러시아적 정서 속에서 리투아니아 민족의 자치와 리투아니아어의 공식화를 결의했다. 리투아니아 민족의식을 다지는 일이면서 가라앉고 있던 리투아니아어에 다시 생기를 불어넣는 일이었다.

이때 중요한 것은 리투아니아인이 민족이라는 이름으로 모이게 된 근간에 가톨릭적 세계관이 있다는 사실이다. 리투아니아 민족의식과 가톨릭은 불가분의 관계였다. 리투아니아에는 1890년부터 가톨릭 성직자와 지식인들이 이끄는 민주화 운동이 있어 왔다.[34] 이들은 가톨릭에 기반한 문화적 동질성을 근간으로 하는 애국주의적 입장에서 러시

---

33 Snyder, *op. cit.*, p. 45.

34 Vincent E. McHale & Sharon Skowronski (eds.), *Political Parties of Europe*(Greenwood Press, 1983), p. 476.

아 정교회를 경계하며 가톨릭 교회를 변호하는 자세를 취했다.

1917년에는 리투아니아 기독교민주당(Lithuanian Christian Democratic party)이 창당되었다.[35] 제1차 세계대전 당시 교전국들의 전쟁터가 되면서 독일과 러시아에 교대로 점령당하던 시절이었다. 1917년 러시아혁명이 발생한 뒤 레닌의 영향력하에 있던 리투아니아 내 마르크스주의자들이 소비에트정부를 구성했다. 1918년 3월에는 레닌이 이끌던 소비에트 중앙 정부가 독일과의 전쟁을 중지하고 신생 볼셰비키 정권의 정당성을 보장받는 대신 발트해 연안과 벨라루시 일부, 우크라이나 전역을 독일에 할양하였다. 그러다가 이내 독일이 제1차 세계대전에서 패하면서 이들 지역은 다시 독일에서 벗어나 독립국의 지위를 얻을 수 있었다.

1920년에 치른 선거에서는 기독교민주당이 가장 큰 정당이 되었다. 이질성을 거부하는 문화적 동질성과 종교적 연대감이 정치적 저항으로 이어지면서, 가톨릭 교회가 주도하는 기독교 정당이 정치의 선도에 나서게 된 것이다. 이러한 물결 속에서 1920년 러시아도 다시 이들의 독립을 인정할 수밖에 없었다. 그 뒤 리투아니아는 20여 년간 독립국의 지위를 누리며 제정 러시아의 전체주의적 체제를 극복하고 민주주의적 체제를 실험하는 시간을 지냈다.

이렇듯 20세기 초반 리투아니아에서는 가톨릭이 정당 조직 및 이념의 형성에 큰 역할을 했다. 두 차례 세계 대전 사이에 리투아니아 기독교민주당은 농민의 전폭적 지지를 받으며 의회의 과반수 이상을 차지했다. 기독교민주당은 1920년부터 26년 사이에 대중의 지지를 가장

35 이때의 기독교란 가톨릭을 의미한다. 영어로 Christianity는 예수를 그리스도로 믿는 종교, 즉 가톨릭, 개신교, 정교회 등을 모두 포함하는 말이다. 한국에서만 '기독교'가 '개신교'를 일컫는 용어처럼 잘못 쓰이고 있지만, 가톨릭이나 개신교나 정교회나 성공회 모두 그리스도교, 한자로 표현하면 기독교(基督敎)다.

많이 받은 집권당이었다.[36] 당시 기독교민주당은 기독교적, 즉 가톨릭적 가치를 더 많이 강조했다는 점에서 종교성이 농후했다. 물론 이때의 종교성은 정치와 종교가 분리된 오늘날의 종교성과는 달리, 리투아니아 민족의식을 대변하는 종교성이었다. 그렇기에 국민에게 이질감을 주지 않았다. 실제로 "이 시기의 리투아니아는 교회가 국가의 일에 여전히 중요한 역할을 하고 있었던 국가였다. 출생, 혼인, 사망 등의 업무는 교회가 맡아서 처리하였으며, 고아원, 양로원, 의료기관 등은 모두 가톨릭 교회 관할하에 놓여졌다. 종교의식 없는 혼례는 인정되지 않았다."[37] 법적으로는 종교의 자유가 보장되어 있었지만, 교회의 관례적 특권도 지속되고 있었다. 그만큼 리투아니아인은 가톨릭적 세계관의 영향력하에서 살아갔다.

3) 사회주의화와 박해의 신학

이즈음 주변 정세는 다시 변하고 있었다. 1939년 성립된 나치 독일의 세력이 확장되자 독일의 세력을 억제하기 위한 열강들의 암묵적 전략을 의식하며 독일은 1939년 8월 소련과 '독소불가침조약'을 맺었다. 이 협약으로 인해 발트3국, 즉 리투아니아, 라트비아, 에스토니아는 1940년에 차례로 소련에 병합되었다. 발트3국 모두 공산당 일당 지배체제로 전환되었다. 리투아니아에는 새로운 인민정부가 구성되었고, 소비에트 연방을 구성하는 하나의 공화국이 되었다.

물론 이것은 정치 및 국가권력의 크기에 따른 일방적 체제 편입이었다. 그러한 일방성이 커지면 커질수록 리투아니아의 발트계 민족

---

36 2012년 10월 총선에서는 의회 총 141석 가운데 사민당이 38석으로 제1당이 되었고, 조국연합(Tėvynės sąjunga)과 연립정당을 구성한 기독교민주당은 31석을 확보해 제2당의 위치에 올랐다.

37 황영삼, "리투아니아의 카톨릭과 민족주의", 임영상 · 황영삼 공편, 앞의 책, 118쪽.

의식은 지속되거나 강화되었다. 1941년 6월 독일군이 조약을 파기하고 소련을 기습적으로 침공해 들어오자 그 기회에 리투아니아는 가장 강력하게 반소(反蘇) 투쟁을 벌였다. 불과 이틀 만에 4천여 명 이상 사망하고, 8천여 명 이상이 부상했을 정도였다. 1945년부터 50년 사이에는 리투아니아인이 시베리아로 대거 추방되었다. 국내 교회 448개가 폐쇄되었고, 574개는 높은 세금을 낸다는 조건하에 살아남았다. 신학교는 1944년 4개소에서 1946년 1개소로 줄었다. 어린이에 대한 종교 교육도 금지되었다. 소련 지배 시절 리투아니아에서 종교는 사적 영역에서만 허락되었고, 가톨릭은 약간의 독립성을 유지하는 등 제한적 자유만 허락되었다.[38]

리투아니아를 점령한 뒤 가톨릭 색채를 없애려는 소련의 정책은 지속되었다. 이것은 리투아니아를 러시아 제국으로 온전히 병합시키려는 소련에게 리투아니아의 가톨릭 교회가 가장 큰 장애물이었다는 뜻이다. 빌뉴스 대성당을 미술관 및 음악당으로 바꾸고, 카지미에시 교회(St. Kazimierz Church)도 무신론 역사박물관으로 전용했다. 상당수 신부들을 추방했다. 이런 식으로 리투아니아 종교문화에 대한 모스크바의 억압은 지속되었다.

물론 그에 대한 리투아니아 가톨릭 교회의 저항도 계속되었다. 1971년 12월, 1만 7,054명의 가톨릭 신자들이 리투아니아에 대한 소련의 종교박해를 비판하는 집단 성명서를 유엔사무총장에게 보내 종교자유에 대한 열망을 세계적으로 알렸다. 리투아니아가 억압으로부터의 자유를 추구하고 있다는 사실이 국외에 알려지게 된 계기가 가

38 소비에트 정부의 리투아니아 가톨릭에 대한 박해, 죽음을 불사한 신부들의 저항 등 리투아니아 종교 박해에 관해서는 Pranas Dauknys, "The Resistance of the Catholic Church in Lithuania Against Religious Persecution", *Lituanus*, Vol. 31, No. 1(1985), pp. 41-49 참조.

톨릭 신자들의 운동이었다. 모스크바는 리투아니아의 일부 신학교를 폐쇄하거나 통제를 한층 강화하는 방식으로 대응했다. 그럴수록 교회의 저항은 지속되었고, 리투아니아 교회에서는 종교 억압에 대한 '박해의 신학(Theology of Persecution)'이 형성되기도 했다. 박해의 신학은 "종교의 자유, 인권, 인간의 존엄성의 원리를 기반으로 하여 기독교인 박해에 대한 믿을 만한 사실들을 조사하고, 종교적 억압의 사례를 드러내고, 교회를 옹호하기 위한 기독교적 연대를 증진시키며, 박해자들에 맞서 종교 자유를 위한 투쟁을 도출해 내는 학문"으로 규정할 수 있다.[39] 이러한 저간의 상황은 당시 리투아니아 교회가 민족적이고 종교적 입장을 융합시켜 소련에 대항하는 하나의 강력한 이데올로기였다는 뜻이다.[40] 교회는 리투아니아 민족 세력의 거점 역할을 했다. 1987년 '리투아니아자유연맹(Lithuania Liberty League)'이 주도한 첫 민주화 시위와 이듬해의 대규모 시위도 각각 성안나 교회 광장과 빌뉴스 대성당 광장에서 진행되었다. '리투아니아자유연맹'도 종교의 자유 문제를 내세우며 국가의 독립을 추구했다.[41] 전체적으로 가톨릭 교회가 리투아니아 민족의식 혹은 국민적 정체성의 근간 역할을 했다는 뜻이다.

4) 가톨릭의 민족주의 운동

물론 가톨릭 교회가 소련에 저항하는 주요 거점이기는 했지만, 그 저항이 순수하게 종교적 행위이기만 했던 것은 아니다. 순수한 종교적 행위라는 것은 없다. 저항의 기초에는 리투아니아의 민족주의적 자세

39 *Ibid.*, p. 3.
40 *Ibid.*, p. 2.
41 Alfred Erich Senn, *Lithuania Awakening*(University of California Press, 1990), p. 68.

가 놓여 있었다. 종교현상이 유지되고 작동하는 방식은 문화적, 민족적, 정치적 차원과 얽히면서 이루어지기 때문이다. 문화적, 민족적, 정치적 차원과 분리된 종교적 차원이라는 것은 없다. 종교는 이 다양한 차원들과 연결되되, 그 모든 것의 근간에 있다고 믿어지는 실재를 중심으로 하는 통합적 세계관이기 때문이다. 그런 점에서 종교는 기본적으로 문화적이기도 하고 민족적이기도 하고 정치적이기도 하다. 한 민족 혹은 사회의 전반과 연결되어 있는 종교는 때로는 탈사회적 혹은 탈민족적이기도 하지만, 동시에 그 사회와 민족을 통합하는 사회적, 민족주의적 기능을 충실하게 수행하기도 하는 것이다.

리투아니아의 혁신적 변화는 소련의 개혁 및 개방 정책에서 비롯되었다. 앞에서 설명했듯이, 경제난으로 자기 분열 양상을 보이던 소련에 1985년 고르바초프 정권이 들어서면서 개혁 및 개방 정책을 펼치자, 에스토니아에서는 고르바초프의 개방 정책을 지지하는 이들을 중심으로 1988년 '인민전선(Popular Front)'이 결성되었고, 이 모임은 6개월 만에 6만 명 이상이 참여하는 대중적 정치 조직이 되었다. 라트비아에서도 1986년에는 '헬싱키-86(Helsinki-86)' 같은 반사회주의체제 조직이 형성되었고, 소비에트 정부의 억압적 정책에 비판적이던 작가동맹(Writer's Union)을 중심으로 1988년 '라트비아인민전선(Popular Front of Latvia)'이 창립되었다. 여기서는 민주주의적 요소, 정치·경제적 자치의 확대, 민족적 권리의 신장 등을 요구했다. 이것이 급진화하면서 독립에의 요구로 이어졌다.

리투아니아에서는 과학자, 작가, 교수 등이 모여 '리투아니아 개혁운동(Sajūdis Reform Movement)', 즉 '사유디스(Sajūdis)'를 결성했다. 단번에 수십만 명의 회원을 규합했고, 사유디스는 에스토니아와 라트비아의 '인민전선'과 연대하면서 리투아니아 민족문화를 억압하는 러시아화 정책에 저항했다. 처음에는 경제적 자율권 정도를 요구하는 등, 다른 국가 정치조직에 비해 상대적으로 온건하게 시작했다. 그러나 규모는 방대했다. 1988년 8월에는 25만여 명이 참여해 50년 전 리투아니아 소련 합병의 원인이 된 독소불가침조약의 원천적 무효화를 주장했고, 그 뒤 소비에트 연방으로부터의 탈퇴와 국가의 독립을 요구했다. 스탈린주의의 청산과 정치적 다원화를 통한 서구식 시민사회의 보장을 요구했다.

그러던 와중인 1989년 8월 23일, '사유디스' 등 리투아니아 반소비에트 단체는 '민족전선'과 같은 다른 발트 국가 조직과 함께 독소불가침조약 50주년을 기념하여 에스토니아 탈린에서 리투아니아 빌뉴스에 이르는 인간띠잇기 이벤트를 기획했다. 연 200만여 명 발트인들이 손에 손을 잡고 에스토니아 북부에서 리투아니아 남부까지 675.5킬로미터에 이르는 거대한 인간띠를 만들었다. 당시 발트3국 총 인구가 600만 명 정도였으니, 전 인구의 3분의 1이 손에 손을 잡고 인간띠잇기에 참여한 장대한 민주화운동 이벤트였다.

5) '발트의 길'과 독립의 길

인간띠 시위의 기원은 소련의 인권 침해를 세계적으로 알리기 위해 1986년 미국, 캐나다, 영국, 노르웨이 등 여러 도시의 시민들이 검은 리본을 달고 벌였던 이른바 '블랙 리본 데이(Black Ribbon Day)' 시위에 있었다.[42] 그 연장선에서 1987년 리투아니아 빌뉴스를 포함한 36개 도시에서 '블랙 리본 데이' 시위가 열렸고, 같은 해 탈린(에스토니아)과 리가(라트비아)에서 소련의 발트3국 병합을 비판하는 시위가 열렸다. 이러한 경험을 토대로 1989년 거대한 인간띠 이벤트, 이른바 '발트의

42 "European Day of Remembrance for Victims of Stalinism and Nazism" (https://en.wikipedia.org/wiki/European_Day_of_Remembrance_for_Victims_of_Stalinism_and_Nazism)

길(Baltic Way)'이 가능했던 것이다.

인간띠가 끊어진 곳이 없도록 라디오에서 지속 홍보하고, 무료 버스가 제공되었으며, 교회에서는 종소리로 인간띠 운동을 독려하고 지원했다. 리투아니아 시위대는 애국가와 국민적 찬송가를 부르며 저항했다. 이 거대한 인간띠 시위를 통해 소비에트에 의해 불법으로 저질러진 50년 전 강제병합에 항의했다. 비폭력적이고 범민족적으로 반소(反蘇) 주권 회복 및 독립 운동을 펼쳤다. 에스토니아, 라트비아와 함께한, 리투아니아 역사상 대표적인 '시민 운동'이었다고 할 수 있다.[43]

이러한 흐름에 대해 소련 공산당 중앙위원회에서는 거세게 비판하고 제재했지만, 도도한 반소련의 물결을 막을 수는 없었다. 심지어 1989년 12월에는 리투아니아 공산당이 소련 공산당으로부터 정치적 독립을 선포하는 일마저 벌어졌다. 만일 리투아니아 공산당이 사유디스나 리투아니아자유연맹과 같은 정치 조직이 발흥하던 때 이들의 정치적 행동을 억압했다면, 독립은 불가능했을지도 모른다. 그러나 리투아니아 공산당은 사회주의적 의식은 포기하지 않으면서 민족의 내적

---

43 사회학자 김종영의 최근 표현을 빌리면 넓은 의미에서의 — 적어도 초기 단계에서의 — '지민(知民) 운동'이었다고 해도 큰 무리는 없어 보인다. 김종영은 지적 능력을 계발하여 정치와 일상생활을 가로질러 정책과 정치에 지적으로, 그리고 정치적으로 개입하는 정치적 주체를 일컫는 용어로 '지민(知民)'이라는 신조어를 만들었다. 정보화 시대의 급격한 진전, 관료기구의 모순과 생활정치의 부상, 지식의 국제적 유통, 전문가 체제의 분열, 고등교육의 보편화를 조건으로 탄생한, '지식인으로서의 시민', '시민으로서의 지식인'을 의미한다. 단순한 의견 표출의 주체가 아니라, 자신의 일상과 공동체에 영향을 미치는 정책을 실제적인 상황에서 판단하고 적용하는 실천적인 지식의 공동 생산자이다. '공부하며 참여하는 시민'이라고도 할 수 있다. '발트의 길'의 참여자를 최근 한국적 상황에서 규정한 '지민'으로 통칭할 수는 없지만, 관료화된 사회주의 이념 집단에 대항하며 새로운 사회의 출현을 평화적으로 요구하는, 전적으로 새로운 흐름을 출현시켰다는 점에서 '시민지식동맹'의 한 예를 보여주었다고 해도 큰 문제는 되지 않을 것 같다. 김종영, 『지민의 탄생: 지식민주주의를 향한 시민지성의 도전』(휴머니스트, 2017), 10, 44, 400쪽.

목소리를 더 중시하며 내부의 독립 운동과 함께했다. 소련 공산당과는 분리된 독자 노선을 걸었다. 리투아니아 공산당에서도 위기의 순간에는 정치적 이념보다 민족의식이 더 크게 작동한 증거라고 할 수 있다. 이러한 상황이 소비에트 연방을 해체시키는 첫걸음이 되었다. 1990년 2월 24일 에스토니아와 라트비아는 물론 리투아니아에서도 70년 만에 처음으로 자유선거를 치렀다. 그 결과 리투아니아에서는 민족주의적 성향의 사유디스가 의회 141석 중 101석을 차지하면서 최대 정당으로 등극했다.

이런 과정을 거쳐 '발트의 길'를 걸어간 지 7개월 만에 리투아니아는 소비에트 연방 국가 중 처음으로 독립을 선언했다. 1991년 1월에는 소련군이 리투아니아 독립운동을 폭력으로 진압하다가 13명이 숨지고 700여 명이 부상당하는 일이 벌어졌지만, 2월에는 독립을 위한 국민투표가 진행되었고, 전 국민 265만 명의 84.43%가 참여해 이 중 90.47%가 소비에트 연방으로부터의 독립을 지지하는 결정을 했다. 그러자 소련의 고르바초프는 9월 6일 국가평의회를 소집해 발트3국이 연방으로부터 독립했다고 승인했고, 9월 17일 리투아니아는 라트비아, 에스토니아와 함께 유엔에 가입했다. 1993년 8월 31일 리투아니아 주둔 러시아군이 완전히 철수했다. 2004년에는 EU와 NATO에도 가입하였다.

그 과정에 리투아니아 가톨릭은 민족주의적 측면을 유지 및 강화해 왔다. 사실상 리투아니아의 "교회가 반소 세력의 상징적 역할을 하였고, […] 반체제 민족주의자들이 의지할 수 있었던 유일한 기관"이었다는 평가는 정당해 보인다.[44] 리투아니아 정치 체제가 아래로부터

44 Kestutis K. Girnius, "Catholicism and Nationalism in Lithuania", Pedro Ramet (ed.), *Religion and Nationalism in Soviet and East European Politics*(Duke University Press,

변동하는 데 가톨릭 교회가 문화적 동력을 제공하면서 리투아니아라는 독립 국가의 형성에 기여했던 것이다.

이렇게 "리투아니아 민족운동은 두 가지 점에서 가톨릭적인 것으로 간주될 수 있는데, 하나는 대부분의 민족주의자들이 가톨릭을 믿고 있었기 때문이고, 다른 하나는 대부분의 민족주의자들이 자신의 종교적 신념과는 관계없이 민족 가치를 증진시키는 기관으로 교회를 지지했기 때문이다".[45] 리투아니아에서는 가톨릭이 '민족이라는 이름의 종교'[46] 역할을 했던 셈이다. 교회는 리투아니아인을 하나의 '민족'으로 상상하게 만들었고, 민족적 정체성이 확립되어 가는 과정에 교회는 소비에트 질서에 대한 제도적 대안으로 여겨졌다.[47]

6) 민족적 정체성≥종교적 정체성

이때 짚어 보아야 할 것은 종교적 동질성과 민족적 동질성 간의 우선순위 문제이다. 종교적 영향력과 민족주의적 영향력 중에 어떤 것이 더 클까? 물론 종교를 민족주의적 태도와 분리시켜 설명할 수는 없다. 국가적 위기상황일수록 민족주의적 자세와 종교적 실천은 밀착되며, 종교적 신앙이 민족주의적으로 표출되곤 하기 때문이다. 그럼에도 종교와 민족의 동류의식 가운데 어느 쪽이 더 강력한지 단순하게 질문한다면, 러시아와 리투아니아의 사례에서 확인할 수 있는 것은 민족적 동류의식의 우위이다.

가령 러시아의 경우, 러시아가 리투아니아를 지배하거나 가톨릭

1989), p. 116; 황영삼, "리투아니아의 카톨릭과 민족주의", 임영상·황영삼 공편, 앞의 책, 125, 109-132쪽 참조.

45 황영삼, 위의 글, 131쪽.

46 なだいなだ,『民族という名の宗教』(岩波書店, 1992)의 제목에서 따온 말.

47 Senn, *op. cit.*, pp. 8-9.

을 억압할 때 러시아 정교회가 자국을 비판했다든지, 러시아 정교회와 리투아니아 가톨릭이 연합했다든지 하는 기록은 찾아보기 어렵다. 가톨릭이나 정교회는 원칙적으로 교리상의 차이보다는 신앙의 근본에 대한 동질성이 더 큰, 사실상 같은 종교 전통임에도 불구하고, 러시아 교회가 리투아니아 교회를 지지하거나 지원했다는 기록은 없다. 종교적 실천의 근간인 사랑과 자비 같은 보편적 가치보다는 정치적 혹은 민족적 동질감이 더 크게 작동했다는 뜻이다. 종교의 자기 확대도 민족주의적 정체성의 범주 안에서 이루어졌다는 뜻이다.

앞에서 설명했듯이 실제로 러시아 정교회는 전시(戰時)에 국민적 단결을 호소했다. 국민적 모금을 하는 등 애국주의적 자세를 취했다. 스탈린 시절 종교적 억압을 받다가 정교회가 일시적으로 부활기를 맞이하게 된 것도 대조국전쟁(독소전쟁, 1941~1945)을 지지하고 국민적 단결을 요청하면서였다.[48] 러시아 정교회는 자신을 국가와 동일시했다고 해도 과언이 아니다. 그 배경에 있는 것이 민족주의적 정서이다. 사랑과 자비 같은 윤리나 사상적 보편성을 기준으로 보면, 민족의 안팎을 분리하는 태도는 그 기준과 모순되지만, 위기상황에서는 그 모순이 신앙의 이름으로 정당화된다. 칼 슈미트(Carl Schmitt)가 "주권자란 예외상태를 결정하는 자"[49]라고 규정한 바 있는데, 교회의 지도자도 지역적 민족의식을 보편적 신앙 행위로 정당화시키는 데 나선다. 시대와 장소를 멀리 한국으로 가져오면, 신라의 원광법사가 불교의 '불살생(不殺生)' 계율을 '살생유택(殺生有擇)'으로 재해석하면서 화랑도의 전쟁 이념을 제공했던 것과도 다르지 않다. 조선시대 불교가 정책적으

48 Pedro Ramet, "The interplay of Religious Policy and Nationalities Policy in the Soviet Union and Eastern Europe", Pedro Ramet (ed.), *op. cit.*, p. 18.

49 칼 슈미트, 『정치신학』, 김항 옮김(그린비, 2010), 16쪽.

로 억압받고 있었음에도 임진왜란이나 병자호란 때 승병 혹은 승군을 조직했던 것도 비슷한 태도라고 할 수 있다. 일제강점기 한국 내 문화적 뿌리가 얕았던 기독교가 독립운동에 나서고 스스로를 민족종교로 자리매김하려고 노력했던 것도 마찬가지이다.[50] 전시에는 군종병(軍宗兵)이 상대국의 같은 종교인보다 자국의 병사들을 위해 기도하듯이, 위기상황일수록 종교도 종교적 교리보다 민족적 안위를 더 우선적으로 해석하게 되는 사례들인 것이다.

러시아가 나치 전체주의자들의 침략을 물리치고, 세계대전을 승리로 이끌었다는 자부심은 정교회 신앙 유무와 관계없이 러시아인 대다수의 것이었다. 이러한 자부심은 러시아에 민족주의를 다시 강화시켰다. 전후에는 서구 유럽의 정신에 기원을 둔 마르크스-레닌주의보다는 러시아의 오랜 정신적 유산에 더 관심을 기울이는 흐름으로 이어졌다. 러시아의 예술, 문화와 역사에 대한 연구가 허용되었고, 1960년대 후반에는 러시아 특유의 문화에 대한 관심과 연구가 옛 러시아 제국을 회복하고 더 강화시키는 기초라는 정서가 커졌다. 전쟁을 거치면서 러시아가 민족주의에 기반한 근대적 의미의 정체성을 확립해 갔다는 뜻이다.

이런 상황에서 브레즈네프 시절 러시아 정교회는 외국의 기독교 전통에 대한 종교적 동질감보다는 러시아적 정신과 애국주의적 공산주의의 강화에 적극적인 역할을 해야 한다는 주장으로 응답하기도 했다. 종교가 민중 사이에 다시 스며들어가는 데 대한 당의 비판과 억압도 지속되었지만, 정교회는 정치와의 갈등 및 긴장 관계 속에서도 교회 전통과 러시아인의 민족문화로 돌아가야 한다는 주장을 폈다. 정교

50 이찬수, 앞의 책, 58-62쪽.

회는 정부의 억압에도 불구하고 개혁 개방 이후까지도 민족주의적 태도를 유지하거나 강화해 왔다. "소비에트시기를 통틀어 정교회는 민족적 위기감과 밀접히 연결되어"[51] 있었던 것이다.

이런 사례들은 종교심 혹은 종교적 사유 체계보다 삶을 공유하는 민족 간 동류의식이 더 크게 작동한다는 증거들이다. 종교적 정체성도 민족적 정체성 안에서 확인되어 왔다는 증거들이다. '민족적 정체성≥종교적 정체성'이라는 도식이 가능하다고 하겠다. 종교적 정체성이 민족의식이라는 옷을 입고 스스로를 드러내는 것이라고도 할 수 있다. 러시아의 정교회와 리투아니아의 가톨릭이 민족이라는 이름으로 공격과 수비를 모두 정당화했던 것은 종교적 신앙과 민족의식이 동전의 양면 같은 관계이자, 체제 위협적 상황에서는 종교적 신앙도 민족의식에 입각한 해석과 판단을 통해 자기유지를 했다는 뜻이다.

이런 맥락에서 러시아에서는 개혁 및 개방 이후 사회주의 이념이 실효성을 상실한 자리에 정교회의 이념이 다시 자리 잡고, 가려졌던 민족주의적 경향이 강하게 부각되었다. 혈연 중심의 토착 문화를 극복하고, 초민족적 소비에트 문화를 이루려던 러시아 사회주의가 다시 러시아의 역사와 문화를 반영하는 민족주의에 자리를 내주게 된 셈이다. 정교회는 그 민족주의적 태도로 러시아 내 사회적 차원을 확보함으로써 새로운 체제의 가능성을 열어주는 근거로 작동해온 것이다.[52]

리투아니아에서는 독일과 러시아 등 침략 세력에 대한 저항이 민족의식을 고취시키는 계기가 되었다. 침략 세력이 일시 사라졌던 전간기 민주화 실험 시기에는 남성 문맹률을 15%에서 1%로 낮추고 리투

---

51 방일권, 앞의 글, 79-80, 84쪽.

52 세속화의 길을 걸은 서구와는 달리 종교가 현실사회주의 체제에 대응 및 대항하면서 도리어 사회적 대안으로 작용하기도 하는 사례에 대해서는 이규영, "탈사회주의와 동유럽 종교의 딜레마", 『한독사회과학논총』 제9권 제2호(1999, 겨울), 40-45쪽 참조.

아니아의 종족적 동일성을 강조하려는 목표로 민족주의적 교육을 추진하기도 했다.[53] 가톨릭 교회가 조국의 정신적 독립을 위한 민족의식을 조직적으로 확산시키는 역할을 주로 담당했다. 이런 식으로 피식민지의 독립에의 열망은 종파적 차이나 이해관계를 실질적으로 넘어선 적이 많았다. 전술했듯이 '발트의 길'이 대표적이다. '발트의 길' 이벤트는 발트3국이 정교회, 가톨릭, 루터교 등 서로 다른 종파적 동일성에 집착했다면 이루어질 수 없었을 일이다. 독립에의 열망으로 충만했던 '발트의 길'은 종교의 타자 배제적 시스템과 타자에 대한 공감적 확장 가운데 후자가 우세했던 사례다. 그 공감대의 핵심에 슬라브 민족의식 및 식민지배 상황에서 주체성이 억압되는 데 대한 저항, 해방 혹은 독립에 대한 열망이 놓여 있다. 이러한 민족의식이 리투아니아를 비롯해 발트 국가들을 독립의 길로 이끌었던 것이다.

4 나가는 말

1) 정체성의 정치

근대 '민족국가(nation-state)'[54]는 민족의식 및 이념을 동일성의 논리로 포섭해 구성원들을 통일시켜 가는 체제이다. 앞에서 말했듯이 르낭은 프랑스혁명에서 등장한 주권적 존재로서의 '나시옹(nation)' 현상 속에서, 단순히 혈족이나 종족을 넘어서는 새로운 흐름을 본 바 있다.[55] 켈트, 로마, 게르만 등 다양한 종족이 섞여 있는 프랑스에서 생겨나는 기

53 Snyder, *op. cit.*, p. 78.

54 'nation-state'는 흔히 '국민국가'로 번역되지만, 'nation/nationalism'을 '민족/민족주의'라고 표현해온 우리말의 관례상 이 부분에서는 일단 '민족국가'라는 표현을 쓴다.

55 르낭, 앞의 책, 64-84쪽.

억의 공유, 현재의 동의, 함께 살려는 바람, 유산을 운용하려는 의지 등으로 구성된 새로운 흐름의 주체를 '나시옹'이라고 규정했다. 이러한 '나시옹'이 하나의 국가를 형성해 가는 기초로 작용했다는 것이다. 슈미트도 민족의식의 유기체적 통일성이 그 구성원들을 하나로 묶어 상위로 고양시키면서 '민족국가'가 형성된다고 본 바 있는데,[56] 러시아와 리투아니아에서 이러한 민족의식을 통일시켜 오늘의 국가를 형성한 동력이 바로 민족주의와 종교였던 것이다.

같은 현상을 민족국가 중심으로 다시 해설한다면, 국가가 개인의 민족의식을 유의미한 주체적 행위로 긍정하면서 민족적 정체성(national identity) 안에 통합시키는 작업을 주도해 왔던 것이라고 할 수 있다. 알튀세르(Louis Althusser)의 용어를 빌리면, 국가라는 큰 주체(Subject)가 민족의식이라는 거대 이데올로기를 통해 개인의 민족의식을 주체적인 행위로 '호명(interpellation)'하고, 개인은 그에 호응하면서 작은 주체(subject)를 형성하는 과정이었던 셈이다.[57]

러시아와 리투아니아의 교회도 신앙이라는 개인의 영역을 민족의식과 연결 짓고 내적 신앙의 사회화를 추동하면서 체제를 변화시켜 가는 동력으로 작용해 왔다. '종교'라는 큰 주체(Subject)가 '종교인들' 사이의 관계를 규정하는 거대 이데올로기 역할을 하면서 개인을 거대 이데올로기 안에 있는 하나의 주체(subject)로 호명하고, 개인은 이에 호응하면서 주체화(subjectification)되는 과정이었다. 그 과정에 러시아와 리투아니아가 오늘의 국가로 형성되어 왔으니, 이들 국가의 국민이자 교회 구성원은 비슷한 구조를 동시에 경험하며 전체 안에서 자신을 확인하는 자기동일화(self-identification) 과정을 겪어 온 셈이다.

---

56 슈미트, 앞의 책, 69-71쪽 참조.

57 루이 알튀세르, 『아미엥에서의 주장』, 김동수 옮김(솔, 1991), 115-121쪽.

이들 국가에서 종교는 정치권력에 의해 도입되고 하향적으로 확대되었지만, 종교적 보편성에 기반한 개별 주체의 자기 인식을 국가권력에 의한 주체로의 호명과 합치시키면서 근대 민족국가의 형성에 기여해온 것이다. 조지 모스(George L. Mosse)가 근대 국가가 각종 기념비, 상징 공간 등을 형성하고 조작하며 국민을 하나로 통합해 가는 과정이 기독교를 고스란히 닮았다고 분석한 바 있듯이,[58] 이런 식으로 근대 국가의 정치적 자기표현과 종교의 사회적 자기표현은 서로 유사한 점이 있다. 러시아와 리투아니아에서 정치는 물론 종교도 자기 정체성의 확립을 위해 구성원을 포섭하는 동력으로 민족의식을 활용해 온 것이다. 종교와 민족의식이 근대 국가의 형성에 기여하는 근본적인 동력이 되어 왔다는 뜻이다.

실제로 근대에 들어 종교는 이른바 민족의식을 이용해 자기 정체성을 확립하고, 다시 신앙의 이름으로 민족의식을 확장시키며 스스로를 유지하는 경향을 띠어 왔다. 이런 것을 일종의 '정체성 정치(politics of identity)'의 일환이라고 한다면, 이들 국가에서 정체성 정치의 두 축은 종교와 민족주의였다고 할 수 있다. 종교적 세계관과 연결된 민족주의 및 민족주의와 연결된 종교적 세계관을 근간으로 민족건설(nation-building)과 국가건설(state-building)을 동시에 이루어 온 것이다.[59]

2) 사회주의와 민족주의, 그 이후

그런데 민족적 정체성이든 종교적 정체성이든, 정체성이라는 것은 각 개인에게 현재 주어진 위치를 사회 질서 안에 고정시키면서 다양한 차이와 이질성을 배제하는 기초가 되기도 한다.[60] 특히 종교는 한편에

58 조지 L. 모스, 앞의 책, 295쪽.

59 홍태영, 『정체성의 정치학』(서강대학교출판부, 2011), 서론.

서는 기존의 영역을 넘어서며 재구성되는 탈경계적 자세를 지니지만, 다른 한편에서는 자기의 영역에 안주하면서 영역 밖의 것을 배제하는 경계 수립적 자세를 동시에 지닌다. 국가적 위협 앞에서 민족의 이름으로 저항하고, 저항을 정당화하며, 자신의 정체성을 강화하지만, 강화된 정체성은 차이를 배제하는 행태로 나타나기도 한다.

민족국가도 자기중심적이고, 타자배제적인 장치를 동시에 지닌다. 민족국가 체제 안에 있는 주권자들은 이주민이나 난민과 같은, 체제 밖의 존재를 차별한다. 차별을 정당화하며, 그 정당성이 통하는 이들끼리 '우리'라는 정체성을 강화시켜 간다. '우리'라는 공유의식이 확립된 뒤에는 다시 적을 찾고 만든다. 찾아낸 새로운 적을 배제함으로써 동료의식을 재설정하는 과정이 반복될 가능성이 큰 것이다. 실제로 독일에서는 이러한 자기동일성에 기반한 민족주의가 극단화하면서 나치즘과 같은 전체주의적 흐름으로 이어진 바 있다.

민족주의가 전체주의는 물론 타자 배제적으로 흘러가지 않으려면, 한나 아렌트가 비판적으로 성찰하며 밝혔듯이, 체제에 갇히지 않는 인간적 주체성이 준비되어야 한다. 고통을 증오할 줄 몰랐던 아이히만의 사례를 반면교사로 삼는다면, 인간의 고통을 함께 느끼는 '공감(compassion)'에서만이 굳은 체제에 함몰되지 않고 체제가 인간의 얼굴을 할 수 있도록 하는 전복의 힘이 나온다는 것이다. 억압적 구조에서도 스스로를 변형시켜 나가는 '주체'를 중시했던 푸코(Michel Foucault)나,[61] 볼셰비즘을 비판하며 러시아에 "새로운 중세", 즉 '영적

60 이진경, "근대적 주체와 정체성: 정체성의 미시정치학을 위하여", 『경제와 사회』 제35집(1997), 18쪽.

61 미셸 푸코, 『생명관리정치의 탄생』, 오트르망 옮김(난장, 2013), 379쪽; 진태원, "국민이라는 노예?: 전체주의적 국민국가론에 대한 비판적 고찰", 『민족문화연구』 제51호, 683쪽.

(spiritual) 사회주의'를 요청했던 베르댜예프(N. A. Berdyaev)[62]도 큰 틀에서는 비슷한 주장을 하는 것으로 보인다. 자기 동일성에 함몰되지 않는 주체성이 권력에 저항하고 구조를 바꾸는 힘이라는 푸코의 주장은 국가 체제에 함몰되지 않는 자유로운 인격에 기반한 '인격주의적 사회주의'의 시대를 요청한 베르댜예프의 입장과 크게 다르지 않다. 이들은 "사람이 안식일을 위해 있는 것이 아니라 안식일이 사람을 위해 있다"(마가복음 2: 27)는 예수의 정신을 오늘의 언어로 다양하게 표현하고 있는 것으로 보인다. '인간이 체제를 위해 있는 것이 아니라 체제가 인간을 위해 있다'는 말로 살짝 바꿔 요약해 볼 수 있을 것이다. 이것이 사회주의든 자본주의든, 민족주의에서 동력을 얻어 형성된 특정 체제 '이후'를 고민하는 국가와 사회에게 유용한 메시지가 될 것으로 보인다.

러시아와 리투아니아에서 보았듯이, 민족의식에 기반한 종교의 주체 지향의 태도는 한편에서는 폭력에 저항하며 체제를 바꾸어 오는 힘이기도 하지만, 다른 한편 그것이 만일 좁은 의미의 민족주의적 정서에 안주하면, 다시 차별과 배제의 동력이 될 가능성도 지닌다. 정체성은 유동적이어야 한다. 이른바 '정체성의 정치'는 다름을 수용하는 '차이의 정치'로 전환할 준비를 늘 하고 있어야 한다는 말이다.

민주주의는 공통의 적과 그에 대한 배제가 없는 그런 정체성으로

---

62 베르댜예프는 소련에서 성립된 공산주의, 이탈리아의 파시즘, 독일의 국가사회주의 체제 모두 인간의 자유를 억누르는 집단주의의 산물이라며 비판했다. 이른바 자본주의 체제도 그 부르주아적 성격 때문에 특히 경제 영역에서 인격이 구현되지 못하고 자유도 억압된다고 비판했다. 자본주의 체제에서의 자유는 강한 자를 위해 작동하고, 약한 자의 자유는 보호받지 못하는 데서 불평등이 커진다는 것이다. 그러면서 요청한 것이 '새로운 중세' 즉 국가 체제에 함몰되지 않는 자유로운 인격에 기반한 '인격주의적 사회주의'의 시대다. 사회주의이되, '영적 사회주의'여야 한다는 것이다. 베르댜예프, 『현대 세계의 인간 운명』, 조호연 옮김(지만지, 2008), 59-64, 66-72쪽.

나아가야 한다는 하버마스(J. Habermas)의 말마따나, 누구든 어디든 획일적 체제를 거부하는 초월적 주체성을 근간으로 새로운 사회를 만들어 가야 할 과제에 직면해 있다.[63] 종교와 연결된 민족주의적 자세를 근간으로 기존의 경직된 사회주의를 넘어선 뒤, 이제는 그 이후를 꿈꾸는 러시아와 리투아니아의 미래도 이러한 과제를 어떻게 해결하느냐에 달려 있다고 할 것이다.

63 위르겐 하버마스, 『이질성의 포용』, 황태연 옮김(나남출판사, 2000); G. Delanty, "Redefining Political in Europe Today: From Ideology to the Politics of Identity and Beyond", U. Hedetoft (ed.), *Political Symbols, Symbolic Politics: European Identities in Transformation* (Ashgate, 1998).

| 참고문헌 |

고모리 요이치. 2015. 『인종차별주의』. 배영미 옮김. 푸른역사.

기연수. 1995. "〈모스끄바-제3로마〉論 연구". 『슬라브연구』 제11권, 45-65쪽.

김경태. 2003. "러시아정교의 특성과 정치적 역할". 『노어노문학』 제15권 2호, 645-674쪽.

김은실. 2013. "중심-탈중심주의의 문화정치학: 조선중화주의와 모스크바-제3로마사상을 중심으로". 『정치사상연구』 제19집 제2호, 129-153쪽.

김은실. 2001. "러시아 정교 이념의 정치적 수용: '성루시', '제3로마' 사상, 메시아니즘을 중심으로". 『정치사상연구』 제5권, 205-224쪽.

김정훈. 2006. "러시아 정교와 메시아니즘". 『서양사학연구』 제14집, pp. 75-103.

김종영. 2017. 『지민의 탄생: 지식민주주의를 향한 시민지성의 도전』. 휴머니스트.

김회권 · 고재길 · 설충수 · 신범식 · 이규영 · 고재성 · 이기홍 · 임성빈. 2012. 『사회주의 체제전환과 기독교』. 한울.

다카하시 데쓰야. 2008. 『국가와 희생』. 이목 옮김. 책과함께.

르낭, 에르네스트. 2002. 『민족이란 무엇인가』. 신행선 옮김. 책세상.

링컨, 브루스. 2005. 『거룩한 테러』. 김윤성 옮김. 돌베개.

모스, 조지 L. 2008. 『대중의 국민화』. 임지현 외 옮김. 소나무.

모스, 조지 L. 2015. 『전사자 숭배』. 오윤성 옮김. 문학동네.

바하, 요아힘. 1988. 『비교종교학』. 김종서 옮김. 민음사.

베르댜예프, 니콜라이. 2008. 『현대 세계의 인간 운명』. 조호연 옮김. 지만지.

슈미트, 칼. 2010. 『정치신학』. 김항 옮김. 그린비.

스마트, 니니안. 2000. 『종교와 세계관』. 김윤성 옮김. 이학사,

신동혁. 2014. "현대 러시아인의 종교성: 정교도의 종교성을 중심으로". 『러시아연구』 제24권 제1호, 151-185쪽.

아렌트, 한나. 2006. 『전체주의의 기원1』. 박미애 옮김. 한길사.

안성호. 2011. "동유럽과 러시아간 갈등과 협력의 역사 연구: 폴란드와 리투아니아를

중심으로". 『사회과학연구』 제28권 제2호, 25-77쪽.

알튀세르, 루이. 1991. 『아미엥에서의 주장』. 김동수 옮김. 솔.

앤더슨, 베네딕트. 2002. 『상상의 공동체: 민족주의의 기원과 전파에 대한 성찰』. 윤형숙 옮김. 나남출판.

엄충섭. 1990. "〈모스끄바-제3로마〉 이론에 관한 연구". 『노어노문학』 제3권, 201-218쪽.

이규영. 1999. "탈사회주의와 동유럽 종교의 딜레마". 『한독사회과학논총』 제9권 제2호, 17-33쪽.

이삼성. 2015. "한나 아렌트의 인간학적 전체주의 개념과 냉전: 친화성과 긴장의 근거". 『한국정치학회보』 제49권 제5호, 113-145쪽.

이진경. 1997. "근대적 주체와 정체성: 정체성의 미시정치학을 위하여". 『경제와 사회』 제35집, 8-33쪽.

이찬수. 2009. 『한국 그리스도교 비평』. 이화여자대학교출판부.

이형기. 1994. 『세계교회사 I』. 한국장로교출판사.

임영상·황영삼 공편. 1996. 『소련과 동유럽의 종교와 민족주의』. 한국외국어대학교출판부.

정세진. 2008. "포스트소비에트 시기 러시아정교 이념의 패러다임". 『슬라브학보』 제23권 제3호, 355-388쪽.

조호연. 2008. "베르댜예프의 기독교적 사회사상". 『슬라브학보』 제23권 제4호, 377-404쪽.

진승권. 2003. 『동유럽 탈사회주의 체제개혁의 정치경제학 1989~2000』. 서울대학교출판부.

진태원. "국민이라는 노예?: 전체주의적 국민국가론에 대한 비판적 고찰". 『민족문화연구』 제51호, 653-695쪽.

푸코, 미셸. 2013. 『생명관리정치의 탄생』. 오트르망 옮김. 난장.

피히테, J. G. 1994. 『독일 국민에게 고함』. 황문수 옮김. 범우사.

하버마스, 위르겐. 2000. 『이질성의 포용』. 황태연 옮김. 나남출판사.

호스킹, 제프리. 1991. 『소련사』. 김영석 옮김. 홍성사.

홍태영. 2011. 『정체성의 정치학』. 서강대학교출판부.

홍태영. 2009. "세계화와 정체성의 정치". 『국제관계연구』 제14권 제1호(통권 26호), 143-169쪽.

なだいなだ. 1992. 『民族という名の宗教』(岩波新書204). 岩波書店.

Dauknys, Pranas. 1985. "The Resistance of the Catholic Church in Lithuania Against Religious Persecution". *Lituanus*, Vol. 31, No. 1, pp. 41-49.

Delanty, G. 1998. "Redefining Political in Europe Today: From Ideology to the

Politics of Identity and Beyond". U. Hedetoft (ed.), *Political Symbols, Symbolic Politics: European Identities in Transformation*. Ashgate.

Girnius, Kestutis K. 1989. "Catholicism and Nationalism in Lithuania". Pedro Ramet (ed.), *Religion and Nationalism in Soviet and East European Politics*. Duke University Press.

Hosking, G. (ed.). 1991. *Church and State in Russian and Ukraine*. St. Martin's Press.

McHale, Vincent E. & Sharon Skowronski eds. 1983. *Political Parties of Europe*. New York: Greenwood Press.

Miliukov, Paul & Michael Karpovich (eds.). 1942. *Outline of Russian Culture: Religion and the Church*. University of Pennsylvania Press.

Ramet, Pedro (ed.). 1989. *Religion and Nationalism in Soviet and East European Politics*. Duke University Press.

Senn, Alfred Erich. 1990. *Lithuania Awakening*. University of California Press.

Snyder, Timothy. 2003. *The Reconstruction of Nations: Poland, Ukraine, Lithuania, Belarus 1569~1999*. Yale University Press.

Young-Bruelh, Elizabeth. 1982. *Hannah Arendt: For Love of the World*. Second Edition. Yale University Press.

제4장

발트3국의 인구 구성과 소수민족 시민권

에스토니아와 라트비아의 러시안 디아스포라를 중심으로

이문영
(서울대학교 통일평화연구원 HK교수)

1
서론: 에스토니아와 라트비아, 무국적자들의 나라…

1991년 소련으로부터의 분리·독립 이후 발트3국, 그중에서도 에스토니아와 라트비아가 직면한 가장 큰 도전은 국가통합과 관련한 문제였다. 일차적으로 이는 발트3국 모두가 전통적 다민족국가에 속한다는 사실에 기인한다. 3국 모두 대대로 토착민족 외 러시아인, 우크라이나인, 벨라루스인, 폴란드인, 핀란드인, 타타르인, 유대인, 독일인 등 10여 개를 헤아리는 소수민족을 인구의 일부로 포함해 왔다. 이 중 리투아니아는 85%를 헤아리는 토착민족 비율, 압도적 비중을 가진 소수민족의 부재 덕분에 상대적으로 안정적인 국가통합의 길을 걷고 있다. 반면 에스토니아와 라트비아의 경우 이 문제는 여전히 숱한 논란과 갈등의 와중에 있다. 가장 큰 이유는 양국 소수민족의 절대 다수를 차지하는 것이 러시아인으로, 주로 소련 시기 대량 이주한 러시아인 이민자와 그 후손이 양국 인구의 무려 4분의 1을 구성한다는 데 있다.[1]

한 나라가 압도적 비율의, 더구나 민족적으로 단일한 소수자를 내부구성원으로 포함한다는 것은 결코 만만한 일이 아니다. 나아가 에스토니아와 라트비아가 처한 어려움은 첫째로, 앞서 밝힌 바와 같이 양국 인구의 25%를 구성하는 이 소수자 그룹이 러시아인이라는 점, 둘

---

* 이 글은 『유럽사회문화』 제18호에 게재된 필자의 논문을 수정 보완한 것이다.

1 참고로 리투아니아 인구에서 러시아인이 차지하는 비율은 5.8%다. 3국 인구 구성은 Statistical Office of Estonia, Central Statistical Bureau of Latvia and Statistics Lithuania, *2011 Population and Housing Censuses in Estonia, Latvia and Lithuania* (2015), p. 24; www.stat.ee(에스토니아 통계청), www.csb.gov.lv(라트비아 중앙통계국)의 2016년 자료 참조.

째로 이들이 불과 25년 전만 하더라도 무려 250여 년에 걸쳐 해당지역의 정치, 경제, 산업, 문화 전반을 이끌어 가던 소수 지배그룹이었다는 점,[2] 셋째로 이들의 출신국 러시아가 국경을 바로 맞댄 채 자국 디아스포라 문제를 예의 주시하며 위협적으로 존재한다는 점, 넷째 '유럽 목구멍의 가시'라는 별명을 지닌 칼리닌그라드가 러시아와 뚝 떨어져 그 역외 영토로 바로 발트 지역 내부에 존재한다는 점, 마지막으로 이런 러시아에 대해 발트인들 대다수가 불안과 공포를 항상적으로 느끼고 있다는 점에서 매우 문제적이다. 발트3국 내 러시아인 이민자, 또는 러시안 디아스포라를 지칭하는 '다수 소수자(major minority)'[3]라는 개념의 형용모순은 발트 국가가 직면한 이러한 곤경을 함축적으로 보여준다.[4]

2 여기서 250년이란 표트르 대제가 스웨덴과의 북방전쟁에서 승리하면서 현재의 에스토니아와 라트비아 영토 거의 전체가 러시아 제국에 편입된 1721년부터 1991년 독립까지 270년 중 제1독립공화국 시기(1918~1940)를 제외한 것이다. 만일 발트 지역에 대한 러시아의 지배가 본격화한 16세기(이반 4세 시대)까지 러시아 지배기로 포함한다면 거의 400년에 달한다.

3 Thomas Schneider, "Russian Minority in Estonia: Social Co-Existence, Educational Transformation and the Labour Market", *Konrad-Adenauer-Stiftung*, March 2015, p. 1.

4 '러시안 디아스포라(Russian diaspora)' 개념은 일차적으로 '러시아 영토 밖에 거주하는 에스닉 러시아인'을 가리키지만, 때로 벨라루스인이나 우크라이나인 등을 함께 포함하는 '러시아어 사용인구(Russian-speaking population)'를 지칭하기도 한다. 이는 역사적으로 러시안 디아스포라가 러시아-벨라루스-우크라이나의 국가 및 언어 경계가 모호했던 제정러시아나 소연방, 즉 '다민족 제국'의 팽창과정 속에 주로 형성되었기 때문이다. 혼동을 피하기 위해 앞으로 이 글에서 러시안 디아스포라 개념은 1) 러시아, 벨라루스, 우크라이나 간 개별 통계가 존재하지 않는 제정러시아 시기의 경우 후자의 포괄적 의미로, 2) 이를 제외한 나머지 시기의 경우에는 전자를 지칭하는 협의의 의미로 사용할 것임을 미리 밝힌다. 러시안 디아스포라 개념 및 특성과 관련해서는 К. Ф. Затулин и др. *Интеграция российской диаспоры в политический процесс стран СНГ*. М.: 2010, сс. 11-20; Valery Tishkov, *The Russian World: Changing Meanings and Strategies* (Carnegie Endowment for International Peace, 2008), pp. 3-40; Graham Smith and Andrew Wilson, "Rethinking Russia's Post-Soviet Diaspora: The Potential for

사실 발트3국은 1991년 독립 후 매우 성공적인 국가건설의 길을 걸어왔다. EU, NATO, WTO, OECD, 유로존 가입 등이 보여주듯이 신생독립 발트3국은 서구식 경제, 안보 시스템에 무리 없이 통합되었다. 또 1990년대 말에서 2008년까지 3국은 세계에서 가장 높은 경제성장률을 보이며 '발트의 호랑이들(Baltic tigers)'이라는 별명을 얻었다. 2008년 세계 금융위기 때도 정통 유럽국인 그리스나 아이슬란드와 달리 이를 슬기롭게 헤쳐 나가 2010년 3국 모두 성장세로 돌아섰고, 2011년 에스토니아는 유럽 최고의 성장률(8.1%)을 보였다. 정치적인 면에서도 자유민주주의의 안착으로 구소련구성공화국으로서는 드물게 프리덤하우스(Freedom House)가 선정한 '자유국가' 그룹에 포함되기도 했다.[5]

하지만 소수민족 문제에서만은 유럽적 표준에 크게 미치지 못하는 정책으로 자주 국제적인 비난의 대상이 되어 왔다. 그 핵심은 러시안 디아스포라로 대표되는 소수민족 집단에 대한 정치적, 경제적, 언어적, 문화적 차별이 '선별적 시민권 부여 정책'을 통해 '제도화'되었다는 데 있다. 실제 에스토니아와 라트비아는 1991년 독립 직후, 소련 침공일인 1940년 6월 당시 시민권을 가졌던 사람과 그 직계자손에게만 시민권을 부여할 것임을 공표했다. 이는 소련 합병 이후 양국으로 대량 이주한 러시아인을 합법적 시민의 범주에서 제외함을 의미한다. 그 결과 당시 에스토니아와 라트비아에 거주하던 약 100만 명의 러시아인이 하루아침에 무국적자(citizenship undetermined) 또는 비시민(non-citizen)의 처지로 전락했다. 1990년대 초반 새로운 독립국의 사회적 기

Political Mobilisation in Eastern Ukraine and North-East Estonia", *Europe-Asia Studies*, Vol. 49, No. 5(1997), pp. 845-864 참조.

5 Mark Kramer, "The Baltic Countries after Two Decades of Independence: Achievements, Setbacks, Internal Challenges", *PONARS Eurasia Policy Memo*, No. 200(2012), p. 1, pp. 4-5.

초를 마련해 나가야 할 때, 선별적 시민법으로 인해 양국 인구의 각 20~25%가 무국적자의 상태에 놓인 셈이다.[6]

독립 후 에스토니아와 라트비아가 국가 전반의 자유화, 민주주의화의 수준에 걸맞지 않는 억압적 소수민족 정책을 시행할 수밖에 없었던 이유는 무엇일까? 짐작할 수 있듯이 이는 앞서 거론한 바와 같이 제정러시아와 소련의 지속적인 식민 통치 아래 놓였던 양국의 특수한 역사적 맥락 속에서 이해할 수 있다. 1991년 독립 후 양국 국민국가 건설의 기조는 한마디로 수세기 동안 이어져 온 러시아 지배구조의 청산, 즉 '탈러시아화(de-Russification)'라고 말할 수 있다. 러시아 이민자를 겨냥한 소수민족 정책의 억압성은 양국 국민의 이러한 트라우마와 그 극복의 열망을 모두 반영한다. 그 결과 해당 지역 러시아인은 '지배하는 소수자(ruling minority)'에서 '지배받는 소수자(ruled minority)'로의 극적인 위상전환을 경험한다.

물론 소련 해체 후 에스토니아와 라트비아가 독립을 달성한 지 현재 30년이 채 되지 않았다. 따라서 양국이 뿌리 깊은 식민 지배구조 청산과 자주국가 건설에 대한 열망을 가질 수밖에 없는 점은 충분히 이해할 수 있다. 같은 맥락에서 발트 러시아인이 과연 진정한 의미의 소수민족인지, 그들에 대한 처우가 국가정상화를 위한 합리적 '구별'인지, 사회적 약자에 대한 '차별'인지에 대해서도 되물을 수 있다. 하지만 이에 대한 충분

6 에스토니아에서는 무국적자, 라트비아에서는 비시민이라는 범주로 이들을 분류한다. 한편, 발트3국 중 리투아니아만이 '제로옵션(Zero option)', 즉 독립 당시 해당국 거주자 전원에게 시민권을 부여하는 정책을 택했는데, 이는 리투아니아의 러시아인이 에스토니아와 라트비아에 비해 현격히 적은 비율을 차지했기에 가능했다. 발트3국 시민권 및 관련 통계에 대해서는 A. C. Regelmann, "Introduction: Minority Participation in Estonia and Latvia", *Journal of Ethnopolitics and Minority Issues in Europe*, Vol. 13, No. 1(2014). pp. 4-9; М. В. Александров, "Русские в Прибалтике: прошлое, настоящее и будущее", *Материк,* Мая 22, 2013, сс. 3-4; M. Kramer, "The Baltic Countries after Two Decades of Independence", pp. 3-4 참조.

한 답을 얻기 위해서는, 더구나 그것이 '시민권 박탈'이라는 극단적 방법을 통해 시도된 경우라면, 양국 러시아인 이주의 역사와 특성, 그 사회문화적 위상과 역사적 변천, 토착민족과의 관계, 러시아 이민자 그룹 내부의 분화와 차이 등에 대한 좀 더 정치한 이해가 필요하다. 시민권 박탈로 고통 받는 양국 러시아인의 상당수가 현지에서 태어나거나 최소한 30년 이상을 거주한 사람들이고, 따라서 러시아가 아닌 해당국을 모국으로 여기는 사람들이라는 점을 고려하면 특히 그러하다.

더 보편적으로 에스토니아와 라트비아에서 양산된 무국적 비시민 러시아인의 사례 속에 최근 첨예하게 제기되는 '시민권의 위기'와 관련한 문제의식을 적용해 볼 수 있다. 지구화 시대, 근대를 떠받쳐 온 국민국가의 두 요소, 즉 네이션(nation)과 스테이트(state)의 조화로운 일치가 깨어진 지 오래다. 이주의 일상화, 날로 증가하는 난민, 불법체류자, 무국적자 등이 그 현실적 근거가 된다. 자연히 '네이션'이 함축하는 국민으로서의 소속, '스테이트'가 함축하는 그 정치적 권리, 즉 국적(nationality)과 시민권(citizenship)의 일치 역시 현재 빈번하게 위반되며 근본적인 재고를 요청받는다. 지구화 시대 일반화된 소속의 복수성(複數性)은 시민권의 탈국가화를 요구하며, 시민권으로 대표되는 권리의무가 국적이나 소속이 아닌 '거주'에 기반해야 함이 강력히 요청되기도 한다. 국적이나 소속이 함축하는 동질적 정체성의 허구성에 대한 탈신화화도 상당부분 진척되었다. 유럽 시민권, 글로벌 시민권, 트랜스/포스트내셔널 시민권, 연성(flexible) 시민권 등으로 대표되는 최근 담론은 이와 밀접히 관련된다.[7] 이런 의미에서 에스토니아와 라트

---

7 시민권의 한계와 위기, 시민권과 인권의 충돌 등은 난민, 무국적자, 불법체류자 등과 관련해 아렌트, 아감벤, 발리바르 등 많은 철학자에 의해 논의된 바 있다. 대표적으로 한나 아렌트, "국민국가의 몰락과 인권의 종말", 『전체주의의 기원 1』, 이진우·박미애 옮김(한길사, 2011), 489-542쪽; 조르조 아감벤, 『호모 사케르』, 박진우 옮김

비아 내 러시아인의 시민권을 둘러싼 논란은 유럽적 표준으로부터의 일탈이자, 유럽적 표준의 한계, 또 그에 대한 극복 가능성을 동시에 타진할 수 있는 사례로 새로이 해석될 수 있을 것이다.

이런 문제의식에서 이 논문은 에스토니아와 라트비아 양국 러시안 디아스포라의 역사와 특징을 '제정러시아 통치기(1721~1918)-제1독립공화국 시기(1918~1940)-소련 합병기(1940~1991)-제2독립공화국 시기(1991~2016)'로 나누어 시기별로 살펴보고자 한다. 특히 식민통치기와 독립공화국 시기가 교체하는 양국 역사의 특수성과 해당국 인구의 상당비율을 차지해 온 양국 러시아인의 인구학적 특성을 감안해, 양국 러시아인의 사회문화적 위상 변화를 인구학적 변동과 긴밀히 연관 지어 통시적으로 고찰하고자 한다. 결론에서는 이러한 역사적 맥락에서 현재 양국 러시아인의 시민권을 둘러싼 논란을 분석·평가하고, 이를 좀 더 일반적인 현대 시민권의 위기 및 보편적 인권의 관점에서 의미화해 보고자 한다.

2
에스토니아와 라트비아 러시안 디아스포라의 역사와 특성
: 인구학적 변동과 사회문화적 위상의 상관관계

1) 제정러시아 통치기(1721~1918)

에스토니아와 라트비아의 러시아인 차별정책을 비판하는 러시아학자들은 그 근거로 러시아인의 해당지역 거주가 아주 오래 전부터 시

(새물결, 2008); Etienne Balibar, *We, the People of Europe?: Reflections on Transnational Citizenship*, trans. by J. Swenson (Princeton University Press 2003); Aihwa Ong, *Flexible Citizenship: The Cultural Logics of Transnationality* (Duke University Press, 1999) 등 참조.

작되었다는 주장을 하곤 한다. 즉 러시아인의 발트 지역 거주는 이미 6~7세기부터 시작되었고, 따라서 발트 러시아인은 외부 이민자가 아니라 사실상 토착민으로 간주되어야 한다는 것이다.[8] 이를 근거로 양국 러시아 민족 정책을 아파르트헤이트나 인종청소로 비난하는 이들도 존재한다.[9] 이런 주장이 매우 정치적이고 과장된 것은 사실이지만, 중앙아시아나 자카프카즈 같은 제정러시아의 다른 식민지와 달리, 러시아와의 활발한 상호작용 속에 이미 11세기부터 발트 지역에 다수의 러시아인이 존재했던 것은 부인할 수 없는 사실이다. 이는 이 지역이 지리적으로 러시아를 서유럽과 이어주는 육상, 해상무역의 주요 고리에 해당했기 때문이다.

일례로 에스토니아 3대 도시 중 하나인 타르투를 건설한 것이 바로 고대 루시(러시아)의 공후 야로슬라프였다. 1030년 야로슬라프가 발트지역 내 러시아의 지위를 공고히 하고, 서유럽과의 무역 거점을 마련하기 위해 타르투를 건설한 후, 이 도시 내 러시아인의 거주가 지속적으로 이루어졌다. 러시아인이 최초로 출현한 11세기부터 그 이주가 본격화된 16세기까지 발트 지역 러시아인의 대부분은 상인과 군인이었다. 현재의 탈린, 리가, 타르투, 나르바(Narva) 등의 대도시에 러시아 상인들이 정주하기 시작했고, 이미 13세기 탈린에는 러시아 상품을 파는 상가가 형성되고, 러시아정교 교회가 지어졌으며, 러시아인의 독립거주지역이 등장한다.

발트 지역으로 러시아인이 대량 이주한 것은 이반 4세가 리보니아 전쟁(1558~1583)을 일으키며 발트 지배를 본격화한 16세기 후반

---

8 М. В. Александров, “Русские в Прибалтике”, С. 1.

9 М. Ильин, “Балто-Черноморская система: матрицы и перспективы восточно-европейского политического развития”, *Космополис*, No. 1(20), 2008, С. 193.

이다. 이때 이반 4세의 폭정이나 폴란드, 리투아니아, 스웨덴 침략자를 피해 많은 러시아 농부가 러시아와 인접한 에스토니아 및 라트비아 동부로 도망을 친다. 하지만 발트 지역 내 러시아인 인구 증가에 가장 큰 영향을 미친 것은 17세기 발생한 러시아 구교도의 대량 유입이었다. 당시 러시아 내 종교개혁으로 정교회와 정부의 박해를 받던 구교도들이 에스토니아와 라트비아의 동북부로 대거 탈주한 것이다. 특히 현재 라트비아 영토의 4분의 1에 해당하는 러시아 인접 동부지역을 일컫는 라트게일(Latgale)에 구교도들이 집중되면서 지역의 민족 구성에 큰 변화를 일으켰다. 탈주 러시아 구교도들은 성직자, 봉건영주, 상인, 농민, 도시빈민층, 군인, 카자크 등 매우 이질적인 집단으로 구성되었다.

이때까지가 개인, 또는 집단 이주의 시기였다면, 1721년 표트르 1세가 스웨덴과의 북방전쟁(1700~1721)에서 승리하면서 현재의 에스토니아와 라트비아 영토 거의가 제정러시아에 공식 편입된다. 이때부터 1918년 독립까지 약 200년간 양국은 러시아의 식민 통치 아래 놓인다. 통치 초기 러시아는 발트 귀족의 자율적 자치 시스템을 허락했지만, 18세기 말 예카테리나 여제 시기 러시아식 행정·법률 시스템이 도입되었다. 그 결과 발트 주둔 러시아 군 최고사령관이 통치권자가 되었고, 해당 지역 거주 러시아인들은 토착민과 동일한 권리를 보장받았다. 이에 상인들은 더욱 활발한 활동으로 부를 축적했고, 라트비아, 특히 수도 리가에서는 구교도 공동체가 상당한 재력과 높은 사회적 지위를 누렸다. 더욱 중요한 사실은 18세기 말부터 본격화된 발트 지역 산업화의 근간을 형성한 것이 러시아 노동자들이었다는 점이다. 섬유산업, 제지산업, 유리나 벽돌 공장 등에 고용된 노동자들은 러시아 소작농 출신이 다수를 이뤘다.[10]

이에 비례해 러시아인 수도 늘어났다. 일례로 1809년 탈린 지역 토지소유자의 절반 이상이 러시아인이었고, 1820년 탈린 거주 에스토니아인이 4,500명, 러시아인이 2,300명, 타르투 거주 에스토니아인이 3,000명, 러시아인이 1,200명으로 주요 도시 인구의 거의 절반을 러시아인이 차지했다. 1897년 제정러시아 전체에서 실시된 인구센서스 결과에 따르면 현재 발트3국 영토에 해당하는 지역에 거주한 에스토니아인이 약 90만 명, 라트비아인이 약 136만 명, 러시아인이 약 30만 명으로, 러시아인은 해당 지역 전체인구의 5.2%를 차지했다. 이를 에스토니아와 라트비아로 나누어 제시하면 〈표 4-1〉과 같다.[11]

〈표 4-1〉 1897년 에스토니아와 라트비아 인구 구성[12] (단위: 1,000명)

에스토니아 총인구: 993		라트비아 총인구: 1,929	
에스토니아인	888 (89.4%)	라트비아인	1,318 (68.3%)
러시아인	46 (4.6%)	러시아인	234 (12.1%)

10 제정러시아 시기까지 발트 지역 러시안 디아스포라의 역사와 특성은 Ю. Розенвалдс, “Проблема ‘(де)герметизации’ политической элиты Латвии и Эстонии: перспективы русскоязычного меньшинства”, *Comparative Politics* 3(9), 2012, С. 149; Е. И Шибаева от. ред., *Русский язык в культуре, социальном и политическом процессе республик Прибалтики*. М., 2011, сс. 6-16 참조.

11 발트3국 전체인구와 관련된 이 수치와 〈표 4-1〉의 수치 사이의 차이는 표가 리투아니아를 제외하고 작성되었기 때문이다. 즉 양자 간 차이는 리투아니아 거주 에스토니아인, 라트비아인, 러시아인, 그 외 소수민족 수를 반영한다. 관련 수치 및 통계는 Е. И Шибаева от. ред., *Русский язык в культуре, социальном и политическом процессе республик Прибалтики*, сс. 13-15; Piotr Eberhardt, *Ethnic Groups and Population Changes in Twentieth Century Eastern Europe: History, Data and Analysis*, trans. by Jan Owsinski (Routledge, 2003), pp. 22-23 참조.

12 각주 4에서 밝힌 것처럼, 러시아-벨라루스-우크라이나의 국가 및 언어 경계가 모호했던 제정러시아 시기 통계에서 러시아인은 사실상 ‘러시아어 사용인구’, 즉 현재의 러시아인, 우크라이나인, 벨라루스인을 포함하는 동슬라브인을 의미한다. 일부 자료에 우크라이나인과 벨라루스인을 제외한 순수 러시아인 통계가 제시된 경우가 있는데, 이에 따르면 1897년 에스토니아와 라트비아의 러시아인 비율은 각 4%와 8%,

결론적으로 19세기 말 에스토니아와 라트비아 양국 거주 러시아인은 각 5%, 12%로 평균 9%의 러시아인이 양국 영토에 존재한 것으로 추정할 수 있다. 러시아인 수의 증가는 1910년대 더욱 가속화되어 1914년 에스토니아와 라트비아의 토착민족 인구 구성비율은 각각 87%, 60%까지 떨어지고, 제정러시아 통치 말기 현재의 발트 영토에는 대략 34만~36만 명의 러시아인이 거주한 것으로 파악된다. 물론 러시아인이 양국 인구의 30~35%까지 차지했던 소련 시절과 비교한다면 아직 낮은 수준이지만, 제정러시아 통치 이전 시기와 비교할 때 평균 9%로의 비중 변화는 인구학적으로 큰 의미를 가진다.

수적인 증가만큼 유의미한 것은 양국 러시아인이 차지했던 사회적 위상이라 할 수 있다. 양국 러시아인들은 탈린이나 타르투, 리가 등의 대도시, 나르바, 실라먀에(Sillamae), 코흐틀라-야르베(Kohtla-Jarve) 등 러시아 접경 항구도시에 집중 거주하며, 양국 산업과 상업, 군사, 문화 발전 전반을 주도했다.[13] 그럼에도 간과되지 말아야 할 것은 양국 러시아인 집단이 균질한 정체성을 가진 것으로 규정될 수 없다는 사실이다. 러시아 이민자 집단은 제국에서 파견된 통치관료와 군사령관으로부터 제국에서 도망친 구교도와 농노, 양국 무역을 주도하던 부유한 상인에서 빈민 출신 공장노동자를 아우르는 매우 혼종적인 구성을 보였다.

1914~1917년 사이 라트비아의 러시아인 비율은 9.6%로 추정된다. 이에 대해서는 В. Кабузан, *Русские в мире. Динамика численности и расселения (1719~1989): Формирование этнических и политических границ русского народа*. СПб., 1996, С. 343; Д. Фурман, Э. Задорожнюк, "Притяжение Балтии: Балтийские русские и балтиискиe культуры", *Мир России*, No. 3(2004), С. 99 참조.

13 Е. И Шибаева от. ред., *Русский язык в культуре, социальном и политическом процессе республик Прибалтики*, сс. 14-16.

2) 제1공화국 시기(1918~1940)

1918년 제1차 세계대전 종전을 전후로 에스토니아와 라트비아는 수 세기에 걸친 러시아 지배와 1916~1917년 사이 이루어진 독일 점령에서 벗어나 독립을 획득한다. 에스토니아는 1918년 2월 24일, 라트비아는 1918년 11월 18일 독립을 선포하고 역사상 최초의 독립공화국을 수립한다. 이는 당시 소비에트 러시아가 한편으로는 독일과 맺은 브레스트-리토프스크 조약으로, 다른 한편으로는 혁명과 뒤이은 내전으로 발트 지역에 대한 통제력을 발휘할 수 없는 상태에서 발트3국의 독립을 공식적으로 승인한 결과였다.

독립공화국의 출범 이후 에스토니아와 라트비아 내 인구 구성에 커다란 변화가 나타난다. 그 가장 큰 특징은 토착민족 비율의 증가와 러시아인 비율의 감소다. 아래 〈표 4-2〉는 1920년대와 30년대 에스토니아와 라트비아의 민족별 인구 구성을 나타낸 것이다.

해당국 내 러시아인 비율의 감소 추세에도 불구하고, 〈표 4-2〉가 보여주듯이 독립 직후인 1922년 에스토니아 내 러시아인 수가 두 배 가까이 급증한 것은 1920년 소비에트 러시아와의 타르투 평화조약으로 러시아인 밀집지역인 페초르스키 크라이(Pechorsky Kraj), 프리추지에(Prichud'e), 프리나로비에(Prinarov'e)가 에스토니아 영토로 할양되었기 때문이다. 이를 제외하면 라트비아의 경우, 1897년 인구 구성과

〈표 4-2〉 제1공화국 시기 에스토니아와 라트비아 인구 구성 (단위: 1,000명)

에스토니아			라트비아		
	1922	1934		1920	1935
에스토니아인	970 (87.6%)	993 (88.1%)	라트비아인	1,161 (72.8%)	1,473 (75.4%)
러시아인	91 (8.2%)	93 (8.2%)	러시아인	125 (7.8%)	206 (10.6%)

비교 시 독립 직후 러시아인 수가 23만 명에서 약 13만 명으로 절반 가까이 급감한 반면, 토착민족이 차지하는 비율은 1914년 60%에서 1935년 75.4%로 증가한다. 에스토니아는 제1공화국 시기 내내 90%에 가까운 토착민족 비율을 유지해 유럽 내에서도 민족적으로 가장 단일한 국가에 속했다.

물론 이 시기 양국 거주 러시아인 수 증가가 관찰되지만, 이는 양국 러시아인의 높은 출생률에 의한 자연증가에 주로 기인하며, 인구 구성 비율에서는 제1공화국 내내 에스토니아 인구의 약 8%, 라트비아 인구의 약 9%대를 유지한다. 1940년 소련 침공 직전 에스토니아와 라트비아 거주 러시아인은 대략 30만 명 내외로 양국 인구의 10%를 넘지 않은 것으로 추산된다.[14]

러시아인 비율의 감소는 제1공화국 내 러시아인의 위상변화와 불가분의 관계를 갖는다. 사실 출범 초기 에스토니아와 라트비아 양국은 소수민족에 유화적인 정책을 펼쳤다. 1920년 6월 15일 최초로 공포된 에스토니아 헌법은 소수민족의 법적 평등을 약속하는 조항을 담고 있었다. 에스토니아는 당시 유럽에서 소수민족의 문화적 자치를 허락한 유일한 나라였다. 한편 1918년 '소비에트' 라트비아 공화국으로 출발한 라트비아 역시 친소비에트적 입장으로 소수민족, 특히 러시아인에 대해 관용적인 정책을 취했다. 하지만 독립공화국의 탄생과 함께 러시아인이 양국의 지배엘리트의 자리에서 정치적으로 제거되고 경제

---

14 〈표 4-2〉 및 관련 통계는 다음에 제시된 자료에 근거한다. Е. И Шибаева от. ред., *Русский язык в культуре, социальном и политическом процессе республик Прибалтики*, С. 17; Т. Шор, "Социальная структура и культурная ориентация русского меньшинства в Эстонской Республике (1918~1940)", И. Белобровцева от. ред., *Русские вне России; история пути*. Таллин, 2008. С. 95; Ю. Розенвалдс, "Проблема '(де)герметизации' политической элиты Латвии и Эстонии", С. 149; www.stat.ee; www.csb.gov.lv 관련 자료.

적 특권을 상실하면서, 또 1920년대 말에서 30년대 초 양국의 정책 변화로 반소비에트적 민족주의 정책이 대세를 이루게 되면서, 양국 거주 러시아인의 대다수를 가난한 농부와 어부, 도시 기층민 등이 차지하게 된다. 제1공화국 초기 양국이 허락한 소수민족의 문화적 자치권(소수민족어 및 문화 보존, 소수민족어 교육기관 설립 등)을 독일인, 스웨덴인, 유대인이 적극적으로 활용한 반면, 러시아인은 거의 그러지 못했던 것도 바로 경제적 빈곤 때문이었다고 한다.

실제로 1934년 센서스에 따르면 제1공화국 시기 에스토니아 거주 러시아인의 51%가 시골에 거주하며 농업에 종사했다. 라트비아도 상황은 크게 다르지 않았다. 당시 시골 거주 독일인과 유대인이 각각 0.3%, 0.01%에 불과했음과 비교하면, 또 제정러시아 시기 대다수의 러시아인이 탈린, 리가, 타르투 등 수도와 대도시에 거주하며 해당지역 상업과 산업 전반을 주도했던 것과 비교하면 제1공화국 시기 러시아인의 위상변화는 상당한 것이다. 1920년대 말부터 1930년대 초, 에스토니아와 라트비아 모두 소수민족에 대한 강력한 동화정책, 토착어 위상 강화정책을 밀어붙이면서 양국 거주 러시아인은 정치, 경제, 사회문화적으로 더욱 위축된다. 단적인 예로 1918년 독립과 함께 설립된 타르투 대학은 1919년 당시 전체강의의 53.2%가 러시아어로 이루어졌으나, 1930년대의 정책 변화로 이후 입학시험부터 강의까지 오직 에스토니아어만이 허락되었다.[15]

---

15 제1공화국 시기 에스토니아와 라트비아의 러시아인 위상과 관련해서는 Т. Шор, “Социальная структура и культурная ориентация русского меньшинства в Эстонской Республике (1918~1940)”, сс. 94-99; Ю. Розенвалдс, “Проблема ‘(де)герметизации’ политической элиты Латвии и Эстонии”, С. 149; Е. И Шибаева от. ред., *Русский язык в культуре, социальном и политическом процессе республик Прибалтики*, сс. 16-23; 정경택, “발트3국의 언어정책”, 『슬라브연구』, 제30권 4호(2014), 187-189쪽 참조.

이렇게 제1공화국 시기 에스토니아와 라트비아의 러시아인은 인구학적 감소와 사회적 위상 격하의 맞물림 속에서 제정러시아 시기의 '지배하는 소수자'에서 '피지배 소수민족'으로의 역전을 경험한다. 한편 양국 토착민족에게 이 시기는 최초의 독립국가 건설이라는 빛나는 경험으로 각인되며, 1991년 제2의 독립국가 건설 시 중대한 역사적 참조점으로 소환된다. 이렇게 양국 러시아인과 토착민족이 상이하게 경험한 독립국가의 시기는 얼마 지나지 않아 소련에 의한 제2의 식민지배로 교체된다.

3) 소련 합병기(1940~1991)

1939년 독소불가침조약, 1940년 스탈린의 무력합병으로 발트3국은 다시 러시아(소련)의 지배 아래 놓인다. 1941~1944년 잠시 나치에 점령되지만, 제2차 세계대전에서 승기를 잡은 소련은 1944년부터 발트3국 통치를 본격화한다. 이 시기 에스토니아와 라트비아는 소련의 '군사화, 산업화, 러시아화'의 3대 기조에 따라 거대한 사회변동을 경험하게 된다. 이 변화를 직접적으로 반영하는 것이 인구 구성의 변화, 즉 토착민족의 감소와 러시아인의 대량유입으로 인한 인구 비율 변동이다. 이 중 토착민족의 감소를 말할 때 빼놓을 수 없는 것이 스탈린의 강제추방이다. 민족주의자, 지주, 부르주아 등 반혁명분자의 척결을 위해 발트 지역에서 1941년 6월과 1949년 5월 두 차례에 걸쳐 단행된 강제추방으로 무고한 발트 시민들이 크라스노야르스크, 노보시비르스크, 카자흐스탄 등으로 추방됐다. 특히 대규모로 이루어진 1949년 5월 추방으로 당시 에스토니아 인구의 약 3%, 라트비아 인구의 약 2.2%가 사라졌다.[16]

토착민족의 감소에도 불구하고 소련 합병 시기 양국 인구는 지속적으로 증가하는데, 이에 크게 기여한 것이 러시아인의 대량이민이다.

〈표 4-3〉 소련 합병기 에스토니아와 라트비아 인구 구성[18] (단위: 1,000명)

에스토니아				라트비아			
	1959 (전체 1,197)	1979 (전체 1,464)	1989 (전체 1,566)		1959 (전체 2,093)	1979 (전체 2,503)	1989 (전체 2,667)
에스토니아인	893 (74.6%)	948 (64.7%)	963 (61.5%)	라트비아인	1,298 (62.4%)	1,344 (53.7%)	1,388 (52.0%)
러시아인	240 (20.1%)	409 (28.0%)	475 (30.3%)	러시아인	556 (26.8%)	821 (32.9%)	906 (34.0%)

1946~1950년 사이 레닌그라드 한 도시에서만 에스토니아로 2만 500명이, 라트비아로 1만 5,000명이 이주해 왔다. 1959~1989년 에스토니아 인구증가의 64%, 라트비아 인구증가의 63%가 이민자로 인해 발생했다. 1965~1984년까지 20년간 에스토니아와 라트비아로 유입된 이주노동자는 총 36만 6,000명이었는데, 그 다수를 차지한 것이 러시아인이었다.[17] 다음의 인구변화 표는 이를 선명하게 보여준다.

〈표 4-2〉와 〈표 4-3〉의 비교를 통해 알 수 있듯이, 소련 합병 전인 1934~35년 에스토니아 인구의 8%, 라트비아 인구의 11%에 불과하던 러시아인 비율이 1989년 각 30%, 34%로 3~4배 증가한다. 양국 인구의 3분의 1이 러시아인이 된 것이다. 토착민족 비율도 제1공화국 당시 88%를 상회했던 에스토니아는 61.5%로, 75%였던 라트비아는

16 Алиса Муранова, "Депортация жителей Прибалтики", *Московский монитор*, 26 марта 2014.

17 Ю. Розенвалдс, "Проблема '(де)герметизации' политической элиты Латвии и Эстонии", С. 150; Е. И Шибаева от. ред., *Русский язык в культуре, социальном и политическом процессе республик Прибалтики*, С. 25.

18 〈표 4-3〉은 1959, 1979, 1989년에 실시된 전소련 인구센서스 결과 중 공화국별 민족구성 자료를 토대로 작성한 것이다(Всесоюзная перепись населения-Национальный состав населения по республикам СССР 1959 года, 1979 года, 1989 года). 각 연도별 센서스는 러시아 인구 전문사이트인 www.demoscope.ru에서 간단히 조회할 수 있다.

52%로 급감한다. 제1공화국 시절 약 30만 명 내외였던 양국 거주 러시아인 수가 138만 명으로 크게 늘어났다.

더욱 중요한 사실은 이 시기 러시아인이 압도적으로 도시에, 그것도 대도시와 수도에 집중되었다는 점이다. 일례로 제2차 세계대전 전 리가의 러시아인 비율이 8%, 라트비아인 비율이 63.5%였던 데 비해, 1991년 리가 인구의 47.5%가 러시아인이고 라트비아인은 36.4%로 급감했다. 전체적으로 1989년 라트비아 러시아인의 48%가 리가에, 에스토니아 러시아인의 41%가 탈린에 거주했다. 제1공화국 시기 가난한 시골거주 러시아인과 크게 대조되는 이러한 특성은 수도와 대도시에 머물며 해당지역 상업과 산업을 주도하던 제정러시아 시기 러시아 공동체의 특성을 회복한 것으로 볼 수 있다. 이는 정치에도 공통된다. 1980년대 초 양국 공산당 중 토착민족 비율은 에스토니아 52%, 라트비아 39%로, 그 나머지, 즉 각 48%와 61%는 러시아를 비롯, 우크라이나, 벨라루스에서 온 슬라브 민족이 차지했다. 이와 더불어 양국은 '발트 함대'로 상징되는 러시아 서부 국경 군산복합체의 중추로 그에 종사하는 러시아 출신 장교, 군인, 군수산업 종사자들을 주둔시켰다.[19]

하지만 제정러시아 통치 시기와 마찬가지로 소련 시기 양국 러시안 디아스포라는 다양한 이념, 계급, 직업, 문화 정체성을 가진 매우 혼종적인 구성을 보였다. 집단 내 차이와 분화의 정도는 제정러시아 시기보다 훨씬 복합적인 양상을 보인다. 소련 합병기 발트 지역 내 러시안 디아스포라는 다음의 다섯 그룹으로 분류될 수 있다.[20]

---

19 Renal'd Simonian, "The Russian Diaspora in the Baltic Countries", *Russian Politics & Law*, Vol. 42, No. 4 (2004), p. 67; Е. И Шибаева от. ред., *Русский язык в культуре, социальном и политическом процессе республик Прибалтики*, сс. 25-26; Ю. Розенвалдс, "Проблема '(де)герметизации' политической элиты Латвии и Эстонии", С. 150.

첫째 그룹은 러시아에서 파견된 공산당 통치엘리트 및 군인 그룹(발트 주둔 군 장교 및 일반사병)이다. 여기에는 퇴역 후에도 발트 지역에 남은 장교와 군인도 포함되는데, 이들은 본토의 가족, 친척들을 데려옴으로써 일종의 '이민 체인(immigration chain)'을 형성했다. 이들은 '해방자'로서 소련 이념에 충실하며, 여러 가지 특권을 누린 집단이다.

둘째 그룹은 노보탈린스크나 벤츠필스 항구, 올라인의 화학단지, 리가의 포포프 플랜트 등 국가기반산업에 종사한 건설노동자들이다. 이들은 러시아인 이민자 중 가장 많은 수를 차지하며, 또 가장 늦게 이주한 이들이기도 하다. 특히 러시아의 가장 가난한 지역 거주자들이 주로 채용되었다. 첫째 그룹과 마찬가지로 이들도 가족이나 친척을 동반하는 경우가 많았다. 대규모 국가산업에 종사하기에 정착과 동시에 집이 주어지고 높은 임금을 받는 등 혜택을 누렸다.

셋째 그룹은 엔지니어, 의사, 교사, 연구원, 연극계나 언론계 종사자, 고숙련 노동자 등 전문가 집단이다. 모스크바나 레닌그라드, 오데사 출신의 지식인으로, 특히 엔지니어나 연구원, 고숙련 노동자의 경우, 위에 열거한 국가기반산업을 이끄는 최고기술자로 발트 지역의 전문적, 기술적 성장에 큰 기여를 했다. 이들과 더불어 의사나 교사, 문화계 종사자들은 소련 전체에 구축된 전문가 고용 시스템을 통해 발트 지역에 정착하게 된 일종의 '다국적 소련 지식인(multinational Soviet intelligentsia)'에 해당한다.

넷째 그룹은 창조적 인텔리 러시아인들로, 이들의 발트국 이주는 일종의 정치적, 이념적 망명에 해당한다. 이들 중에는 소련의 제5열

20 이는 러시아과학아카데미 사회학연구소 러시아-발트국 센터장인 시모니안의 유형 분류에 근거한다. R. Simonian, "The Russian Diaspora in the Baltic Countries", pp. 67-74 참조.

(the fifth column)[21]에 해당하는 사람도 있었고, 모스크바나 레닌그라드에서 찾지 못하던 일자리나 사회적 인정을 이주를 통해 얻었다. 러시아인 이민자 중 수적으로는 가장 적었지만, 가장 권위 있는 그룹으로 토착민족에게도 높은 존경을 받았다. 로트만(Y. Lotman), 예고로프(B. Egorov), 사모일로프(D. Samojlov) 등 러시아의 저명한 인문학자, 작가 등이 여기 포함된다.

마지막으로 다섯째 그룹은 제2차 세계대전 전, 또는 혁명 전부터 발트 지역에 살던 사람들이다. 17세기 발트 지역으로 대량 탈주한 러시아 구교도의 후손이 대표적으로, 거의 토착민이나 다름없이 세대에 걸쳐 이 지역에 살아온 사람들이다. 따라서 이들은 러시아 이민자 중 거주국과 통합의 정도가 가장 높으며, 수적으로도 다수에 속한다. 이들은 러시아 고유의 문화와 언어를 보존하면서도 토착어에 능숙하고 거주국 문화에 익숙하며 이를 존중한다. 1930~40년대 스탈린의 대반동 시기 이 그룹은 발트인들과 함께, 때로는 그들보다 먼저 탄압당했다.

제1, 2그룹이 에스토니아와 라트비아 현지인들에게 상대적인 박탈감과 거부감을 불러일으킨 데 반해, 나머지 세 그룹에 대한 현지인의 태도는 우호적이거나, 최소한 중립적이었다. 이와 같은 유형 분석은 1991년 독립 전 에스토니아와 라트비아 인구의 3분의 1을 상회하던 러시아 이민자가 '외부로부터 온 지배자'로 쉽게 동질화할 수 없는 수많은 차이와 균열을 담지하고 있다는 것을 확인해 준다. 즉 당시 양국 러시안 디아스포라는 점령자에서부터 그 정치적 반대자까지, 또 최

21 '내부의 적', '스파이' 등을 의미하는 '제5열'은 소련 시기 반체제인사, 범죄자 그룹 등을 통칭하는 용어로 쓰였다. 흥미로운 사실은 때로 정치범 신상서류의 국적란에 이 용어가 국적을 대신해 기입되기도 했다는 점이다. 이는 국적과 공식적 국가정체성 사이의 긴밀한 연루를 보여주는 것으로, 제5열은 소련의 합법적 시민에서 배제된 비국민, 비시민을 선고하는 낙인이었다.

고 엘리트와 지식인에서부터 비교육 빈곤층까지를 아우르는 매우 이질적이고 혼성적인 집단이었다. 따라서 출신국과 거주국의 불일치에 대한 이들의 자의식과 평가, 거주국과 거주국민, 그 문화에 대한 동화나 소속감의 정도 등은 매우 상이할 수밖에 없었다. 제2의 독립 이후 양국 러시아인을 대상으로 한 선별적 시민권 정책의 파장 역시 이러한 차이와 밀접히 관련된다.

3
포스트소비에트 제2공화국 시기(1991~현재)

15개 소련구성공화국 중 가장 늦게 소련에 편입된 발트3국은 가장 먼저 그로부터의 독립을 선언했다. 개혁개방의 물결 속에 리투아니아는 소연방구성공화국 중 최초인 1990년 3월 독립을 선언했고, 에스토니아와 라트비아는 1991년 8월 소련의 군부쿠데타가 실패로 돌아간 직후인 1991년 8월 20일과 8월 21일 각각 독립을 선포했다.

에스토니아와 라트비아에서는 이미 1980년대 중후반부터 인민전선을 중심으로 독립운동이 활발히 전개되었다. 1989년 8월 23일 독소불가침조약 50주년을 맞아 발트3국의 약 200만 명의 시민이 참여한 평화시위 '발트의 길'은 그 이정표가 되는 세계사적 사건이었다. 에스토니아에서 약 70만 명, 라트비아에서 약 40만 명이 참여한 이 '노래혁명(singing revolution)'에는 에스토니아인과 라트비아인만이 아니라, 양국 거주 러시아인들도 대거 참여했다. 특히 앞서 서술한 양국 러시안 디아스포라의 제4, 5그룹은 '발트의 길'로 대표되는 인민전선의 러시아인 분파를 구성하며 독립운동에 누구보다 적극적으로 참여했다. 1991년 3월 발트3국이 고르바초프가 실시한 연방존속 여부에 대한 전

소련 투표를 거부하고, 독립에 대한 자체 국민투표를 실시했을 당시, 라트비아 러시아인의 약 40%가 분리독립을 지지했고, 반대한 사람은 20~30% 정도였다. 제1그룹의 일반사병들이나 제2그룹의 건설노동자들 중 다수도 독립에 적극적으로 찬성했다. 이 경우에는 국가독립이라는 대의보다, 가난한 소련에 묶여 있기보다 발트국을 분리하는 것이 더욱 이익이 된다는 실용주의적 동기가 매우 강했다.[22]

따라서 독립 쟁취 직후 에스토니아와 라트비아에서 차별적 시민법이 적용되었을 때 러시아인의 상당수가 커다란 좌절과 배신감을 느꼈다. 실제 에스토니아와 라트비아는 1991년 독립 직후, 소련 합병 전인 제1공화국 시기의 헌법을 회복·적용시키는 방식으로 시민권 관련법을 제정했다. 1992년 2월 에스토니아는 소련 침공일인 1940년 6월 16일 당시 에스토니아 시민권을 가졌던 사람과 그 직계자손에게만 시민권을 부여할 것임을 공표했다. 그 결과 당시 에스토니아에 거주하던 약 47만 명의 러시아인 중 소련 침공 이전부터 거주한 12만 명을 제외한 약 35만 명이 하루아침에 무국적자로 전락했다. 1994년 7월 라트비아 역시 같은 원칙을 적용해 소련 침공일인 1940년 6월 17일에 시민권을 가졌던 사람과 그 직계에게만 시민권을 부여했고, 당시 라트비아에 거주했던 약 90만 명의 러시아인 중 약 62만 명이 비시민의 처지에 놓이게 되었다.[23]

소련 침공일인 1940년 6월에 시민이었던 사람과 그 자손에게만

---

22 R. Simonian, "The Russian Diaspora in the Baltic Countries", pp. 72-75; Ю. Розенвалдс, "Проблема '(де)герметизации' политической элиты Латвии и Эстонии", сс. 151-152.

23 A. C. Regelmann, "Introduction: Minority Participation in Estonia and Latvia", pp. 4-9; М. В. Александров, "Русские в Прибалтике", сс. 3-4; M. Kramer "The Baltic Countries after Two Decades of Independence", pp. 3-4.

〈표 4-4〉 포스트-소비에트 에스토니아와 라트비아 인구 구성[24] (단위: 1,000명)

에스토니아					라트비아				
	1995 (전체 1,491)	2000 (전체 1,370)	2011 (전체 1,295)	2016 (전체 1,316)		1995 (전체 2,529)	2000 (전체 2,377)	2011 (전체 2,070)	2016 (전체 1,966)
에스토니아인	958 (64.2%)	930 (67.9%)	902 (69.7%)	906 (66.8%)	라트비아인	1,385 (54.7%)	1,370 (57.7%)	1,285 (62.1%)	1215 (61.8%)
러시아인	428 (28.7%)	351 (25.6%)	326 (25.2%)	330 (25.0%)	러시아인	830 (32.8%)	703 (29.6%)	557 (26.9%)	503 (25.6%)

시민권을 부여한다는 것은 소련 시기를 불법적 점령으로, 소련 시기 이주해 온 러시아인들을 불법체류자로 규정함을 의미한다. 이는 양국 러시안 디아스포라의 역사와 정체성은 물론, 그동안 뿌리내린 거주국에서의 삶을 송두리째 부정하는 것이었다. 이들이 다시 시민으로 인정되기 위해서는 별도의 귀화시험을 통과할 것이 요구되었다. 차별적 시민법은 '탈러시아화'라는 시대적 사명을 위해 무엇보다 시급한 것, 즉 양국 인구의 30%를 상회하는 러시아인 비율을 획기적으로 줄이고, 토착민족 비율을 높이기 위한 것이었다. 이러한 정책 기조는 큰 틀에서 이어져 이것이 제2공화국 수립 후 양국 인구학적 변동의 가장 큰 특성이 된다. 이는 1991년 독립 후부터 2016년까지 에스토니아와 라트비아의 인구 구성 변화를 나타낸 〈표 4-4〉에서 확인할 수 있다.

〈표 4-3〉과의 비교를 통해 알 수 있듯이, 독립 직전인 1989년 각각 30%, 34%에 해당하던 에스토니아와 라트비아의 러시아인 비율은 2016년 25%와 25.6%로 줄어들었고, 토착민족 비율은 1989년 각

24 〈표 4-4〉는 다음 자료를 재구성한 것이다. *2011 Population and Housing Censuses in Estonia, Latvia and Lithuania* (2015), p. 24; Е. И Шибаева от. ред., *Русский язык в культуре, социальном и политическом процессе республик Прибалтики*, С. 29, 32; www.stat.ee, www.csb.gov.lv 관련 자료.

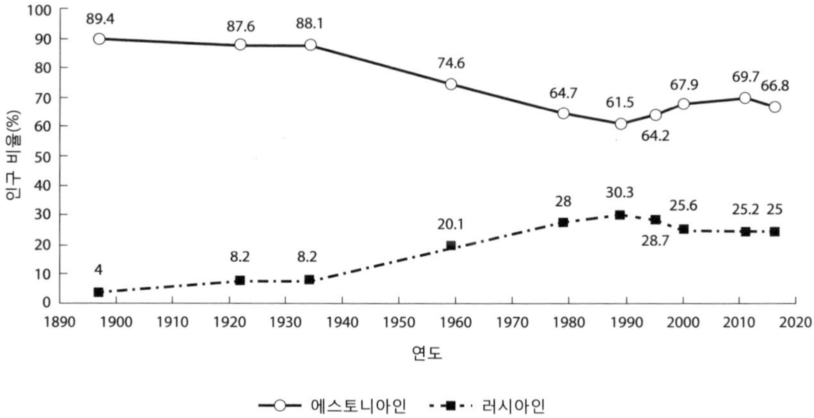

〈그림 4-1〉 에스토니아 인구 구성 변화(1897～2016)

61.5%, 52%에서 2016년 66.8%, 61.8%로 늘어났다. 통시적 고찰을 위해 제정러시아 통치 시기부터 현재까지 에스토니아와 라트비아의 토착민족 대 러시아인 비율 변화를 각각 그래프로 제시하면 〈그림 4-1〉, 〈그림 4-2〉와 같다.[25]

그래프는 러시아나 소련 지배기 러시아인 비율 증가와 토착민족 비율 감소, 독립공화국 시기 그 반대 현상을 경향적으로 반영한다. 그런데 소비에트 시기 에스토니아와 라트비아에서 발생한 인구학적 대변동과 비교해, 또 1991년 독립 이후 양국의 차별적 시민법 및 소수민족 정책이 불러일으킨 파장에 비해, 포스트소비에트 시기 나타난 인구 구성 변화는 사실 아주 극적이지는 않다. 그 이유로는 첫째로 유럽에서 가장 낮은 출산율을 보이는 양국의 자연적 인구감소가 매우 가파르게 진행되고 있고, 특히 그러한 경향이 러시아인보다 토착민족에게서 더욱 두드러지게 나타난다는 점, 둘째로 유럽연합 가입 후 EU 회

25 그래프는 본문과 각주 12에 제시한 관련 수치 및 〈표 4-1〉~〈표 4-4〉를 종합해 만든 것이다.

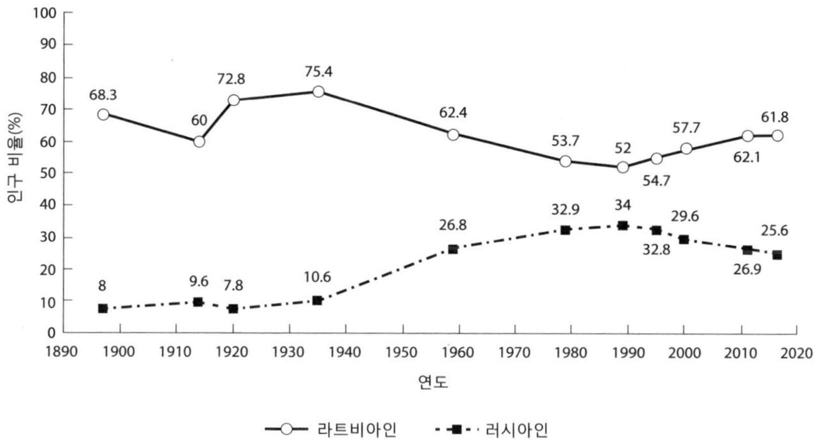

〈그림 4-2〉 라트비아 인구 구성 변화(1897~2016)

원국이나 북미로 이주하는 양국 토착민족 수가 급증했다는 점을 들 수 있다. 일례로 2001~2011년 사이 20만 명 이상의 라트비아인이 이민을 떠났다.[26]

이 외에도 무국적 러시아인의 경우 재산 처분이 어려워 러시아나 제3국으로의 이주자금을 마련하기 어렵다는 점, 마지막으로 발트3국의 상대적으로 높은 생활수준과 발전전망으로 많은 러시아인이 불이익에도 계속 머무르기를 바라는 점을 들 수 있다. 실제로 독립 후 러시아로의 역이주를 선택한 양국 러시아인은 전체의 약 10% 안팎에 불과하며, 그 결과 소련 시기 양국으로 이주해 온 러시아인들은 채택된 시민법에 따라 귀화와 무국적 비시민 사이에서 양자택일을 강요당하고 있는 형편이다.

하지만 대다수 양국 러시아인에게 귀화는 결코 만만치 않은 과제

26 M. Kramer, "The Baltic Countries after Two Decades of Independence", p. 2.

다. 귀화를 위해서는 일정 거주기간, 합법적이고 지속적인 소득원의 존재, 토착민족어의 자유로운 구사능력, 역사 지식 및 국가에 대한 충성서약이 필요하다. 이 중 특히 문제가 되는 것이 토착민족어 구사능력이다. 독립 직전인 1989년 센서스에 따르면, 토착민족어를 모국어로 여기거나 자유로이 구사하는 러시아인의 비율은 에스토니아 15.1%, 라트비아 22.4%에 불과했다. 따라서 양국 러시아인이 귀화시험을 통과하기 위해서는 에스토니아어나 라트비아어에 대한 별도의 집중학습이 반드시 요구되었다. 또 소련 점령기의 폭력에 초점을 맞춘 역사 시험 역시 이들에게는 매우 가혹하고 모욕적일 수밖에 없었다.[27] 그 결과 다수의 러시아인, 특히 중장년층 이상의 러시아인이 귀화를 포기하고 무국적자로 남아 많은 차별을 감수해야만 했다.

에스토니아와 라트비아 내 러시아인에 대한 구조화된 차별은 EU, 유럽의회, UNHCR, 관련 국제기구 및 NGO로부터 커다란 비판을 불러일으켰고, EU-MIDAS(EU Minorities and Discrimination Survey) 등으로 대표되는 옵서버 기관의 항상적인 모니터링의 대상이 되었다. 에스토니아와 라트비아가 EU 가입을 준비하던 시기, EU가 요구한 가입 전 선결조건 역시 소수민족 차별 시정과 관련된 것이었다.

실제로 2004년 EU 가입을 전후하여 EU로 대표되는 국제사회의 압력, 러시아와의 관계 조정의 실질적 필요 등으로 에스토니아와 라트비아는 유럽적 인권 표준에 준해 소수민족 정책을 개선하고 귀화 기준을 상당부분 완화했다. 그 결과 양국이 관련 시민법을 단행한 1992~1994년 양국 인구의 20~25%를 차지하던 무국적 비시민

27 T. Schneider, "Russian Minority in Estonia", p. 2; A. C. Regelmann, "Introduction: Minority Participation in Estonia and Latvia", p. 7; E. И Шибаева от. ред., *Русский язык в культуре, социальном и политическом процессе республик Прибалтики*, C. 26.

〈표 4-5〉 2000년대 에스토니아와 라트비아의 비시민수[29] (단위: 1,000명)

에스토니아				라트비아			
연도 / 시민권 종류	2000 (1,370)	2011 (1,295)	2016 (1,316)	연도 / 시민권 종류	2000 (2,377)	2011 (2,070)	2016 (1,966)
에스토니아 시민	1,096 (80%)	1,103 (85.2%)	1,108 (84.2%)	라트비아 시민	1,770 (74.4%)	1,728 (83.5%)	1,804 (84.1%)
비시민 (undetermined citizenship)	170 (12.4%)	86 (6.7%)	80 (6.1%)	비시민 (non-citizen)	504 (21.2%)	295 (14.3%)	252 (11.8%)
러시아 시민	86 (6.3%)	91 (7.0%)	128 (9.7%)	러시아 시민	19 (0.8%)	34 (1.7%)	56 (2.6%)

의 수가 2000년대에 이르러 큰 폭으로 감소한다. 그럼에도 2012년 양국의 무국적자 수는 에스토니아 약 9만 5천 명(인구의 7%), 라트비아 약 28만 명(인구의 14%)으로, 유럽과 탈사회주의 국가들을 대상으로 UNHCR이 조사한 무국적자 최다국 각 3위와 1위를 양국이 차지했다. 이러한 수치는 내전이나 내란으로 인해 강제 이주가 발생한 국가를 제외하고 최대 규모이며, 이 무국적자의 90% 이상이 러시안 디아스포라라는 사실 역시 여전하다.[28]

물론 독립 초기 양국 합산 100만 명을 상회하던 비시민 수가 그로부터 25년 후인 2016년에 33만 명 정도로 줄어든 것은 큰 발전으로 볼 수 있다. 하지만 아직도 한 나라 인구의 각 6%(에스토니아), 12%(라트비아)가 비시민이라는 사실은, 더구나 그 비시민의 40%가 해당국에서 태어났고, 나머지 대다수 역시 30년 이상 그곳에서 살아온 사람들이라는 점을 고려하면 이는 유럽은 물론 세계적으로도 흔치 않은 사

28 A. C. Regelmann, "Introduction: Minority Participation in Estonia and Latvia", pp. 5-6.

29 〈표 4-5〉는 다음 자료에 기반해 재구성한 것이다. *2011 Population and Housing Censuses in Estonia, Latvia and Lithuania*, p. 24; www.stat.ee; www.csb.gov.lv.

례라 할 수 있다. 또 〈표 4-5〉에서 잘 드러나듯이 2000~2011년 사이 양국 모두 비시민 수가 절반 가까이 감소한 데 반해, 2011년부터 현재까지는 큰 변화 없이 정체되어 있다. 이는 한때 최고 연 2만여 명에 달했던 양국 귀화자 수가 2010년대에 와서 연 1,000~2,000명대로 낮게 유지되고 있다는 사실과도 관련된다.[30]

더 눈길을 끄는 것은 양국의 러시아 시민자 수가 급증하고 있다는 점이다. 1996~2010년 사이 라트비아 내 러시아 시민권자는 8,149명에서 3만 1,113명으로 4배 증가했다. 이러한 경향은 에스토니아에서 더욱 뚜렷하게 나타나는데, 1992~2007년 에스토니아에서 러시아 시민권을 받은 사람 수는 같은 시기 귀화로 에스토니아 시민권을 받은 러시아인 수보다 더 많았다.[31] 2016년 에스토니아 인구의 약 10%가 러시아 시민권자이고, 라트비아의 경우 지난 5년 사이 그 수가 약 1.5배 증가했다.

이와 관련해 반드시 고려되어야 할 점은 양국 비시민이 수도나 대도시, 또는 러시아와의 접경지역에 집중되어 있다는 점이다. 앞서 설명한 바와 같이 소련 시절 양국 거주 러시아인의 절반 이상이 탈린이나 리가 등 수도에 살았고, 제1공화국 시기와 달리 제2공화국 시기의 이와 같은 특성은 독립 후에도 상당부분 유지되었다. 그 결과 2000년 센서스에 따르면 탈린 인구의 70%만이 에스토니아 시민이고, 27% 가까이가 러시아 시민권자(8.7%)와 비시민(18%)으로 구성된다. 리가의 경우 인구의 33.7%가 비시민이고, 라트비아 전체 비시민의 약 50%인

30 양국 연간 귀화자 수는 Ю. Розенвалдс, "Проблема '(де)герметизации' политической элиты Латвии и Эстонии", С. 153; A. C. Regelmann, "Introduction: Minority Participation in Estonia and Latvia", p. 8 참조.

31 Е. И. Шибаева, *Региональные особенности положения русскоязычного населения Прибалтики*. М., 2010. сс. 41-42.

24만 8,107명이 리가에 거주한다. 나머지 비시민이 라트비아 동부에 상대적으로 넓게 분포하고 있는 반면, 에스토니아의 경우 전체 비시민의 3분의 1가량이 나르바, 실라마에, 코흐틀라-야르베와 같은 러시아 접경 동북부에 집중적으로 거주한다. 그 결과 나르바 인구의 64%, 실라마에의 79%, 코흐틀라-야르베의 58%가 에스토니아의 비시민이다. 이 비시민의 90% 이상이 러시아인이라는 점은 앞서 밝힌 바 있다. 더 나아가, 나르바의 경우 이 64%의 비시민 중 29%, 코흐틀라-야르베의 경우 58% 중 13%가 아예 러시아 시민권자다.[32]

러시아 합병 전 크림반도의 러시아인 비율이 60%, 현재 우크라이나의 분리주의 분쟁지역인 돈바스의 러시아인 비율이 40% 미만이라는 점을 감안하면, 에스토니아 동북부 지역의 러시아인 비율은 매우 높다고 할 수 있다.[33] 에스토니아와 라트비아의 러시안 디아스포라 문제가 '제2의 크림 사태'로 비화하지 않을까 우려하는 근거가 여기에 있다. 2014년 3월 18일 러시아가 우크라이나의 크림반도를 합병하고 두 달이 지났을 때, 워싱턴포스트가 푸틴의 다음 타깃이 몰도바, 카자흐스탄, 발트3국이 될 수 있음을 경고하는 기사를 내보낸 것은 이런 맥락에서 이해할 수 있다. 열거된 국가들의 공통성은 〈그림 4-3〉에서 알 수 있듯이 다수의 러시안 디아스포라가 인구에 포함되어 있다는 점이다. 특히 발트3국의 경우, 이들이 나토 가입국이라는 점이 양날의 칼이 될 수 있음을 필자는 심각하게 제기하고 있다.[34]

---

32 Вадим Полещук, *Неграждане в Эстонии*. М., 2005, С. 17; Е. И. Шибаева, *Региональные особенности положения русскоязычного населения Прибалтики*, сс. 37-40.

33 우크라이나 인구 구성에 대해서는 이문영, "형제국가들의 역사전쟁: 우크라이나 사태와 러시아의 크림반도 합병의 기원", 『역사비평』 제112호(2015), 51쪽 참조.

34 Michael Birnbaum, "Russian President Putin Builds Ties in Moldova, Kazakhstan and Baltics", *Washington Post*, 17 May 2014. 몰도바의 경우 러시아인 비율은 그리 높

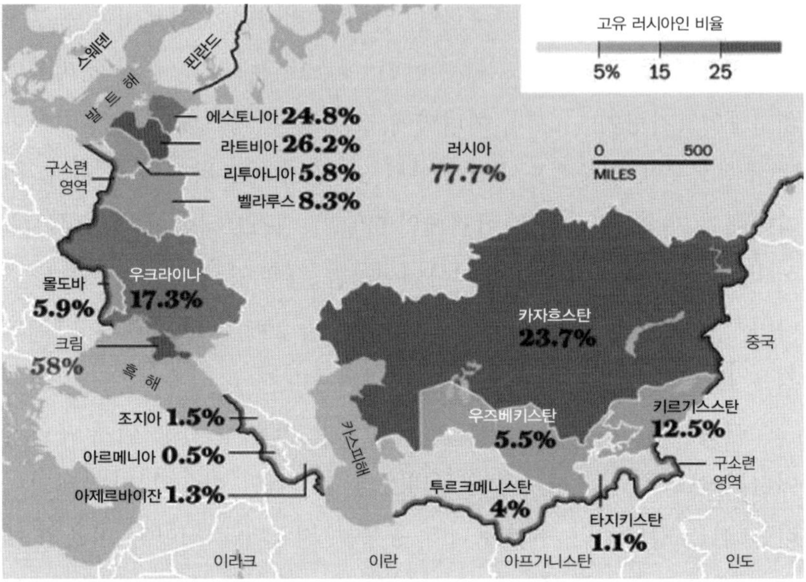

〈그림 4-3〉 러시안 디아스포라의 인구 구성 비율(2014)

물론 단순한 인구비율에 근거해 분리주의 가능성을 속단해서는 안 되겠지만, 에스토니아와 라트비아에서 현재진행 중인 차별정책으로 소수민족의 불만이 누적되고, 러시아가 이에 불을 지른다면 누구도 장담 못할 상황이 펼쳐질 수도 있다. 브렉시트로 대변되는 EU의 위기, 유럽에서 점점 세를 확장해 가는 반난민, 반이민 정서, 트럼프의 등장으로 인한 NATO의 균열, 유럽과 세계 전반의 우경화 흐름 역시 결코 우호적인 환경은 못 된다.

그렇다면 에스토니아와 라트비아의 러시아인 무국적 비시민은 구체적으로 어떤 차별을 받는가. 양국 비시민이 직면한 가장 큰 어려

지 않지만, 이들이 트랜스니스트리아 자치공화국에 집중되어 있으며, 이 공화국이 러시아에 공식적으로 합병을 요청했다는 점에서 가장 문제적이다. 〈그림 4-3〉은 이 기사에서 인용한 것이다.

움은 시민권의 부재가 정치적 권리의 박탈로 직결돼 현재의 난관을 제도적으로 해결할 가능성이 원천봉쇄되어 있다는 점이다. 양국 비시민이 받는 대표적인 차별은 전국단위의 선거나 유럽의회 선거에 투표권을 전혀 행사할 수 없다는 것이다. 에스토니아의 경우 지방자치선거에 대한 투표권만이 허락되어 있다. 그 결과 양국의 러시아인 비시민은 부당한 차별을 제도 정치 속에서 해결할 방법을 구하기 어렵다.

그 대표적인 사례가 2011년 라트비아에서 실시된, 러시아어의 제2국어 지위 부여와 관련된 국민투표다. 라트비아는 1999년 국어법을 제정해 라트비아어 외 모든 언어를 외국어로 규정했다. 하지만 2000년 센서스에 따르면 당시 라트비아 인구의 40%가 러시아어를 모국어로 여기고, 인구의 80%가 러시아어를 자유로이 구사하며, 특히 라트비아 내 다양한 소수민족(벨라루스인, 우크라이나인, 타타르인, 폴란드인, 유대인 등)이 러시아어를 민족 간 소통어로 사용하는 것으로 드러났다. 실제로 2004년 실시된 한 전국단위 조사에서 러시아어에 제2국어의 지위를 부여하는 데 대해 러시아인의 87%, 기타 민족의 75%가 찬성했다. 하지만 2011년 실시된 국민투표에서 결과는 압도적인 반대(74.8%)로 나왔다. 이러한 결과에는 당시 인구의 14.3%에 해당하는 30만 명의 러시아인이 투표권을 행사할 수 없는 비시민이었다는 사실이 크게 작용했다.

정치적 권리의 제한 외에도 에스토니아와 라트비아의 비시민은 공직 제한, 소유권 제한, 기업경영권 제한, 사회권 제한 등 70항목의 차별을 받는다. 이 중 일부는 양국 시민 중 금치산자, 전과자, KGB부역자 등의 전력을 가진 사람에게도 적용되는 것이어서, 시민과 똑같이 납세의 의무를 성실히 이행하는 많은 비시민에게 큰 굴욕감을 안겨 주었다.[35]

제정러시아와 소련 시기 에스토니아와 라트비아의 러시아인이 이질적인 하위집단들로 구성되었던 것처럼, 포스트소비에트 시기의 그들 역시 결코 균질적이지 않다. 포스트소비에트 시기 양국 러시아인은 주로 경제적 능력과 세대에 따라 크게 양극화되는 특징을 보인다. 특히 '유로-러시안(Euro-Russian)'[36]이라 통칭되는 젊고, 유능하며, 유럽적 표준, 나아가 글로벌한 흐름에 기민한 양국 러시아 젊은이들에게 소수민족 정책은 어떠한 장애도 되지 못한다. 토착민족어 습득은 그들에게 큰 어려움이 되지 못하며, 러시아에 강한 소속감을 갖고 있지 않을 뿐더러, 강한 유럽지향성으로 시민권 문제가 결정적인 제약이 되지도 못한다. 시간이 흐를수록 이들이 이 디아스포라의 다수가 될 것이고, 그때쯤이면 러시안 디아스포라라는 정체성 자체가 사라질지도 모른다. 하지만 적어도 아직까지는 33만 명에 달하는 무국적 비시민이 양국 러시안 디아스포라의 다수를 차지하고 있다는 사실 역시 기억할 필요가 있을 것이다.

4
결론: 시민권의 위기와 보편적 인권

본론을 통해 에스토니아와 라트비아의 러시안 디아스포라의 역사적 특성을 인구학적 변동과 사회문화적 위상의 상관관계를 통해 시기별로 살펴보았다. 300여 년에 걸쳐 '러시아 지배-독립-러시아(소련) 지배-독립'을 교체·반복한 양국 역사의 특수성으로 인하여, 식민지배

35 Е. И Шибаева от. ред., *Русский язык в культуре, социальном и политическом процессе республик Прибалтики*, сс. 33-39; Е. И. Шибаева, *Региональные особенности положения русскоязычного населения Прибалтики*, С. 44; 정경택, "발트3국의 언어정책", 208-209쪽.

36 R. Simonian, "The Russian Diaspora in the Baltic Countries", p. 85.

시기에는 러시아인의 증가와 그 위상 강화, 독립 시기에는 그 반대의 경향이 공통적으로 나타났다. 두 차례의 식민통치 시기의 주된 공통성은 양국 러시안 디아스포라가 계급(신분)적, 이념적, 직업적, 문화적 정체성에서 이질적인 집단들이 혼재하는 양상을 보였다는 점이다. 두 시기의 차이는 소련 합병기 러시아인의 대량이주가 제정러시아와 비교할 수 없이 조직적이고 광범위하게 이루어졌다는 점, 그 결과 러시안 디아스포라 내 이질성이 제정러시아 시대보다 한층 복잡화·다원화되었다는 점을 들 수 있다.

한편 두 차례의 독립공화국 시기의 공통성과 차이는 두 경우 모두 러시아인의 인구비율 감소와 사회문화적 위상 하락을 보이지만, 제1독립공화국 시기 다수의 러시아인이 시골에 거주하며 공간적으로도 주변화되었다면, 제2공화국 시기에는 이들이 여전히 수도와 대도시 인구의 주요비중을 차지한다는 점, 그러나 제1공화국 시기와 달리 선별적 시민권 정책의 제도화로 다수의 러시아인이 시민권 박탈로 대표되는 근본적인 위기에 직면하고 있다는 점이다.

본론을 통해 얻은 이러한 역사적 이해에 기반해 서론에서 제기한 문제, 즉 양국 러시아인의 시민권 박탈을 둘러싼 논란으로 되돌아가 보자. 이와 관련해 혹자는 1945년 해방 후 일본인이 한국에 남았다면, 과연 그들을 우리와 똑같은 시민으로 대할 수 있었겠는가 의문을 제기할 수도 있을 것이다. 35년의 식민통치를 경험한 우리도 그러할진대, 제정러시아로부터 소련까지 무려 250년 동안 지배당한 발트인이 러시아인에 갖는 분노와 두려움, 그 자연스러운 결과로서 러시아인 차별은 당연하다고 말할 사람도 있을 것이다.

사실 발트 국가의 토착민족과 러시아인 이민자 사이의 관계는 일반적인 다민족국가의 그것과 다르고, 러시안 디아스포라는 유대인 디아스포라나 코리안 디아스포라와도 다르다. 유대인이나 코리안 디아스포라가 강제이주나 노동이주, 고통이나 그리움의 정서, 피해자나 난민의 비극과 강하게 연동되어 있다면, 러시안 디아스포라는 제국 확장을 위한 조직화된 이주의 결과에 더 가깝다. 러시안 디아스포라의 역사에는 식민과 냉전의 역사가 중첩되어 있고, 러시아인은 제국의 주체로, 식민주의와 냉전의 가해자로 토착민족과 관계를 맺었다.

하지만 본론의 고찰을 통해, 가해자로 통칭되는 그 이름 속에 또 다른 차원의 수많은 가해와 피해의 사슬이 맞물려 있음을 확인할 수 있었다. 현재 시민권의 박탈과 그에 수반하는 정치적, 경제적, 사회문화적 권리의 제약으로 고통 받는 양국 러시아인들은 가해와 피해가 맞물린 질곡의 희생자들이기도 하다. 에스토니아로, 라트비아로 도망쳤던 17세기 제정러시아의 구교도나 농노, 그리고 '제5열'로 대표되는 소련의 반정부인사나 체제부적응자들, 발트 군산복합체나 건설현장에 대거 투입됐던 소련의 극빈층 노동자들이 이를 대변한다. 발트 지역 러시아 이민자의 다수는 고국을 떠날 수밖에 없는 저마다의 사연을 지닌 점령국의 소수자들이었고, 독립 후 정작 발트 지역에 남겨진 이들은 점령자가 아닌 바로 이들이었다. 더구나 현재 에스토니아와 라트비아 거주 러시아인의 대다수는 이미 당사자들도 아닌 그 후손들이다. 어쩌면 전체주의 정권과 역사의 희생자이기도 한 이들에게 모든 역사의 짐을 전가하는 것이 과연 타당한가.

이 지점에서 에스토니아와 라트비아의 무국적 비시민 러시아인 문제는 최근 첨예하게 제기되고 있는 '시민권의 위기'와 관련해 좀 더 보편적인 맥락에서 의미화될 수 있다. '시민권의 위기'의 본질은 '시민권과 인권의 충돌' 가능성과 밀접히 연관되는데, 이는 일찍이 한나 아렌트가 경고한 '인권의 역설'과 일맥상통한다. 그 자신 나치에 의해 국적을 박탈당한 무국적자이기도 했던 아렌트는 '국적=시민권=인권' 사이의 등가관계야말로 국민국가 체제가 기반한 근본원리이지만, 바로 그 속에 심대한 반인권의 위기가 숨어 있다고 주장한다. 즉, 국적과 시민권의 동일시는 국적을 가지지 못한 자, 그리하여 시민이 될 수 없는 자의 권리를 박탈하고, 시민권과 인권의 동일시는 시민이 아닌 자에 대한 억압을 은폐하고 정당화하는 기제로 작동한다는 것이다.

'국적=시민권=인권'의 삼위일체가 발생시키는 이 강력한 배제의 메카니즘에서 '인권의 역설'이 발생하는바, 국적과 시민권을 갖지 못한 사람들, 그리하여 국민도, 시민도 아닌, 오로지 '인간'으로 남은 사람들에게 바로 그 인간을 위한 권리인 '인권'이 송두리째 박탈된다는 것이다.[37] 이는 에스토니아와 라트비아에서 시민권 박탈로 고통 받는 러시아인의 곤경을 정확히 설명해 주며, 특히 그들의 상당수가 현지에서 태어나거나 최소한 30년 이상을 거주한 사람들이라는 점에서 시민권의 위기와 인권의 역설이 최대치로 실현된 사례라 할 수 있다.

유럽 시민권 이론을 대표하는 철학자 발리바르 역시 시민권의 제약이 보편적 인권의 상실로 이어지는 위기가 "한 세대 이상에 걸쳐 유럽에 정주해 살아온 비유럽공동체 출신의 노동자 전체 및 그들의 가족"에게서 적나라하게 드러남을 지적한 바 있다.[38] 에스토니아와 라트비아의 러시아인이 바로 이들이다. 이렇게 시민권의 상실로 소수민족으로서 자신을 보호할 제도적 보장이나 정치적 대의 수단을 갖고 있지 못하다는 점에서 이들의 시민권 문제는 정치권, 사회권, 문화권을

37 한나 아렌트, "국민국가의 몰락과 인권의 종말", 이진우·박미애 옮김, 『전체주의의 기원 1』(한길사, 2011), 489-542쪽.

38 에티엔 발리바르, 진태원 옮김, 『정치체에 대한 권리』(후마니타스, 2011), 68쪽. 발리바르는 러시아와 동유럽이 명백히 유럽을 구성함에도 불구하고 '관습적인 유럽성'의 차원에서 늘 예외로, '비유럽'으로 배제되어 왔으며, 이러한 잘못된 고정관념이 장차 유럽의 미래에 큰 위험을 줄 수 있음을 지속적으로 경고해 왔다. 에티엔 발리바르, 『우리, 유럽의 시민들? 세계화와 민주주의의 재발명』, 진태원 옮김(후마니타스, 2010), 373-381쪽 참조.

아우르는 보편적 인권의 문제로 직결된다.

에스토니아와 라트비아 독립 후 25년의 세월이 흐르는 동안에도 33만 명에 달하는 러시아인들이 비시민에서 시민으로, 불법에서 합법으로 경계이동할 능력이나, 의지를 갖지 못한 채 무국적자로 남아있다. 양국의 실질적인 시민으로 살아온 그들의 지난 삶을 생각할 때, 시민의 권리, 나아가 보편적 인간의 권리로 누구보다 적극적으로 보호되어야 할 이들은 바로 이 33만 명들이다.

| 참고문헌 |

발리바르, 에티엔. 2010.『우리, 유럽의 시민들? 세계화와 민주주의의 재발명』. 진태원 옮김. 후마니타스.

발리바르, 에티엔. 2011.『정치체에 대한 권리』. 진태원 옮김. 후마니타스.

이문영. 2015. "형제국가들의 역사전쟁: 우크라이나 사태와 러시아의 크림반도 합병의 기원".『역사비평』 제112호.

아감벤, 조르조. 2008.『호모 사케르』. 박진우 옮김. 새물결.

아렌트, 한나. 2011. "국민국가의 몰락과 인권의 종말". 이진우 · 박미애 옮김.『전체주의의 기원 1』. 한길사.

정경택. 2014. "발트3국의 언어정책".『슬라브연구』 제30권 제4호.

Александров М. В. 2013. "Русские в Прибалтике: прошлое, настоящее и будущее". *Материк*. Мая 22.

Затулин К. Ф. и др. 2010. *Интеграция российской диаспоры в политический процесс стран СНГ*. М.: Институт диаспоры и интеграции (Институт стран СНГ).

Ильин М. 2008. "Балто-Черноморская система: матрицы и перспективы восточно-европейского политического развития". *Космополис*. No. 1(20).

Кабузан В. 1996. *Русские в мире. Динамика численности и расселения (1719-1989): Формирование этнических и политических границ русского народа*. СПб.

Муранова А. 2014. "Депортация жителей Прибалтики". *Московский монитор*. Март 26. (retrieved from http://mosmonitor.ru/articles/society/deportatsiya_zhiteley_pribaltiki)

Полещук В. 2005. *Неграждане в Эстонии*. М.: Европа.

Розенвалдс Ю. 2012. "Проблема '(де)герметизации' политической элиты Латвии и Эстонии: перспективы русскоязычного меньшинства". *Comparative Politics*, Vol. 3, No. 9.

Фурман Д. и Э. Задорожнюк. 2004. "Притяжение Балтии: Балтийские русские и балтииские культуры". *Мир России*. No. 3.

Шибаева Е. И от. ред. 2011. *Русский язык в культуре, социальном и политическом процессе республик Прибалтики*. М.: Институт диаспоры и интеграции (Институт стран СНГ).

Шибаева Е. И. 2010. *Региональные особенности положения русскоязычного населения Прибалтики*. М.: Институт диаспоры и интеграции (Институт стран СНГ).

Шор Т. 2008. "Социальная структура и культурная ориентация русского меньшинства в Эстонской Республике (1918~1940)". И. Белобровцева от. ред. *Русские вне России; история пути*. Таллин: Русский дом.

Balibar, Etienne. 2003. *We, the People of Europe?: Reflections on Transnational Citizenship*. Trans. by J. Swenson. Princeton University Press.

Birnbaum, Michael. 2014. "Russian President Putin Builds Ties in Moldova, Kazakhstan and Baltics". *Washington Post*. May 17.

Eberhardt, Piotr. 2003. *Ethnic Groups and Population Changes in Twentieth Century Eastern Europe: History, Data and Analysis*. Trans. by Jan Owsinski. Routledge.

Kramer, Mark. 2012. "The Baltic Countries after Two Decades of Independence: Achievements, Setbacks, Internal Challenges". *PONARS Eurasia Policy Memo*. No. 200(June).

Ong, Aihwa. 1999. *Flexible Citizenship: The Cultural Logics of Transnationality*. Duke University Press.

Regelmann, Ada-Charlotte. 2014. "Introduction: Minority Participation in Estonia and Latvia". *Journal of Ethnopolitics and Minority Issues in Europe*. Vol. 13, No. 1.

Schneider, Thomas. 2015. "Russian Minority in Estonia: Social Co-Existence, Educational Transformation and the Labour Market". *Konrad-Adenauer-Stiftung*. March

Simonian, Renal'd. 2004. "The Russian Diaspora in the Baltic Countries". *Russian Politics & Law*, Vol. 42, No. 4.

Smith, Graham & Andrew Wilson. 1997. "Rethinking Russia's Post-Soviet Diaspora: The Potential for Political Mobilisation in Eastern Ukraine and North-East Estonia". *Europe-Asia Studies*, Vol. 49, No. 5.

Statistical Office of Estonia, Central Statistical Bureau of Latvia and Statistics Lithuania. 2015. *2011 Population and Housing Censuses in Estonia, Latvia and Lithuania*.

Tishkov, Valery. 2008. *The Russian World: Changing Meanings and Strategies*. Carnegie Endowment for International Peace.

www.csb.gov.lv

www.stat.ee

www.demoscope.ru

제5장

발트 예술의 소비에트 정체성

1960~70년대 에스토니아를 중심으로

백지운
(통일평화연구원 HK교수)

1
소비에트라는 타자(?)

1991년 소비에트로부터 독립한 발트3국(에스토니아, 라트비아, 리투아니아)은 지금 한창 네이션 빌딩이 진행 중이다. 관건은 소비에트 기억의 재편이다. 소비에트 시대의 동상들이 철거되거나 옮겨지고 광장의 이름이 바뀌며 점령 시대의 야만을 고발하는 박물관들이 건축되거나 새롭게 단장되고 있다. 50년 소비에트 시대의 '역사적 진실'을 규명하기 위한 '기억 전쟁' 속에서 발트의 젊은 민족국가들이 몸살을 앓고 있다. 소비에트 시기를 '억압적' '비도덕적', 심지어 '범죄적'인 점령으로 보는 민족주의 서사들이 온갖 기념물, 국경일, 역사서술 등을 통해 신생 민족국가의 '공적 기억'으로 제도화되는 한편, 그 공적 기억으로부터 배제당한 소수자들을 중심으로 소비에트 시대를 '좋았던' 시절로 그리워하는 '소비에트 노스탤지어'가 응집되고 있다. 발트에서 벌어지는 이 '기억정치(memory politics)'는 사회주의에서 자본주의로의 체제 전환 과정에서, 사회주의 시대에 대한 기억의 해석과 재배치가 얼마나 복잡한 것인지를 보여준다.[1]

12세기 이래 독일 기사단의 지배(Teutonic Order)와 한자동맹의 거점이었던 발트는 18세기 이래 수많은 민족이 이동하고 뒤섞이는 제국의 교차로였다. 그런 이곳에서 민족의 단일 정체성에 기반한 민족주의

---

* 이 글은 "탈사회주의 이후 발트의 소비에트 정체성: 1960~70년대 에스토니아 예술을 중심으로"(『인문과학연구논총』 제38권 13호)를 수정 보완한 것이다.

1 Eva-Clarita Onken, "Memory and Democratic Pluralism in the Baltic States: Rethinking the Relationship", *Journal of Baltic Studies*, Vol. 41, No. 3(September 2010), p. 286.

가 체계적인 담론과 운동으로 등장한 것은 19세기 말 20세기 초에 와서였다.[2] 제1차 세계대전 이후 러시아, 독일, 합스부르크 제국이 해체되고 전세계적으로 약소국의 민족주의가 고양되는 가운데, 발트3국 역시 1918년 독립을 실현하게 되었다. 그러나 이 신생 독립국들은 붉은 혁명에 성공한 러시아가 소비에트 연합이라는 또 다른 제국으로 탈바꿈하면서 1940년에 곧 주권을 상실하고 만다.

발트 국가들에게 민족국가는 태어나자마자 좌절되고 만 '미완의 기획'이다. 1918년에서 1940년 사이의 짧았던 민족국가의 기억은 1991년 소비에트로부터 독립을 획득한 이후 발트의 민족국가 담론 속에서 부단히 환기되고 있다. 발트의 민족국가 서사에서 '소비에트 이전(pre-Soviet)'이 재호명되는 데에는 소비에트에 합병되기 이전의 발트에 이미 순전한 형태의 민족국가가 존재했다는 전제가 깔려 있다. 그러나 현재 발트 사회에서 역사서술을 둘러싸고 벌어지는 갈등을 보건대, 소비에트 기억에 대한 일방적인 부정과 삭제는 구성원 간에 갈등을 부추기는 심각한 부작용을 낳고 있다. 이념적으로 소련이 해체되었지만 반세기 동안 소련의 일부였던 발트 국가들에게 소비에트는 자신의 역사이기도 하다. 또한 민족이라는 개념이 '근대(modernity)'의 산물로서 근대적 시공간의 경험과 떨어질 수 없음을 생각한다면, 냉전시기 자본주의 근대와 경쟁하며 공생했던 소비에트 근대는 발트 국가들의 민족의식을 형성하는 데 간과할 수 없는 역할을 했다. 그런 점에서 소비에트 근대의 경험을 전적으로 삭제함으로써 민족국가를 구축하는 것은 쉽지 않아 보인다.

민족국가라는 상상된 공동체를 구축하기 위해서는 '민족'이라는

---

2 Aldis Purs, *Baltic Facades: Estonia, Latvia and Lithuania Since 1945*(Reaktion Books Ltd., 2012), p. 44, p. 153.

주체가 호명되어야 한다. 그리고 민족 주체는 그로부터 배제되는 타자를 필요로 한다. 독립 이후 발트사회에서 소비에트 시대는 새롭게 수립되어야 할 민족국가의 타자로서 표상되었다. 그러나 소비에트를 배제함으로써 구축되는 발트의 민족서사는 대체로 소련 해체 이후에 확립된 것이다. 정작 소비에트 시기, 에스토니아, 라트비아, 리투아니아에 살았던 사람들이 자신이 살고 있는 체제를 어떻게 인식하고 있었는지를 파악하기는 간단치 않다.

최근 발트 지식계에 벌어지는 '소비에트 콜로니얼리즘' 논의는 발트에서 소비에트의 존재를 어떻게 규정할 것인지가 여전히 뜨거운 논쟁거리임을 보여준다. 소비에트 콜로니얼리즘론자들은 소비에트의 발트 지배가 처음에는 점령으로 시작했더라도 1950년대 후반에는 식민으로 이행되었다고 주장한다. 스탈린의 사망(1953)과 흐루쇼프((Nikita Khrushchev)의 '해빙(Thaw)'(1956)을 기점으로 소비에트 체제에 대한 발트인들의 두려움은 크게 사라졌고 일상 속에서 사람들의 태도 역시 소비에트 체제를 주어진 것으로 받아들이고 그 안에서 삶을 도모하는 쪽으로 바뀌었다는 것이다. 간단히 말해, 1950년대 중반을 기점으로 하여 소비에트 체제에 대한 발트 사람들의 태도는 저항에서 협력으로 전환되었다는 것이 그 요지이다.[3]

정치, 경제, 문화, 사회 각 층위에서 50년에 걸쳐 진행된 '소비에트화'가 피점령자와의 협력과 타협 속에 이루어졌음을 주장하는 '소비에트 콜로니얼리즘'은 개념 규정이나 논거 면에서 논쟁의 여지가 있는 것이 사실이다. 다만, 소비에트 콜로니얼리즘론이 점령자와 피점령자의 공존 속에 형성되는 혼종성(hybridity)을 강조함으로써 소비에트의

---

3 Epp Annus, "The Problem of Soviet Colonialism in the Baltics", *Journal of Baltic Studies*, Vol. 43, No. 1(March 2012), pp. 35-38.

타자화에 기반한 발트의 민족서사 구축에 의문을 제기하는 대목만큼은 주목할 필요가 있다.

소비에트 체제에 대한 발트인들의 태도 변화는 냉전체제가 고착화된 당시의 국제적 상황과도 무관치 않을 것이다. 이를테면 새로 수립된 체제에 대항하여 게릴라전을 펼쳤던 빨치산의 저항도 1948년을 기점으로 급격히 쇠락하여 1950년대에 이르면 사실상 궤멸되는데, 여기에는 제2차 세계대전 이후 영국과 미국이 발트를 해방시켜 줄 것이라는 그릇된 희망이 사라진 상황에서 내부의 동력과 주민들의 지지를 상실한 것이 큰 원인이었다.[4] 대체로 보건대 1950년대 발트의 소비에트 체제는 사실상 정상화의 단계로 진입했으며 그로부터 40년간 발트인들의 제도와 일상, 사고와 의식을 형성하는 제도로서 내면화되었다고 보는 쪽이 설득력이 커 보인다.[5]

거칠게 정리하면, 발트의 소비에트 시기(1941~1991)를 보는 관점은 두 가지가 서로 경쟁하고 있다. 민족주의적 관점으로서 발트3국의 민족의 존재를 배타적으로 전제하고 그것을 억압하는 타자로서 소비에트를 규정하는 것이 하나라면, 다른 하나는 소비에트와 발트 토착민 간의 협상과 공존, 즉 혼종성을 강조하는 포스트콜로니얼리즘적 관점이다. 이 중 어느 것이 실제에 더 가까운지를 판단하기는 쉽지 않겠지만, 이 문제를 탐사하는 한 가지 방법으로서 이 글에서는 소비에트 시

---

4 Stanley V. Vardys, "The Partisan Movement in Postwar Lithuania", *LITUANUS*, Vol. 15, No. 1(Spring 1969), pp. 1-11.

5 1968년을 기점으로 고조된 동유럽의 저항 운동의 흐름을 타고 발트에서도 1970년대부터 저항운동이 조직화된 것은 사실이다. 그러나 대체로 발트의 저항운동은 소비에트의 합법적인 틀 안에서 진행되었다. 발트의 저항 방식은 대체로 평화로웠고 저항의 주된 방식은 소비에트 정부로 하여금 법에 명시된 권리를 보장하고 소비에트가 조인한 헬싱키 조약을 이행하도록 청원운동을 벌이는 것이었다. Stanley V. Vardys, "The Nature and Philosophy of Baltic Dissent: A Comparative Perspective", *Nationalities Papers*, Vol. 10, No. 2(September 1982), p. 122.

기 발트의 예술을 에스토니아를 중심으로 하여 살펴보고자 한다.

1960년대 이래 서구사회에는 소비에트 예술을 보는 일정한 시각이 수립되어 있었다. 일명 '비순응주의(non-conformist)', '비공식적(unofficial)' 예술이라는 이 시각은, '소비에트 체제의 억압과 그에 저항하는 예술'이라는 이분법적 프레임을 전제로 한다. 발트 예술 역시 대체로 이러한 틀 속에서 해석되었다. 그러나 '비순응주의'라는 용어 자체가 지니는 모호성은 차치하고서라도, 소비에트 시기의 발트 예술에는 억압과 저항이라는 이분법으로 환원되지 않는 광대한 중간지대가 존재했다. 소비에트 제국의 주변부였던 발트 지역은 체제의 수립과 작동 방식이 중심부와 달랐으며, 예술 분야에서도 사회주의 리얼리즘이라는 중심부의 이데올로기가 발트의 현실에 적용되는 데는 다양한 변수들에 의한 굴절과 지연이 발생했다. 그런 만큼 예술의 대응 방식 또한 긴장, 도피, 위장(camouflage), 협상 등 다양한 형태가 혼재했고, 경우에 따라서는 저항과 순응이 모순적으로 일치하는 역설적 장면을 드러내기도 했다. '저항'이나 '비순응' 같은 명확한 범주로 설명되지 않는 발트 예술의 모호성은 발트의 정체성으로부터 소비에트 시기를 처리하는 것이 얼마나 복잡한 과제인지를 말해 준다.

2 저항과 순응의 중간지대

소비에트 예술은 1960년대 이래 서구에서 '비순응주의'라는 개념을 통해 소개되었다. 1991년 소비에트 해체와 함께 서구 학계에서는 소비에트 체제에 대한 반항아로서 1910~1920년대 러시아 아방가르드 예술에 대한 관심이 급증했다. 그것이 가능할 수 있었던 이유는 1960년

〈그림 5-1〉 짐멀리예술박물관 전경
출처: https://en.wikipedia.org/wiki/Zimmerli_Art_Museum_at_Rutgers_University

대부터 소비에트 지역의 예술 작품들을 모아온 서구 수집가들의 광대한 컬렉션이 있었기 때문이다. 대표적인 것 중 하나가 노튼 앤 낸시 닷지 컬렉션(Norton and Nancy Dodge Collection, 이하 '닷지 컬렉션'으로 약칭)이다. 미국 오클라호마 태생으로 하버드 대학에서 경제학을 공부했던 노튼 닷지(Norton Dodge, 1927~2011)는 소비에트 트랙터 산업에 관한 박사논문을 준비하기 위해 1955년 처음 소비에트를 방문했다. 흐루쇼프의 해빙기라는 시기적 이점과 소비에트 경제학자라는 신분을 이용하여, 닷지는 당시 소비에트 체제에서 비밀리에 제작되고 전시된 작품 900여 점을 미국으로 빼돌릴 수 있었다. 1995년, 약 2만 점에 달하는 닷지 컬렉션이 또다른 중요한 소비에트 예술 컬렉션 리아보프(Riabov) 컬렉션과 함께 미국 럿거스 대학의 짐멀리 예술박물관(Jane Voorhees Zimmerli Art Museum)에 기부되었다. 리아보프 컬렉션이 1910~1920년대 러시아의 아방가르드를 중심으로 한다면, 1950년대 멀티미디어 예술에서 퍼포먼스 예술, 구상주의(conceptualism)까지 폭넓게 아우르는 닷지 컬렉션은 소비에트 예술사를 재구성하는 데 결정적인 공헌을 했다. 특히, 닷지 컬렉션의 작품을 분석한 서구 학자들의 논문을 담은 책 『굴락에서 글래드노스트까지(*From Gulag to Gladnost: Nonconformist Art from the Soviet Union*)』(1995)는 소비에트의 엄혹한 정치적 환경에 저항하는 '비순응주의' 예술이라는 용어를 서구 사회에 안착시키는 데 크게 기여했다.[6]

소비에트 예술이 서구 지식계를 통해 저항적(dissident), 언더그라운드, 비공식적, 비순응주의적인 것으로 규정되는 상황은 발트 예술에서도 유사하게 나타났다. 발트 예술은 대체로 러시아 비순응주의 예술의 하위 범주로 받아들여졌다. 그런데 최근 발트 및 동유럽 지식계에서는 이런 시각에 대한 비판의 목소리가 나오고 있다. '비순응주의'란 구 사회주의권 국가에 대한 서구 세계의 상상과 기대가 반영된 '타자화'로서, 발트 예술의 다양성에 기반한 역설성과 통약불능성은 '비순응주의'라는 이데올로기적인 용어로 동질화될 수 없다는 것이다.[7] 나아가, 소비에트 예술의 체제저항성이라는 관념 자체가 서구의 뉴 레프트(New Left)에 의해 고안된 것이라는 주장도 있다. 이바 포르가스(Eva Forgas)에 따르면, 러시아 아방가르드 예술에 대한 서구 예술계의 관심은 소비에트의 관료주의에 실망하여 스탈린 이전 볼셰비키 혁명의 '순수성'에 눈을 돌렸던 뉴 레프트의 출현과 연결되어 있다. 거기에 '프라하의 봄' 이후 변화와 개혁에 대한 낙관주의로 충일했던 1960년

6 Myroslava M. Mudrak, "Russian Artistic Modernism and the West: Collectors, Collections, Exhibitions, and Artists", *The Russian Review*, Vol. 58, No. 3(July 1999), pp. 467-481.

7 Alise Tifentale, "We from Nowhere and Our Art", *Studija*, Vol. 81, No. 6(December/January 2011), pp. 58-65.

대 동유럽 사회가 68혁명의 실패를 겪은 서구의 뉴 레프트들에게 미래에 대한 희망으로 받아들여지면서, 러시아 아방가르드가 경전화되기 시작했다는 것이다.[8]

본래 예술에서 정치성과 비정치성의 경계가 모호한 만큼, 공식과 비공식, 순응과 저항의 경계를 선명하게 나누기는 어렵다. 게다가 같은 소비에트연합이라 하더라도 통치의 질과 억압의 정도는 시기별 지역별로 다양했다. 중심부와 주변부의 통제의 방식과 효과가 달랐고, 시기적으로도 스탈린 시대와 흐루쇼프 시대, 그리고 브레즈네프 시대가 각각 달랐다. 말하자면, 소비에트 체제는 결코 동질적인 것이 아니었으며 소비에트 연합 내부에서의 예술 표현 방식 역시 복수적·이질적일 수밖에 없었다.[9]

발트 예술에서 공식과 비공식, 순응주의와 비순응주의 예술의 경계가 모스크바나 레닌그라드보다 훨씬 모호했다는 지적은 여러 연구자들에 의해 지적되고 있다. 그 이유를 정리해 보면 대체로 다음과 같다. 첫째, 발트의 소비에트화가 시기적으로 짧았다는 사실이다. 소비에트의 공포정치는 1953년 스탈린의 사후 크게 완화되었다. 거기에 1956년 제20차 공산당대회에서 흐루쇼프의 '비밀연설(Secret Speech)'로 '해빙'이 시작되면서 문학과 예술에서 자율적 공간이 늘어나기 시작했다. 1941년 소비에트에 합병된 발트 국가들은, 소비에트 체제를 이미 39년이나 보낸 러시아에 비하면, 체제 수립 15년 만에 해빙이 시작된 셈이다. 더구나 발트에서 소비에트 체제가 세워졌을 때는 제2차

8 Eva Forgacs, "How the New Left Invented East-European Art", *Centropa*, Vol. 3, No. 2(May 2003), pp. 95-100.

9 Boris Groys, "The Other Gaze: Russian Unofficial Art's View of the Soviet World", Aleš Erjavec (ed.), *Postmodernism and the Postsocialist Condition: Politicized Art Under Late Socialism*(University of California Press, 2003), pp. 55-56.

세계대전 중이었다. 점령 초기 소비에트 정권은 문학예술 분야에서 사회주의 리얼리즘의 정전을 세우는 데 큰 노력을 기울일 틈이 없었다. 문학예술의 소비에트화가 본격적으로 시행된 것은 1946년과 1948년의 당 결의 이후였으니, 실제로 발트에서 예술이 억압을 받은 기간은 5년에서 8년 정도에 불과했던 것이다. 러시아에서 수차례의 숙청과 탄압의 물결이 몰아친 데 비해 발트 예술가들이 숙청을 겪은 것은 한 세대에 불과했다. 1949년 발트에서도 테러의 물결이 일어났고 타르투예술대학을 비롯하여 전통 있는 예술기관의 교사와 학생들이 시베리아나 카자흐스탄의 노동캠프로 보내졌지만 대부분은 흐루쇼프 해빙기에 돌아왔다.[10]

둘째 요인은 발트 예술의 뿌리 깊은 유럽적 기반이다. 발트의 국가들은 오랫동안 북유럽과 서유럽의 영향 아래 있었다. 에스토니아와 라트비아의 예술은 중세 이래 독일과 로우 컨트리(Low Countries: 벨기에, 네덜란드 등)의 영향을 받았다. 지리적으로 스칸디나비아 반도에 인접한 탈린은 예술과 건축 방면에서 북유럽 르네상스의 영향이 짙었다. 그런가 하면 폴란드와 가까운 리투아니아의 예술은 비잔틴과 고딕의 경향이 강했고 특히 오랫동안 폴란드 문화권에 있었던 빌뉴스의 예술과 건축에는 이탈리아적 색채가 강하게 나타났다. 18세기 말 19세기 초 타르투와 빌뉴스의 주요 대학에 예술학과가 만들어지고 민족적 자의식에 눈뜬 근대 예술이 시작되지만, 적어도 19세기 중반까지 대부분의 예술가들은 상트페테르부르크, 프랑스, 독일의 예술학교에서 공부

10 Sirje Helme, "Nationalism and Dissident: Art and Politics in Estonia, Latvia and Lithuania under the Soviet", Alla Rosenfeld & Norton T. Dodge (ed.), *Art of the Baltics: The Struggle for Freedom of Artistic Expression under the Soviets, 1945-1991*, (Rutgers University Press & Jimmerli Art Museum, 2002), pp. 6-7; Eha Komissarov, "Art in Tartu during the Soviet Occupation", Rosenfeld & Dodge, *Ibid.*, p. 141.

했다.[11] 따라서 발트에 소비에트화가 시작된 1940년대 후반까지도 발트의 예술학교에는 유럽적 전통이 뿌리 깊게 작용하고 있었다. 대부분의 예술학교 교사들은 유럽 시스템에서 예술교육을 받은 세대였다. 이들이 예술학교 학생들의 사고와 감각에 영향을 미치는 상황에서, 사회주의 리얼리즘이 단기간 내 발트에 정착하기는 상당히 어려웠다.

세 번째로 발트의 예술에 저항적인 아방가르드 전통이 강하지 않다는 점도 지적되고 있다. 소비에트 초기 러시아 아방가르드 예술이 기성 예술계의 낡은 전통에 강렬한 반항을 표출한 데 비해, 1920년대 에스토니아나 라트비아의 아방가르드는 상대적으로 온건했고 덜 정치적이었다. 자국의 전통예술에 대해서도 반항의 분위기가 약한 만큼, 소비에트 체제에 대한 저항 역시 상대적으로 약했다.[12]

이런 복합적 원인들 속에서 소비에트 시기 발트의 예술을 '비순응주의'의 범주로 보는 것이 적절한 것인지 의문이 제기되고 있다. 1996년 짐멀리예술박물관이 주최한 '비순응주의 예술 심포지엄'에서, 상트페테르부르크 박물관 소장은 발트의 예술가에게는 언더그라운드라 할 만한 활동이 전혀 없었으며 그런 점에서 이들을 진정한 비순응주의자라 할 수 없다고 발언하여 논쟁을 불러일으키기도 했다.[13] 물론 '비순응주의'나 '비공식' 예술의 개념적 타당성 자체가 논쟁거리이겠지만, 대체로 발트의 예술에서는 그 경계가 더 넓고 다층적이라는 견해가 지배적이다. 말하자면 비순응주의 예술을 소비에트 체제에 대한 비판이라고 할 때, 발트에서 그 비판의 표현은 정치, 종교, 철학 각 영

11 Kevin O'connor, *Culture and Customs of the Baltic States*(Greenwood Press, 2006)(Kindle version).

12 Helme, *op. cit.*, p. 7.

13 Mark Allen Svede, "When Worlds Collide: On Comparing Three Baltic Art Scenarios", Rosenfeld & Dodge, *op. cit.*, p. 17.

〈그림 5-2〉 라트비아 예술가조합 건물

역에서 더 넓고 다양하게 나타난다는 것이다. 러시아의 언더그라운드 예술이 정치적 저항의 메시지를 선명하게 드러낸 데 비해, 발트의 예술가들이 정치적 선언(menifesto)을 내세우는 경우는 드물었다.[14] 경향적으로 리투아니아의 예술가들이 종교적 철학적 표현에 경도되었다면, 에스토니아와 라트비아의 예술가들은 미적이고 예술적인 본질을 중시했다.

적어도 형식에 한정하여, 공식 예술과 비공식 예술의 경계를 더 느슨하게 정의할 수도 있다. 금지된 예술, 묵인된 예술, 허용된 예술처럼 말이다. 공식적으로는 소비에트 이념에 호응하는 사회주의 리얼리즘이 강요되었지만, 정물이나 자연을 그리는 정도는 공식 기관도 허용

14 Alfonsas Andriuškevicius, "The Phenomenon of Nonconformist Art", Rosenfeld & Dodge, *Ibid.*, pp. 25-26.

했다. 추상화, 표현주의, 초현실주의는 원칙적으로 금지되었지만, 각 지역의 오랜 예술 전통을 전적으로 무시할 수 없는 만큼, 그것이 적용되는 상황도 지역마다 조금씩 달랐다. 리투아니아에서는 온건한 표현주의가 일부 받아들여졌고 에스토니아에서는 원래 초현실주의 전통이 강했던 만큼 그에 관용적인 편이었다. 모스크바나 레닌그라드의 아방가르드 예술가들이 공식적인 전시회를 아예 거부하고 자신들의 아파트에 비공식 전시회를 여는 것이 일상적이었다면, 빌뉴스, 리가, 탈린에서 그런 경우는 일반적이지 않았다. 공식적인 전시 허가를 받지 못한 작품들은 작가조합(Writers' Union)의 클럽이나 음악학교, 사회과학원의 복도와 같은 반공식적(semi-official)인 공간에서 전시되었고, 이는 종종 공식 기관에 의해 묵인되었다.[15]

공식과 비공식 예술의 모호한 경계는 소비에트 체제의 권위기관이었던 '예술가조합(Art Union)'을 둘러싼 에피소드들에서도 엿볼 수 있다. 소비에트 시기에는 오직 문화부와 예술가조합만이 전시회를 개최할 수 있었다. 예술가조합 회원이 아닌 작가들은 전시는 고사하고 국가의 재정적 지원도 받지 못했다. 그러나 예술가조합 회원 여부에 따라 체제 순응적-비순응적 작가를 나누기에는 현실이 매우 복잡했다. 예술가들에 따라 공식적인 장소에서는 체제가 요구하는 작품을 그리면서 자신의 아파트나 스튜디오에서는 다른 경향의 작품을 작업하는 이중적 태도를 보이기도 했다. 또한 저항적 성향의 작가라고 해서 예술가조합을 거부하거나 외면한 것도 아니었다. 이를 테면, 1949년 3월, 소비에트 당국은 '인민의 적'으로 분류된 9만 명의 발트인들을 소련 영내의 사람이 살기 힘든 척박한 땅으로 강제 이주시켰다. 당시 체

15 *Ibid*, p. 27.

포되어 카자흐스탄의 카라간다(Karaganda) 수용소로 보내졌다가 1956년의 해빙 때 풀려난 에스토니아의 화가 헨 루데(Henn Roode, 1924~1974)는 정부기관의 주문을 받아 그림을 그리는 등 체제와 타협적이었다. 그의 작품 '평화(Peace)'는 1962년과 1963년 정부의 주문을 받아 그림을 그린 이후의 분노를 담았다고 알려져 있다. 그는 1964년 예술가조합에 가입했다.

또한, '최초 타르투 그룹(First Tartu Group)'의 카리스마적 리더로서 헨 루데와 같이 카라간다 수용소로 보내졌던 율로 수스터(Ülo Sooster, 1924-1970) 역시 사회주의 리얼리즘을 거절하는 발언을 하면서도 예술가조합 가입을 시도했다. 그는 끝내 가입을 거절당했다. 이후 수스터는 모스크바를 기반으로 러시아 언더그라운드 예술과 탈린의 예술계를 연결하는 가교 역할을 하며 에스토니아의 초현실주의 예술의 성장을 촉진했다. 1960년 수스터의 영향 아래 실비아 죄게버(Silvia Jõgever, 1924~2005)가 타르투중등학교에서 예술가조합의 허가 없이 전시회를 여는 사건이 일어났다. 이는 에스토니아 예술계에 커다란 스캔들을 일으켰고 죄게버는 반소련 단체를 조직했다는 죄명으로 기소되었다. 그런데 흥미롭게도 그녀가 무거운 처벌을 받지 않도록 변호한 것은 예술가조합의 유력 인사들이었다. 변호의 근거는 러시아에서도 비공식 전시회에 대해 무거운 처벌을 하지 않았다는 것이었다. 결국 죄게버는 사회주의 리얼리즘을 더 배워오라는 명목으로 모스크바로 보내졌고, 그곳에서 대부분의 시간을 수스터의 스튜디오와 외국문학도서관에서 서양 예술 작품과 서적을 보는 데 보냈다.[16]

그런가 하면 엘마르 키츠(Elmar Kits, 1913~1972)처럼 사회주의 리

16 Eda Sepp, "Estonian Nonconformist Art from the Soviet Occupation in 1944 to Perestroika", Rosenfeld & Dodge, *op. cit.*, p. 52.

얼리즘 예술가로 공식 인정을 받았음에도 번번이 예술가조합으로부터 전시를 거부당한 사례도 있었다. 키츠는 수스터가 가장 좋아했던 스승으로서 타르투국립예술학교(National Art Institute of Tartu)의 교수였다. 일찍부터 자신 앞에 놓인 선택지가 많지 않음을 인식했던 그는 혁명운동을 주제로 한 작품들을 창작하여 사회주의 리얼리즘 예술가로서 공식적인 예술활동의 권리를 확보했다. 그러나 그의 작품은 인상주의적 흔적이 강하다는 이유로 번번이 예술가조합으로부터 전시를 거부당했다.

이러한 사례들은 소비에트 시기 발트 예술의 실상이 사회주의 리얼리즘과 비순응주의 예술이라는 두 범주로 환원되지 않는 복잡한 스펙트럼을 형성하고 있었음을 짐작게 한다. 소비에트 시기 발트 예술의 존재 방식은 체제에 직접적으로 저항하기보다, 위장, 은닉, 협상, 타협 등 다양한 방식으로 체제와 공존함으로써 예술의 생존 공간을 확보하는 것이었다. 이는 소비에트 지배가 고착되는 단계로서, 시대정신과 결합한 혁신적인 예술 그룹들을 중심으로 다양한 선언들이 제창되었던 1960~1970년대 에스토니아의 상황에서도 유사하게 발견된다.

3 소비에트 에스토니아의 실존적 내면

1) 1960년대의 아방가르드

1960년대는 개방과 낙관주의가 소련 전역의 장벽을 두드린 시기였다. 사실 소비에트의 문화정치는 스탈린의 죽음 직후인 1950년대 초부터 이미 변화하기 시작했다. 비록 소련공산당(CPSU)이 문화 영역에서 여전히 지도적 역할을 유지하고 있었지만, 소비에트 체제의 강압 통치에 대한 비판 속에서 소비에트는 물론 위성국가들에 대한 억압에도 서서히 변화가 일어나기 시작했다. 국제적으로도 1950년대 중반에 이르면 냉전이 고착되면서 긴장은 오히려 완화되고 있었다. '평화공존(Peaceful Coexistence)'이라는 슬로건 아래 '두 진영(Two Cams)', '일국사회주의(Socialism in One Country)' 원칙이 조정을 받았고, 서구와의 체제 경쟁이 강화되면서 소비에트의 문화적 주도권이 강조되기 시작했다. 흐루쇼프는 "서구 따라잡기(catch up with and overtake the West)"를 슬로건으로 내걸면서 과학기술 및 문화 영역에서 공격적인 정책을 추진했다. 협력과 경쟁이라는 변화된 냉전 지형에 발맞추어 소비에트의 문화정책에도 큰 변화가 일어났다. 소비에트 전역에 여행, 무역, 과학 및 문화 교류가 확대되었을 뿐 아니라 프랑스, 영국, 미국 등 서구와도 다양한 문화 관련 합의들이 조인되었다.

이 같은 문호 개방은 소비에트 예술계에 커다란 변화를 가져왔다. 특히 1956년 10월과 12월 모스크바와 레닌그라드에서 VOKS(All-Union Society for Cultural Relations with Foreign Countries)의 주도로 열린 피카소 전시회는 소비에트는 물론 위성국의 예술계에도 큰 충격을 주었다. 이 전시는 대흥행을 이루었으며, '해빙' 직후 개방에 대한 불확실성에 싸여있던 예술계에 소비에트 예술이 나아갈 방향에 대한 대토론을 불러일으켰다. 또한 1957년 7월 28일 모스크바에서 열린 제6차 세계청년학생축전(the Sixth World Festival of Youth and Students)도 소비에트 사회에 동시대 세계의 문화를 알리는 데 지대한 역할을 했다. 130개 국가에서 모여든 3,400명의 젊은이들의 낯선 복장과 자유로운 행동거지는 소비에트 젊은이들의 욕망의 지평을 크게 뒤흔들었다. 이 청년학생축전 기간에 전소련청년전시회(All-Union Youth Exhibition)와 순수/응용예술 국제전시회(International Exhibition of Fine and Applied Art)가 개최되었다. 이 일련의 파격적인 문화적 사건들 속에서, 예술창작의 단일한 방법론으로 군림해온 사회주의 리얼리즘과 그에 기반한

소비에트 예술의 완고한 동질성에 균열이 일어나기 시작했다.[17]

소비에트 전역에 불어오는 해빙의 바람 속에서 에스토니아의 예술 역시 '황금의 60년대(Golden Sixties)'를 맞게 된다. 모스크바와 레닌그라드의 넘실대는 활력은 율로 수스터나 올라프 마란(Olav Maran, 1933~) 등 에스토니아 초현실주의의 선구자들에 의해 신속하게 에스토니아 예술계에 전달되었다. 이들 세대에게 가장 중요한 사건은 역시 제6차 세계청년학생축전이었다. 이 축제에서 처음으로 추상주의 작품들이 전시되었을 뿐 아니라 잭슨 폴록(Jackson Pollok, 1912~1956)의 물방울 그림 같은 동시대 서구 예술의 실험정신이 소개되었다. 이 축제 이후 에스토니아의 젊은 예술가들은 기형적 이미지를 작품에 도입하기 시작했다. 마란은 1966년 자신의 초현실주의 작품들을 사회과학원 로비에 전시했을 뿐 아니라, 젊은 예술가들의 비교적 온건한 추상주의 작품들이 공식적인 전시회에 걸릴 수 있도록 예술가조합을 설득하기도 했다. 합법과 반(semi)합법의 한도 내에서 그는 젊은 예술가들의 추상주의 창작을 적극 독려했다. 올라프 마란의 이 같은 노력은 다음 세대인 앙크(ANK)그룹의 탄생에 중요한 기반이 되었다.

1960년대 에스토니아 예술은 초현실주의와 부조리가 결합한 실존주의적 성격이 강했다. 지리적으로 핀란드에 인접한 탓에 에스토니아는 비교적 일찍부터 바깥 세계와 연결된 창구를 지니고 있었다. 60년대 초부터 탈린과 북부 에스토니아에서는 핀란드의 텔레비전을 볼 수 있었고 핀란드, 특히 헬싱키와는 관광객이 상시적으로 왕래했다. 또한 폴란드, 헝가리, 체코슬로바키아에 여행을 다닐 수 있었고, 1968

17 Susan E. Reid, "(Socialist) Realism Unbound: The Effects of International Encounters on Soviet Art Practice and Discourse in the Khrushchev Thaw", Jérôme Bazin, et al. (eds.), *Art Beyond Borders: Artistic Exchange in Communist Europe, 1945~1989*(Central European University Press, 2016), pp. 271-282.

년 '프라하의 봄' 이전까지는 이들 지역에서 나오는 간행물을 구독할 수도 있었다. 이처럼 상대적으로 개방된 환경에서, 지식인들 사이에는 스탈린 시대에 금지되었던 서양의 서적들이 유통되었다. 사르트르, 카뮈, 하이데거, 아도르노, 하버마스, 마르쿠제, 가라우디(Roger Garaudy) 등 초현실주의와 실존주의를 비롯한 모더니즘 이론들이 지식인들의 손에서 손으로 전해졌다.

주목할 것은 동시대 서양의 아방가르드와 비교할 때 에스토니아의 실존주의와 초현실주의는 상대적으로 온건했다는 사실이다. 에스토니아의 아방가르드 예술가들은 직접적으로 사회나 정치적 담론을 다루기보다, 현실로부터 분리된 이미지와 형식에 치중함으로써 예술의 본질을 탐문하는 경향을 지녔다.[18] 또한, 1950년대 후반에 이르면, 사회주의 리얼리즘의 강제가 완화되면서 '온건 모더니즘(moderate modernism)'과 '러프 스타일(Rough Style)'이 공식적으로 인가를 받기 시작했다. 그중 형식의 질적 측면을 강조하는 '러프 스타일'의 등장은 소비에트 예술에서 사회주의 리얼리즘의 동질성의 파열을 알리는 신호였다.[19] 에스토니아 실존주의와 초현실주의 예술은 이처럼 정치적 도그마와 예술적 자율성 간의 타협과 협상의 공간이 열리는 가운데, 자연스럽게 자신의 영역을 확보할 수 있었다.

이러한 시대적 분위기 속에서 1960년대 에스토니아에는 세 개의 눈에 띄는 예술가 그룹이 형성되었다. 1964년 탈린에서 결성된 앙크(ANK), 1967년 타르투에서의 비사리드(Visarid), 그리고 1969년 탈린에서 만들어진 수프69(Soup'69)이다. 앙크는 에스토니아 아방가르드의

18 Anu Allas, "The Soviet Absurd: Estonian Art of the 1960s against the Backdrop of Existentialism", *Kunstiteaduslikke Uurimusi*, Vol. 19, No. 1-2(2010), pp. 68-71.

19 Andris Teikmanis, "Toward Models of Socialist Realism", *Baltic Journal of Art History*, No. 6(2013), pp. 112-115.

아버지 퇴니스 빈트(Tõnis Vint, 1942~)와 유리 아락(Jüri Arrak, 1936~)을 비롯한 열 명의 예술가로 구성되었다. 초현실주의 예술의 선구였던 율로 수스터와 올라프 마란의 상속자를 자칭한 퇴니스 빈트는 1960년대와 1970년대의 대표적인 활동가이자 동시대 예술가 그룹의 지도자였다. 탈린예술학교 학생 그룹으로 출발한 앙크는 사르트르, 이오네스코, 카뮈, 베케트 등 20세기 초현실주의와 실존주의, 부조리 문학에 깊은 관심을 가졌다. 또한 러시아 아방가르드 예술가와도 긴밀히 교류하면서 말레비치, 칸딘스키, 샤갈 등에 대한 강연을 열었고, 폴란드 여행을 조직하여 크라쿠프(Kraków) 국제그래픽비엔날레에 참여하기도 했다. 앙크는 비주얼 아트 및 전위음악과도 상호 교류하는 등 예술의 장벽을 깨는 데 지대한 역할을 했다.

앙크가 탈린예술학교를 거점으로 조직된 학생그룹이라면, 비사리드는 타르투대학 아트 스튜디오에서 결성되었다. 느슨하게 결성된 이 조직의 공식적인 명목은 미래의 교사들에게 예술의 기술을 전수하는 것이었다. 그러나 실상 비사리드는 다양한 학과의 학생들이 모여 논쟁하는 토론장이었다. 비사리드의 이론적 지도자는 칼료 폴루(Kaljo Põllu, 1934~2010)였다. 1962년 탈린 예술학교를 졸업한 폴루는 타르투대학 예술 스튜디오에서 교편을 잡으면서 타르투 학생들의 정신적 지도자로 부상했다. 그의 영향력은 예술 전공 학생들뿐 아니라, 문학, 언어, 역사, 과학 등 비예술 분과의 학생들까지 아울렀다. 폴루의 리더십 아래 비사리드는 동시대 서구의 문학과 철학, 예술 사조의 서적을 출판하고 전시 조직과 세미나를 통해 옵 아트(op art)와 팝 아트(pop art)를 에스토니아에 확산하는 데 크게 공헌했다. 앙크가 모스크바와 연결되어 있었다면, 비사리드는 서구와 더 많이 접촉했다. 체코, 폴란드, 헝가리, 핀란드로부터 수집된 다양한 외국 출판물들이 비사리드를 통해 출판되었다. 이 인쇄물들은 비공식적인 것이었지만 불법은 아니었다. 50부 이하로 찍어내는 것은 문화부의 승인 없이 가능했기 때문에, 비사리드의 출판 활동은 검열을 피할 수 있었던 것이다.

1969년에 결정된 수프69는 안도 케스큘라(Ando Keskkula), 레오나르드 라핀(Leonhard Lapin, 1947~), 안드레스 톨츠(Andres Tolts)를 중심으로 한다. 케스큘라와 톨츠는 디자인과 학생이었고 라핀은 건축 전공자였다. 수프69는 탈린의 작가, 예술가, 건축가, 음악가, 배우들이 모이는 장소였던 카페 페가수스(Pegasus Café)에서 출범했다. 출범 전시회에 걸린 라핀의 그림 'Andy Worhol's Open Soup-Can'이 보여주듯, 워홀을 비롯한 미국 팝 아트가 수프69의 영감의 주요한 원천이었다.[20]

〈그림 5-3〉 레오나르드 라핀의 수프69 포스터
출처: http://tranzit.org/exhibitionarchive/tag/lapin-leonhard/

전체적으로 1960년대 에스토니아 예술은 실존주의와 부조리, 초현실주의, 팝 아트가 에스토니아 고유의 문화 전통과 적절하게 뒤섞인 것이라 할 수 있다. 예술적 경향으로 보면 시기적으로 먼저 결성된 앙크가 뒤에 나온 비사리드나 수프69 그룹보다 더 낙관적이었고 작품도

20 Sepp, *op. cit.*, pp. 66-81.

덜 복잡했다. 앙크에 수용되었던 온건 모더니즘은 비사리드와 수프69로 가면서 사라져 갔고 한층 더 실험적인 경향으로 대체되었다.[21]

2) 1970년대의 앙가주망

1960년대가 개혁과 개방으로 인한 희망과 낙관의 시대였다면, 1970년대는 '프라하의 봄' 이후 좌절과 환멸이 밀려드는 반동의 시대였다. 이 시기에 오면 구상주의나 미니멀리즘(minimalism) 등 서구의 추상주의 예술과 팝 아트의 영향은 급격히 약화된다. 1970년대의 변화에 대해 이제까지 예술계는 60년대의 진보적 이념이 포기되고 20세기 초 에스토니아 예술의 형이상학적 경향으로 퇴보했다는 해석이 주류를 이루어 왔다.[22] 그런데 최근 들어 에스토니아에서는 1970년대 예술을 새롭게 보는 시각이 등장하고 있다. 이 새로운 시각에 의해 특히 주목받게 된 것이 수프69의 멤버인 레오나르드 라핀이 이끈 하르쿠'75(Harku'75)와 '객관적 예술(Objective Art)'이라는 기치였다.

하르쿠'75는 1975년 12월 탈린에 인접한 하르쿠에서 열린 심포지엄을 겸한 전시였다. 이 자리에서 라핀은 '객관적 예술'이라는 말로 1970년대 에스토니아 예술의 방향을 선언했다. 라핀에 의하면, '객관적 예술'이란 20세기 후반에 가속화된 산업화와 도시화에 대한 화답이다. 그는 새로운 예술은 변화한 환경을 재현하는 것이 아니라 적극적으로 환경에 개입해 들어가야 한다고 믿었다. 1960년대 에스토니아 예술이 보였던 비정치적 경향을 "서정적-낭만적 예술"이라 비판하면서, 그는 새로운 예술은 기술과 산업 발전으로 인해 진화하는 인공적

---

21 Allas, *op. cit.*, p. 71.

22 Mari Laanemets, "Avant-garde Construction: Leonhard Lapin and His Concept of Objective Art", Jérôme Bazin, *op. cit.*, p. 225.

〈그림 5-4〉 하르쿠'75 전시회
http://tranzit.org/exhibitionarchive/event-harku-75-objects-concepts/harku-75-2/

환경에 대해 주관적 감정을 표현하는 데 그칠 것이 아니라 이성적으로 개입하고 나아가 새로운 환경의 건설에 참여해야 한다고 주장했다.

예술의 적극적인 사회참여를 주장하는 하르쿠 그룹의 선언은 예술의 자율성과 미적 가치 속으로 파고들었던 1960년대의 예술과 대조되는 것이었다. 그런데 이들이 주장하는 '사회 참여'는 역설성을 지닌다. 일반적으로 문학과 예술에서 '참여(engagement)'라고 하면, 그 사회나 체제에 대한 비판과 저항을 적극적으로 표현하는 것을 뜻한다. 그러나 하르쿠 그룹이 내세운 예술의 사회참여는 소비에트 체제에 대한 비판이나 저항이라기보다, 오히려 체제가 선전하는 사회주의적 근대성(modernity)에 대한 적극적인 화답이었다. 냉전시대의 체제 경쟁 속에서, 산업화와 기계화는 모두에게 더 나은 삶과 복지를 약속하는 소비에트의 유토피아적 이데올로기였다. 물론 라핀과 하르쿠 그룹은 이를 잘 알고 있었다. 그러면서도 이들은 소비에트의 근대를 거부하기보다, 산업화와 기계화에 예술이 적극 개입함으로써 관료적 사회주의가 만들어 내는 죽은 공간 안에 창조적 놀이의 가능성을 만들어 내야 한다고 생각했다.[23] 다시 말해, 하르쿠 그룹의 '참여'는 소비에트 체제의 근대화 이념에 대한 적극적인 개입을 통해 소비에트 관료화에 대한 저항의 공간을 만들어 내는 역설적인 기획이었던 것이다.

1970년대 브레즈네프 시대는 전반적으로 침체의 시기였다. 앞 시대의 변화와 개혁에 대한 희망이 좌절되면서, 사람들은 점차 공적이고 정치적인 영역에서 물러나 차를 사고 여름 별장을 짓는 등 체제 안에서 작은 행복을 찾는 소시민주의로 침잠해 들어갔다. 1975년 헬싱키 선언에서 선포된 데탕트 역시 발트 사람들에게는 소비에트 점령의 합법화로 받아들여졌다. 예술에서도 비공식 영역이 공식 영역으로 투항해 들어가면서 그렇지 않아도 모호했던 양자 간의 거리는 더욱 좁혀졌다. 라핀의 하르쿠 선언은 바로 이러한 시대, 소비에트 체제에 대한 저항과 참여가 역설적 일치를 이루는 기묘한 장면을 보여준다. 그는 예술의 저항성이 체제에 대한 '고고한 거절(elegant refusal)'에 있는 것이 아니라 오히려 건설적인 참여에 있다고 보았다.

같은 맥락에서 1960년대 전위예술이 열광했던 팝 아트에 대해서도 수정과 보완이 가해졌다. 소비에트의 현실을 체제 밖에서 조롱하고 패러디하는 팝 아트로는 예술의 저항/참여의 역할을 다할 수 없었기 때문이다. 라핀이 볼 때, 공식적 영역 바깥에 독자적인 비공식 예술의 영역이 있다는 60년대 예술가들의 믿음은 이상주의적 환상에 불과한 것이었다. 라핀과 하르쿠 그룹이 추구한 것은 체제 내부의, 예술의 자성적인 입지였던 것이다.[24]

---

23 Andres Kurg, "Introduction to Leonhard Lapin's "Objective Art"", *ARTMargins*, No. 2(June 2013), pp. 164-169.

4
사회주의 유산과 탈사회주의화

이상으로 살펴본 1960~70년대 에스토니아 예술의 주요한 장면들은 소비에트 시대를 살았던 에스토니아인들의 삶과 정신의 흔적을 암시적으로 보여준다. 냉전체제가 굳어지고 소련으로부터의 독립을 사실상 희망하기 어려웠던 상황에서, 발트해에 위치한 약소국의 지식인들은 소비에트 체제 안에서 체제와 함께 살아가는 방법을 모색해야 했다. 에스토니아의 문학과 예술에 초현실주의와 실존주의적 성격이 강했던 것은, 물론 오랜 북유럽과 서유럽 문화의 영향도 있겠지만, 소비에트라는 외부로부터 강제적으로 주어진 현실 안에서 자기 존재의 자리를 찾으려는 내면적 고투의 표현이기도 했다.

이 같은 실존주의적 색채는 소비에트 시기 발트의 예술을 체제에 대한 저항 아니면 순응이라는 이분법으로 나누는 것의 어려움을 다시 한 번 확인해 준다. 분명 앙크, 비사리드, 수프69와 같은 전위적 그룹들의 활동은 서구 자본주의 세계와의 교류의 문이 열렸던 1960년대의 개방적이고 낙관적인 시대적 흐름을 배경으로 하여, 당시 서구예술에 충일했던 저항정신의 물결이 소비에트 진영에 흘러들어온 결과였다. 그러나 서구 지식인들이 기대하는 것처럼, 그런 물결이 에스토니아에 직접적인 반체제운동을 불러일으킨 것은 아니었다. 에스토니아의 지식계에서 서구 뉴 레프트의 영향은 체제와의 싸움을 포기하고 사적 영역으로 침잠하는 '비정치적 착시(apolitical oping-out)'의 태도를 취하

24 Laanemets, *op. cit.*, pp. 236-237.

거나 아예 체 게바라(Che Guevara) 같은 혁명의 순수성과 영구성의 아이콘을 숭배하는 울트라 좌파(ultra-leftist)의 형태로 드러났다.[25] 60년대 전위그룹들의 예술적 실험을 향한 열망과 70년대 하르쿠 그룹의 앙가주망의 선언은 당시 전 지구를 휩쓸었던 저항 정신이 에스토니아의 토양에서 변용과 굴절을 거쳐 드러나는 한 방식으로서, 그것은 소비에트 체제 내에서 예술의 존재 방식에 대한 치열한 실존적 고민의 결과였다.

에스토니아 예술의 실존주의적 고뇌의 흔적은 오늘날 에스토니아에서 소비에트란 무엇인가라는 문제를 되돌아보게 한다. 실존주의란 주어진 현실과 자아와의 근원적인 불일치가 발생하는 상황에서 비롯된다. 그러면서도 그것은 현실에 대한 일방적 거절이나 직접적인 반항은 아니다. 실존주의는 현실과 자아 사이의 불일치를 자신의 존재의 문제로 내면화함으로써만 성립할 수 있기 때문이다. 그렇다면, 어떤 의미에서, 에스토니아 예술의 실존주의는 소비에트라는 바깥에서 주어진 현실이 이미 에스토니아에 내재화되어 있음을 반증한다. 그 점에서 과연 에스토니아의 정체성 담론에서 소비에트 시기를 배제하거나 지워버리는 것이 현실적으로 가능한가라는 의문을 피하기 어려운 것이다.

이러한 맥락에서, 소비에트 시기를 정체성의 일부로 받아들임으로써 발트의 혼종성을 강조하는 소비에트 콜로니얼리즘의 관점은 시사하는 바가 크다. 독립 이후 에스토니아의 정치적 서사들은 소비에트 시기를 애초에 자신이 속해 있던 유럽적 정체성의 훼손으로 보고 1991년의 독립을 원래 상태의 회복으로 간주하고자 했다.[26] 소비에트

25 Rein Taagepera, "The Impact on the New Left on Estonia", *East European Quarterly*, Vol. 10, No. 1(January 1976), pp. 43-51.

과거를 지워버리는 이러한 논리는 50년에 달하는 소비에트 경험을 아예 분석의 대상에서 제외해 버린다. 그러나 에스토니아 예술이 보여주는 실존적 고뇌와 실험적 열망은 소비에트 시기 사회주의의 경험이 이들의 정신적·문화적 유산으로 이미 자리 잡고 있음을 말해준다. 그렇다면, 어떻게 사회주의 유산을 자신의 존재의 일부로서 받아들이면서 탈사회주의화를 추진할 수 있을까? 이는 발트뿐 아니라, 냉전에서 탈냉전으로 전환하는 거대한 시대의 변곡점에서 체제전환이라는 파란을 거쳐온 국가들이 직면한 중대한 역설적 과제이다.

26 Jaak Kangilasky, "Postcolonial Theory as a Means to Understand Estonian Art History", *Journal of Baltic Studies*, Vol. 47, No. 1 (January 2016), pp. 43-44.

| 참고문헌 |

Allas, Anu. 2010. "The Soviet Absurd: Estonian Art of the 1960s against the Backdrop of Existentialism". *Kunstiteaduslikke Uurimusi*, Vol. 19, No. 1-2, pp. 68-71.

Annus, Epp. 2012. "The Problem of Soviet Colonialism in the Baltics". *Journal of Baltic Studies*, Vol. 43, No. 1(March), pp. 21-45.

Bazin, Jérôme, Pascal Dubourg Glatigny, & Piotrowski (eds.). 2015. *Art Beyond Borders: Artistic Exchange in Communist Europe, 1945~1989*. Central European University Press.

Erjave, Aleš (ed.). 2003. *Postmodernism and the Postsocialist Condition: Politicized Art Under Late Socialism*. University of California Press.

Forgacs, Eva. 2003. "How the New Left Invented East-European Art". *Centropa*, Vol. 3, No. 2(May), pp. 93-104.

Kangilasky, Jaak. 2016. "Postcolonial Theory as a Means to Understand Estonian Art History". *Journal of Baltic Studies*, Vol. 47, No. 1(January), pp. 31-47.

Kurg, Andres. 2013. "Introduction to Leonhard Lapin's "Objective Art"". *ARTMargins*, Vol. 2, No. 2(June), pp. 163-171.

Mudrak, Myroslava M. 1999. "Russian Artistic Modernism and the West: Collectors, Collections, Exhibitions, and Artists". *The Russian Review*, Vol. 58, No. 3(July), pp. 467-481.

O'connor, Kevin. 2006. *Culture and Customs of the Baltic States*. Greenwood Press (Kindle version).

Onken, Eva-Clarita. 2010. "Memory and Democratic Pluralism in the Baltic States: Rethinking the Relationship". *Journal of Baltic Studies*, Vol. 41, No. 3(September), pp. 277-294.

Purs, Aldis. 2012. *Baltic Facades: Estonia, Latvia and Lithuania Since 1945*. Reaktion

Books Ltd.

Rosenfeld, Alla & Norton T. Dodge (ed.). 2002. *Art of the Baltics: The Struggle for Freedom of Artistic Expression under the Soviets, 1945~1991*. Rutgers University Press & Jimmerli Art Meseum.

Taagepera, Rein. 1976. “The Impact on the New Left on Estonia”. *East European Quarterly*, Vol. 10, No. 1(January), pp. 43-51.

Teikmanis, Andris. 2013. “Toward Models of Socialist Realism”. *Baltic Journal of Art History*, No. 6, pp. 99-123.

Tifentale, Alise. 2011. “We from Nowhere and Our Art”. *Studija*, Vol. 81, No. 6 (December/January), pp. 58-65.

Vardys, Stanley V. 1969. “The Partisan Movement in Postwar Lithuania”. *LITUANUS*, Vol. 15, No. 1(Spring), pp. 1-15.

Vardys, Stanley V. 1982. “The Nature and Philosophy of Baltic Dissent: A Comparative Perspective”. *Nationalities Papers*, Vol. 10, No. 2(September), pp. 121-136.

제6장

발트의 민주화와 인민전선의 역할

김병로
(서울대학교 통일평화연구원 HK교수)

1

발트의 길 위에 서다

2016년 7월 말, 한반도의 열대야를 뒤로하고 듣기만 해도 서늘한 북유럽 발트3국으로 답사를 떠났다. 탈사회주의 체제전환 연구를 위해 과거 사회주의를 경험했던 나라들을 견학해 보자는 취지였다. 사실 나는 에스토니아 수도 탈린에 첫발을 내딛기 전까지 발트3국에 대해 거의 아는 바가 없었다. 과거 소비에트연방을 구성하던 15개 공화국으로 존재하다가 탈사회주의 혁명시기에 독립한 나라이고, 소련 해체 후에는 독립국가연합(Commonwealth of Independent States; CIS)에도 참여하지 않은 구소련과는 역사적, 문화적 전통이 다른 나라 정도로 짐작할 뿐이었다.

그러고 보니 소련 공산주의가 붕괴하던 시기 소연방을 구성하던 15개 공화국에서 무슨 일이 어떻게 벌어졌는지 관심을 갖지 못했다. 오히려 소련 바깥의 위성국으로 존재하던 폴란드, 체코, 헝가리, 유고슬라비아 나라들에 대해서는 방문할 기회도 있었고 자료를 볼 기회도 있었으나 정작 사회주의 종주국 소연방의 붕괴에 대해서는 깜깜했다. 이론적으로야 사회주의 체제가 붕괴되고 정치, 경제, 사회 전반에 걸쳐 민주화와 시장화, 개방화로 변화가 진행되었다는 사실을 익히 들었고 그 과정에서 구체제의 기득권 세력이 개혁개방의 수혜를 독점함으로써 다시 부를 획득했다는 내용들은 교과서처럼 알고 있었다. 그러나 혹독한 공산통치 아래에 살던 사람들이 그토록 염원했던 자유를 향한 갈망과 숨결에 눈을 돌리지는 못했다.

에스토니아의 수도 탈린 '자유의 광장(Freedom Square)'에 들어섰을 때 주위에 조성된 기념비를 보면서 비로소 탈사회주의 혁명 당시

〈그림 6-1〉 탈린 자유의 광장에 있는 독립전쟁기념비

의 분위기를 느낄 수 있었다. 1918~1920년 구소련과의 독립전쟁에서 죽은 사람들을 추모하는 독립전쟁기념비였다. 조금 둔탁하면서 스산한 느낌을 준 이 기념비는 비장함이 묻어 있어 가벼운 마음으로 지나칠 수 없었다. 그 기념비 위쪽으로 언덕이 조성되어 있었는데, '발트의 길(the Baltic Way)'이 그곳에서 시작되었음을 알리는 발자국 동판이 거기에 새겨져 있었다. 우리는 그 언덕 카페에서 차를 마시며 27년 전 그곳에 있었던 장면을 떠올렸다. 발트3국 어디를 가도 쉽게 볼 수 있는, 그리고 자랑을 아끼지 않는 '발트의 길'에 대한 추억이다.

탈사회주의 혁명의 기운이 꿈틀거리던 1989년 8월 23일 수요일, 발트3국 민주화를 상징하는 역사적 시위가 이곳에서 있었다. 에스토니아 수도 탈린 자유의 광장에서부터 라트비아 리가를 지나, 리투아니아 빌뉴스의 바실리카 성당 앞까지 620킬로미터를 200만 명이나 되는 사람들이 인간사슬(human chain)을 만들어 길게 늘어선 것이다. 이 세 나라 인구를 모두 합쳐도 600만밖에 되지 않은 이곳에서 전 인구의

30%가 길거리로 나왔으니 움직일 수 있는 사람들은 거의 모두 이 행사에 참여했다는 말이 된다. 이날은 바로 1939년 소련과 독일이 체결한 몰로토프-리벤트로프조약(독·소불가침 조약) 50주년 기념일이었다. 이 조약으로 독일과 소련의 세력권 분할이 확정되어 이듬해인 1940년 발트3국은 소련에 병합되었다. 이러한 치욕의 기억을 갖고 있던 발트3국 국민들은 그로부터 50년이 지난 이날 소련의 굴레에서 벗어나 새로운 나라를 만들고자 하는 열망을 뿜어냈다. 길게 늘어선 사람들의 행렬 위로 지나가는 헬리콥터가 꽃송이를 뿌려주며 격려하는 장면은 다시 보아도 정말 장관이다.

인터넷이나 모바일 정보통신 수단이 없고 자가용도 그리 많지 않은 당시로서는 그 많은 사람들이 세 나라에 걸쳐 인간띠를 만든다는 것은 상상하기 어려운 일이었다. 아침부터 버스를 타거나 차량을 타고 길을 나섰고 트럭들도 주민들을 실어 날랐다. 저녁 7시를 시점으로 전역에 1분간 일제히 종이 울리고 세 나라 국민들은 '자유'라는 구호를 외치며 '나의 조국, 나의 사랑'이라는 노래를 합창하였다. 방송에서는 "우리의 목표는 자유다…. 세 나라 발트의 세 자매들이여 자유를 위한 희망으로 바닷길은 열렸도다 일어나라 발트국가여!"라는 노래를 내보냈다. 세계 여러 나라의 취재 비행기와 헬리콥터가 이 인간띠 광경을 사진으로 찍어 전송했다. 전 세계를 깜짝 놀라게 한 이 '발트의 길' 장면은 인류사에서 몸으로 이어낸 가장 긴 인간사슬로 2009년 세계문화유산에 등재되었다.

한반도에서 민주화의 열망이 분출하던 1980년대 후반 북유럽 이곳에서도 자유를 향한 갈망이 솟구쳤다고 생각하니 흥미롭기도 하고 뭔가 동질감이 느껴졌다. 이곳에서도 우리와 같은 시기에 독재와 억압으로부터 자유와 민주를 향한 투쟁과 갈망이 있었다니! 8·15광복과 같은 느낌이었을까, 아니면 6월 민주화 항쟁이나 2002년 한일월드컵,

〈그림 6-2〉 1989년 8월 23일 '발트의 길' 장면

아니면 촛불집회 같았을까 여러 상상을 해보았다. 사회주의 국가에서만이 아니라 제3세계에서도 자유와 민주를 향한 목마름이 지구의 다른 쪽에서 동일하게 있었다는 사실이 새삼스러웠다.

자유의 광장 언덕에 서서 저 멀리 리가와 빌뉴스까지 이어졌을 '발트의 길'을 다시 상상해 보았다. 어떻게 이러한 일이 가능했을까? 소련 공산당이 버젓이 살아 있고 정보통치도 아직은 작동하고 있었을 텐데 누가 어떻게 이런 이벤트를 구상하고 추진했을까 자못 궁금해졌다. 이 질문에 해답을 줄 수 있는 단초가 바로 탈린 자유의 광장 아래쪽에 있었다. 자유의 광장에서 바로 지하로 이어져 있는 에스토니아인민전선박물관이 그곳이다.[1] 우리가 도착한 날이 아쉽게도 휴관일이어서 직접 안으로 들어가 볼 수는 없었으나 전시관 건물이 유리로 되어서 내부에 전시된 사진과 기념물들을 조금이나마 볼 수 있었다. 그리고 조금 떨어져 있는 에스토니아국립박물관에서 '인민전선(Popular

1 에스토니아인민전선박물관 사이트 주소는 다음과 같다. https://www.visittallinn.ee/eng/visitor/see-do/sightseeing/pid-178141/museum-of-the-popular-front.

Front)'에 관한 설명을 자세히 들을 수 있었다.

발트3국의 독립과 민주화 과정에서 빼놓을 수 없는 스토리가 바로 인민전선이다. 1980년대 후반 소련 공산주의 체제가 흔들리는 와중에 자유를 향한 발트3국 국민들의 열망을 결집하며 민주화 운동을 이끌어 1991년 마침내 독립을 쟁취해 낸 주체가 바로 인민전선이었다. '발트의 길'을 구상하고 주도한 것도 세 나라의 민주화를 지휘하던 인민전선이었다. 에스토니아와 라트비아의 인민전선, 리투아니아의 사유디스는 서로 연대하면서 각 나라의 독립과 민주화를 이끌어 냈다.

이런 점에서 인민전선이 발트3국 국민들의 다양한 요구를 어떻게 통합하면서 거대한 공산정권에 맞서 혁명역량을 결집해 나갔는가를 살펴보려 한다. 또한 그처럼 엄청난 지지를 받으며 정권을 장악한 인민전선이 집권 이후 불과 1~2년 사이에 인민들의 지지를 완전히 상실한 대목도 흥미로운 부분이다. 혁명 이후 인민전선이 어떻게 생존하고 있는지에 대한 의문도 풀어보고자 한다.

2 에스토니아인민전선의 활동

1) 에스토니아전통수호회, MRP-AEG의 인광개발 반대와 희생자 추모 시위

발트3국에 인민전선이 들어서게 된 과정을 이해하려면 1980년대 소련 공산주의 상황에 대한 이해가 필요하다. 1980년대 중반 소련 공산주의 체제는 아직 제국의 힘이 강력히 작용하였다. 비록 아프가니스탄 전쟁에서 실패하고 폴란드 솔리다리티 운동과 중부유럽 및 동유럽 위성국가들에 대한 통제가 조금 약화되기는 하였으나, 어떤 국가도 거대 제국 소련에 감히 도전할 엄두를 내지 못하고 있던 때였다. 훗날 인민

〈그림 6-3〉 탈린 자유의 광장 아래쪽에 있는 에스토니아인민전선 박물관 입구

전선의 지도자 중 한 사람이 된 마르트 라르(Mart Laar)는 당시 에스토니아의 상황은 조지 오웰의 소설 『1984년』 그대로였다고 회고한다.[2] 모든 것이 소련에 의해 통제되었고 소련군대의 무자비한 진압은 공포 그 자체였다. 이러한 기세에 눌려 대부분의 대학생들은 사회주의 이념에 충실하며 마르크스-레닌주의 노선을 따르지 않을 수 없었다.

그러나 공산주의 체제는 이미 많은 문제를 안고 있었다. 당시 에스토니아 대학가는 미국의 레이건 대통령과 철의 여인으로 불리는 영국의 대처 수상을 대단한 인물로 생각하였다. 소련군 장교가 되려는 학생들은 월요일마다 모스크바에서 파견된 장교가 가르치는 필수과목을 들어야 했는데, 그때 미국 레이건 대통령이 추진하던 '스타워즈' 정책이 청년들에게 엄청난 공포감을 주었기 때문이다.[3] 이러한 위기의식 속에 사회주의를 지키고 제국을 유지하려면 이에 걸맞는 개혁이 이루어져야 한다는 것을 직감했다. 고르바초프의 등장은 바로 이러한 위기의식과 필요성 때

2 Mart Laar, "The Restoration of Independence in Estonia", Jean-Jacques Subrenat (ed.), *Estonia: Identity and Independence* (Rodopi, 2004), p. 255.

3 *Ibid.*, p. 226.

문이었다. 그리고 1985년 4월 고르바초프의 등장은 모든 것을 바꾸어 놓았다.

소련공산당 중앙위 총서기가 된 고르바초프는 사회주의의 당면한 경제문제를 해결하기 위해 '재건'을 의미하는 페레스트로이카(perestroika)를 선언하였다. 즉 국가계획 지분을 줄이는 대신 공장에서는 각자 생산계획을 세우고 무역과 농업에서는 사적 부문을 활성화하는 조치였다. 그뿐 아니라 표현의 자유와 정치사회적 비판, 사회활동을 허용하는 개방정책, 즉 글라스노스트(glasnost)를 단행하였다. 그러자 점차 소련의 통제에 대한 비판이 늘어났고 발트3국의 언어와 문화에 대한 관심이 높아졌다.

〈그림 6-4〉 에스토니아인민전선 박물관 입구의 안내표지판

이에 고무된 청년들은 정부의 반대에도 불구하고 1986년 탈린 인근의 쥐리(Juri)에 모여 에스토니아 국민의 역사적 기억을 회복하려는 목적으로 '에스토니아전통수호회(Estonian Heritage Conservation Society; EHCS)'를 결성하였다. 여기에 참여했던 많은 젊은이들이 훗날 에스토니아의 정치지도자가 되며 특히 에스토니아기독민주당 지도자로 활동한다. 1987년 4월과 5월에는 비루마에 있는 인광산 건설을 반대하는 시위가 발생하였다. 그간 비밀리에 진행되던 계획이 폭로됨으로써 시위가 잇따랐고 학생들을 비롯하여 작가와 음악가들이 대거 참여하였다. 훗날 교육부 장관이 된 토니 루카스(Tonis Lukas) 교수는 타르투 시청에 인광산 개발을 반대하는 현수막을 걸었다는 이유로 해임 위기에 직면하기도 하였다.[4] 뒤에서도 설명하겠지만 발트3국에서 민주화의 첫 움직임이 환경운동으로 촉발되었다는 것은 매우 흥미롭다.[5] 당

시 환경운동을 표방한 녹색당은 러시아 군대 철수 등을 주요 활동 아젠다로 설정하고 있어서 민족주의 운동과 깊이 연결되어 있었다.[6] 그러나 시위자들이 환경생태문제를 들고 나오는 상황에서 시위대를 진압할 명분이 마땅치 않았다.

1987년 8월 15일, 1979년부터 숨죽이며 활동하던 반체제 인사들이 공개적인 활동을 시작했다. 반체제 인사 티트 메디슨(Tiit Madisson)의 주도로 몰로토프-리벤트로프 조약 폭로 에스토니아그룹(The Estonian Group for the Disclosure of the Molotov-Ribbentrop Pact, MRP-AEG)을 결성한 것이다. MRP-AEG는 8월 23일 '독·소조약' 48주년 기념일에 맞추어 탈린시청광장에서부터 올드타운 경계의 사슴공원(Hirvepark)까지 행진하는 대규모 시위를 조직하였다. 일명 사슴공원모임으로 알려진 이 시위에 수천 명이 참여하였고 이 모임의 주모자로 지목된 메디슨은 체포되어 에스토니아에서 추방당하였다. 1987년 9월에는 에드가 사비사르(Edgar Savisaar)와 심 칼라스, 팃 마데, 믹 팃마 등이 제안한 '에스토니아자치(Isemajandav Eesti)' 방안이 『에다시(*Edasi*)』 신문에 게재되었는데 에스토니아어 약자로 기적을 뜻하는 IME로 회자되면서 큰 반향을 일으켰다. 10월 21일에는 1918~1920년 독립전쟁에서 희생된 인사들을 추모하는 시위가 무력충돌로 이어지기도 했다. 1988년 2월 2일 에스토니아와 러시아 간 체결된 타르투평화조약 69주년 기념일에 MRP-AEG가 주도하는 시위가 발생하여 특수부대에 의해 많은 사람들이 체포되었고, 2월 24일 독립기념일에도 1948년 3월 추방자들을 기념하는 집회가 열렸다. 이러한 상황이 진전되자 예술인

---

4 *Ibid.*, p. 228.

5 Andres Kasekamp, *A History of the Baltic States* (Palgrave MacMillan, 2010), p. 161-162.

6 Anatol Lieven, *The Baltic Revolution: Estonia, Latvia, Lithuania and the Path to Independence* (Yale University Press, 1993) p. 220.

들과 지식인이 적극적으로 행동하기 시작했다.

2) 인민전선과 노래혁명

에스토니아인민전선(Popular Front of Estonia)이 등장한 것은 바로 이때였다. 급진적인 시위와 무력충돌로 혼란이 조성된 가운데 1988년 4월 13일 정치가 에드가 사비사르와 마르주 로리스틴(Marju Lauristin)은 에스토니아 국민들의 열망을 결집할 수 있는 플랫폼으로 인민전선 결성을 제안하였다.[7] 에스토니아 여러 곳에서 독립을 요구하는 반체제 인사들의 활동과 대학생들의 시위가 잇따라 발생하는 시기에 사비사르는 TV 프로그램에 출연하여 고르바초프의 페레스트로이카를 지지하는 인민전선 결성을 제안한다. 그리고 인민전선 본부가 즉시 그 TV방송국 스튜디오에 설치되었다.[8] 이 소식은 며칠 뒤 타르투에 전해져 전국으로 확산되었고 국경을 넘어 라트비아, 리투아니아에도 퍼져나갔다. 발트 민주화의 역사는 이렇게 시작되었다.

사실 사비사르가 에스토니아인민전선을 처음 제안할 때에는 고르바초프의 페레스트로이카를 적극 지지한다는 의미에서 출발하였다. 고르바초프의 페레스트로이카를 지지하여 에스토니아에서도 개혁과 변화를 추진할 수 있는 기구가 필요함을 주장한 것이다. 그것은 인민전선의 첫 공식명칭이 '페레스트로이카를 지지하는 인민전선(Popular Front in Support of Perestroika)'이라는 데서도 여실이 드러난다. 철저히 몸을 낮추고 기존 제도의 틀을 지키면서 변화를 추구하려는 온건주의

7 당시 사비사르는 국가계획위원회 위원장을 역임한 바 있었고, 로리스틴은 소비에트에스토니아 창설자의 한 사람이자 독일에 의해 1941년 살해된 요하네스 로리스틴의 딸로 온건 반체제 저널리스트였다.

8 "Estonia's return to independence 1987~1991". http://estonia.eu/about-estonia/history/estonias-return-to-independence-19871991.html (검색일: 2016.12.17).

〈그림 6-5〉 에스토니아 인민 전선의 주도자 에드가 사비사르(좌), 인민전선 지도자 마르주 로리스틴(우)

노선을 엿볼 수 있는 대목이다. 만약 고르바초프의 주도적인 개혁정책이 발표되지 않았다면 에스토니아인민전선이 과연 결성되었겠는가 하는 의문도 가져본다. 물론 인민전선의 이러한 온건한 역할이 없었다면 민주화의 열기가 폭발적 방식으로 분출되었겠지만 말이다.

인민전선은 이후 에스토니아 민주화의 중심기관이 되었다. 6개월 후인 10월 1일 약 6만 명의 회원이 참여하는 대중적인 정치조직으로 변신하였다. 인민전선 창당을 주도한 사비사르, 로리스틴 등은 에스토니아 사회를 충실히 이끌고 가던 제도권 인물들이었다. 따라서 독립이나 소련으로부터의 단절과 같은 급진노선을 추구하지 않고 고르바초프가 주창한 개혁에 동참하여 에스토니아의 경제적, 정치적 자치를 모색하였다. 이렇게 하여 개혁공산주의자에서부터 환경운동가까지, 온건민족주의자에서부터 경제개혁론자까지 모든 사람들이 참여할 수 있는 플렛폼이 인민전선을 중심으로 마련되었다.

인민전선이 활동을 시작한 1988년 4월부터 에스토니아 민주화운동은 탄력을 받기 시작했다. 에스토니아에서는 민족부흥기인 1869년부터 5년마다 음악축제가 개최되었는데 이 음악축제에 에스토니아 민족감정을 일깨우는 노래와 상징이 등장하였다. 1988년 4월 14일 타르투에서 열린 노래축제에 1만 명이 참여하는 성황을 이루었고 48년 동안 불법으로 간주되던 3색 국기가 등장했다. 5월 14일에는 타르투 팝 음악축제에 국민감정을 표현하는 노래가 처음 등장하였다. 이러한 분위기 속에서 인민전선은 6월 17일 탈린의 노래축제(Song Festival Grounds)를 주도하였다. 이 노래축제에 올드타운 축제 참가자들까지 합류함으로써 10만 명이 넘는 대규모 행사가 되었다. 축제에 참여한 시민들은 당시 금지되어 있던 국가상징의 노래와 찬송가를 에스토니아 록음악으로 부르기 시작했으며 에스토니아 국기도 내걸겠다고 요구했다. 인민전선은 무척 당황하며 자제를 요청했으나 결국 시민들의 힘에 밀려 국기 사용을 허락하였다. 6월 23일 최고소비에트위원회도 에스토니아 국기 사용을 허락하기에 이르렀다.

시간이 흐를수록 노래를 통한 민족각성은 고양되었다. 1988년 여름에는 '에스토니아전통수호회'가 소련 점령 기간에 에스토니아에 가해진 공산당의 테러 관련 서류를 공개함으로써 주민들의 공분을 일으켰다. 그러던 차에 1988년 8월 26~28일 여름록음악축제에 또 다시 애국적인 가요들이 불렸고 9월 11일에는 에스토니아 인구의 4분의 1이 넘는 30만 명이 운집하는 상황으로 발전하였다. 노래축제의 공간을 통해 확산된 발트3국의 탈사회주의 민주화 운동을 에스토니아 활동가이자 음악가인 하인츠 발크(Heinz Valk)는 노래혁명(Singing Revolution)이라 불렀다. 이후 노래혁명은 발트3국의 탈사회주의 혁명을 칭하는 대명사가 되었다.

3) 급진(우)파와 인터프론트를 넘어

이처럼 온건노선으로 민주화를 이끌던 인민전선은 점점 거세진 시민들의 독립요구에 직면하였다. 1988년 8월 20일, 연초부터 창당을 준비하던 에스토니아민족독립당(Estonian National Independence Party, ERSP)이 공식 출범하면서 독립에 대한 요구는 더욱 높아졌다. 민족독립당(ERSP)은 에스토니아의 독립을 적극적으로 주장하며 독립에 미온적 태도를 취하던 인민전선을 비판하였다. 민족독립당은 기독연합(the Christian Union), 에스토니아전통수호회(EHCS)와 연대하여 1989년 3월 21일 에스토니아시민위원회(Estonian Citizens Committees)를 구성하였다. 에스토니아시민위원회는 소련의 불법 점령을 문제시하며 소련으로부터의 '이양'도 반대하고 전쟁 이전의 에스토니아공화국의 법적 주권 회복을 요구하였다. 시민위원회 구성에 약 70만 명이 호응하여 등록하였으며, 1989년 11월 11일 위원회는 투네 켈람(Tunne Kelam)을 대표로 선출하였다.

급진적 시민위원회 측의 압박을 받은 인민전선은 그럼에도 최고소비에트 제도권 내에서 독립을 쟁취해야 한다는 온건노선을 견지하였다. 인민전선은 1989년 3월 26일 국민대표회의(Congress of People's Deputies) 선거에서 대승을 거두고, 8월 23일 '발트의 길'을 기획하며 동력을 유지해 나갔다. 발트의 길 인간띠잇기 행사는 인민전선에게 그야말로 대박 나는 이벤트였다. 인터넷이나 SNS가 없던 시절, 탈린과 리가, 빌뉴스로 이어진 620킬로미터의 거리를 200만 명의 시민들이 인간띠로 잇는, 누구도 상상할 수 없는 일을 해낸 것이다. 발트의 길에 크게 고무된 인민전선은 이제 에스토니아 국민들의 자유와 독립을 향한 간절한 소망이 대세라고 판단하였다. 그로부터 독립에 미온적이던 인민전선 지도부는 자치에서 점차 독립으로 초점을 옮겨 갔다.

이러한 시민적 기반을 바탕으로 인민전선은 1990년 2월 24일 에스토니아 의회 조직을 위한 선거에서 압승을 거두었고, 3월 18일 에스토니아 최고소비에트 선거에서도 24%의 득표율을 얻으며 사비사르가 에스토니아사회주의공화국 총리가 되는 쾌거를 이룩했다.[9] 모스크바

〈그림 6–6〉 1989년 탈린시청 앞 광장에 모인 에스토니아 시민들

는 이 선거결과를 인정하려 하지 않았으며, 인민전선의 이러한 움직임에 불만을 품은 모스크바 추종자들은 5월 15일 툼페아 성을 점령하기 위해 시위를 벌였으나 시민들의 저지로 좌절되었다.

가장 먼저 인민전선운동을 시작한 에스토니아는 발트3국 인민전선의 중심부가 되었다. 3국에서 모두 1988년 10월 인민전선이 공식적으로 창립된 이후 느슨한 협력을 하고 있던 중 1989년 5월 에스토니아 탈린에서 3국 인민전선 연대의 결정적인 계기가 마련되었다. 인민전선의 발트의회가 개최된 것이다. 급진적 노선을 주장한 시민위원회나 집권 공산주의 사이에서 인민전선은 상대적으로 온건한 입장을 표방하며 개혁공산주의자를 비롯하여 종교인, 인권운동가, 반체제인사까지 두루 포괄하는 빅텐트 역할을 수행하였다. 에스토니아와 라트비아, 리투아니아에서 인민전선에 참여하는 회원들이 폭발적으로 늘어

9 http://www.estonica.org/en/The_Popular_Front/ (검색일: 2016.12.17).

났다. 1989년 5월 탈린에서 개최된 인민전선 발트의회는 발트의 자치와 독립을 위해 3국 간 협력을 결의하였다. 발트3국을 관통하는 인간 띠잇기 행사를 누가 어떻게 기획했는지에 대해서는 확실하게 알려지지 않았지만 1989년 7월 15일 에스토니아 파르누에서 개최된 발트의회에서 제안되었고 8월 12일 라트비아 체시스에서 공식적으로 합의된 것은 확실하다. 8월 23일이 독소조약 체결일이어서 수년 전부터 이 날을 기념하여 여러 단체들에서 주도하는 민주화 시위가 있었던 터라 1989년에는 3국 인민전선이 이 행사를 주도한 것이다. '발트의 길'에서 고무된 3국의 지도자들은 1990년 5월 탈린에 모여 전략조정회의를 결성하였고 7월에는 러시아최고소비에트 의장으로 막 선출된 옐친과 처음으로 회동하는 등 협력과 연대를 강화해 나갔다.

인민전선의 급진화를 초조하게 지켜보던 공산당 세력이 가만히 있을 리 없었다. 소련공산당 중앙위원회는 1989년 8월 27일 발트의 길 행사에 대한 불만을 토로하며 인민전선 집행부를 위협하였다. 기세에 눌린 인민전선은 이후 예정되었던 주요 노래축제를 모두 취소하고 신중하게 행동하였다. 더 직접적인 위협은 공산당 친위세력인 '인터프론트(Interfront)'로부터 왔다. 1988년 7월 19일 에스토니아 내에 친소 성향을 가진 러시아인과 소수민족 중심으로 결성한 인터프론트는 탈린과 북동부에서 독립반대 시위를 벌이며 시민위원회와 인민전선의 활동을 방해하였다.[10]

극도로 불안해진 소련군대는 1991년 1월 빌뉴스와 리가에 들어

---

10 에스토니아소비에트사회주의공화국노동자국제전선(International Front of Workers in the Estonian Soviet Socialist Republic)의 약칭인 인터프론트(Interfront)는 1988년 가을 '인터무브먼트(International Movement of Workers in the Estonian Soviet Socialist Republic, or Intermovement)'로 명칭을 변경한다. 에스토니아공산당의 친위조직으로 최대 10만 명의 회원을 보유한 보수단체이다.

와 무력진압을 시도했다. 이러한 소식을 들은 에스토니아인민전선은 핀란드와 함께 라트비아·리투아니아군을 지원하며 일명 바리케이드 사건을 전개하였다. 다행히 탈린은 공격받지 않았고, 1월 12일 탈린에서 발트지역 지도자들과 옐친의 회의가 진행되었다. 옐친과 에스토니아 의회 의장 아놀드 뤼텔은 에스토니아 주권을 인정한다고 서명하였다. 국민의 마음은 이미 돌아선 상태였다. 1991년 3월 3일 실시한 여론조사를 보면 77.8%의 시민들이 독립을 찬성하고 에스토니아 거주 러시아인들도 30%가 찬성할 정도로 자유, 독립, 민주는 대세가 되었다.

1991년 8월 19일 마지막 관문이 기다리고 있었다. '검은베레'로 알려진 소련내무부특수분대(Soviet Ministry of Internal Affairs Special Forces Detachment, 혹은 OMON)의 사람들이 준동하는 쿠데타를 기도했으나 실패하고 마침내 1991년 8월 20일 에스토니아 독립이 선포되었다. 독립 직후 인민전선은 에스토니아중심당(Estonia Center Party)으로 재편되어 1992년 선거에 나섰으나 패배하고 만다. 인민전선보다 더 민족주의적 성향을 지닌 정당들이 정치활동을 전개하면서 인민전선은 국민들로부터 지지를 잃고, 내부의 정체성 혼란을 겪으면서 결국 1993년에 해체되었다.

3 라트비아인민전선의 활동

1) 헬싱키-86, 환경보호클럽의 다우가바강 수력발전소 건설 반대와 추모 시위

라트비아의 민주화 운동도 여러 면에서 에스토니아와 흡사하다. 탈사회주의 민주화가 고르바초프의 페레스트로이카와 글라스노스트에 직접적인 영향을 받아 시작되었다는 점도 그렇거니와 환경문제로부터 민족적 각성이 시작되었다는 점도 그렇다. 고르바초프의 개혁 · 개방에 고무된 라트비아 시민들은 '헬싱키-86(Helsinki-86)'과 '환경보호클럽(Environmental Protection Club, VAK)'을 결성한다.[11] 헬싱키-86은 1986년 7월 헬싱키협약을 실행하기 위한 인권단체로 발족했는데, 소비에트연방 내 공산주의를 반대하는 첫 반체제 조직으로 기록된다. 헬싱키-86은 정부의 승인을 받지 않고 『아우제클리스(*Auseklis*, Morning Star)』라는 잡지를 발간하며 라트비아 국민에 대한 소련정부의 탄압과 언어정책을 비판하며 문화인권 운동을 전개하였다. 그들은 라트비아가 소비에트연방으로부터 헌법에 근거하여 평화적으로 분리되어야 한다는 항의서한을 소련당국과 유엔에 거듭 제출하였다.

라트비아에서 민족운동이 행동으로 드러난 첫 사건은 환경문제였다. 소련이 라트비아의 주요 강인 다우가바에 수력발전소를 건설하는 계획을 추진하자 라트비아 시민들이 이를 반대하고 나선 것이다. 다우가바강 수력발전소 건설 중단을 관철시키기 위한 조직으로 '환경보호클럽'이 결성되었다. 환경보호클럽은 1987년 가을 "깨끗한 공기 · 물 · 지구를 위하여"라는 슬로건을 걸고 환경을 파괴하는 난개발을 반대하는 운동을 전개하였다. 깨끗한 환경을 위해 환경보호클럽은 다우가바 수력발전소 댐 건설뿐만 아니라 리가지하철 건설도 철회하라는 운동을 벌였다. 이 환경운동은 단순한 환경운동을 넘어서 소련정권에 도전하는 저항운동의 성격을 띠었다.

헬싱키-86은 더 공세적인 활동을 폈다. 소련에 의한 희생자들에 대해 정의를 회복하고 라트비아 언어와 문화 권리를 보호하며, 궁극적으로는 소련으로부터 분리해야 한다는 목표를 표방하며 여러 활동을

---

11 "Latvian History". https://latvianhistory.com/2013/10/08/popular-front-of-latvia/ (검색일: 2016.12.17).

주도하였다. 1987년 6월 14일 라트비아인의 1941년 강제추방을 공개적으로 추념하는 대규모 행사를 거행하였다. 헬싱키-86의 회원인 콘스탄틴 푸퍼스(Konstantins Pupurs)가 허가받지 않은 라트비아공화국 국기를 흔들며 형제들의 묘지로 군중을 이끌고 가는 돌발사태가 발생하였다. 곧 공산정부에 의해 진압되었으나 1987년 이전에는 상상하지 못했던 일들이 일어난 것이다. 이 시위는 소비에트연방 내 첫 반체제 사건으로 기록되며, 이후 3년간 이 날짜에 추모집회를 주도함으로써 헬싱키-86은 이후 KGB의 주요 감시대상이 되었다.

1988년 8월 23일 또 한 번의 큰 시위가 발생하였다. '독·소 조약' 체결 49주년을 계기로 조약의 부당성을 알리는 군중행사를 진행한 것이다. 많은 시위자들이 체포되었으며 그 과정에 물리적 충돌도 발생하였다. 이를 지켜본 많은 국민은 이 행사의 취지에 동조하였고 여러 신문들은 라트비아가 1940년에 어떻게 소련에 의해 점령당했는지, 소비에트 기간에 어떻게 되었는지에 대한 역사를 쓰기 시작하였다. 그동안 금지되었던 라트비아 국기를 다시 꺼내어 사용하는 등 라트비아 국가 정체성이 강하게 다시 부활하게 되었다. 비슷한 시위가 11월 18일 독립기념일에도 있었다.

1990년 3월 25일에는 1949년 같은 날 추방된 사람들을 추모하는 행사를 수천 명의 시위자들이 운집한 가운데 진행하였다. 물론 이 행사도 공산당국의 허가를 받고 진행한 것이었으나 허가받지 않은 곳에 있던 헬싱키-86 회원들이 체포되는 사건도 발생하였다. 또한 반체제 인사 구나르스 아스트라(Gunars Astra) 장례식에도 대규모 시위대가 운집하였다. 그러나 당시의 상황은 KGB비밀경찰의 규모와 통제력이 엄청났기 때문에 공산당국은 헬싱키-86이나 다른 운동을 심각한 위협으로 여기지 않았다.

2) 작가동맹과 인민전선의 구상

환경운동, 문화운동으로 시작된 시민운동은 1988년이 되면서 반체제 민족운동으로 점차 전환되었다. 1988년 6월 1일 작가동맹 연례회의에 모인 문인들은 작가와 예술인, 지식인들이 이 상황에서 뭔가 해야 한다는 필요성을 공감하였다. 에스토니아에서 이미 인민전선 운동이 시작되었던 터라 이에 고무된 지식인들은 6월 27일 인민전선 발기인 모임을 결성하였다. 사실 라트비아 작가, 시인, 예술가들은 수십 년 동안 소비에트 사회의 핵심 기둥으로 활동하던 지식인들이었다. 그들은 소비에트 정부의 끊임없는 감시에도 불구하고 은밀한 방법으로 억압적 정권에 대항함으로써 라트비아 사회에서 폭넓은 존경을 받아왔던 터였다. 작가동맹에 참여한 대부분의 사람들이 인민전선의 발기인으로 참여하였다. 작가동맹 대표 야니스 피터스(Janis Peters)와 야니스 스카파르스(Janis Skapars)를 비롯하여 다우가바강 수력발전소 댐 건설 반대 사건으로 잘 알려진 저널리스트 다이니스 이반스(Dainis Īvāns), 그리고 1941년 6월 14일 시베리아로 추방당했던 학자요 문학가 산드라 칼니테(Sandra Kalniete) 등을 꼽을 수 있다.

인민전선 지도부는 시민들의 자발적 운동체는 물론 제도권 정치와도 연대하며 민족운동을 대중운동으로 이끌어가고자 하였다. 라트비아 타우타스 프론트(Latvijas Tautas Fronte; LTF), 즉 라트비아인민전선(Popular Front of Latvia)이 공식 창립한 1988년 10월 9일, 10만 명의 시민지지자를 확보하였다. 반정부 세력만이 아니라 라트비아 공산당 급진파도 합류하도록 문을 개방하여 순식간에 25만 명의 규모를 가진 가장 영향력 있는 정치조직으로 발전하였다. 개회식에는 공산당 지도부를 초청하여 연대를 과시하였으며 라트비아최고소비에트 신임 의장이던 아나톨리스 고르부노브스(Anatolijs Gorbunovs)를 포함하여 라트비아사회주의공화국의 온건한 지도층으로부터 지지를 받았다.

에스토니아인민전선과 마찬가지로 라트비아인민전선은 매우 실용적으로 접근하였다. 소련으로부터 완전한 단절을 요구하는 대신 시스템의 민주화와 경제적·정치적 자치의 확대 및 민족적 권리의 신장을 요구하는 온건한 입장을 표방하였다. 당시로서는 완전한 독립을 요구한다는 것이 인민전선으로서는 현실 가능성이 없다고 보았기 때문이다. 물론 내부 구성원들은 여러 성향의 사람들이 포함되어 있어서 의견이 일치되는 것만은 아니었다. 마브릭 플프손(Mavriks Vilfsons) 교수 같은 사람은 인민전선 공개집회에서 1940년 라트비아의 소련편입은 강제병합이라고 주장하며 당시 공산당 서기장 보리스 푸고(Boriss Pugo)로부터 심각한 비판을 받았다. 또 야니스 피터스 이후 새로 선출된 다이니스 이반스는 온건한 입장을 거부하고 더 강경한 독립의지를 표명하기도 하였다. 인민전선의 입장은 조금씩 급진화되면서 1988년 11월 11일과 18일에 대규모 집회가 이어졌고 리가성에 라트비아 국기를 게양하는 등 독립의 요구가 분출하였다. 공산정부는 매우 급작스럽게 진전되는 인민전선의 요구에 당황하였으나 고르바초프는 정치적 자신감을 갖고 있던 터여서 헌법을 개정하고 소비에트연방 의회의 자유선거를 허용하였다.

이처럼 역동적으로 변모하던 라트비아인민전선의 행적을 살펴보기 위해 수도 리가에 있는 라트비아인민전선박물관으로 발길을 옮겼다. 박물관은 우리가 머문 리가의 유스투스(Justus)호텔에서 남쪽으로 몇 백 미터의 거리에 있었다. 구글맵에서도 'Vecpilsētas 13/15'로 주소를 치면 박물관의 정확한 위치가 나온다. 박물관은 1988~1991년 당시 인민전선 본부 건물로 사용하던 장소로 그 안에는 회의실 의자와 단상, 집기를 그대로 두고 서류와 자료를 비치함으로써 당시의 분위기를 그대로 재현하였다. 3층으로 되어 있는 공간에는 당시 민주화 운동의 열기를 충분히 느낄 수 있는 사진과 기록물, 동영상이 전시되어 있

Latvijas Tautas fronte

〈그림 6-7〉 리가 시내에 있는 라트비아인민전선 박물관(좌)과 라트비아인민전선 로고(우)

었다. 라트비아 국민들의 자유를 향한 투쟁의 역사가 생생하게 담겨 있었다.

3) 공산당의 분열과 인민전선의 집권

온건한 입장을 견지한 라트비아인민전선은 국민적 지지를 받아 1989년 3월 26일 라트비아사회주의공화국 총선에서 승리하여 의회의 다수를 차지하였다. 그러나 헬싱키-86과 1988년 창립한 라트비아민족독립운동(Latvian National Independence Movement; LNNK)은 완전한 독립을 주장하며 인민전선을 압박하였다. LNNK는 소비에트 체제 안에서 점유율을 확대한다는 인민전선의 정책을 포기하고 정치적, 경제적으로 완전한 독립을 위해 싸울 것을 강력히 요구하였다. LNNK는 최고소비에트 대신 라트비아공화국 자체 인민위원회와 자체 시민의회를 구성하자고 제안하였다. 이러한 제의는 인민전선 급진파들의 공감을 얻어 1989년 10월 7일 소집된 인민전선 제2차 회의에서 급진파는 LNNK와 동맹을 맺자고 요구하였다. 라트비아인민전선이 분열될 수 있는 최대의 위기를 맞았다. 그러나 다행히 위기는 모면되었고 인민전선은 일단 최고소비에트 선거에서 승리를 확보하는 것을 당면 목표로 설정하였다.

숨막히는 정세가 진행되는 사이 한 가지 다행스러운 상황이 발생하였다. 라트비아공산당 내부 분열이 일어난 것이다. 공산당 안에서 인민전선을 지지하는 사람들과 인민전선을 반대하는 정통공산주의자들 사이에 심각한 이견이 형성되어 당이 분열될 지경이었다. 군대와 KGB도 혼란에 빠졌다. 1989년 4월 6일 소집된 회의에서 라트비아공산당은 두 세력으로 분할되었다. 200명의 멤버들이 라트비아 최고소비에트를 떠나기로 결심하고 라트비아독립공산당(Latvian Independent Communist Party)을 결성하였다. 잔류한 이념파 공산당원들은 알프레드 루빅스(Alfreds Rubiks)의 지도하에 민족운동을 무력으로 저지하는 것을 목표로 공세적인 정통공산당으로 재편하였다.

공산당의 반대로부터 숨을 돌린 인민전선은 에스토니아, 리투아니아인민전선과 연대하여 1989년 8월 23일 '발트의 길(the Baltic Way)'을 조직하며 승기를 굳혔다. 인민전선박물관에 전시된 사진과 벽면에 커다랗게 붙여 놓은 군중집회 장면에서 인간띠잇기를 하던 당시의 열기를 확연하게 느낄 수 있었다. 이러한 시민들의 커다란 지지 속에 라트비아인민전선은 1989년 12월 실시된 지방선거에서 큰 성과를 거두었고, 1990년 1월 라트비아 최고소비에트는 공산당의 권력독점에 종언을 선언하였다.

1990년 3월 18일 인민전선은 라트비아의 집권당으로 등장했다. 최고소비에트 선거에서 인민전선이 이끄는 독립연합(pro-independent coalition)이 전체의석 201석 중 138의석을 석권하는 쾌거를 이룩한 것이다. 헌법을 개정할 수 있는 3분의 2가 넘는 압도적인 승리였다. 인민전선 의장인 다이니스 이반스(Dainis Īvāns)는 최고의회 부대변인이 되었으며, 이바르스 고드마니스(Ivars Godmanis)는 총리가 되는 등 인민전선의 여러 멤버들이 라트비아 정부의 요직을 차지하였다. 반면, 라트비아 공산당은 독립파와 이념파로 분열된 채 지리멸렬되었다. 라트비아 최고소비에트는 138의석을 차지한 인민전선과 공산당·인터프론트 멤버들로 구성된 57석의 '평등(Equality)'으로 나뉘었다. 당시 국민들의 지지가 어떠했는가는 1990년 3월 3일 실시한 여론조사에서 볼 수 있다. 87.6%의 주민이 참여한 조사에서 73%가 라트비아 독립에 찬성한다고 응답하였다. 1991년 3월 실시한 국민투표에서도 75%가 독립을 지지하는 것으로 나타났다. 모스크바와 전 세계를 상대로 독립을 원하는 라트비아인의 의지가 확연하게 드러났다.

4) 폭압을 딛고 일어선 노래혁명

라트비아인민전선의 급부상과 당의 분열로 세력을 잃은 라트비아공산당은 모스크바에 지원을 요청하였다. 고르바초프는 라트비아정부와 대화를 거부하고 대통령령을 발동하여 직위를 해제하겠다고 위협하였다. 인민전선이 주도하는 라트비아 최고소비에트가 라트비아 독립을 추구하는 법안이 통과된 1990년 5월 4일부터 리가에 무장군대가 투입된 1991년 1월 13일까지 소비에트 급진세력은 줄곧 그러한 대통령령을 발동하려는 시도를 하였다. 급기야 수 대의 소련 탱크가 리가 구도심의 다우가바 강변에 나타났다. 밤에는 구도심에서 텔레비전방송국에 총탄이 날아들었다. 시민들은 거리에 나와 바리케이드를 치고 며칠 동안 라트비아 노래를 부르며 대치하였다. 그 때문에 라트비아에서도 탈사회주의 혁명을 '노래혁명'이라고 부른다.

라트비아에서도 에스토니아와 마찬가지로 공산주의 친위부대의 반동적인 활동이 있었다. 이른바 '인터프론트(Interfront)' 운동이다. 인터프론트는 인민전선과 라트비아 민족독립운동을 저지하려는 이념파 정통공산주의 추종세력이다. KGB와 소련공산당에 의해 결성되었으

〈그림 6-8〉 바리케이드 사건 때 사용된 바리케이드

며 대부분 과격한 러시아 노동자와 군인, 스탈린주의자가 중심을 이루었다. 한편에서는 헬싱키-86, LNNK가 공산당과 타협하지 말고 더 공세적인 행동을 요구하였고, 다른 편에서는 공산주의 과격파들이 인민전선의 민족독립운동을 방해하여 인민전선은 양면공격을 받았다. 헬싱키86과 LNNK는 진보적인 공산주의자와 협력하는 인민전선의 실용주의 노선에 매우 회의적이었다. 라트비아 사회는 완전히 양분되었다.

1990년 12월까지 라트비아 내 비(非)라트비아계의 항의와 파업이 계속되었고, 1991년 1월에는 소비에트 통치를 재건하려는 세력과 독립파 간의 무력충돌이 발생했다. 소련은 리투아니아를 침공하여 유혈사태를 일으켰고, 리투아니아 1월 사건이 끝난 지 하루 만에 라트비아 인민전선 제거를 목적으로 리가를 침공하였다. 인민전선의 이반스는 빌뉴스의 유혈사태에 대응하여 라디오 연설을 통해 주요 정부 건물을 보호하기 위해 바리케이드를 설치할 것을 요청하였다. 국민들의 반응은 대단하였다. 전국 시골 방방곡곡에서 트랙터와 트럭을 몰고 리가에 도착하여 소련 탱크가 들어오지 못하도록 하였다. 소련군과 OMON 특수부대도 이러한 급작스러운 상황을 맞아 대주민 발포를 하지 않았으나, 1월 20일 내무부를 공격하여 5명을 사살하는 비극이 발생했다. 1991년 8월 19일 소련공산당계가 OMON과 군대를 투입하여 권력장악을 시도하는 쿠데타를 감행하였으나 실패하여 친공산당계 인사 체포 등의 조치가 취해졌다. 이러한 폭압의 시련을 딛고 1991년 8월 21일 라트비아의 완전한 독립이 선포되었다.

그러나 독립 이후 인민전선은 급격히 쇠락하였다. 독립이라는 정치적 목표는 이루었지만 더 어려운 과제에 직면하였다. 라트비아 사회주의 계획경제를 자유시장경제체제로 개혁하는 작업이었다. 1990~1993년 당시 라트비아 GDP로는 이러한 경제체제 전환은 매우 어려운 과제였다. 독립 후 라트비아 경제는 심각하게 침체되었고 고드마니스(Godmanis) 총리의 인기는 급락하였다. 많은 정치지도자들은 민심이 떠난 인민전선정부와 거리를 두려 하였으며 인민전선을 떠나 새 정당을 결성하였다. 1993년 6월 독립 이후 처음 실시한 총선에서 인민전선은 단 하나의 의석도 건지지 못하고 주저앉고 말았다. 인민전선은 기독민주당으로 변모를 시도했고 기독인민당(Christian People's Party)으로 당명을 바꾸는 등 노력을 기울였으나 성과가 없었다. 결국 기독민주연합(Christian Democratic Union)과 합당을 하고 말았다.

4 리투아니아인민전선, 사유디스(Sajūdis)

1) 리투아니아자유연맹(LLL)의 첫 평화시위

리투아니아는 발트3국 중 러시아계 소수민족이 적은 탓에 비교적 이른 시기부터 반체제 운동이 있었다. 대표적 인물이 안타나스 테를레카스(Antanas Terleckas)이다. 빌뉴스대학 경제학부를 졸업한 그는 리투아니아의 유명한 반체제 인사 중 한 사람이 된다. 1978년 6월 리투아니아자유연맹(Lithuania Liberty League; LLL)을 설립한 그는 1979년 체포되어 노동수용소에 수감되었다가 추방된다. 리투아니아자유연맹은 리투아니아의 독립을 위해 지속적인 지하투쟁을 벌인다. 고르바초프가 주창한 개혁 · 개방의 충격이 리투아니아에도 미쳐 1987년 1월 테를레카스는 리투아니아로 귀국할 수 있게 되었다. 1987년 8월 23일 LLL이 조직한 청년학생 시위가 성안나교회 앞에서 일어났다. LLL이 주도한 첫 시위는 다행히 연행자가 발생하지 않아 평화로운 시위로 기록되었다. 성안나교회 옆의 조그만 광장에는 그날 청년학생들의 시위를 기리는 기념비가 놓여 있다.[12]

이 시위에 참여한 사람들이 체포되지 않고 평화롭게 마무리된 데 고무된 지식인들은 리투아니아자유연맹보다 온건한 노선을 추구하는 대중적 민족운동조직을 결성하였다. 리투아니아인민전선이라 할 수 있는 사유디스(Sajūdis)는 이러한 정치사회적 공간에서 등장했다. 1988년 6월 3일, 리투아니아 사회과학원에서 리투아니아작가연맹(Lithuania Writer's Union)이 모임을 갖고 고르바초프의 개혁과 민주화, 페레스트로이카를 지지하는 운동단체를 조직하기 위해 발기인 모임인 사유디스주도집단(Sąjūdis Initiative Group)을 결성한다. 예술가와 문인 등 지식인 35명이 참여하였으며 그중 17명은 공산당원이었다. 공산당과 비공산계열 지식인들이 함께 참여한 것이다. 6월 19일 일간지 『사유디스뉴스』 첫 호가 발간되었으며 9월에는 합법적 일간지 『아트지마스(*Atgiimas*, Rebirth)』를 출간하였고, 사유디스를 지지하는 150개의 일간지가 출간되었다.

사유디스(sajūdis)는 리투아니아 말로 '운동(movement)'이라는 뜻이다. 사유디스개혁운동(Sąjūdis Reform Movement)을 줄여 사유디스로 부르고 있다. 1988~1990년 당시 사유디스운동의 본부 건물로 사용하던 곳은 우리가 머문 틸토 호텔에서 200미터쯤 떨어진 가까운 곳에 자리잡고 있었다. 현재는 일부를 사유디스박물관으로 사용하고 있고, 일부는 아일랜드 대사관으로 사용하고 있다.

1988년 6월 24일 사유디스는 첫 대규모 집회를 기획하였다. 이 집회는 소련공산당 19차 대회에 참가하는 대표단들에게 사유디스가 추구하는 목표를 알리는 자리였다. 7월 대표단이 돌아왔을 때 10만 명의 인파가 빙기스공원(Vingis Park)에서 그들을 환영하였다. 1988년 8

---

12 리투아니아자유연맹(LLL)은 1995년 11월 정당으로 등록하고 정치활동을 시도했으나 의석을 확보하지 못했다.

〈그림 6-9〉 리투아니아자유연맹(LLL)이 주도한 첫 시위 현장인 성안나교회 광장

〈그림 6-10〉 1987년 8월 23일 시위 기념비

월 23일에는 또 한 번의 대규모 집회가 열렸는데 25만 명의 사람들이 광장으로 나왔다. 몰로토프-리벤트로프조약(pact)과 비밀의정서에 항의하기 위한 목적으로 운집한 것이다. 사유디스는 에스토니아와 라트비아인민전선과 마찬가지로 사회의 다양한 집단과 계층을 망라하는

대중조직을 표방하여 집권 공산당도 적극 참여하는 상황이었다. 사유디스가 주도한 첫 집회에 당시 공산당 산업담당 비서였던 알기르다스 브라자우스카스(Algirdas Brazauskas)도 참석하였다.[13] 사유디스 초기에는 공산당 지도자들이 이러한 집회를 꺼려했으나, 1988년 중반부터는 그들도 정치적 필요를 느끼고 사유디스 집회에 참여하였다.

사유디스보다 좀 더 급진적인 민족운동을 펴던 리투아니아자유연맹(LLL)은 1988년 9월 28일 빌뉴스성당 광장에서 또 한 번의 시위를 기획하였다. 이 시위에서 무력충돌은 없었으나 25명이 체포되는 등 긴장이 고조되었다. 문제는 다음날 터졌다. 경찰이 성당 안에서 단식투쟁을 하던 시위자를 폭행하며 체포한 것이다. 리투아니아자유연맹은 즉각 항의집회를 열고 대응하였다. 이러한 상황을 지켜본 사유디스는 자유연맹의 편을 들며 시위자들의 즉각 석방을 요구하였다. 사유디스는 페트라스 그리스케비치우스(Petras Griškevičus)의 사망으로 공석이 된 리투아니아공산당 제1서기장에 골수공산주의자로 알려진 송가일라(Ringaudas Songaila)를 임명하려고 한 데 대해 격렬히 반대하였다. 사유디스의 이러한 요구가 받아들여져 10월 사유디스에 우호적이었던 브라자우스카스가 그 후임으로 공산당의 첫 비서에 임명되었다.

2) 사유디스개혁운동: 문화 · 환경 · 역사개혁에서 독립운동으로

이러한 변화를 거쳐 사유디스는 1988년 10월 사유디스개혁운동(Sąjūdis Reform Movement)으로 발전하였다. 즉 초기 리투아니아 언어와 문화, 역사에 대한 교육의 필요성을 강조하며 지식인 운동으로 출발한 사유디스가 대중운동으로 전환된 것이다. 대부분의 멤버들은 초기 사유디

13 알기르다스 브라자우스카스(Algirdas Brazauskas)는 2016년 현재 리투아니아 총리로 재임하고 있다.

〈그림 6-11〉 1989년 사유디스 집회

스 발기인들이었다. 공산당원이 아닌 음악생태학 교수 비타우타스 란스베르기스(Vytautas Landsbergis) 교수가 이 위원회 위원장이 되었다. 대중운동으로 전환된 사유디스는 에스토니아나 라트비아에서 급진단체들이 주장하던 환경문제를 포함하여 민족문제에 이르기까지 다양한 이슈에 관심을 가졌다. 고르바초프의 정책을 지지하는 맥락에서 리투아니아어를 공식언어로 부활하려는 민족문제에 적극적이었으며, 이그날리나(Ignalina) 원자력 발전소에 세 번째의 원자로 건설을 중단시키고자 했으며, 1939년에 서명한 나치-소련불가침조약(Nazi-Soviet Non-aggression Pact)의 비밀의정서 공개를 요구하는 등 스탈린 시기에 대한 진실을 파헤치고자 하였다.

1989년 들어 사유디스의 운동방향은 독립 쪽으로 성큼 나아갔다. 에스토니아나 라트비아의 인민전선보다 사유디스는 리투아니아의 독립에 적극적이고 추진력이 있었다. 1989년 2월 사유디스는 리투아니아가 소련에 강제로 병합되었으므로 그들의 궁극적인 목표는 독립실현이라고 선언하였다. 1989년 5월 리투아니아 주권이 선포되었으며 소

〈그림 6-12〉 비타우타스 란스베르기스 (Vytautas Landsbergis) 교수

〈그림 6-13〉 사유디스 본부 건물 입구현판

련에 병합된 것은 불법이라고 선포하였다. 1989년 8월 23일, 탈린에서 빌뉴스까지 이어진 인간띠 잇기에 참여한 이후 시민들의 전폭적인 지지를 확인한 사유디스는 독립에 대한 의지를 더욱 확고히 하였다. 사람들은 정기적으로 광장에 모여서 국가적 가요와 가톨릭 찬송을 불렀고 애국적 가요들이 이 시기에 특별히 많이 불려 리투아니아도 훗날 탈사회주의 혁명을 노래혁명이라 호명하였다. 1989년 12월에는 리투아니아공산당이 소련공산당과 결별하였으며 독점적인 집권을 포기한다고 동의하였다. 발트3국 중 가장 혁명적인 변화였다. 1990년 2월 사유디스 대의원들은 리투아니아최고의회 선거에서 141석 중 101석이라는 압도적 의석을 차지하며 승리하였다. 비타우타스 란스베르기스는 최고위원회의 의장으로 선출되었으며 1990년 3월 11일에 발트3국 중 가장 먼저 독립을 선포하였다.

에스토니아나 라트비아와는 달리 리투아니아에서는 사유디스가 여전히 활동하고 있다. 그러나 물론 과거와 같은 영향력을 갖고 있지는 못하다. 사유디스는 집권기간에 서로 다른 정치적 의견을 통합하지 못했고 경제위기에 효과적으로 대처하지 못함으로써 대중들의 인기를 잃고 말았다. 이전 리투아니아공산당이 리투아니아민주노동당(The Democratic Labour Party of Lithuania, LDDP)으로 탈바꿈하여 1992년 11월 최고평의회 선거에서 승리함으로써 사유디스는 권좌를 민주노동당에 내주었다. 란스베르기스를 포함한 여러 인사들은 '조국연합(Homeland Union)'을 결성하는 데 핵심 멤버로 참여하고 있는데, 조국연합은 현재 리투아니아에서 가장 큰 중도우파 정당이다. 유투브에 란스베르기스 의장이 유엔에서 연설하던 동영상 자료가 올라와 있어서 당시의 상황을 생생하게 들을 수 있다.[14]

5 인민전선의 성공요인과 혁명 이후

1) 발트3국 인민전선 성공의 핵심요인

지금까지 살펴본 바와 같이 발트3국의 독립과 민주화에 인민전선이 기여한 역할은 대단히 크다. 공산주의 체제가 붕괴하고 새로운 체제가 들어서는 혼란한 시기에 구체제를 해체하려는 급진적 반체제 운동이 분출하는 가운데, 기존 질서를 지키려는 공산세력과 맞서서 앞으로 다가올 새로운 체제를 준비하며 혁명을 성공시킨 것은 결코 쉬운 일이 아니다. 인민전선(Popular Front)이라는 전략이 원래 다양한 계급과 계층을 망라하는 것이어서 조율하고 통합하는 능력이 없이는 성공할 수 없다.[15] 1935년 제7차 코민테른에서 스탈린이 인민전선 전략을 사용

14 https://www.youtube.com/watch?v=JnaTwVobsDM (검색일: 2016.8.4).

15 '인민전선'은 프랑스와 스페인에서 시행되었고 칠레에서도 잠시 시행된 적이 있다. '전선(front)'이란 개념은 공산주의 운동에서 사용하던 용어로 공산당의 전략적 목표를 성취하기 위해 계급·계층·정당 간 동맹 형태가 통일전선, 국민전선, 민족해방전선

하려 하자 트로츠키가 이를 실패할 수밖에 없는 전략이라고 신랄하게 비판했던 이유도 이질적인 집단과 계층을 함께 아우른다는 것이 불가능했기 때문이었을 것이다. 역사적으로는 인민전선은 1930년대 중후반에 파시즘이나 극우세력에 맞서 좌파 조직들이 연합한 정치조직이다. 공산주의에서 말하는 노동계급을 주축으로 하되 노동계급을 넘어 중간계급으로까지 확대하자는 것을 골자로 하는 전략이 인민전선이다.[16] 이처럼 어려운 인민전선의 연대가 발트3국에서 가능했던 이유는 무엇일까?

첫 번째로 꼽을 수 있는 요인은 역사적·문화적 요인이다. 즉 발트3국이 역사적·문화적으로 지속해 온 끈끈한 연대가 발트의 탈사회주의 혁명과 민주화를 성취하는 결정적인 계기를 제공했다. 발트3국은 소비에트 체제와는 근본적으로 다른 역사와 문화를 지니고 있고 이를 바탕으로 민족적 공감대를 확대해 나갈 수 있었다. 제2차 세계대전 이전까지만 해도 발트3국은 핀란드와 함께 발트4국으로 표현될 만큼 소비에트보다는 핀란드와 역사적 공감대를 형성하고 있었다. 비록 실패로 끝나고 말았지만 1920년대에 이미 불두리 회의(Bulduri Conference)라는 발트3국 회의체를 구성하려고 했던 역사도 있다. 1934년에는 발트3국 협약(Baltic Entente)을 만들어 발트3국의 외교정책을 상호 협력·조정하는 외교부 장관 회의를 격년으로 하자는 제의도 하였으나 제도화하지는 못했다. 1989년 8월 '발트의 길' 행사를 계기로 협력이 활발해져 1934년 발트3국 협약을 부활하자는 논의가 재개되었고, 마침내 1990년 5월 12일 발트위원회(Baltic Council)가 결성되었다.

등 각종 전선이었고, 인민전선도 그러한 동맹 형태의 일환으로 구상된 것이다.

16 이용우, "인민전선", 서울대학교 역사연구소, 『역사용어사전』(서울대학교출판문화원, 2015).

발트위원회의 주목적은 발트3국 정치지도자와 고위관료들 사이에 정례적 모임을 확보하기 위한 것이었다.[17] 1991년 11월에는 발트3국에서 각각 20명의 대표들이 참여하여 60명으로 발트의회(Baltic Assembly)를 결성하였다. 이러한 활동을 시작으로 1993년 발트3국 자유무역협정(FTA)을 체결하였고, 1994년 6월에는 3국의 국가수반들이 정치·경제·문화 정책을 협의·조정하는 발트각료위원회(Baltic Council of Ministers)와 총리위원회(Prime Ministers' Council)를 창설하고 매 6개월 단위로 회의를 개최하고 있다. 오랜 역사적·문화적 전통에 기초하여 형성되어 온 발트3국의 이러한 탄탄한 연대의식이 거대한 소련 사회주의 체제로부터 벗어나 독립된 나라를 세우려는 국민들의 마음을 통합해 낼 수 있었던 것이다.

둘째는 인민전선 지도부가 취한 혁명의 전략이다. 3국이 모두 고르바초프의 페레스트로이카와 글라스노스트라는 방침을 철저히 따르는 모양새를 취했다. 인민전선 지도자들의 대부분이 기존 제도권에 속한 인사들이었다는 점에서 이들이 취한 입장은 어쩌면 당연한 것일지 모른다. 아무튼 공산체제에 도전하는 방식이 아니라 체제를 개혁하고 변화시켜 더 나은 소비에트 사회주의를 건설하려는 소련의 정책노선을 적극 활용했다는 점에서 인민전선의 성공요인을 찾을 수 있다. 각 나라마다 급진적 노선을 표방한 시민단체들이 있었고 이들은 인민전선의 온건노선을 신랄하게 비판하였다. 에스토니아에서는 민족독립당(ERSP)과 기독연합, 에스토니아전통수호회가, 라트비아에서는 헬싱키-86과 민족독립운동(LNNK)이, 리투아니아에서는 리투아니아자유연맹(LLL) 등이 급진적 방식으로 개혁과 독립을 요구하였다. 그러나

17 Daunis Auers, *Comparative Politics and Government of the Baltic States: Estonia, Lativia and Lithuania in the 21st Century*(Palgrave MacMillan, 2015), p. 213.

각국의 인민전선은 반체제인사를 비롯하여 인권운동가, 민족주의자는 물론 종교인과 환경운동가, 공산주의자들까지 아우르는 빅텐트의 역할을 하였다. 내부 강경파들까지 급진시민노선에 공감하여 분열될 위기의 상황에서도 인민전선은 이들의 요구를 기존 제도권의 정치적 틀 안에서 실현하기 위해 노력하였다. 기득권 세력인 공산당의 탄압을 피하기 위해 때로는 예정했던 노래축제를 취소하는 유연함을 발휘하였다. 인민전선이라는 공간이 원래 노동자 중심의 공산주의 운동을 넘어서 지식인과 중산층을 포함하는 연대운동인 만큼 이러한 유연한 전략을 구사하지 않고서는 안 되었을 것이다. 동유럽과 마찬가지로 발트3국에서도 지식인과 노동계급이 시민사회 안에서 연대를 이루고 있었다. 인민전선이란 노동계급을 넘어 중산층 및 지식인과 연합을 도모하는 전략이므로 연대와 연합은 혁명의 성공을 좌우하는 필수조건이다.[18] 운동 초기에는 독립보다 자치에 초점을 맞추었고 시민의 호응과 공산정권의 반응을 보아가며 점차 독립으로 역량을 집중해 나간 것도 인민전선이 발휘한 지혜였다.

셋째는 인민전선 운동에서 지식인의 역할이 매우 돋보였다. 동유럽에서와 같이 발트3국에서도 대중들을 각성시키고 민족의식을 고무하며 독립과 민주화 운동을 이끌어간 주체는 작가, 예술가, 학자 등 지식인이었다. 라트비아와 리투아니아에서 작가동맹이 인민전선을 주도하였으며 리투아니아의 란스베르기스 교수 같은 사람은 대표적인 지식인이다. 체코의 바클라프 하벨처럼 동유럽 사회주의 혁명에서 지식인들이 기폭제 역할을 하였는데, 발트3국에서는 작가, 예술가, 학자 등 지식인이 인민전선의 연대활동에 매우 적극적이었다. 신문과 책자들

18 S. Berglund, F. Aarebrot, & H. K. Vogt, *Challenges to Democracy*(Edward Elgar Publishing, 2002), pp. 9-45, 147-171.

을 출판하고, 주요 지도자들은 각종 언론과 미디어에 출연하여 여러 아이디어와 문제들을 지적하고 토론하는 일들을 활발하게 전개하였다. 작가들과 예술가들의 참여는 국민들의 생각과 운동의 방향을 미디어를 통해 신속하게 전달할 수 있는 계기가 되었다. 인민전선의 지식인들은 대중에게 받아들여질 수 있는 창의적인 자신들의 구상을 이러한 미디어 공간을 통해 제시하였다. 에스토니아의 『에다시(*Edasi*)』, 라트비아의 『아트모다(*Atmoda*, 각성)』, 리투아니아의 『사유디스뉴스』, 『아트지마스(*Atgiimas*)』 등 수많은 미디어를 도구로 활용하였다. 그런가 하면, 음악가들의 대중적 역할은 두말할 나위 없다. 노래혁명으로 불리는 이유가 있듯이 민족감정을 자극하는 민족음악을 현대적 록음악으로 함께 부르며 대중들을 규합할 수 있었다. 최근 우리나라 촛불시위에서도 보듯이 대중들의 참여를 독려하는 데는 음악이나 스포츠가 가장 좋은 도구임이 분명하다.

2) 왜 급격히 해체되었는가?

국민적 지지를 받던 인민전선이 왜 급속히 해체되었는가 하는 부분도 관심거리다. 1990년 자유선거에서 인민전선은 에스토니아에서 77.8%, 라트비아 73.6%, 리투아니아에서는 90%의 의석을 석권하였고 이러한 국민적 지지를 바탕으로 정치를 장악하고 독립에도 성공하였다.[19] 그러나 압도적인 다수의 지지를 받으며 소련 공산주의로부터 독립운동을 이끌었던 인민전선은 놀랍게도 2년을 넘기지 못하고 권력을 잃고 만다. 국민들의 지지를 상실한 채 선거에서 모두 패배한다. 무슨 이유 때문인가?

---

19 Saule Maciukaite-Zviniene. "Challenges for Civil Society: Participation in the Baltic States Region Building", *Viesoji Politicka ir Administravimas*, No. 26(2008), p. 116.

그 이유로는 첫째, 일단 독립이라는 공동의 목표가 사라져 응집력이 약화되었기 때문이다. 소련공산당이 지배하던 때에는 인민전선이 추구하는 공동의 목표가 있었고 그 목표를 희망으로 삼아 대동단결하였다. 그러나 목표가 사라진 다음에는 결속력이 현저히 떨어질 수밖에 없었을 것이다. 거대한 소련제국도 사라졌고 무력으로 진압해 오는 군대도 없다. 그러한 상황에서 여러 이해관계로 얽힌 정치집단들이 운명을 같이할 연대성은 약해졌다. 강력한 공산주의 세력 앞에 그 장벽을 무너뜨리기 위해 모든 인민들이 단결하였으나, 거대한 괴물이 사라지자 인민전선도 사분오열되고 말았다. 이해관계로 얽혀 있는 인민전선 내부의 정치세력들은 각자의 정치활동을 찾아 나선 것이다.

둘째, 민주화 이후 체제전환에 대한 미래 청사진을 준비하지 못했기 때문이다. 인민전선은 독립을 기대하지 못한 상태에서 민주화를 진행했기 때문에 독립이 성취된 이후 무엇을 해야 할 것인가에 대한 어떤 계획도 없었다. 공산주의 이념이 힘을 잃은 자리를 민족주의로 대체했을 뿐 사회 각 분야의 개혁에 대한 진지한 대안을 내놓지 못했다. 이 때문에 정치적 무관심과 정부에 대한 시민들의 불신은 매우 높아졌다. 무엇보다 당면한 문제는 경제문제였다. 사회주의 계획경제를 효율적인 시장경제로 전환하는 구체적인 방법을 잘 몰랐다. 침체된 사회주의 경제는 독립 이후에도 좀처럼 활로를 찾지 못했다. 공산주의 체제의 구엘리트들은 새로 도입한 시장체제에 편승하여 시장권력을 축적하기에 바빴으며 사회적 불평등이 심화되었다. 이는 국민들의 심각한 불만을 샀다. 사회주의 계획경제를 시장경제로 전환하는 문제는 매우 어렵고 복잡한 과제여서 단숨에 해결할 수 없고 종합적 기획과 전략적 지혜를 발휘하여야만 가능한 문제였다. 사회주의 경제체제를 시장경제로 전환하기 위해서는 상당한 외부재정의 지원이 필요하고, 일정한 수준의 기업인도 필요하며, 국민들의 적응과 의식변화도 요구되었다. 그러나 인민전선에 참여한 지도급 인사들은 이러한 문제에 전문적이지 못했다.

셋째, 독립 이후 발트3국에 형성된 민족주의 흐름도 하나의 원인으로 지적할 수 있을 것이다. 탈린에서 강의하였던 타르투대학의 한나(Elo-Hanna Seljamaa)는 탈사회주의 혁명 이후 인민전선이 급격히 몰락하게 된 배경을 민족주의를 표방하는 다른 정당들이 결성되어 국민의 지지를 받았기 때문이라고 설명해 주었다. 이러한 민족주의 정서는 각 나라의 소수민족 구성과 러시아인의 비중이 어떠한가에 따라 다르다. 제1장의 〈표 1-5〉에서 볼 수 있듯이, 에스토니아는 에스토니아인 68.7%, 러시아인 28.9%로 되어 있고, 라트비아는 라트비아인 59.3%, 러시아인 33.9%로 세 나라 중 러시아인구가 가장 많으며, 리투아니아는 리투아니아인 84.1%, 러시아인 6.6%, 폴란드인 6.1% 등으로 러시아인구가 가장 적다.[20] 소수민족의 주민구성 비율은 발트국가의 민족주의와 정치지형에 결정적으로 영향을 미친다. 러시아인의 비율이 낮은 리투아니아에서는 사회통합이 상대적으로 쉬웠다. 반면, 러시아인의 비율이 높은 에스토니아와 라트비아에서는 인민전선에 반대하는 인터프론트 세력이 구체적으로 존재하여 사회통합에 상당한 어려움을 겪고 있다. 이러한 상황에서 민족주의 분위기가 다를 수밖에 없다. 기념비에 대한 반응도 각각 달랐던 것도 이런 맥락에서 이해된다. 에스토니아에서는 청동병사상에서도 보듯이 2005년부터 친러시아 동상을 세우는 데 대해 반발이 생겨났다. 스프레이를 뿌리고 결국에는 시내 중심가에 있던 동상을 외곽으로 옮겨야 했다. 반면, 리투아니아에서는 동

20 종교의 구성을 보면 에스토니아는 정교회 16%, 개신교 9% 등 비종교적 성향이 강하며, 라트비아는 개신교 34%, 가톨릭 25%, 정교회 19% 등으로 세 나라 중 개신교 비중이 높다. 리투아니아는 가톨릭이 77%, 정교회 4%로 가톨릭이 강세다.

상을 아예 파괴하는 과격한 행동이 나타났다. 러시아계 인구가 강력한 소수민족인 에스토니아와 라트비아에서는 3국 시민이 신중한 행동을 한 반면, 러시아인이 극소수인 리투아니아에서는 발트의 국가정체성이 국민의 의식과 행동을 압도하고 있어서 과격한 행동이 나타났다고 볼 수 있다.

3) 인민전선의 현대적 생존

에스토니아 인민전선은 1991년 여러 갈래로 분파되었다. 에드가 사비사르는 에스토니아중심당(Estonia Center Party)에 참여하였고, 마르트 라르는 민족연합당(National Coalition Party)과 에스토니아독립당(Estonian National Independence Party)을 통합하여 조국연합(Fatherland Union)을 결성한다.[21] 인민전선의 온건주의자들은 개혁공산주의자와 함께 에스토니아연합당(Estonian Coalition Party)을 만들었다. 1995년 선거에서는 사비사르가 이끄는 중심당, 티트 바히(Tiit Vahi)가 이끄는 에스토니아연합당, 아놀드 뤼텔(Arnold Ruutel)이 이끄는 에스토니아농촌연합(the Estonian Rural Union)이 새로운 연대를 형성하였다. 강경공산당은 에스토니아노동당(Estonian Labor Party)으로 변신하였다. 사비사르가 불법사찰 스캔들로 논란이 되어 사임 압박을 받았고, 중심당의 지위는 이전 에스토니아은행 총재였던 심 칼라스(Siim Kallas)가 이끄는 개혁당(the Reform Party)으로 넘어갔다. 현재 에스토니아 개혁당(Estonia Reform Party)이 집권하고 있는데 그래도 에스토니아중심당은 야당으로서 역할을 하고 있다.[22]

---

21 Ole Norgaard & Lars Johannsen, *The Baltic States after Independence*. 2nd Edition (Edward Elgar Publishing, Inc., 1999), p. 74.

22 http://www.nsd.uib.no/european_election_database/country/estonia/parties.html (검색일: 2016.7.28).

라트비아도 상황은 비슷하다. 새로운 정당이 생겨났고 새로운 지도자들이 나왔다. 인민전선은 1993년 여러 갈래로 쪼개졌다. 보수급진그룹은 '조국과 자유를 위하여(For Fatherland and Freedom)'를 창당했고, 1997년에는 '라트비아민족독립운동(LNNK)'과 합당하였다. 그 결과 1997~2004년 사이에 정부구성에 참여하였으며 1997~1998년에는 총리도 배출했다. '조국과 자유를 위하여(TB/LNNK)'는 2010년 '라트비아를 위하여'(VL)라는 정당과 연대하여 민족동맹(National Alliance)을 결성하였다. 조금 더 리버럴한 그룹은 '클럽21'과 귀국한 망명인사 중심으로 1993년에 '라트비아의 길(Latvian Way, LC)'을 결성하였으며, 2002년에는 '라트비아제일정당(Latvia's First Party, LPP)' 및 여러 기독교 조직을 통합하여 LPP/LC 연합정당을 수립했다. '인터프론트' 멤버들도 법적 테두리 안에서 역시 새로운 정당을 결성하여 정치활동을 펴고 있다.

라트비아인민전선 멤버들의 운명을 보면 발트3국 인민전선이 어떤 길을 걸었는지 조금 짐작할 수 있다. 다이니스 이반스는 정치를 떠나 리가시위원회의 부대표로 선출되어 잠깐 일하다가 사회민주당에 참여했으며, 당이 해체된 후에는 완전히 정계를 떠났다. 산드라 칼니테는 외교부장관과 유럽연합의회 의원을 역임하며 외교무대에서 화려한 활동을 하였다. 이바르스 고드마니스는 두 번이나 총리를 역임하였으며 현재 유럽연합 의회에서 일하고 있다. 야니스 피터스는 야니스 스카파스와 함께 예술과 문학에 복귀하였고, 사르미테 엘레르테(Sarmīte Ēlerte)는 수년 동안 『디에나(*Diena*)』라는 일간지를 운영했으며 후에 그녀는 문화부장관으로 정치에 참여하였고 현재는 리가시위원회에서 일하고 있다. 알프레트 루빅스는 수감되었다가 라트비아사회당 대표로 복귀하였고 현재 유럽연합 의회에서 라트비아 대표로 일하고 있다.

리투아니아에서는 사유디스가 '조국연합(Homeland Union; TS)'

으로 변신하여 에스토니아인민전선, 라트비아인민전선과는 조금 다른 길을 걸었다.[23] 사유디스는 1992년 11월 총선에서 구공산당 세력인 민주노동당(Democratic Labour Party, LDDP, 이전 리투아니아공산당)에 패배하였으나 1993년 조국연합을 결성하며 란스베르기스를 포함하여 사유디스 인사들이 대거 참여하였다. 조국연합은 2003년 리투아니아 우파연합과 연대에 실패한 후 2004년 '정치범과 추방자들의 리투아니아 연합'과 합당하였고, 2008년 5월 리투아니아기독민주당(LKD)과 합당하여 TS-LKD로 변신하였다. 현재는 리투아니아에서 가장 큰 중도우파(center-right) 정당으로 활동하고 있는 조국연합-기독민주당(TS-LKD)의 한 축을 구성하고 있다.

6 한반도의 길(the Korean Way)을 꿈꾸며

'조국과 자유', 라트비아 자유의 여신상 아래에 적혀 있는 말이다. 라트비아 독립을 위한 민주화 운동의 핵심가치다. 라트비아인민전선이 1993년 정당을 신설하면서 당명을 '조국과 자유를 위하여'로 이름 붙였다. 발트3국의 탈사회주의 민주화 운동을 한마디로 요약하면 바로 '조국과 자유'가 아닐까 싶다.

1789년 프랑스 혁명에서 자유, 평등, 박애는 핵심가치로 제기되었다. 자유는 소중한 가치다. 정치적 · 시민적 권리로 불리는 자유는 사람의 생명이 소중하므로 생명을 함부로 죽여서는 안 된다는 기본적인

23 http://www.nsd.uib.no/european_election_database/country/lithuania/parties.html (검색일: 2016.7.28).

정신에 근거한다. 독재체제와 공산주의를 경험한 국가들은 자유의 소중함을 무엇보다 절실히 느낀다.

〈그림 6-14〉 리가에 있는 자유의 여신상

그러나 자유가 보장된다고 하여 행복한 삶이 영유되지는 않는다. 경제적 불평등이 문제가 된다. 사람의 가치가 경제적·물질적 가치로 매겨지는 것이 아니라고 믿지만 현실에서 불평등의 격차와 차별은 심각하다. 자유가 보장된 자유민주주의 국가에서는 경제적 불평등, 빈부격차의 문제가 통합을 저해하는 심각한 갈등요인이다. 민족과 인종 간의 갈등과 분쟁으로 더 고통스러운 상황이 벌어지기도 한다. 그처럼 소중한 자유가 주어지기만 하면 문제가 해결될 것 같지만, 또 다른 문제가 도사리고 있는 것이다.

다른 사회주의와 마찬가지로 발트3국에서도 탈사회주의 혁명 이후 비슷한 변화가 진행되었다. 권위주의적 사회주의에서 자유민주주의 내지 다원민주주의로 전환하고, 국가주도의 계획경제에서 사적 소유에 기반한 시장경제로의 전환, 그리고 소비에트연방국으로부터 벗어나 독립국가로서 국제체제에 편입되는 과정으로 진행되었다.[24]

24 Norgaard & Johannsen, *op. cit.*, pp. 4-5.

3국의 경험은 달랐지만 모두 정치사회적 갈등과 경제적 변화를 겪으며 그 과정에서 민족적 갈등이 표면화되었다. 시민권과 경제적 수혜를 둘러싼 자국민과 러시아, 폴란드 등 소수민족과의 갈등을 해결하는 데 많은 어려움을 겪었다.

인민전선은 이제 가슴 저린 추억으로 박물관에 남아 있지만 조국과 자유를 위해 인민의 모든 역량을 결집하려 했던 그 열정과 헌신은 아무리 찬사를 보내도 부족함이 없을 것이다. 리투아니아 빌뉴스 바실리카 성당 광장에 새겨진 발트의 길 발자국 동판에 서서 우리가 지나온 저 위쪽 리가와 탈린으로 늘어선 발트의 길을 다시 돌아본다. 그리고 상상한다. 한 세대 전 발트3국에서 일어났던 그 기적이 오늘 한반도에서 일어날 수는 없을까? 부산에서 서울과 평양, 신의주까지, 한라에서 백두까지 고속도로를 따라 수백만의 사람들로 가득 채워질 한반도의 길(the Korean Way)을 꿈꾸어 본다.

| 참고문헌 |

김근식. 2010. "탈사회주의 체제전환과 북한 변화: 비교사회주의 관점에서". 『통일과 평화』 제2집 2호, pp. 111-136.

김영진 · 배정한 · 이상준 · 장덕준. 2006. 『탈사회주의 체제전환과 문화』. 서울: 아카넷.

김회권 · 고재길 · 설충수 · 신범식 · 이규영 외. 2012. 『사회주의 체제전환과 기독교』. 한반도평화연구원(KPI) 총서. 한울.

남북나눔연구위원회. 2001. 『평화와 통일의 모색-일국양제와 중국』. 남북나눔연구위원회.

바이메, 클라우스 폰. 2000. 『탈사회주의와 체제전환: 러시아 · 동유럽』. 이규영 옮김. 서강대학교출판부.

박형중. 2004. 『북한의 개혁개방과 체제변화』. 해남.

서울대학교 국제문제연구소. 2010. 『탈사회주의 체제전환 20년』.

양운철. 2006. 『북한 경제체제 이행의 비교연구』. 한울.

윤대규 편. 2008. 『사회주의 체제전환에 대한 비교연구』. 한울.

이상금 · 박영미 · 윤기현 · 이현진 · 허남영. 2011. 『발트3국의 역사 · 문화 · 언어』. 산지니.

이용우. 2015. "인민전선". 서울대학교 역사연구소. 『역사용어사전』. 서울대학교출판문화원. http://100.daum.net/encyclopedia/view/177XX61300931 (검색일: 2016. 12.14).

이장로 · 김병로 엮음. 2011. 『체제전환국의 경험과 북한교육개혁 방안』. 한울.

정영태 외. 2007. 『비교사회주의 측면에서 본 북한의 변화 전망: 리비아와 쿠바 사례를 중심으로』. 통일연구원.

정형곤. 2001. 『체제전환의 경제학』. 청암미디어.

정흥모. 2001. 『체제전환기의 동유럽 국가 연구: 1989년 혁명에서 체제전환으로』. 오름.

진승권. 2003. 『동유럽 탈사회주의 체제개혁의 정치경제학』. 서울대학교출판부.

조한범. 2005. 『러시아 탈사회주의 체제전환과 사회갈등』. 통일연구원.

트로츠키, 레온. 2001. 『인민전선 비판』. 김명수 옮김. 풀무질.

Auers, Daunis. 2015. *Comparative Politics and Government of the Baltic States: Esoronia, Latvia and Lithuania in the 21st Century*. Palgrave MacMillan.

Graham, H. & P. Preston (ed.). 1987. *The Popular Front in Europe*. Macmillan Press.

Kornai, Janos. 1992. *The Socialist System: The Political Economy of Communism*. Princeton University Press.

Norgaard, Ole & Lars Johannsen. 1999. *The Baltic States after Independence*. 2nd edition. (Studies in Communism in Transition). Edward Elgar Publishing, Inc.

Misiunas, Romuald J. & Rein Taagepera. 1993. *The Baltic States: Years of Dependence, 1940~1990*. University of California Press.

Uhlin, Anders. 2006. *Post-Soviet Civil Society: Democratization in Russia and the Baltic States*. Routledge.

Estonica: Encyclopedia about Estonia. "1985-1991: Restoration of independence". http://www.estonica.org/en/History/1985-1991_Restoration_of_independence/

제7장

발트의 민주화와 민족 건설

에스토니아와 라트비아의 투표행동 비교

정동준
(서울대학교 통일평화연구원 선임연구원)

1
서론

라트비아의 수도 리가 시내의 한복판에는 어느 곳에서나 볼 수 있게끔 눈에 띄는 한 여신상이 서있다. 제1차 세계대전 이후 라트비아의 독립을 얻기 위해 싸우다 순국한 군인들을 기리기 위해 세워진 라트비아의 자유기념비(The Freedom Monument)이다. 라트비아의 흔한 여성형 이름인 밀다(Milda)라는 애칭으로 불리는 여인이 구리로 만들어진 세 개의 별을 쥐고 있는 이 동상은 라트비아의 자유와 독립을 상징하는 건축물로, 리가 및 라트비아의 랜드마크로 자리매김하며 여러 사람들이 찾는 관광명소가 되고 있다. 그런데 흥미로운 것은, 리가를 둘로 가르고 있는 다우가바 강을 중심으로 이 동상의 맞은편에는 소련군이 제2차 세계대전에서 나치 독일군을 상대로 승리한 것을 기념하는 소련군 전승기념비(The Soviet Victory Monument)가 서 있다는 점이다.

라트비아의 독립을 상징하는 건축물과, 라트비아를 식민 지배했던 소련의 승전을 기념하는 건축물이 일직선상으로 서로 마주하고 있다는 사실은 매우 흥미롭다. 더욱이 이 두 장소에서는 매년 봄, 서로 반대되는 성격의 집회가 열리고 있다. 아래의 사진과 같이 매년 3월에는 다우가바 강 동쪽의 자유기념비에서 제2차 세계대전 중 라트비아군이 소련군을 상대로 거둔 승리를 기념하는 라트비아인들의 집회가 열리고, 5월에는 강 서쪽의 소련군 전승기념비에서 소련의 제2차 세계

* 본 장은 『현대정치연구』 제10권 제1호(2017년)에 게재된 필자의 논문, “라트비아와 에스토니아의 민족 건설과 소수인종 보호: 유권자들의 투표행동을 중심으로”를 일부 수정한 것이다.

출처: http://defendinghistory.com/summary-coverage-march-16th-2014-waffen-ss-march-riga/64760

출처: http://www.bbc.com/news/world-europe-27800878

〈그림 7-1〉 자유기념비에 모인 라트비아계(위)와 전승기념비에 모인 러시아계(아래)

대전 승리를 기념하는 러시아계 라트비아인들의 집회가 열리는 것이다. 강을 사이에 두고 열리는 이 두 집회는 라트비아의 인종적 분열을 상징적으로 나타내 주는 행사라 할 수 있다.

1991년 소련의 붕괴와 함께 라트비아와 에스토니아와 같이 러시아계 인구 비중이 높은 나라들[1]에서는 민주주의로의 체제전환과 함께 민족적 정체성의 회복을 통한 국가 건설이 중요한 국가적 과제로 떠올랐다. 역사적으로 늘 외세의 침략에 시달리며 다른 서구 강대국들과 달리 민족국가의 건설에 실패해 온 이들에게, 독립 이후 민족 정체성을 확립하고 이를 바탕으로 국가를 건설하는 것은 민주화 못지않게 중요한 과제였다. 하지만 이러한 민족 건설(nation building)의 과제는 소련 식민지배의 과거사 청산 문제와도 연관되면서 국내에 거주하는 러시아계에 대한 차별로 이어졌고, 이는 이후 이들 국가의 민주주의 발전 및 EU와의 관계에서도 부정적인 방향으로 작용하게 되었다.

하지만 아직까지도 매년 서로를 겨눈 집회가 열릴 정도로 인종적으로 분열되어 있는 라트비아와 달리, 에스토니아에서는 시간이 지나면서 점차 러시아계에 대한 차별이 완화되는 쪽으로 정책과 법 개정이 이루어졌고, 정치적으로도 인종 이슈가 국정의 핵심 아젠다에서 멀어지면서 민족 정체성의 회복과 소수인종 보호, 더 넓게 말해 민족 건설과 민주주의라는 이중적 과제를 비교적 성공적으로 해결해 가고 있다. 이는 반러시아 민족주의를 표방하는 극우정당이 선거에서 참패를 거듭하다가 2000년대 후반에 와서는 에스토니아의 정치 지형에서 거의 사라지게 된 예를 통해 잘 드러난다. 반면 라트비아에서는 체제전

---

1 정경택(2013)의 조사에 따르면, 소련 해체 직전인 1989년 인구조사 결과 14개의 연방공화국 중 라트비아와 에스토니아의 러시아계 인구 비율은 각각 34%(90만 6,000명)와 30%(37만 3,834명)으로, 37.8%의 카자흐스탄에 이어 가장 높은 비율을 보였다.

환 초기에 수립된 차별적 조항과 정책들이 큰 변화 없이 유지되고 있고, 정당들은 계속해서 인종 문제를 국가적 쟁점으로 삼으면서 자신들의 정치적 목적을 달성하기 위한 정쟁의 도구로 삼고 있다. 이로 인해 민족주의적 극우정당과 러시아계 정당이 지속적으로 유권자들의 지지를 얻고 있으며, 국민들 사이에서도 서로 다른 인종에 대한 적대적 감정이 사그라들지 않고 있다.

그렇다면 무엇이 이러한 양국의 차이를 낳았을까? 인구, 지리, 정치경제적 상황 등 구조적인 요인들은 양국이 차이보다는 공통점이 많기에 이들의 차이를 설명하기 위한 요인으로는 적합하지 않다. 따라서 기존의 연구들은 행위자의 측면에서, 그중에서도 주로 정치 엘리트의 관점에서 양국의 차이를 설명하고자 하였다. 더 구체적으로 양국의 민족주의적 극우정당과 이를 둘러싼 정당제도의 차이를 중심으로 두 나라를 비교·분석하는 연구들이 주를 이루고 있다. 이렇듯 기존의 연구들은 주로 위에서 아래로의 관점에서 행위자의 행태를 분석하는 데 초점을 두고 있다. 하지만 반대로 아래에서 위로, 즉 시민의 차원에서 얼마나 인종적 균열이 일어나고 있는지, 그래서 이러한 균열이 얼마나 양자의 차이로 이어졌는지에 대한 관심은 상대적으로 부족했다. 이러한 부족을 채우고자 본 연구에서는 시민들 사이에서 인종 문제가 얼마나 그들의 정치공간을 나누고 있는지, 특히 유권자들의 투표행동에서 인종 이슈가 얼마나 결정적인 영향력을 미치는지를 분석함으로써, 시민 수준에서 양국의 차이를 설명해 보고자 한다. 이를 통해 민족 건설과 민주주의라는, 일견 양립불가능해 보이는 문제를 해결하기 위해 정치엘리트와 시민들 중 어느 행위자의 역할이 더 중요한 열쇠를 지니고 있는지에 대해 생각해 보도록 하겠다.

본 장은 다음과 같이 구성된다. 먼저 다음 절에서는 인종 문제에서 라트비아와 에스토니아가 지난 20여 년간 서로 어떻게 다른 길을 걸어왔는지를 살펴보도록 하겠다. 그 후 이론적 논의를 통하여 민족 건설과 민주주의의 발전이라는 두 과제를 왜 병행하기 어려운지를 살펴본 후, 양국의 차이를 설명하는 기존의 연구들을 정당정치를 중심으로 정리해 보겠다. 이후 본 장이 수행하고자 하는 분석의 방법 및 자료, 변수들을 소개한 후 일련의 분석을 통한 결과를 도출해 내도록 하겠다. 글의 말미에는 이렇게 얻어진 결과를 바탕으로 양국의 차이를 낳은 요인이 무엇인지 논하고, 이러한 결과가 인종 이슈에서 정치엘리트와 시민의 책임에 대해 어떠한 함의를 주고 있는지 생각해 보겠다.

2
양국 인종정책의 차이

인종 문제에서 양국의 차이를 가장 잘 보여주는 것은 역시 양국에 거주하는 러시아계에 대한 법과 제도가 얼마나 차별적인지를 비교해 보는 것이다. 러시아계에 관한 법 중 가장 대표적인 법으로는 시민권법(citizenship law)과 언어법(language law)을 들 수 있다. 먼저 시민권법의 제정은 공산주의 붕괴 이후 독립을 맞이한 동유럽 국가들에게 가장 핵심적인 이슈였다. 한 나라의 정치체 안에서 어디까지를 시민으로 볼 것인지를 규정하는 문제는 민주주의의 필수요소인 정치공동체(political community)를 형성함에서 기본적인 요소일 뿐만 아니라,[2] 이들 나라가 당면한 국가 건설(state-building)의 과제를 위해서도 선결되어야 할 일

2 Kjetil Duvold & Sten Berglund, "Democracy between Ethnos and Demos: Territorial Identification and Political Support in the Baltic States", *East European Politics and Societies and Culture*, Vol. 28, No. 2(2014), pp. 341-365.

이었다.[3] 이러한 점에서 시민권법에 대한 논의는 에스토니아와 라트비아 양국 모두에서 독립을 이룬 직후 일제히 진행되었다.

먼저 라트비아의 경우, 1990년 여름부터 시민권법 제정에 대한 논의가 시작되었고 이를 위해 설립된 최고위원회(Supreme Council)에서는 1991년 10월, 과거 소련에 합병되었던 1940년 6월 17일 이전에 라트비아의 국민이었던 자와 그들의 자녀에게만 시민권을 부여하는 매우 제한적인 초안을 내놓았다.[4] 이로 인해 당시 시민권을 얻지 못하는 사람은 소련 시기에 라트비아에 이주했던 러시아계를 포함하여 70만 명에 달했다.[5] 법안은 이에 더하여 시민권 획득을 원하는 자들에게 5년 이상의 라트비아 거주, 높은 수준의 라트비아어와 헌법, 국가, 역사에 대한 지식, 그리고 라트비아에 대한 충성 서약 등 매우 까다로운 귀화 요건을 제시하였다.[6] 또한 매년 새로이 시민권을 획득하게 될 귀화 인원을 기존 인구의 0.1%로 제한하는 쿼터 시스템을 도입하여, 사실상 귀화를 통한 새로운 시민의 유입을 억제하였다. 이러한 법안은 당시 EC(European Community, 유럽공동체)와 OSCE(Organization for Security and Cooperation in Europe, 유럽안보협력기구) 등의 권고를 통해 일부 수정되기는 하였으나, 기본적인 차별 조항들은 개선되지 않은 상황에서 1994년 6월 21일, 의회를 통과하게 되었다.

이후 쿼터 시스템은 집단에 따라 우선순위를 두고 순차적으로 귀

---

3 Michael Mann, *The Sources of Social Power, Vol. II: The Rise of Classes and Nation-States*(Cambridge UP, 1986).

4 정경택, "라트비아의 언어정책과 민족 간 갈등 연구", 『슬라브어 연구』 제17권 2호(2012), 237-256쪽.

5 Judith G. Kelley, *Ethnic Politics in Europe: The Power of Norms and Incentives* (Princeton University Press, 2004).

6 언어 검증에 대한 두려움 또는 실패로 인해 시민권을 얻지 못한 무국적자들은 2010년 현재 총 인구의 12.5%(34만 4,000명)에 달하고 있다. 정경택, 앞의 글, 251-252쪽.

화의 기회를 제공하는 창구 시스템(window system)으로 완화되고, 이 또한 수차례의 논의 끝에 1998년의 국민투표를 통해 폐지됨으로써 귀화의 기회가 확대될 수 있는 계기가 마련되었다. 하지만 여전히 다른 제한적인 조항들은 남아 있었고, 관련 조항을 완화시키려는 노력들은 민족주의적 우파정당들의 격렬한 반대에 부딪혀 번번이 무산되었다.[7] 이후 시민권법은 한동안 개정되지 않고 유지되어 오다가 2012년, 러시아계 극우정당인 민족동맹(National Alliance)과 러시아계 온건정당인 화합중심(Harmony Center)이 주축이 되어 러시아어를 나라의 제2공용어로 삼기 위한 국민투표를 발의함으로써 다시 도마 위에 오르게 되었다. 비록 국민투표는 반대로 끝났지만 이 사건을 통해 라트비아 사회 내부에 축적되어 온 인종적 갈등이 표면화되었고, 이에 위기를 느낀 라트비아계 주류 정당들은 오히려 민족주의적 색채를 강화하는 방향으로 시민권법 개정에 착수하였다. 그 결과 2013년 5월 9일 개정된 시민권법에서는 국가 건설이 라트비아인을 중심으로 진행됨을 강조하는 용어가 사용되고, 성인의 귀화 기회를 더욱 제한하는 등 인종적 차별이 한층 강화되었다.[8]

언어법은 시민권법과 함께 인종문제에서 가장 중요한 법안 중 하나이다. 1997년과 1998년에 라트비아의 수상을 역임한 크라스츠(Guntars Krasts)는 민족주의를 강조하는 극우정당인 'TB/LNNK'[9] 소

7 Li Bennich-Björkman & Karl Magnus Johansson, "Explaining moderation in nationalism: Divergent trajectories of national conservative parties in Estonia and Latvia", *Comparative European Politics*, Vol. 10, No. 5(2012), pp. 585-607.

8 Ivars Ijabs, "After the Referendum: Militant Democracy and Nation-Building in Latvia", *East European Politics and Societies and Culture*, Vol. 30, No. 2(2016), pp. 288-314.

9 1997년 조국과 자유당(For Fatherland and Freedom; TB)과 민족독립운동(National Independence Movement, LNNK)의 합병으로 생겨난 정당으로, 체제전환 이후 라트비아의 1세대 극우정당이라 할 수 있다.

속으로, 기존의 언어법을 더욱 민족주의적으로 만들기 위한 논의에 착수하였다. 이어진 1998년 선거에서 TB/LNNK를 포함한 정당연합이 정권을 잡게 되면서 라트비아의 언어와 문화를 보존하는 것을 국가의 가장 우선적인 정책으로 삼았고, 이에 따라 민족적 차별성이 강화된 언어법 개정안이 1999년 7월 8일 통과되었다.[10] 개정된 언어법에는 모든 공공기관뿐 아니라 사적 기구와 조직의 근로자들까지도 공용어인 라트비아어를 알고 사용해야 하며, TV와 라디오에 러시아어 등 소수 언어의 사용을 금지하고, 지방의회를 포함한 모든 공적 정치공간에서 공용어만을 사용하도록 하는 등, 러시아계에 매우 차별적인 조항들이 포함되었다.[11] 또한 2004년에는 모든 공립 초등학교에서 교육의 60% 이상이 라트비아어로 진행되어야 한다는 법이 제정되었다.

에스토니아 역시 체제전환 초기에는 라트비아와 비슷한 수준의 제한적인 시민권법과 언어법을 제정하여 민족적 정체성을 확립하려 하였으나, 시간이 갈수록 국내외적 정치환경의 변화에 따라 차별적 조항들을 점차 완화해 갔다.[12] 1992년 제정된 에스토니아의 시민권법은 라트비아와 마찬가지로 1940년 이전의 에스토니아 시민과 그의 후손들에게만 시민권을 인정해 주었고, 이는 수많은 무국적자들과 무국적 아동(stateless children)을 양산하였다. 하지만 계속되는 EU와 OSCE 등의 국제적 압박과 1995년 집권한 중도적 연합정부의 정책으로 소수인종에 좀 더 관용적인 자세를 취하게 되면서 1998년 10월, 무국적 아동에게 부모의 신청에 따라 시민권을 부여하도록 법 개정이 이루어졌

---

10 Kelley, *op. cit.*

11 Duvold & Berglund, *op. cit.*; 정경택, 앞의 글.

12 Bennich-Björkman & Johansson, *op. cit.*; Ryo Nakai, "The Influence of Party Competition on Minority Politics: A Comparison of Latvia and Estonia", *Journal on Ethnopolitics and Minority Issues in Europe*, Vol. 13, No. 1(2014), pp. 57-85.

다.[13] 이러한 조치에 대하여 EU는 "에스토니아의 법 개정은 시민권과 관련된 OSCE의 권고를 충족하였고, EU가 제시한 원칙에도 부합하였다"며 높이 평가하였다.[14]

언어법과 관련해서는 에스토니아 역시 전환 초기에 민족주의적 성향을 강화하는 방향으로 가고자 하였다. 1995년 2월 제정된 언어법은 에스토니아어만을 국어로 인정하고 러시아어의 사용은 인정하지 않았고,[15] 민족주의적 정당인 조국당 연합(Pro Patria Union)이 발의하여 1999년 2월 통과된 개정안은 그 차별적 내용을 한층 강화하여 공적 영역뿐 아니라 사적 영역의 근로자들까지도 에스토니아어 사용을 의무화하였다.[16] 하지만 국제 세력의 강력한 권고와 EU 가입을 위한 이행요건(conditionality) 준수 등으로 법의 실질적인 집행은 연기되었고, EU 가입이 자신들에게 더 유리할 것으로 판단한 중도 정당들의 지지에 힘입어 2000년 6월, 사적 영역에서의 언어 제한 조항을 삭제하는 법 개정을 통과시켰다.[17] 이러한 법 개정은 역시 EU와 OSCE로부터의 찬사를 이끌어냈다.[18]

이처럼 에스토니아와 라트비아는 소수인종 문제와 관련하여 전환 초기 비슷한 법과 정책을 추진하였으나, 90년대를 지나면서 그 결과는 사뭇 다른 방향으로 진행되었다. 즉, 에스토니아는 시간이 갈수록 국제적 기준에 부합하는 쪽으로 소수인종의 권리를 보호하는 법안들이 마련된 반면, 라트비아는 상대적으로 민족적 순수성을 강화하

---

13 Nakai, *Ibid*.

14 Kelley, *op. cit*., p. 108.

15 정경택, "에스토니아의 언어정책의 영향 연구", 『슬라브어 연구』 제18권 2호(2013), 167-184쪽.

16 Kelley, *op. cit*., pp. 100-101.

17 Nakai, *op. cit*.

18 Kelley, *op. cit*., p. 103.

는 방향으로 차별적인 조항들이 계속하여 유지되고 있는 것이다. 이러한 정책적 차이는 양국의 2004년 EU 가입 이후에도 지속되어 오늘날까지 이르고 있다.[19] 그렇다면 이러한 양국의 차이를 가져온 요인들은 무엇인가? 이에 대해서는 이어지는 절에서 좀 더 자세히 논하도록 하겠다.

3 이론적 논의

1) 민주화와 민족 건설

공산주의 붕괴 이후 민주화의 바람이 분 동유럽 국가들에서는 이전에 그들이 경험하지 못한 새로운 가치와 제도가 생겨나기 시작했다. 국가의 의사결정과정에서 최대한 다양한 사회 구성원들의 이해관계가 반영되어야 함을 의미하는 정치적 다원주의(political pluralism)와 함께 이를 제도적으로 보장해 주는 여러 법적 장치와 정당, 그리고 공정하고 경쟁적인 선거 등이 그것이었다.[20] 사회적 소수자들의 권익을 보호하는 것 역시, 이러한 다원주의적 관점에서 민주주의 정부가 갖추어야 할 핵심 과제 중 하나라 할 수 있다. 특히 다양한 인종으로 구성된 사회일수록, 이들의 인종적 정체성을 보호하고 사회적 권리를 지켜주는 것이 중요한 정책적 과제가 된다. 이러한 점에서 EU 역시 동유럽 국가들을 회원국으로 받아들이기 위한 이행요건 중 하나로 소수인종 보호를 제시하기도 하였다.

19 Bennich-Björkman & Johansson, *op. cit.*; Nakai, *op. cit.*

20 Dan Koev, "Interactive party effects on electoral performance: How ethnic minority parties aid the populist right in Central and Eastern Europe", *Party Politics*, Vol. 21, No. 4(2015), pp. 649-659.

이렇게 민주주의의 규범적 요구와 국제적 압력으로 인해 소수인종 보호는 동유럽 국가들이 민주화 과정에서 중요하게 해결해야 하는 과제가 되었다. 하지만 소수인 러시아계가 인구의 상당한 비중을 차지하는 라트비아와 에스토니아 같은 나라들에게 이는 그리 간단한 문제가 아니었다. 존스(M. Johns)가 지적하듯, 전간기 시절 잠시 독립 국가를 이룬 것을 제외하고 역사적으로 늘 외세의 침략에 시달렸던 이들에게 민족적 정체성을 확립하는 것은 민주주의를 이루는 것만큼이나 중요한 과제였다.[21] 따라서 이들은 민주적 규범에 따라 소수인종을 보호하는 것과, 자신들만의 민족적 고유성을 확립하여 국가를 건설해야 하는 이중적 과제에 직면하였다.[22]

유럽의 민주주의 역사를 살펴볼 때, 민주국가의 설립 이전에 민족국가(nation-state)의 건설이 있었다. 근대적 국가 건설의 과정에서 통치를 받는 대상, 즉 정치적 의미에서 '우리'와 '남'을 구분하는 민족(nation)을 정의하는 것은 무엇보다 선행되어야 하는 작업이었다.[23] 이러한 민족 건설은 곧 동질적 정체성을 바탕으로 하는 정치공동체의 형성을 의미하는 것으로, 근대 민족국가 형성의 철학적 기반을 제공한 존 스튜어트 밀과 장 자크 루소 등의 고전적 이론가들도 집단적 정체성과 동질적 민족성에 기반한 집단을 중심으로 국가 간의 경계가 정해져야 함을 분명히 하였다.[24] 이러한 정치공동체에 근거하지 않고는

---

21 Michael Johns, "'Do As I Say, Not As I Do': The European Union, Eastern Europe and Minority Rights", *East European Politics and Societies*, Vol. 17, No. 4(2003), pp. 682-699.

22 Duvold & Berglund, *op. cit*.

23 Mann, *op. cit*.; Charles Tilly, *Roads From Past To Future*(Rowman & Littlefield Publishers, 1997).

24 Duvold & Berglund, *op. cit*., pp. 343-344.

국가의 정당성을 확보하기 어려우며,[25] 정당성이 결여된 국가는 그 존속을 담보할 수 없기 때문이다.[26]

여기서 가장 확실하게 민족국가를 건설하는 길은 동일한 인종 집단을 중심으로 국가를 건설하는 일일 것이다. 불확실하고 복잡한 사회 속에서 피아(彼我) 간의 구별을 가능케 해주고, 이러한 구별을 통해 내(內)집단의 정체성을 형성해 주는 가장 확실한 기준 중 하나가 바로 인종이기 때문이다.[27] 하지만 린쯔(J. Linz)와 스테판(A. Stepan)이 지적하듯, 현실에서 이렇게 하나의 동질적 인종을 바탕으로 국가가 형성되는 일은 매우 드물다.[28] 대개의 경우 다양한 인종을 포괄하는 국가가 형성되기 마련인데, 그러한 사회에서는 민족국가를 건설하려는 지도자의 열망과 실제 민족 구성 사이의 간극으로 인하여 국가정당성에 위기가 생길 가능성이 커진다.[29] 물론 그렇다고 정치공동체가 꼭 인종적으로 동질적인 공동체가 되어야만 할 필요는 없다. 라이파트(A. Lijphart)가 말한 합의제적 민주주의(consociational democracy)와 같이 제도적으로 다양한 집단의 참여와 협의가 보장되고 사회적으로도 서로에 대한 관용이 높은 체제에서는, 이질적 집단으로 구성된 사회라 하더라도 동질적 정체성을 지닌 정치공동체를 형성할 수 있는 것이다.[30]

---

25 Juan Linz & Alfred Stepan, *Problems of Democratic Transition and Consolidation: Southern Europe, South America, and Post-Communist Europe*(Baltimore: Johns Hopkins University Press, 1996).

26 Juan Linz, "Crisis, Breakdown, and Reequalibration", Juan Linz and Alfred Stepan (eds.), *The Breakdown of Democratic Regimes*(Baltimore: The Johns Hopkins University Press, 1978), Part I, pp. 1-97.

27 Henry Hale, *The Foundations of Ethnic Politics: Separatism of States and Nations in Eurasia and the World*(Cambridge University Press, 2008).

28 Linz & Stepan, *op. cit*.

29 *Ibid*., p. 26.

30 Arend Lijphart, *Democracy in Plural Societies: A Comparative Exploration*(New Haven: Yale University Press, 1977).

하지만 라트비아의 예에서도 보듯, 다양한 민족 집단을 기반으로 하는 정치공동체의 구성은 현실적으로 쉬운 일이 아니다. 특히 적은 수의 소수인종이 지리적으로 퍼져 있는 경우가 아닌, 주류 민족을 위협할 만큼의 인구를 가진 민족이 집단적으로 모여 있는 경우[31]에 이러한 문제는 더욱 커진다. 라트비아와 에스토니아의 경우는 여기에서 더 나아가, 그러한 러시아계 소수인종이 과거 그들을 식민 지배했던 인종이라는 문제까지 더해진다. 즉 러시아계에 대한 보호가 단순한 소수인종 보호를 넘어 과거사 청산의 문제와도 맞물리는 것이다. 이러한 상황에서 이들 국가에게 민족적 정체성을 확립하고 이를 기반으로 국가를 건설하는 것은 민주국가를 이루기 위한 선결조건이 되었다.[32]

그렇다면 이렇게 이질적 집단으로 구성된 국가에서 민족 건설과 민주화는 함께 할 수 없는 문제일까? 민주화가 시작된 지 어언 30년이 된 지금도 여전히 러시아계와 갈등적 관계에 있는 라트비아의 예를 보면 양자는 마치 양립 불가능한 것으로 보인다. 하지만 반대로 인종적 이슈가 시민의 일상생활에서나 엘리트들의 정치공간에서 큰 균열(cleavage)이 되고 있지 않은 에스토니아의 예를 보면 꼭 그렇다고만은 할 수 없다. 즉, 어떠한 국내외적 환경을 만나는가에 따라, 또 그러한 환경에 행위자들이 어떻게 반응하는가에 따라 다양한 결과를 만들어 낼 수 있는 것이다. 그렇다면 어떠한 요인이 라트비아와 에스토니아의 차이를 만든 것일까?

---

31 소련 시기 산업화 정책으로 많은 러시아인들이 발틱의 도시 지역에 이주해 왔고, 현재까지도 이들 국가의 러시아계는 주로 수도인 리가(라트비아)와 탈린(에스토니아)을 중심으로 거주하고 있다.

32 Duvold & Berglund, *op. cit.*; Ijabs, *op. cit.*

2) 위로부터의 요인: 극우정당과 정당체제

국가 간 비교연구에서 어떠한 결과를 낳게 한 요인으로 먼저 꼽을 수 있는 것은, 그 나라들이 지닌 거시적 · 구조적 요인들을 들 수 있다. 하지만 지난 20여 년간 양국이 보여준 인종 이슈의 차이를 설명함에서 구조적 요인들은 많은 지지를 받지 못했다. 지리적으로 인접한 양국은 많은 정치 · 경제적 거시지표들에서 상당히 유사한 모습을 보여주기 때문이다. 물론 다소간의 차이는 있으나 비슷한 국토 면적과 인구, 비슷한 민족구성,[33] 세속적 루터교가 주를 이루는 종교, 단원제와 의원내각제, 5% 투표율의 의회 진입장벽 등 유사한 정치체제, 비슷한 수준의 경제발전,[34] 그리고 독일과 러시아로부터의 지배 등 역사적 경험까지 공유하고 있다는 점에서 양국의 구조적 요인은 비교적 동질적이라 말할 수 있다. 더욱이 같은 시기 민주화와 EU 가입의 과정을 겪었고, 역시 같은 해에 EU에 가입하는 등 외부의 영향이라는 측면에서도 양국은 특별한 차이를 거론하기가 어렵다. 이러한 이유로 구조적 요인들은 양국의 차이를 설명하기에는 한계가 있는 것으로 여겨진다.[35]

따라서 구조적 요인보다는 행위자 중심의 요인들이 학자들의 주목을 받았는데, 특히 많은 연구들이 정치 엘리트, 특히 정당들의 인종 이슈에 대한 대응과 그들 간의 상호 관계에 초점을 맞추고 있다. 먼저

33 에스토니아의 경우, 2016년 현재 68.8%의 에스토니아인들과 25.1%의 러시아인으로 구성되어 있으며, 라트비아의 경우 2014년 현재 61.6%의 라트비아인과 25.8%의 러시아인으로 구성되어 있다(자료: Wikipedia, 검색일: 2016.10.7).

34 2015년 현재 GDP의 경우, 에스토니아는 227억 달러(current US$), 라트비아는 270억 달러이며, 1인당 GDP의 경우, 에스토니아는 1만 7,295달러, 라트비아는 1만 3,665달러를 기록하고 있다(자료: World Bank 데이터베이스, 검색일: 2016.10.7).

35 Daunis Auers & Andres Kasekamp, "The impact of radical right parties in the Baltic states", Michale Minkenberg(ed.), *Transforming the Transformation?: The East European Radical Right in the Political Process*(Routledge, 2015), pp. 137-154; Nakai, *op. cit*.

일군의 학자들은 민족주의적 극우정당이 정당체제 안에서 어떻게 자신의 이념적 입장을 변화 또는 고수하는지, 그것이 그 나라의 인종 관련 정책과 제도에 어떠한 영향을 미치는지를 중심으로 연구를 진행하였다. 이러한 극우정당에 대한 연구는 주로 정당정치의 역사가 오래된 서유럽 국가들을 중심으로 진행되어 왔다.[36] 서유럽의 경우 1960년대 이후 경제발전과 중산층의 성장, 교육 신장 등으로 탈물질주의적(post-materialistic) 가치를 지닌 진보 세력이 성장하게 되었고, 이에 대한 정치적 반작용으로 법과 질서, 민족적 순수성과 전통적 가치를 중시하는 극우세력이 등장하였다.[37] 이렇게 '가치'의 변화로 인한 이념적 양극화의 산물로 극우정당이 등장하게 된 서유럽과 달리, 동유럽 극우정당의 출현은 갑작스러운 공산주의의 붕괴와 민주화에 따른 '제도'의 변화로 설명될 수 있다.[38] 즉, 민주화로 인해 정치적 다원주의가 제도화되면서, 특히 민족적 이슈에 대해 보수적 가치를 지닌 집단들이 극우정당의 이름 아래 집결하게 된 것이다. 또한 2000년대 이후 EU와 난민수용에 반대하는 세력들이 극우정당의 주요 지지기반이 되고 있는 서유럽과 달리, EU 가입으로 대부분 혜택을 보면서 난민문제가 상대적으로 중요하지 않은 동유럽에서는 내부적 인종문제를 중심으로 극우정당의 이념과 노선이 형성되었다.[39]

이러한 극우정당을 어떻게 정의할 것인지와 어떠한 정당을 극

---

36 Trevor Allen, "All in the party family? Comparing far right voters in Western and Post-Communist Europe", *Party Politics*, DOI: 10.1177/1354068815593457(2015); Koev, *op. cit.*; Cas Mudde, *Populist Radical Right Parties in Europe*(Cambridge University Press, 2007).

37 Alexandra Cole. "Old Right or New Right? The Ideological Positioning of Parties of the Far Right", *European Journal of Political Research*, 44(2005), pp. 203-230.

38 Koev, *op. cit.*

39 Allen, *op. cit.*

우정당으로 분류할지에 대해서는 학자들마다 의견이 상이하다. 많은 논의들 중 이 글의 주제와 관련된 동유럽의 극우정당에 대한 연구들만을 살펴보면, 먼저 부스티코바(Lenka Bustikova)는 문화이론가인 메리 더글라스(Mary Douglas)가 개발한 고전적인 사회조직의 분류틀인 집단(group)과 조직망(grid)을 사용, 민족주의(nationalism)와 보수주의(conservatism)라는 두 가지 관점에서 극우정당을 분류하였다.[40] 즉, 얼마나 민족적 순수성을 정책의 우선순위로 삼고 있는지, 그리고 얼마나 보수적·권위주의적 가치관을 지향하는지에 따라 이 두 가지 측면에서 극단적일수록 극우적 색채를 가지게 되는 것이다.[41] 코에프(Dan Koev)는 극우정당의 성격을, 얼마나 자민족이 중심이 되어 외국인에 대해 배타적 태도를 가지는지를 의미하는 토착주의(nativism), 사회를 순수한 대중과 부패한 엘리트로 이분하고 이에 따라 대중의 반관료적 정서를 자극하여 인기영합적인 모습을 보이는 포퓰리즘(populism), 그리고 사회의 법과 질서를 개인의 권리와 선호에 우선하는 권위주의(authoritarianism) 등으로 정의하였다.[42] 민켄버그(Michael Minkenberg)는 극우세력을 '정치적, 사회경제적, 문화적 전환기에 내집단과 이집단의 구분을 강조함으로써 그러한 전환에 반대하는 집단'으로 규정하였다.[43] 그에 따르면 극우세력은 다른 모든 가치보다 민족주의를 내세우며 민족적 동질성을 추구한다. 또한 극우집단이 꼭 민주주의에 반대하

40 Bustikova Lenka, "Revenge of the Radical Right", *Comparative Political Studies*, Vol. 47, No. 12(2014), pp. 1738-1765.

41 부스티코바의 극우정당에 대한 이론적 논의와 기존 문헌의 유럽 극우정당 분류에 대한 정리는 그의 2014년 논문과 온라인 부록을 참고하길 바란다.

42 Koev, *op. cit.*

43 Michael Minkenberg, "Profiles, patterns, process: Studying the East European radical right in its political environment", Michale Minkenberg(ed.), *Transforming the Transformation?: The East European Radical Right in the Political Process*(Routledge, 2015), pp. 27-56.

는 것은 아니지만, 개인주의와 보편주의를 반대한다는 점에서 다원적 민주주의(pluralistic democracy)와는 반대되는 입장을 취한다고 보았다.

이러한 개념적 분류에 따라 라트비아와 에스토니아의 극우정당을 살펴보면, 먼저 라트비아의 경우 오늘날의 현대적 극우정당은 1980년대 말부터 형성되기 시작한 민족주의적 반(反)소련 독립운동에 기초하고 있다. 민족주의 세력을 규합하여 1989년 설립된 시민의회(the Citizen's Congress)는 이후 라트비아 극우정당인 조국과 자유당(TB)과 민족독립운동(LNNK)의 모태가 되었다.[44] 이 두 정당은 90년대 연합정부에 주요 구성원으로 참여하며 라트비아 전환 초기에 러시아계를 차별하는 시민권과 언어 정책을 마련하는 데 큰 영향을 미쳤고, 1997년 하나의 정당으로 합병한 후 성명을 통하여 "우리는 라트비아인의 라트비아를 원한다"고 말하며, 소련 시절 러시아 이민자들의 본국 송환을 정부에 촉구하기도 하였다.[45] 2000년대에는 젊은 층과 미디어를 통해 성장한 극우세력인 라트비아를 위하여(All for Latvia!, LV!)가 2006년 정당 등록을 통해 정치세력으로 성장하였고, TB/LNNK와 연합하여 민족동맹(National Alliance)을 구성, 2011년 연합정부의 일원이 되는 데 성공하였다. 이들은 연정의 인종 정책에 큰 영향을 미쳤는데, 자신의 민족주의적 정책이 받아들여지지 않을 경우 연정에서 탈퇴하겠다고 최후통첩을 하는 등 적극적인 영향력을 행사하였다.[46]

에스토니아의 경우, 전환 초기 극우정당인 에스토니아 민족독립당(Estonian National Independence Party; ENIP)이 에스토니아의 민족주의적 인종 정책 마련에 기여하였다. 하지만 90년대 들어 민족독립당에

44 Auers & Kasekamp, *op. cit*.
45 Bennich-Björkman & Johansson, *op. cit*.
46 Auers & Kasekamp, *op. cit*.

대한 지지는 점차 약화되었는데, 이러한 상황을 타개하기 위해 온건적 우파정당인 조국당(Pro Patria)과 합병, 조국당 연합(Pro Patria Union)을 구성하기도 하였으나 지지율 하락을 막기에는 역부족이었다. 특히 1990년대 후반 들어 에스토니아의 정당체제가 제도화되고 소수의 주류정당만이 선거에서 살아남게 되면서 극우정당의 정치적 입지는 더욱 줄어들게 되었다.[47] 정당 내부적으로도 조국당 연합은 1999년 연정에 참여하면서 자신의 이념적 색채를 좀 더 온건하고 중도적인 방향으로 바꾸어 나갔다.[48] 특히 조국당 연합은 2006년 온건 정당인 공화당(Res Publica)과의 합병을 통해, 더 이상 극우정당으로 분류되지 않을 정도로 자신의 민족주의적 색채를 희석시켰다.[49]

이러한 양국 극우정당의 차이는 선거 결과에서 더욱 분명하게 나타나는데, 〈표 7-1〉에서 보듯 지난 20여 년간 라트비아의 극우정당은 에스토니아 극우정당에 비해 득표율 및 연합정부 참여에서 훨씬 더 성공적인 모습을 보이고 있다. 이를 통해 양국 극우정당이 보인 정치적 성과의 차이가, 적어도 일정 부분 양국 인종 정책의 차이로 이어졌음을 알 수 있다.

그렇다면 왜 양국의 극우정당은 이렇게 다른 정치적 운명을 맞게 된 것일까? 양국 극우정당의 정치적 성과에 대한 차이 역시 구조적 요인으로는 설명하기 어렵다. 유럽 극우정당을 연구한 머드(Cas Mudde)는 근대화, 사회경제적 위기, 인구 구성 등 거시적 요인들이 이들의 정

47 *Ibid*.

48 Bennich-Björkman & Johansson, *op. cit*.

49 Lenka Bustikova, "Revenge of the Radical Right", *Comparative Political Studies*, Vol. 47, No. 12(2014), pp. 1738-1765 참조. 나이에 따라 〈표 7-1〉에 나타난 2007년 이후의 극우정당의 선거 성과에 '조국당과 공화당 연합'(Pro Patria and Res Publica Union)의 득표율은 포함되지 않았다. 2003년 선거에서 에스토니아 독립당(EIP)만이 얻은 득표율은 0.5%였다.

〈표 7-1〉 라트비아와 에스토니아 극우정당의 선거 성과

라트비아				에스토니아			
선거	극우정당	득표율,%	정권	선거	극우정당	득표율,%	정권
1993	TB, LNNK	18.7	야	1992	ENIP	8.8	여
1995	TB, LNNK	18.3	여	1995	Pro Patria Union	7.9	야
1998	TB/LNNK	14.7	여	1999	Pro Patria Union	16.1	여
2002	TB/LNNK	5.4	여	2003	Pro Patria Union, EIP*	7.9	야
2006	TB/LNNK, LV!	8.5	여	2007	EIP*	0.2	야
2010	National Alliance	7.8	야	2011	EIP*	0.4	야
2011	National Alliance	13.9	여	2015	EIP+CPPE**	8.3	야
2014	National Alliance	16.6	여				

* EIP: Estonian Independence Party
**CPPE: Conservative People's Party of Estonia
출처: Wikipedia, IPU Parline Electoral Database.

치성과를 설명하는 요인들의 한 축이 된다고 말한다.[50] 하지만 이러한 요인들은 유럽 전체의 극우정당을 설명하기에는 적합할 수 있으나, 거시지표 면에서 공통점이 많은 라트비아와 에스토니아 간의 차이를 설명하기에는 한계가 있다. 이보다는 머드가 제시한 또 다른 축인 정당체제와 정당 간 경쟁의 측면으로 양국의 차이를 설명할 수 있을 것이다. 양국의 극우정당에 대한 기존연구 또한 주로 정당체제 안의 정당 간 관계와 동학으로 그 차이를 설명하고 있다.

먼저 양국의 공산주의 붕괴 이후 정당체제의 분화 과정을 간략히 살펴보면, 라트비아의 경우 위에서 언급한 바와 같이 1980년대 구소련의 체제가 위기를 맞으면서 내부적으로 민족주의적 운동이 싹트기

50 Mudde, *op. cit.*

시작했고, 독립 이후 TB와 LNNK 등의 극우정당들이 이러한 세력을 정치적으로 동원하면서 1990년대 초반의 선거에서 의석을 확보해 나갔다. 이에 대항하여 러시아계 인종은 시민권 확대를 주장하는 민족화합당(National Harmony Party)을 중심으로 모이게 되었고, 이러한 양 극단 사이에 수많은 정당들이 중도적 성향을 대변하며 라트비아의 정치지형을 구성해 갔다. 라트비아의 독립운동 세력과 망명 지식인들을 중심으로 한 라트비아의 길(Latvian Way)과 시장경제로의 이행을 당의 우선적 가치로 삼은 민주중도당(Democratic Centre Party) 등이 여기에 포함되었다. 실제로 독립 후 첫 민주적 선거인 1993년의 의원선거에서 경쟁에 참여한 정당은 총 23개였고, 이 중 의석을 차지한 정당만 8개에 달했다. 이러한 라트비아의 정치공간은 이후에도 정당 간의 수많은 이합집산을 거듭하며 파편화되기 시작하였다.

나카이 료(Nakai Ryo)는 이러한 정당체제의 파편화(fragmentation)가 라트비아 극우정당의 성공 요인으로 작용하였다고 말한다. 즉, 라트비아의 정당체제가 여러 정당으로 파편화되어 있고 특히 많은 수의 정당들이 중도적 입장에 모여 있다 보니, 중도정당들은 그들이 공통적으로 기반하고 있는 사회집단으로부터 표를 얻기 위해 경쟁하게 되었고, 이러한 가운데 상대적으로 극우정당의 목소리가 힘을 얻게 되었다. 즉, 여러 정당들이 비슷한 이념을 공유함에 따라 지지층이 겹치다 보니, 정당 간 경쟁이 과열되었고 전략적으로 인종 문제를 정쟁의 도구로 사용하게 되었다는 것이다.[51] 이러한 분위기에서 어느 정당이 조금이라도 러시아계 인종을 보호하는 입장을 취하면 상대 정당들은 이를 이슈화하여 정치적으로 공격하였다. 일례로 1995년 선거에서 가

51 Nakai, *op. cit.*, pp. 65-66.

장 많은 득표율을 기록하며 연정에 참여하기까지 한 라트비아 민주당(Democratic Party "Saimnieks")은, 이후 시민권법의 차별적 조항을 완화하는 정책을 지지하다가 연정 내 다른 정당으로부터 거센 비판을 받았고 이로 인해 다음 선거에서는 단 하나의 의석도 차지하지 못하는 몰락을 겪었다.[52] 또한 군소정당이 난립하다 보니 연합정부의 구성이 어려워지고, 연정에 참여하는 극우정당은 연정 탈퇴를 무기 삼아 인종 이슈에서 자신들의 목소리를 더욱 크게 낼 수 있었다.

반면 에스토니아의 경우, 1990년대를 지나면서 정당체제가 제도화되었고, 각 사회집단을 대표하는 몇 개의 정당으로 정치세력들이 수렴하면서 자신만의 지지층을 가지게 됨으로써 인종 등의 이슈를 둘러싼 불필요한 정쟁이 줄어들게 되었다. 먼저 독립 이후 첫 선거인 1992년 선거에서는 라트비아와 마찬가지로 많은 수의 정당들이 선거에 참여하고 경쟁하였지만,[53] 이러한 정당들은 점차 자신이 표방하는 이념적 노선을 분명히 하며 차별화된 지지기반을 가지게 되었다. 좀 더 구체적으로 우파 성향의 정당으로는 조국당과 공화당 연합(Union of Pro Patria and Res Publica)의 경우 민족주의 노선을 기반으로 극우적 에스토니아 유권자의 지지를 결집하였고, 친시장경제를 표방하는 에스토니아 개혁당(Reform Party)은 중산층과 고학력자, 도시지역의 직장인들을 기반으로 삼았다. 좌파 성향의 경우, 중앙당(Centre Party)은 노년층과 도시지역, 그리고 저학력층과 러시아계를 지지기반으로 확보해 나간 반면, 사회민주당(Social Democratic Party)은 젊은 층과 지방, 고학력

---

52 *Ibid.*, p. 66.

53 총 31개의 정당이 17개의 연합을 구성하여 선거에 출마하였고, 이 중 9개의 정당(연합)이 의석을 차지하였다(출처: https://en.wikipedia.org/wiki/Estonian_parliamentary_election_1992).

층으로부터 정치적 지지를 얻으며 성장하였다.[54] 이렇듯이 각각의 정당은 자신만의 뚜렷한 지지기반을 확보하며 발전하였고, 1990년대 후반부터 정당과 사회집단 간의 연계가 뚜렷해지면서 정당체제가 제도화되었다. 이러한 가운데 인종 문제는 EU 가입과 경제 개혁 등 다른 중요한 사안에 밀리게 되었고, 점차 국가의 주요 정치적 쟁점에서 사라져 갔다.[55]

이러한 정당체제의 제도화와 더불어 극우정당의 정치적 성과를 러시아계 정당과의 관계에서 살펴본 연구들이 있다. 베니치-비요르크만(Li Bennich-Björkman)과 요한슨(Karl M. Johansson)은 역사적 과정에서 라트비아의 경우 제2차 세계대전 이전부터 라트비아에 들어와 거주하기 시작한 러시아계의 비중이 에스토니아보다 높은 점에 주목하였다.[56] 이들 러시아계는 독립 이후 획득한 시민권과 투표권을 바탕으로 민족화합당(National Harmony Party), 연합 라트비아 인권당(For Human Rights in United Latvia) 등의 좌파정당을 지지하였고, 이들이 선거에서 많은 의석을 차지하는 데 중요한 역할을 하였다. 하지만 역설적으로 이러한 러시아계 정당의 성공은 라트비아계 민족과 극우정당을 자극하는 결과를 낳았다. 이들의 성공에 위협을 느낀 라트비아계 정당들이 인종 이슈를 정치적으로 부각시키면서 라트비아의 인종적 분열이 더욱 심화된 것이다. 코에프(Koev) 역시, 러시아계 정당의 정치적 승리가 라트비아 내부의 민족정서를 자극하였고, 극우정당은 이를 사회적 위협으로 선전하며 정치적 전략으로 이용하였다고 주장했다.[57] 그는 17개 동유럽 국가들의 국회의원 선거를 통계적으로 분석

54 Nakai, *op. cit.*, p. 67.

55 Auers & Kasekamp, *op. cit.*

56 Bennich-Björkman & Johansson, *op. cit.*

57 Koev, *op. cit.*

하여 러시아계 정당이 더 많은 표를 얻을수록, 그리고 연합정부에 참여할수록 극우정당의 지지 또한 올라감을 발견하였다. 부스티코바(Bustikova) 역시, 극우정당은 러시아계 정당의 정치적 성공에 대한 반격으로 인종차별적 입장을 오히려 강화함으로써 자신의 정치적 입지를 상대적으로 공고히 한다고 하였다.[58] 이상의 논의를 종합해 볼 때, 라트비아 극우정당의 부상은 상대적으로 높은 러시아계 시민의 비율과 이들의 지지로 인한 러시아계 정당의 정치적 성공에 대한 반작용으로 설명할 수 있다.

3) 아래로부터의 요인: 시민들의 정치적 선택

이처럼 소수인종 정책에 대한 라트비아와 에스토니아의 차이를 정당 엘리트를 중심으로, 즉 위에서 아래로의 관점으로 설명하려는 시도는 많은 학자들에 의해 이루어져 왔다. 하지만 일반시민의 입장에서 얼마나 인종이 그들을 분열시키는 요인이 되는지를 살펴본 연구는 많지 않다. 라트비아와 에스토니아를 대상으로 시민 차원의 인종적 균열을 살펴본 연구들은 주로 뉴 발틱 바로미터(New Baltic Barometer, 이하 NBB), 월드 밸류 서베이(World Value Survey, 이하 WVS), 그리고 유로피안 소셜 서베이(European Social Survey, 이하 ESS)와 같은 국가 간(cross-national) 태도분석 설문조사를 사용하여, 자신의 인종적 정체성이 어디에 있는지, 그리고 어떤 정당을 선호하는지 등의 문항을 기술적(descriptive)으로 분석하였다. 구체적으로 듀볼트(Kjetil Duvold)와 버글런드(Sten Berglund), 베니치-비요르크만과 요한슨 등은 NBB 설문 결과를 바탕으로, 에스토니아 시민이 라트비아 시민보다 인종정체성을

58 Bustikova, *op. cit.*

국가정체성에 더 많이 우선한다는 역설적 결과를 발견하였다.[59] 이는 위에서 언급하였듯이, 라트비아의 러시아계 민족들은 더 오랫동안 라트비아에서 살아 와서 라트비아에 대한 동화(assimilation)가 더 활발히 일어났기 때문이다. 하지만 이러한 정체성에 대한 인식과 달리 정당에 대한 선호는 양국이 다른 양상을 보였다. 베니치-비요르크만과 요한슨의 같은 연구와 나카이의 연구 등에 따르면, 자신의 인종적 정체성에 따라 정당에 대한 선호를 갖는 경향이 에스토니아보다 라트비아에서 더 두드러지게 나타났다.[60] 이러한 상반된 조사결과를 토대로 이들은 양국의 극우정당과 소수인종 정책의 차이가 시민 수준의 분열보다는 엘리트 차원의 정치적 전략과 동원에서 비롯된 것이라고 주장하였다. 즉, 라트비아의 사례에서 보듯 시민들 사이에서는 정체성에 대한 인식이 인종 간에 큰 차이가 나지 않음에도, 정치인들이 인종을 주된 정치 쟁점의 하나로 이슈화시키고 이에 대해 온건한 입장을 보이는 정당에 대해서는 정치적 공세를 폄으로써 극우정당들의 정치적 기반을 강화했다는 것이다.

하지만 이러한 연구들은 모두 일부 설문조사 결과에 대한 기술적 분석만을 했을 뿐 정치적 선택에 영향을 미치는 다른 요인을 함께 고려하지 못한 한계를 지닌다. 더욱이 이들의 분석은 주로 정당에 대한 '선호'에 초점을 맞추고 있어 유권자들의 실제 투표행동에 인종 변수가 어떠한 영향을 미치는지를 정확히 파악하기 어렵다. 민주주의의 핵심이자, 자신의 이익을 대변할 것으로 여기는 대표자를 직접 선출하는 선거에서 어떠한 선택을 하는지가 진정 그 시민의 선호를 나타낸다고 볼 수 있기 때문이다. 특히 정당에 대한 선호는 이러한 투표행동에 영

59 Duvold & Berglund, *op. cit.*; Bennich-Björkman & Johansson, *op. cit.*

60 Nakai, *op. cit.*

향을 미치는 수많은 요인 중 하나에 불과하다는 점에서,[61] 어떠한 요인이 유권자의 선택에 영향을 미치는지를 보는 것이 시민들 사이의 정치적 균열을 좀 더 정확하게 관측할 수 있는 방법이 될 것이다. 또한 여러 정당 중 일부 극우정당과 러시아계 정당에 대한 선호만으로 그 나라 시민이 얼마나 인종에 따라 나뉘는지를 판단하기는 어렵다. 특정 인종을 대표하는 것을 주요 강령으로 하는 정당이 해당 인종으로부터 배타적 지지를 얻는 것은 당연한 일이기 때문이다. 따라서 이를 가지고 인종이 그 사회의 정치공간을 나누고 있는 주요한 기준이 된다고 단정지을 수는 없다.

이러한 고려에 따라 본 연구에서는 유권자들의 일반적인 투표행동에서, 즉 인종 정당을 포함한 주류 정당들 간의 선택에서 인종이 얼마나 중요한 요인으로 작용하는지를 분석하고자 한다. 만일 라트비아 유권자들의 선택에서는 인종이 중요한 영향을 미친 반면 에스토니아 유권자들에게서는 미미한 영향력을 보였다면, 정치 엘리트뿐 아니라 시민 사이에서 나타나는 인종적 균열 역시 양국이 보인 민족 건설과 소수인종 정책의 차이에 기여하였다고 말할 수 있을 것이다. 이 경우 정당 엘리트뿐 아니라 시민 차원에서도 어떻게 서로 다른 집단 간의 사회적 통합과 관용의 정신을 높일 수 있을지에 대한 고민이 이루어져야 할 것이다. 하지만 그 외의 다른 경우라면, 즉 양국 모두에서 인종의 영향력이 강한 것으로 나타나거나, 양국 모두에서 미미하게 나타나거나, 혹은 라트비아에서는 약한 영향력을 보인 반면 에스토니아

---

61 Angus Campbell, et al., *The American Voter*(Wiley, 1960); Russell J. Dalton, *Citizen Politics: Public Opinion and Political Parties in Advanced Industrial Democracies*, 5th edition(CQ Press, 2008); Russell J. Dalton, "Ideology, Partisanship, and Democratic Development", Lawrence LeDuc, et al.(eds.), *Comparing Democracies: Elections and Voting in the 21th Century*(SAGE, 2010).

에서는 강한 영향력을 가지는 것으로 나타난다면, 오늘날 양국의 차이는 시민 사이의 균열의 결과라기보다는 정치인들의 정치적 전략으로 인한 결과라 말할 수 있을 것이다.

이러한 가설들을 바탕으로 다음 장에서는 라트비아와 에스토니아 유권자들의 정당선호와 투표행동에 미치는 요인들을 비교·분석함으로써, 시민 수준의 정치적 선택이 양국의 노선에 어떠한 영향을 미쳐 왔는지를 살펴보도록 하겠다. 이를 통하여 지난 20년간 민족 건설과 소수인종 보호 사이에서 양국이 다른 길을 걷게 된 원인이 어디에 있는지를 좀 더 종합적으로 분석해볼 수 있을 것이다.

4 분석 방법

분석을 위해 사용할 자료는 CSES(Comparative Study of Electoral Systems)의 국가 간 선거데이터로 2010년의 라트비아와 2011년의 에스토니아 자료를 중점적으로 분석하였다. 2010년과 2011년은 라트비아와 에스토니아 양국에서 극우정당에 대한 지지가 극명하게 갈라진 지점으로, 본 연구 주제에 적합한 시기라고 할 수 있다. 물론 라트비아의 극우정당인 민족동맹은 2010년 선거 이후 정당 간의 협상에서 밀려 일시적으로 연립정부에 참여하지 못하였으나, 바로 뒤이은 2011년의 선거에서 다시 연립정부에 참여, 여당 지위를 회복하였다. 반면 에스토니아의 경우, 극우정당인 에스토니아 독립당이 2007년 선거에 이어 2011년에도 소수점의 득표율을 기록하며 정치적 영향력을 거의 상실하게 되었다. 따라서 이렇게 양국 극우정당의 성적표가 극명하게 갈리는 두 시점에서 인종이 투표행동에 미친 영향력을 비교함으로써, 양국에서 시민 차원의 인종적 분열이 얼마나 일어나고 있는지를 살펴볼 수 있을 것이다. 물론 더 다양한 시기를 통시적으로 분석하는 것이 제일 바람직하겠으나 현 시점에서 활용할 수 있는 국가 간 설문자료가 제한되어 있으므로[62] 부득이하게 한 시점에서만 분석을 진행하도록 하겠다.

연구방법으로는 시민의 투표행동에서 인종 이슈가 다른 변인들을 통제한 후에도 얼마나 큰 영향력을 갖는지를 보려 한다는 점에서 다변인 회귀분석을 실시하도록 하겠다. 라트비아와 에스토니아 같은 다당제 국가에서 유권자들의 정당 선택을 분석하기란 쉽지 않다. 미국이나 영국 같은 양당제의 경우, 둘 중 어느 정당을 선택하였는지를 이원적(binary) 종속변수로 만들어 분석하면 되지만, 다당제의 경우 선택지가 여러 개이기 때문에 개별 정당을 선택한 요인들을 하나의 모델을 통해 분석할 수 없기 때문이다. 이러한 점에서 선택지 간의 일련의 짝을 동시에 분석하여 그러한 비교집단 간의 선택에서 독립변수가 갖는 영향력을 살펴보는 다항로짓(multinomial logistic) 분석을 시행하도록 하겠다. 더 구체적으로는, 양국의 투표행동에 대한 다항로짓 분석을 실시한 후, 각 비교집단에 대한 인종 변수의 포괄적인 영향력이 유의미한지를 LR(Likelihood-Ratio) 검정을 통하여 살펴볼 것이다.

구체적으로 변수의 구성을 보면, 유권자들이 지난 선거에서 어떤 정당에 투표하였는지를 종속변수로 삼았다. 다항로짓 분석의 특성상 종속변수의 선택지가 너무 많으면 결과의 해석에 무리가 따른다는

62 동유럽을 대상으로 하는 국가 간 비교설문인 Consolidation of Democracy in Central and Eastern Europe, Central and Eastern Euro-barometer, New Democracies Barometer 등은 모두 1990년대 체제전환 초기만을 대상으로 하여 최근의 변화를 포착하고 있지 못하고, 전 세계를 대상으로 오랜 기간 시민들의 태도와 가치의 변화를 정기적으로 분석하고 있는 World Value Survey/European Value Survey의 경우에는 본 분석의 핵심변수라 할 수 있는 인종에 관한 질문이 해당 사례들에 이루어지지 않아 분석을 실시할 수 없었다.

점에서 설문 결과 5%가 넘는 응답률을 보인 정당들만을 선택지에 남겨 항목변수(categorical variable)로 만들었다. 라트비아의 경우, 화합중심(Harmony Centre), 통일당(Unity), 녹색당(Union of Greens and Farmers), 좋은 라트비아를 위하여(For a Good Latvia), 그리고 민족동맹 중 하나를 선택한 응답자들만이 샘플에 포함되었다. 에스토니아는 조국당과 공화당 연합, 사회민주당, 개혁당, 중심당 등 총 4개 정당이 분석대상에 포함되었다. 각 정당에 대한 투표와 짝을 이룰 집단으로는 투표하지 않은 응답자들을 삼았다. 즉, 본 분석은 투표하지 않은 응답자들을 비교집단으로 삼아, 투표한 사람들은 이들에 비해 어떠한 기준으로 각자의 정당을 선택한 것인지를 보는 것이라 할 수 있다.

유권자들의 선택에 영향을 미쳤을 것으로 생각되는 독립변수로는, 먼저 본 분석의 핵심인 인종 변수를 들 수 있다. CSES 설문에서는 응답자가 어느 인종에 속하는지를 직접적으로 묻는 대신, 가정에서 주로 사용하는 언어가 무엇인지를 묻고 있다. 인종을 구분하는 주요 기준 중 하나가 언어이고, 특히 라트비아/에스토니아의 경우 주류인 라트비아계/에스토니아계와 소수인 러시아계가 사용하는 언어를 기준으로 구분된다는 점에서, 본 분석에서는 응답자의 모국어를 인종을 나타내는 대안 변수로 사용하였다. 거의 모든 응답자가 라트비아어/에스토니아어 또는 러시아어, 둘 중 하나를 사용한다고 응답하였기에, 러시아어를 사용하는 사람은 1로, 라트비아어/에스토니아어를 사용하는 사람은 0으로 코딩하였다. 만일 인종적 구분이 시민의 투표행동에 중요한 요인으로 작용했다면, 해당 변수는 통계적으로 유의미한 영향력을 가지게 될 것이다.

다음으로는 기존 연구를 통해 유권자의 투표행동을 결정하는 것으로 알려진 일련의 요인들을 통제변수로 삼았다. 먼저 다운스(Anthony Downs)의 고전적 투표이론인 공간이론(spatial theory)에 따르면, 유권자들은 자신의 이념적 입장과 가장 가까운 정당에 투표한다.[63] 자신의 이념적 입장에 가장 가까운 정당이 당선되는 것이 자신에게 가장 이로운 정책적 결과를 가져다줄 것으로 기대하기 때문이다. 이러한 이념적 입장은 여러 가지 이슈에 걸쳐 다양하게 나타날 수 있지만, 개별 이슈에 대한 입장들을 포괄하는 '슈퍼 이슈(super issue)'인 좌우의 단차원적 스펙트럼이 유권자의 일반적인 이념을 측정하는 지표로 널리 사용되고 있다.[64] CSES 역시 유권자의 이념적 성향을 극단적 진보(0점)부터 극단적 보수(10점)까지의 11점 척도로 측정하고 있다. 라트비아와 에스토니아에서는 러시아계에 대한 지지가 진보적 입장을, 반러시아 혹은 주류 민족에 대한 정체성을 강조하는 것이 보수적 입장을 나타낸다는 점에서, 반러시아계 정당에 대해서는 양의 관계가, 러시아계 정당에 대해서는 음의 관계가 나타날 것으로 예상해 볼 수 있다.

투표행동을 분석하는 또 다른 요인으로는 정당 혹은 후보자의 능력을 들 수 있다. 일반적으로 유권자가 중요하다고 생각하는 정치경제 영역에서 얼마나 정당 또는 정부가 성공적인 정책적 성과를 보이는지가 투표 결정에 중요한 영향을 미친다는 것이다.[65] 캠벨 등의 미시간학파들의 고전적 투표행동 이론인 '인과성 깔때기(Funnel of causality)'를 보더라도 유권자들의 선택에서 가장 직접적인 영향을 미치는 요인은 현재 나라가 처해 있는 정치경제적 상황이다. 즉, 현 정부가 추진해 온 일련의 정책들이 얼마나 효과적이었는지가 유권자들의 투표행

---

63 Anthony Downs, *An Economic Theory of Democracy*(Harper, 1957).

64 Dalton(2010), *op. cit*.

65 David Sanders, et. al., "Downs, Stokes and the Dynamics of Electoral Choice", *British Journal of Political Science*, Vol. 41, No. 2(2011), pp. 287-314; Donald E. Stokes, "Spatial Models of Party Competition", *American Political Science Review*(1963), pp. 368-377; Donald E. Stokes, "Valence Politics", Dennis Kavanagh(ed.), *Electoral Politics*(Clarendon Press, 1992), pp. 141-164.

동을 가장 가까이서 결정짓는 요인이 된다는 것이다.[66] 이러한 점에서 본 분석에서도 정부의 정책성과에 대한 전반적인 평가를 변수로 삼아 모델에 포함하였다. 정부에 대한 평가를 묻는 질문은 매우 나쁘다(1점)에서부터 매우 좋다(4점)까지의 4점 척도로 구성되어 있다. 정부에 대해 긍정적으로 평가할수록 당시 연합정부를 구성하고 있는 정당들[67]에 투표할 확률이 더 증가할 것으로 예상할 수 있다.

이처럼 유권자의 선택에 직접적인 영향을 미치는 정부 평가와 이념적 입장 외에, 조금 먼 거리에서 시민들의 정치행동에 영향을 미치는 요인들이 있는데 가장 대표적으로 정당일체감을 들 수 있다. 정당일체감이란 "특정 정당에 대한 장기적, 감정적, 심리적 동일시"[68]를 의미하는 개념으로 계층, 지역, 종교, 인종 등 자신이 속한 사회적 집단을 기반으로 형성된다. 이러한 정당일체감은 복잡하고 어려운 정치현실을 더 쉽게 받아들일 수 있는 인지적 지름길(short cut)의 역할을 해줌으로써,[69] 시민의 정치적 태도와 행동에 큰 영향을 미치는 것으로 알려져 있다.[70] 본 분석에서는 응답자가 어떠한 정당에 가깝게 느끼는

---

66 Angus Campbell, et al., *The American Voter*(Wiley, 1960).

67 라트비아의 경우 2010년 선거 당시 정부를 구성하고 있는 정당은 통일당, 좋은 라트비아를 위하여, 녹색당, 민족동맹이고, 에스토니아의 경우에는 에스토니아 개혁당, 조국당과 공화당 연합, 그리고 사회민주당이 연립 정부에 참여하고 있는 정당이었다.

68 Campbell, et. al., *op. cit.*, 6장.

69 Phillips W. Shively, "The Development of Party Identification among Adults: Exploration of a Functional Model", *American Political Science Review*, Vol. 73, No. 4(1979), pp. 1039-1054.

70 Larry M. Bartels, "Partisanship and Voting Behavior, 1952~1996", *American Journal of Political Science*, Vol. 44, No. 1(2000), pp. 35-50; Campbell, et. al., *op. cit.*; Dalton(2008), *op. cit.*; Dalton(2010), *op. cit.*; Mark N. Franklin, et. al., *Electoral Change: Responses to Evolving Social and Attitudinal Structures in Western Countries*(Cambridge University Press, 1992); Pippa Norris, *Electoral Engineering: Voting Rules and Political Behavior*(Cambridge University Press, 2004); David Sanders, "Party identification, economic perceptions, and voting in British General Elections, 1974~97", *Electoral*

지를 묻는 CSES의 설문을 사용하여, 종속변수에 포함된 각각의 정당에 대해 가깝게 느끼고 있다면 1을, 그렇지 않다면 0의 값을 갖는 일련의 더미 변수들을 만들었다.

이러한 정당일체감보다 더 근본적으로 개인의 정치행동과 태도를 결정하는 요인으로 그 사람이 속한 사회집단 및 여러 인구통계적 특성을 들 수 있다. 본 분석에서는 인종 변수 외에 나이, 성별, 교육수준 및 거주지 특성(도시 혹은 농촌 지역) 등의 인구통계적 변수를 분석에 포함하였다.

5
분석 결과

본격적인 회귀분석에 앞서 양국의 주류 인종인 라트비아/에스토니아계와 소수인 러시아계, 두 집단이 얼마나 서로 다른 정당에 투표하였는지를 〈표 7-2〉에 정리하였다. 먼저 라트비아의 경우 인종에 따른 투표 선택이 확연히 다르게 나타남을 알 수 있다. 민족화합당(National Harmony Party), 라트비아 사회당(the Socialist Party of Latvia)과 같은 진보적 색채를 띠는 정당들의 병합을 통해 만들어진 화합중심은, 2010년의 조사에서 총 184명의 러시아계 응답자 중 84%에 달하는 154명이 투표한 것으로 나타났다. 즉, 라트비아 내 러시아계의 이익을 대변하는 정당이 러시아계 집단의 절대적인 지지를 얻은 것이다. 반면 이러한 화합중심에 대항하는 주류 중도보수 정당들의 연합인 통일당은

Studies, Vol. 22, No. 2(2003), pp. 239-263.

〈표 7-2〉 인종 집단에 따른 정당의 선택

라트비아 2010년 의원선거				에스토니아 2011년 의원선거			
정당	라트비아계	러시아계	합계	정당	에스토니아계	러시아계	합계
통일당	239	8	247	에스토니아 중심당	55	116	171
화합중심	38	154	192	에스토니아 개혁당	161	2	163
녹색당	147	8	155	사회민주당	154	9	163
민족동맹	54	0	54	조국당과 공화당 연합	150	6	156
좋은 라트비아를 위하여	35	14	49				
합계	513	184	697	합계	520	133	653

* 피어슨 카이제곱=409.8, p-value<0.000　　* 피어슨 카이제곱=322.8, p-value<0.000

대부분 라트비아계의 선택을 받은 것으로 나타났다. 특히 극우정당인 민족동맹의 경우, 단 한 명의 러시아계 응답자로부터도 선택받지 못해 인종에 따른 투표행동의 차이를 더욱 뚜렷이 보여주고 있다.

이러한 양상은 에스토니아의 2011년 선거에서도 비슷하게 나타났다. 비록 유일하게 극우정당으로 분류된 에스토니아 독립당이 워낙 적은 응답률(0.1%)로 분석에 포함되지는 않았지만, 과거 극우정당의 명맥을 이으며 대표적인 보수정당으로 활동 중인 조국당과 공화당 연합은 대부분의 득표가 에스토니아계 응답자로부터 나온 것(156명 중 150명)으로 조사되었다. 이는 에스토니아와 러시아계 응답자 수의 차이(520명 대 133명)를 감안하더라도 매우 치우친 수치라 할 수 있다. 이러한 패턴은 에스토니아 개혁당과 사회민주당에서도 유사하게 나타났다. 에스토니아 개혁당은 과거 극우정당이었던 조국당에서 분리되어 나온 정당이라는 점에서 친에스토니아계 입장을 공유하고 있고, 사회민주당 역시 외적으로 사회주의적 정강을 표방하는 것과는 달리 실질적으로는 우파정당하고만 연립정부를 구성해 온 보수적 색채의 정당이다. 조사 결과, 두 정당은 러시아계 응답자의 선택은 거의 받지 못한 반면, 에스토니아계 응답자로부터는 절대적인 지지를 얻은 것으로 나타났다. 이와는 반대로, 푸틴이 지휘하는 러시아의 지배정당인 통합러시아(United Russia)와 2004년 상호협정을 맺을 정도로 친러 성향을 보이는 에스토니아 중심당은 러시아계 응답자의 절대다수(133명 중 116명)로부터 선택을 받았다. 이와 같이 인종에 따른 투표행동의 차이는 라트비아와 에스토니아 양국 모두에서 두드러지게 관찰되었다. 이러한 주류 인종과 러시아계 집단 사이의 차이는 통계적으로도 유의미한 것으로 나타났는데, 피어슨 카이제곱 검정(Pearson chi-square test) 결과 두 선거 모두에서 인종집단과 투표선택은 서로 독립적이라 할 수 없다는 결과가 나왔다.

하지만 이 같은 결과는 인종이라는 하나의 요인만을 가지고 분석한 것으로, 위에서도 언급한 바와 같이 개인의 투표에 영향을 미치는 요인들은 이 외에도 여러 가지가 있다. 이러한 제3의 요인들을 함께 고려하지 않을 경우, 자칫 의사관계(spurious relationship)의 오류에 빠질 수 있다.[71] 이러한 점에서 본 연구는 투표행동에 영향을 미치는 여러 개인적 요인들을 동시에 고려한 다변인 다항로짓 분석을 실시하였다. 양국 모두에서 러시아계를 대변하는 정당이 하나씩(화합중심과 에스토니아 중심당) 포함되었기 때문에 해석의 편의상 해당 정당을 선택한 응답자들을 각 모델의 비교집단으로 삼았다.[72] 친러시아계 정당이 비교기준이 되었으므로 러시아계 유권자의 경우 다른 정당을 선택할 확률이 낮아질 것으로, 즉 인종 변수가 음의 영향력을 가질 것으로 예상해

---

71 Janet Buttolph Johnson, et al., *Political Science Research Methods*, 6th edition(CQ Press, 2008), pp. 123-126.

72 어느 집단을 비교집단으로 삼는지는 본 분석의 가장 중요한 부분이라 할 수 있는 LR 검정의 결과에는 영향을 미치지 않는다.

볼 수 있다.

먼저 〈표 7-3〉에 정리된 라트비아의 다항로짓 분석 결과를 살펴보면, 예상대로 인종 변수는 모든 정당의 선택에서 음의 계수를 가지는 것으로 나타났다. 그리고 이러한 영향력은 민족동맹에 대한 선택을 제외하고는 모두 통계적으로도 유의미하였다. 즉, 러시아계 집단에서 화합중심이 아닌 다른 정당에 투표할 확률이 유의미하게 줄어든 것이다. 인종 외에 다른 변수들의 영향력을 살펴보면, 전반적으로 인구통계적 변수들이 유의미한 영향력을 갖지 못한 반면, 기존의 연구들에서 투표행동을 결정하는 것으로 알려진 이념, 정부평가, 정당일체감 등의 요인들은 모두 유의미한 영향력을 보였다. 이념의 경우, 주류 인종에 대한 지지가 통상 우파적 성향과 연결된다는 점에서, 우파적 입장을 가질수록 화합중심이 아닌 다른 정당에 투표할 확률이 높아지는

〈표 7-3〉 2010년 라트비아 의회선거에서 유권자들의 투표행동에 대한 다항로짓 분석

변 수	통일당 vs. 화합중심	녹색당 vs. 화합중심	좋은 라트비아 vs. 화합중심	민족동맹 vs. 화합중심
나이	0.01	0.00	0.00	0.02
여성	0.59	0.63	-0.14	-0.02
교육수준	-0.03	-0.05	-0.02	0.06
도시거주	0.01	0.33	0.06	0.16
정부평가	0.82***	0.88***	0.15	0.87**
이념 성향	0.35***	0.22**	0.22**	0.58***
정당일체감(통일당)	3.44***	-0.24	0.92	0.88
정당일체감(녹색당)	0.82	4.55***	0.88	0.38
정당일체감(좋은 라트비아를 위하여)	-1.02	-0.65	26.95	-0.98
정당일체감(민족동맹)	17.72	18.02	-1.02	20.00
러시아계	**-3.84*** **	**-3.53*** **	**-1.76*** **	**-17.67*** **
상수항	-3.54***	-3.10**	-1.90	-7.01***
응답자 수: 570명				
Log Likelihood=-429.16				

양측검정, *** p–value<0.01, ** p–value<0.05, * p–value<0.1

것으로 나타났다. 정부평가의 경우, 정부에 대해 긍정적으로 평가할수록 화합중심보다는 다른 정당에 투표할 확률이 높아지는 것으로 나타났는데, 이는 당시 화합중심을 제외한 나머지 정당들이 모두 연립정부를 구성하고 있었다는 점에서 납득할 만한 결과라 할 수 있다. 마지막으로 정당일체감의 경우에는, 각 정당에 일체감을 가질수록 해당 정당을 지지할 확률이 매우 강하고 유의미하게 높아지는 것으로 조사되었다. 예를 들어, 통일당을 가깝게 느끼는 사람의 경우 통일당에 투표할 확률이 유의미하게 높아진 반면, 다른 정당에 일체감을 가지고 있는 경우에는 그러한 관계가 나타나지 않았다.[73]

이러한 결과는 〈표 7-4〉의 에스토니아의 경우에서도 비슷하게 나타났다. 즉, 러시아계 집단이 친러시아계인 중심당이 아닌 다른 정당에 투표할 확률이, 에스토니아계 집단에 비해 유의미하게 작은 것으로 나타난 것이다. 이는 라트비아와 마찬가지로 에스토니아에서도 정당의 선택에서 인종이 중요한 변수로 작용하고 있음을 보여주는 것이다. 이러한 인종의 영향력은 다른 변수들을 통제한 후에도 견고하게 나타났다. 에스토니아에서도 라트비아와 마찬가지로 이념, 정부평가, 그리고 정당일체감 등의 요인들이 개인의 투표행동에 강한 영향력을 미치는 것으로 조사되었다. 이념 변수의 경우 대부분의 모델에서 뚜렷한 양의 상관관계를 보였고, 정부평가의 경우에도 비교집단인 에스토니아 중심당을 제외한 모든 정당들이 연립정부에 속해 있었다는 점에서 양의 영향력을 보였다. 특히 연립정부의 중심이라 할 수 있는 개혁당의 선택에서 정부평가가 유의미한 영향력을 갖는 것으로 나타났다. 정

73 좋은 라트비아를 위하여와 민족동맹에서 정당일체감 변수가 유의미한 영향력을 보이지 않은 이유는 두 정당을 가깝게 느끼고 있다고 답한 응답자의 수가 전체 표본 수에 비해 워낙 적었기 때문인 것으로 보인다.

〈표 7-4〉 2011년 에스토니아 의회선거에서 유권자들의 투표행동에 대한 다항로짓 분석

변 수	개혁당 vs. 중심당	조국당/공화당연합 vs. 중심당	사회민주당 vs. 중심당
나이	-0.03***	-0.03***	-0.03***
여성	0.90*	0.23	0.41
교육수준	-0.12	0.16	0.12
도시거주	0.63	-0.36	-0.24
정부평가	1.06***	0.53	0.46
이념 성향	0.35***	0.34***	0.13
정당일체감(개혁당)	4.46***	0.47	-0.19
정당일체감(조국당과 공화당 연합)	0.88	4.70***	1.67
정당일체감(사회민주당)	3.39***	4.00***	5.83***
러시아계	**-5.20*** **	**-4.16*** **	**-4.09*** **
상수항	-3.25**	-2.68**	-0.83
응답자 수: 536명			
Log Likelihood=-319.51			

양측검정, * p–value<0.1 ** p–value<0.05, *** p–value<0.01.

당일체감의 경우에도 마찬가지로 해당 정당에 대한 일체감이 투표행동으로 이어지는 경향을 보였다.

이상의 결과를 종합해 보면, 라트비아와 에스토니아, 양국 모두에서 인종이 개인의 투표행동에 중요한 영향을 미치는 것으로 분석되었다. 이러한 결과를 더 집약적으로 나타내 주는 것이 〈표 7-5〉의 LR 검정이다. LR 검정은 위에서 실시한 다항로짓 분석에 포함된 모든 짝의 선택에서 각각의 독립변수가 갖는 영향력을 종합적으로 검정하는 것으로, 기각되어야 할 귀무가설은 "모든 집단 간 선택에서 해당 변수의 계수들은 0이다"가 된다. 본 검정은 종속변수의 각 항목 간 선택에서 해당 독립변수의 영향력이 얼마나 유의미한지를 보여줌과 동시에, 독립변수들 간 영향력의 상대적 크기를 비교해 주는 유용한 분석이다. 분석 결과, 양국 모두에서 인종 변수가 가지는 영향력은 매우 유의미

〈표 7-5〉 라트비아와 에스토니아 투표행동 결정요인들의 영향력 LR 검정

라트비아 2010년 선거			에스토니아 2011년 선거		
변 수	chi2	P〉chi2	변 수	chi2	P〉chi2
나이	3.69	0.449	나이	5.62	0.132
여성	6.17	0.187	여성	3.62	0.305
교육수준	0.69	0.952	교육수준	9.59	0.022
도시거주	1.06	0.900	도시거주	4.52	0.210
정부평가	12.94	0.012	정부평가	4.89	0.180
이념 성향	26.80	0.000	이념 성향	18.55	0.000
정당일체감(통일당)	73.57	0.000	정당일체감(개혁당)	109.50	0.000
정당일체감(녹색당)	144.07	0.000	정당일체감(조국당과 공화당 연합)	140.42	0.000
정당일체감(좋은 라트비아를 위하여)	64.02	0.000	정당일체감(사회민주당)	123.23	0.000
정당일체감(민족동맹)	31.11	0.000			
러시아계	**116.40**	**0.000**	**러시아계**	**20.93**	**0.000**

* 귀무가설: "모든 집단 간 선택에서 해당변수의 계수들은 모두 0과 같다."

한 것으로 나타났다. 물론 정당일체감이 보이는 통계적 유의미도에는 못 미치지만 이념, 정부평가, 그리고 일련의 인구통계 변수 등 다른 요인들보다 강력한 영향력을 미치는 것으로 나타났다. 즉, 양국 모두에서 인종 변수는 유권자들의 투표행동을 결정하는 중요한 요인으로 작용하고 있다고 말할 수 있다.

6 결론

본 연구는 라트비아와 에스토니아 유권자들의 투표행동을 중심으로, 양국에서 인종 이슈가 얼마나 시민의 정치적 선택을 가르는 기준이 되고 있는지를 비교·분석하였다. 기존의 연구에서는 주로 정치 엘리트의 관점에서 정당들이 얼마나 인종을 정치적 이슈로 삼았는지, 그

것을 가능케 한 정당체제의 특성과 정당 간의 동학은 무엇인지를 설명하였다. 라트비아의 경우, 파편화된 정당체제 안에서 정당들이 계속해서 인종을 정쟁의 도구로 삼음에 따라 인종 정책에서 강경한 입장을 가진 정당들이 선거에서 좋은 결과를 얻게 되었고, 이로 인해 체제전환 초기 세워진 러시아계에 대한 차별적 법과 정책들이 현재까지도 유지되고 있다. 반면, 제도화된 정당체제 아래 인종 정당들의 정치적 입지가 좁아지게 된 에스토니아에서는 인종 이슈가 점차 핵심 쟁점에서 멀어지면서 러시아계에 대한 차별적 조항들이 완화되었다. 이렇게 기존의 연구가 주로 위로부터의 요인을 살펴본 반면, 아래로부터의, 즉 시민의 차원에서 얼마나 인종 이슈가 그들의 정치공간을 나누고 있는 주된 요인이 되는지에 대한 분석은 거의 이루어지지 않았다. 특히 민족주의적 극우정당들의 선거 성과의 차이가 양국의 인종 정책의 차이에 큰 영향을 미쳤다는 점에서, 양국 시민의 투표행동에 인종 변수가 얼마나 큰 영향력을 미치고 있는지를 비교해 보는 것은 매우 의미 있는 분석이라 할 수 있다.

이러한 문제의식에서 출발한 본 논문의 분석 결과, 양국 모두에서 인종은 시민의 투표행동을 결정짓는 중요한 요인이었음이 밝혀졌다. 2010년의 라트비아와 2011년의 에스토니아 의원선거 결과를 CSES의 설문조사 자료를 바탕으로 분석한 결과, 일반적으로 투표행동에 영향을 미치는 것으로 알려진 일련의 변수들을 통제한 이후에도 인종의 영향력은 유의미한 것으로 나타났다. 이러한 결과는 기술적 분석, 카이제곱 검정, 다항로짓 분석과 LR 검정 등 다양한 분석방법을 통해 증명되었다. 이러한 결과를 볼 때, 시민 사이의 인종적 균열은 양국이 지난 20여 년간 보여 온 인종관련 노선의 차이를 잘 설명하지 못한다고 할 수 있다. 라트비아와 마찬가지로 에스토니아 시민 역시 인종이 선거에서 중요한 요인으로 작용하지만, 그들의 정책과 제도는 점차 러시아계를 품는 쪽으로 변해 왔기 때문이다. 따라서 기존의 연구들이 주장한 대로 엘리트 중심의 요인이 양국의 차이를 더 잘 설명한다고 말할 수 있을 것이다.

이러한 결과는 다양한 인종으로 구성된 구소련 국가들의 민주화와 민족 건설에서 정치 엘리트의 역할이 중요함을 보여준다. 에스토니아의 사례에서 보듯, 시민 수준에서 인종이 그들의 정치적 입장을 나누는 균열 요인이 되고 있다 하더라도, 정치인들이 얼마나 인종을 정쟁의 도구로 삼지 않고 소수인종을 보호하는 제도와 정책을 마련하느냐에 더 다양한 사회구성원을 정치공동체의 일원으로 끌어들임으로써, 민족국가 건설과 민주주의라는 이중적 과제를 성공적으로 해결할 수 있는 것이다. 하지만 라트비아와 같이 정당들이 시민 사이의 인종적 반감을 정치적으로 이용하여 선거에서 승리하기 위한 도구로 삼게 되면, 특정 인종에 대한 차별이 제도화되고 이로 인해 인종 간의 골이 더욱 깊어질 수 있는 것이다.

하지만 에스토니아에서도 시민 사이에 인종적 균열이 존재한다는 본 분석의 결과는, 에스토니아의 민족국가 건설이 마냥 탄탄대로만을 걷지는 못할 수 있음을 시사한다. 현재까지는 EU의 효과적인 개입과 정당들의 노력으로 제도적 차원의 인종적 차별은 개선되었지만, 여전히 남아있는 에스토니아계와 러시아계 사이의 감정적 불씨는 언제든지 인종 이슈가 정쟁으로 비화되고 정치적으로 이용될 수 있는 여지를 남기고 있기 때문이다. 이러한 우려는 에스토니아의 2015년 의원선거에서 어느 정도 현실화되었다. 2012년 기존의 극우 잔당세력들을 규합해 만든 에스토니아 민족보수당(Estonian National Conservative Party)은, 모스크바 영사를 지낸 마르트 헬메(Mart Helme)와 그의 아들 마르틴 헬메(Martin Helme)의 강력한 리더십과 조직 정비를 통해 빠르게 성장하였다. 이들은 2007년 '브론즈 솔저 사건'[74] 이후 표면화된 인종적 갈등, 그중에서도 특히 가난한 에스토니아인들의 정치적 소외감을 감정적으로 동원하면서 인종 및 동성결혼, 러시아와의 국경 문제 등에 대해 극우적 발언들을 쏟아냈고, 이를 바탕으로 2013년의 지방선거와 2015년의 의회선거에서 약진하였다.[75]

정리하자면, 민족국가의 건설과 소수인종에 대한 보호는 반드시 양립불가능한 것은 아니다. 인종 문제를 얼마나 정치적으로 이용하지 않고 정당 간의 상호협력을 통해 효과적인 제도를 마련하는가에 따라, 민족 정체성을 회복하는 동시에 소수인종에 대한 차별을 방지해 나갈 수 있는 것이다. 하지만 장기적으로 이 두 과제를 조화시켜 나가기 위해서는 정치권의 노력만으로는 부족하다는 것을 최근의 에스토니아 사례에서 볼 수 있다. 즉, 시민 사이에서 인종 간의 이질감이 뿌리 깊이 자리하고 있는 경우, 언제든지 이것이 수면 위로 떠올라 정치적 문제로 번질 수 있는 것이다. 따라서 정치권의 계속적인 노력과 함께, 시민 차원에서도 어떻게 서로 다른 사람들 간에 이해와 관용의 정신을 기를 수 있을지를 고민하는 것이 민족 건설과 민주주의라는 두 마리 토끼를 잡기 위한 근본적인 방법이 될 것이다.

---

74 2007년 봄, 에스토니아 의회가 수도인 탈린 한복판에 있던 소련군의 2차 세계대전 승리 기념 청동상(브론즈 솔저)을 이전하기로 결정하면서 불거진 에스토니아계와 러시아계 사이의 인종적 갈등을 의미한다.

75 Michael Minkenberg, "Profiles, patterns, process: Studying the East European radical right in its political environment", Michale Minkenberg (ed.), *Transforming the Transformation?: The East European Radical Right in the Political Process* (Abingdon: Routledge, 2015), pp. 27-56.

| 참고문헌 |

정경택. 2012. "라트비아의 언어정책과 민족 간 갈등 연구". 『슬라브어 연구』 제17권 제2호, 237-256쪽.

정경택. 2013. "에스토니아의 언어정책의 영향 연구". 『슬라브어 연구』 제18권 제2호, 167-184쪽.

Allen, Trevor. 2015. "All in the party family? Comparing far right voters in Western and Post-Communist Europe". *Party Politics* DOI: 10.1177/1354068815593457.

Auers, Daunis & Andres Kasekamp. 2015. "The impact of radical right parties in the Baltic states". Michale Minkenberg (ed.), *Transforming the Transformation?: The East European Radical Right in the Political Process*. Routledge, pp. 137-154.

Bartels, Larry M. 2000. "Partisanship and Voting Behavior, 1952-1996". *American Journal of Political Science,* Vol. 44, No. 1, pp. 35-50.

Bennich-Björkman, Li & Karl Magnus Johansson. 2012. "Explaining moderation in nationalism: Divergent trajectories of national conservative parties in Estonia and Latvia". *Comparative European Politics,* Vol. 10, No. 5, pp. 585-607.

Bustikova Lenka. 2014. "Revenge of the Radical Right". *Comparative Political Studies,* Vol. 47, No. 12, pp. 1738-1765.

Campbell, Angus, Philip Converse, Warren Miller, & Donald Stokes. 1960. *The American Voter.* University of Michigan, Survey Research Center, New York: Wiley.

Cole, Alexandra. 2005. "Old Right or New Right? The Ideological Positioning of Parties of the Far Right". *European Journal of Political Research,* 44, pp. 203-230.

Dalton, Russell J. 2008. *Citizen Politics: Public Opinion and Political Parties in Advanced Industrial Democracies*. 5th edition. CQ Press.

Dalton, Russell J. 2010. "Ideology, Partisanship, and Democratic Development".

Lawrence LeDuc, Richard G. Niemi, and Pippa Norris (ed.), *Comparing Democracies: Elections and voting in the 21th century*, SAGE.

Downs, Anthony. 1957. *An Economic Theory of Democracy*. Harper.

Duvold, Kjetil & Sten Berglund. 2014. "Democracy between Ethnos and Demos: Territorial Identification and Political Support in the Baltic States". *East European Politics and Societies and Culture,* Vol. 28, No. 2, pp. 341-365.

Franklin, Mark N., Thomas T. Mackie, & Henry Valen. 1992. *Electoral Change: Responses to Evolving Social and Attitudinal Structures in Western Countries*. Cambridge University Press.

Hale, Henry. 2008. *The Foundations of Ethnic Politics: Separatism of States and Nations in Eurasia and the World*. Cambridge University Press.

Ijabs, Ivars. 2016. "After the Referendum: Militant Democracy and Nation-Building in Latvia". *East European Politics and Societies and Culture,* Vol. 30. No. 2, pp. 288-314.

Johns, Michael. 2003. "Do As I Say, Not As I Do: The European Union, Eastern Europe and Minority Rights". *East European Politics and Societies,* Vol. 17, No. 4, pp. 682-699.

Johnson, Janet Buttolph, H. T. Reynolds, & Jason D. Mycoff. 2008. *Political Science Research Methods*, 6th edition. CQ Press.

Kelley, Judith G. 2004. *Ethnic Politics in Europe: The Power of Norms and Incentives*. Princeton University Press.

Koev, Dan. 2015. "Interactive party effects on electoral performance: How ethnic minority parties aid the populist right in Central and Eastern Europe". *Party Politics* Vol. 21, No. 4, pp. 649-659.

Lijphart, Arend . 1977. *Democracy in Plural Societies: A Comparative Exploration*. Yale University Press.

Linz, Juan. 1978. "Crisis, Breakdown, and Reequalibration". Juan Linz & Alfred Stepan (ed.), *The Breakdown of Democratic Regimes*. The Johns Hopkins University Press, Part I, pp. 1-97.

Linz, Juan & Alfred Stepan. 1996. *Problems of Democratic Transition and Consolidation: Southern Europe, South America, and Post-Communist Europe*. Johns Hopkins University Press.

Mann, Michael. 1986. *The Sources of Social Power, Vol. II: The Rise of Classes and Nation-States*. Cambridge University Press.

Minkenberg, Michael. 2015. "Profiles, patterns, process: Studying the East

European radical right in its political environment". Michale Minkenberg (ed.), *Transforming the Transformation?: The East European Radical Right in the Political Process*. Routledge, pp. 27-56.

Mudde, Cas. 2007. *Populist Radical Right Parties in Europe*. Cambridge University Press.

Nakai, Ryo. 2014. "The Influence of Party Competition on Minority Politics: A Comparison of Latvia and Estonia". *Journal on Ethnopolitics and Minority Issues in Europe,* Vol. 13, No. 1, pp. 57-85.

Norris, Pippa. 2004. *Electoral Engineering: Voting Rules and Political Behavior*. Cambridge University Press.

Sanders, David. 2003. "Party identification, economic perceptions, and voting in British General Elections, 1974-97". *Electoral Studies,* Vol. 22, No. 2, pp. 239-263.

Sanders, David, Harold D. Clarke, Marianne C. Stewart, & Paul Whiteley. 2011. "Downs, Stokes and the Dynamics of Electoral Choice". *British Journal of Political Science,* Vol. 41, No. 2, pp. 287-314.

Shively, Phillips W. 1979. "The Development of Party Identification among Adults: Exploration of a Functional Model". *American Political Science Review,* Vol. 73, No. 4, pp. 1039-1054.

Stokes, Donald E. 1963. "Spatial Models of Party Competition". *American Political Science Review,* pp. 368-377.

Stokes, Donald E. 1992. "Valence Politics". Dennis Kavanagh (ed.), *Electoral Politics*. Clarendon Press, pp. 141-164.

Tilly, Charles. 1997. *Roads From Past To Future*. Rowman & Littlefield Publishers.

제8장

발트3국의 안보 딜레마

우크라이나 사태가 주는 함의

김성철
(서울대학교 통일평화연구원 HK교수)

1
서론

우크라이나 사태 이후, 발트3국은 유라시아 지역에서 가장 안보 불안이 높은 지역 중의 하나로 여겨지고 있다. 에스토니아, 라트비아, 리투아니아 등 3개국은 2004년 NATO와 EU에 가입하여 서구와의 정치, 경제, 안보 등 다양한 분야에서의 협력을 강화해 왔는데, 우크라이나 사태에서 보인 러시아의 군사적, 정치적 개입이 발트 지역에서 재현될 가능성에 대한 우려가 제기되었다. 이 같은 우려는 도널드 트럼프 미국 대통령의 취임과 함께 더욱 커지고 있다. 2016년 7월 트럼프는 선거유세에서 러시아의 발트국가 공격 시 미국이 자동 개입하여 방어할 의무가 있는 것이 아니라고 발언한 바 있고, 2017년 1월 20일 대통령 취임사에서는 미국 우선주의를 주창하면서 미국이 타국의 국방을 지원하면서도 자신의 국경과 국가 안보에는 소홀했다고 과거의 안보국방 정책을 비판하였고 동맹국에 대한 공약의 축소를 강력히 시사했다.[1] 트럼프는 같은 해 5월 NATO 본부를 방문했을 때에도 유사한 발언을 되풀이했다. 그렇지 않아도 NATO의 안보 취약 지대인 발트3국에게 트럼프의 발언은 안보불안을 증폭시키는 결과를 낳았다.

---

* 본 장은 『중소연구』 40권 4호에 게재된 필자의 논문을 바탕으로 하였음.

1 Dan Lamothe, "Donald Trump Cast Doubt on the Baltics' Involvement in NATO. Here's What They Actually Do", *Washington Post*, 2016.7.21. https://www.washingtonpost.com/news/checkpoint/wp/2016/07/21/donald-trump-cast-doubt-on-the-baltics-involvement-in-nato-heres-what-they-actually-do/?utm_term=.dad25cc9ef7f (검색일: 2017.1.22); "Donald Trump Inauguration: President Returns Winston Churchill Bust to Oval Office before Dancing My Way at Inaugural Ball", *The Telegraph*, 2017.1.21. http://www.telegraph.co.uk/news/2017/01/20/president-donald-trump-gets-work-immediately-inauguration-day/ (검색일: 2017.1.22).

지정학적으로 발트3국은 유럽의 주변부이며 오히려 러시아의 중심부인 상트페테르부르크와 모스크바에 근접해 있다. 민족구성 면에서도 러시아계 주민의 비율이 에스토니아 25%(2015년 기준), 라트비아 27%, 리투아니아 6%를 차지하고 이들의 언어·문화적 정체성과 함께 정치·경제·문화 영역에서도 영향력이 잔존하고 있다.[2] 이 글은 우크라이나 사태의 요인을 분석한 후, 이를 바탕으로 발트3국의 안보 딜레마를 분석하고 러시아의 개입 가능성 여부를 분석하는 데 그 목적이 있다.

여기서 말하는 우크라이나 사태란 2013년 11월 빅토르 야누코비치(Viktor Yanukovych) 정권에 대한 유로-마이단 시민저항 및 정권 붕괴, 이듬해 3월 이런 정세를 역전시킨 러시아의 크림반도 합병과정, 그리고 4~5월 전개된 우크라이나 동남부의 도네츠크(Donetsk) 및 루한스크(Luhansk)에서의 분리독립 추진과 내전 발생, 확산 과정에서의 러시아 개입 등 일련의 사건을 말한다.[3] 미국과 유럽 등 서방권은 우크라이나 사태에서 드러난 러시아의 군사·정치적 행위를 국제법 위반이라고 신랄하게 비난하였고, 3단계에 걸친 제재를 통해 압박을 가하는 동시에 민스크 평화프로세스를 통해 사태의 안정화를 위한 노력을 기울였다.[4] 여기서 중요한 사실은 우크라이나 사태는 안보적 측면에서 원상회복 대신에 러시아에 의한 거부할 수 없는 개입(undeniable

2 "Where Putin's Empire Meets the EU", *Spiegel* Online, July 03, 2015. http://www.spiegel.de/international/world/concerns-grow-in-baltics-over-resurgent-russia-a-1041448.html (검색일: 2016.12.9).

3 홍완석, "2014 우크라이나 사태의 국제정치적 함의와 한반도", 『슬라브연구』 30권 2호(2014), 90-91쪽.

4 서방권의 러시아에 대한 경제제재와 평화프로세스의 양면전략에 대한 자세한 논의는 온대원, "우크라이나 사태 이후 유럽의 신안보질서", 『EU연구』 40호(2015), 43-51쪽 참조.

intervention)을 인정해 주는 결과를 초래했다는 점이다. 군사력에 기초한 러시아의 일방적 행위에 대해 NATO는 사실상 아무 대응도 할 수 없었으며, 서방권은 러시아에 경제적 타격을 주는 것 이외에 크림반도 및 도네츠크, 루한스크에 대한 우크라이나의 주권 문제와 관련하여 상황을 번복시킬 수단이나 방법이 없었다.

따라서 우크라이나 사태 이후, NATO와 EU 당국자들은 물론이고 러시아에 인접하거나 영향권하에 있는 국가들은 러시아로부터의 안보 위협을 어느 때보다도 심각하게 느끼게 되었다. 특히 과거 소련의 점령하에 있다가 소련의 해체와 함께 1991년 독립을 쟁취한 에스토니아, 라트비아, 리투아니아 등 발트3국은 우크라이나 사태의 재현을 가장 두려워하면서 경계하고 있다. 이들 국가에게 우크라이나 사태는 반면교사이다.

이 글의 주제인 발트3국의 안보는 단순히 러시아와 이들 국가 간의 관계에 의해 결정되기보다는 러시아 대 NATO-EU 관계에 의해 좌우될 것이다. 한 가지 짚고 넘어갈 것은 우크라이나 사태에 즈음한 러시아와 서방권의 관계에서 입증되었듯이 NATO의 확장과 EU의 동진은 지금까지의 자유주의적 이론 틀이 한계를 보여주었다. 냉전 종식과 함께 자유민주주의를 역사의 종착점이라고 파악한 프란시스 후쿠야마[5]에 이어 국제관계를 설명하는 자유주의 이론가들은 유럽 세력의 동쪽으로의 확장을 당연한 것으로 받아들였다. 특히 존 아이켄베리(G. John Ikenberry)는 NATO가 냉전기에는 유럽에서의 전쟁을 방지하는 제도였으며 냉전 후기에는 이 제도의 확장이 점증하는 수익(increasing returns), 즉 보편적 가치의 전파와 국제질서의 안정을 낳는

5 프란시스 후쿠야마, 이상훈 역, 『역사의 종말』(한마음사, 1992).

다고 주장하였다.[6] 냉전 종식 후 NATO의 확장은 자유주의 이론가들이 주장한 것과는 반대의 결과를 가져왔다.

이 글은 다음과 같이 구성되어 있다. 첫째는 우크라이나 사태의 요인을 분석하는 것으로서, 러시아는 왜 우크라이나에 정치·군사적으로 개입하게 되었는가라는 질문과 관련된다. 둘째는 발트3국의 안보 딜레마로서, 서방권의 동방정책 중에서 러시아 관점에서 위협 요소라고 할 만한 EU 에너지네트워크에의 발트3국 편입과 NATO의 대러시아 억제 정책을 분석한다. 그리고 발트3국에 대한 러시아의 소프트 파워 공세를 분석한다. 셋째는 이상의 분석을 바탕으로 우크라이나 사태의 요인분석에 견주어 본 러시아의 발트 지역에의 개입 가능성을 분석한다.

2 우크라이나 사태와 러시아의 위협 인식

트럼프 미대통령의 취임과 더불어 미국의 NATO에 대한 공약, 특히 NATO 회원국인 발트3국에의 안보 공약이 유지될 수 있을지에 대한 우려가 깊어지고 있다. 중요한 문제는 러시아가 발트3국에 개입하게 될 상황은 무엇인가이다. 우크라이나 사태가 우크라이나-러시아 관계에서 발생했다기보다는 우크라이나를 둘러싼 NATO-EU와 러시아 사이의 경쟁관계에서 발생하였으며, 바로 이 점이 오늘날 발트3국의 안보가 처한 딜레마를 분석하는 데 유용할 것이다. 본 절에서는 우크

6 G. John Ikenberry, *After Victory: Institutions, Strategic Restraint, and the Rebuilding of Order after Major Wars* (Princeton University Press, 2000).

라이나 사태와 관련하여 러시아가 인식하는 위협이 무엇이었으며 어떤 전략적 고려하에 크림반도를 병합하였으며 우크라이나 내전을 지원했는가를 분석한다.

1) "인과의 깔때기"

2014년 2월 우크라이나의 친러시아적 야누코비치 정권이 시민들의 저항에 부딪쳐 붕괴하고 친서방적 과도정권이 들어서자, 3월 크림반도에서는 러시아 귀속여부를 묻는 국민투표가 실시되고 이를 계기로 러시아가 이곳을 전격 합병하였다. 4월부터는 우크라이나 동남부 도네츠크 및 루한스크 주의 러시아계 주민들의 분리독립 주장과 이에 뒤이은 내전 발생으로 근 1만 명의 사망자, 2만여 명 부상자, 120만여 명의 난민이 발생하였다.[7] 일련의 과정에서 러시아는 크림반도와 우크라이나 동남부 지역에 정치적으로 영향력을 행사하였으며, 군사적 동원 및 지원 등 직접적으로 개입하였음은 자명한 사실이다. 이 같은 사태로 말미암아 다른 어느 국가나 지역보다도 발트3국은 가장 큰 안보 위협을 느끼게 되었다. 이들 국가는 즉각적으로 자체 군사력을 강화하기 위한 정책을 추진하는 동시에, NATO의 집단적 안보의 강화, 특히 NATO군의 상주를 요구하여 실현시키기에 이르렀다.

제2의 우크라이나 사태가 발트3국에서 발생할 가능성은 있는가? 이에 답하기 위해서 우선 우크라이나 사태는 왜 발생했는가, 즉 러시아가 국제적 비난과 압력을 예상했을 것임에도 크림반도를 병합하고 우크라이나 내전을 유도했던 요인은 무엇인가를 분석해야 한다. 기존 연구에서 요인에 관한 분석은 크게 4가지로 나뉜다.

---

7 김성진, "러시아의 우크라이나정책과 유라시아주의", 『중소연구』 39권 4호(2016), 246쪽. 사상자 및 난민 수는 2014년 4월부터 2015년 12월까지의 합계이다.

첫째는 존 미어샤이머(John Mearsheimer) 등 현실주의자들의 세력균형 또는 위협균형 분석으로서 러시아의 개입이 NATO의 팽창정책에 기인하며 특히 EU의 동방정책에 대한 위협 및 공포로 촉발되었다고 본다.[8] 둘째는 마이클 맥폴(Michael McFaul), 고상두 등의 주장으로, 러시아의 국내정치가 대외정책의 요인으로 작용한다는 것으로서 푸틴의 정치 성향과 리더십을 강조하거나 국내정치-대외정책의 매개변수로서의 집단, 이념 등을 분석한다.[9] 여기서 우크라이나 내부의 러시아인 디아스포라는 러시아 개입의 유인 요소로 작용한다.[10] 셋째는 러시아의 제국주의적 요소, 또는 푸틴 정권하의 민족주의 팽창으로 보는 분석으로서, 러시아와 유럽은 경쟁과 갈등이 불가피하다는 입장이다. 넷째는 김성진의 주장으로서 유라시아주의 관점에서 문명 대 문명의 충돌에서 러시아의 정체성과 가치가 무시되었으며 우크라이나 사태는 이에 대한 러시아의 대응이라는 분석이다.[11]

이들 다양한 분석들은 각각 일정한 설명력이 있음을 보여주는 동시에 한계도 보여준다. 왜냐하면 러시아의 정체성으로부터 시작해서 정치·군사적 개입이라는 행동 사이에는 일종의 "인과의 깔때기(funnel of causality)"가 존재하기 때문이다.[12] 즉, 러시아의 문명, 가치, 정체성 →

---

8 John Mearsheimer, "Why the Ukraine Crisis Is the West's Fault: The Liberal Delusions That Provoked Putin", *Foreign Affairs* (September/October 2014a), pp. 77-89; Andreas M. Bock, Ingo Henneberg, & Friedrich Plank, "'If You Compress the Spring, It Will Snap Back Hard': The Ukrainian Crisis and the Balance of Threat Theory", *International Journal*, Vol. 70, No. 1(2015), pp. 101-109.

9 Michael McFaul, "Moscow's Choice" of "Faulty Powers: Who Started the Ukraine Crisis?", *Foreign Affairs* (November/December 2014), pp. 170-171; 고상두, "러시아의 우크라이나 사태 개입요인에 관한 내용분석", 『국방연구』 58권 4호(2015), 1-31쪽.

10 김선래, "우크라이나 사태의 발생과 심화 원인으로서 러시아인 디아스포라", 『동유럽발칸연구』 39권 4호(2015), 123-152쪽.

11 김성진, 앞의 글, 268-277쪽.

12 인과의 깔때기는 Angus Campbell, Philip Converse, Warren Miller, & Donald

푸틴하의 민족주의 팽창 및 민족주의 이념의 대중화 → NATO-EU 동진에 따른 위협 인식 및 포위 공포의 상승 → 푸틴의 전략적인 전격 개입 등의 인과 관계가 존재한다. 위에서 언급한 네 가지 분석들은 인과의 깔때기에 놓인 여러 요인들의 일부를 설명한다.

2) 균형의 파괴, 위협의 증대

필자는 현실주의 분석도 앞서 언급한 분석처럼 여러 요인의 일부만을 설명할 뿐이지만 러시아가 NATO-EU와의 관계 속에서 향후 발트3국에 개입할 가능성을 밝히는 데 가장 유용하다고 판단한다. 현실주의는 러시아가 자신의 주변에서 발생하는 NATO-EU의 동진에 의한 세력균형 파괴에 대응해 우크라이나에 개입하는 근원(近源)을 설명한다. 현실주의는 무엇보다도 러시아가 인식하는 세력균형의 파괴, 이와 연관된 위협과 공포를 구체적으로 설명하며, 특히 우크라이나 전체 및 크림반도가 차지하는 지정학적 중요성과 우크라이나 동남부의 민족구성에 따른 러시아의 개입 유인 요인 등을 규명해 준다. 발트국가들이 우크라이나와 유사한 지정학적 특성 및 민족구성의 특성을 지니고 있는 점을 고려한다면 이상과 같은 현실주의가 발트3국의 안보를 분석하는 데 유용해 보인다.

미어샤이머를 중심으로 한 현실주의 학자들의 분석은 이른바 서구의 세 가지 정책 패키지(West's triple package of policies)가 러시아의 위기의식에 기여한 것으로 설명한다. 세 가지는 NATO 확장, EU의

Stokes, *The American Voters* (University of Chicago Press, 1960) 저작으로 대표되는 미시간 학파의 투표행태 연구에서 등장한 개념으로서 사회집단, 가치 등이 정당 정체성에 영향을 미치며 후보자 이미지와 이슈에 대한 의견을 좌우하여 투표행태를 낳는다는 연쇄적 인과관계에 관한 설명이다. 국가의 대외행태도 이 같은 인과의 계기성을 지니고 있다고 보아도 무방하다.

동진, 민주주의 전파이다.[13] 특히 우크라이나에서의 시민 봉기에 의한 친러정권의 붕괴가 러시아에게 주는 위기감은 극도에 달하였다. NATO의 동쪽으로의 확장은, 냉전 후에도 유럽 안보에 기여했다는 자유주의 학자 아이켄베리의 주장과는 정반대로 러시아에게는 위협으로 다가왔다. 자유주의의 주장은 NATO의 확장이 유럽의 안보는 물론 서구-러시아 간의 관계 발전에도 긍정적인 것으로 평가하였고, 따라서 NATO의 확장에 대한 러시아의 우려를 이해해 주거나 러시아에 사실상의 비토권을 부여(신가입국 가부에 대한 러시아의 의사존중)하자는 주장을 반박하였다. 또 NATO의 정치적 역할 증대를 내세우면서 자유민주주의 실천을 회원국의 자격요건으로 강화해야 한다고 주장하였다.[14] 냉전 후의 상황은 자유주의자들의 주장처럼 NATO는 동쪽으로 확장되어 갔으며, 일견 이들의 주장이 옳은 것처럼 보였다. 1999년 1차 확장에 의해 체코, 헝가리, 폴란드가 회원국이 되었으며, 2004년 2차 확장으로 에스토니아, 라트비아, 리투아니아 등 발트3국과 불가리아, 루마니아, 슬로바키아, 슬로베니아가 추가로 회원국의 자격을 가지게 되었다.[15] NATO의 확장 계획에는 조지아와 우크라이나의 가입 가능성이 이미 계산되어 있었고, 이런 가운데 2008년 6월 EU의회는 유럽위원회로 하여금 동방 파트너십(Eastern Partnership)을 준비하도록 하여 발트3국과 구소련 공화국들까지 EU경제권으로 전환할 것을 꾀하였다. 이 같은 변화가 러시아에게는 세력균형의 파괴를 의미하는 것

13 John Mearsheimer, "Mearsheimer Replies", Response to Michael McFaul, "Moscow's Choice" of "Faulty Powers: Who Started the Ukraine Crisis?", *Foreign Affairs* (November/December 2014b), p. 175.

14 Mark Kramer, "NATO, the Baltic States and Russia: A Framework for Sustainable Enlargement", *International Affairs*, Vol, 78, No. 4 (2002), pp. 731-756.

15 Mearsheimer(2014a), *op. cit.*, p. 78.

이었다. 과거 바르샤바조약기구에 속했던 러시아의 동맹국들이 이제 상대 쪽의 군사동맹인 NATO에 편입되어 자신을 포위한다는 위기의식이 증대되었다.

현실주의 안에서 세력균형론이 동맹의 형성이나 국가의 행위를 설명하는 좀 더 광범위한 이론인 데 비해, 행위의 직접적 동인을 설명하기 위한 이론이 스티븐 월트(Stephen Walt)의 위협균형(balance of threat)론이다.[16] 위협균형론은 위협의 요소로 총괄적 힘, 지정학적 인접성, 공격적 힘, 공세적 의도 등을 꼽고 있는데, 이 네 가지를 우크라이나 사태 직전의 러시아가 인식하는 위협 인식에 적용할 수 있을 것이다.

첫째, 총괄적 힘에 있어서 2014년 당시 러시아는 서구권에 비해 매우 약화된 상태였다. GDP에서 러시아는 인도에 뒤이어 10위를 기록하고 있었으며, 전 세계의 2.40%를 차지하여 4위인 독일(4.99%)의 절반에 못 미치는 수준이었다.[17] NATO-EU의 동진은 러시아에게 구조적으로는 러시아 대(對) 서방권의 세력균형이 급속히 무너진다는 인식을 불러일으켰으며 러시아의 직접적 안보 위협을 초래할 것이라는 위기의식을 낳았다. 총괄적 힘은 그러나 그 자체로서 공포(fear)를 불러일으킨다고 말할 수는 없다.

둘째, 우크라이나의 지정학적 인접성은 러시아가 가장 중요하게 여기는 위협 요소였다. 미어샤이머는 지정학적으로 "강대국들은 언제나 자신의 영토 주변의 잠재적 위협요소들에 민감하다(sensitive)"[18]고

---

16 Stephen M. Walt, *The Origins of Alliances* (Cornell University Press, 1987).

17 "World GDP (nominal) Ranking", Source from International Monetary Fund World Economic Outlook, *Statistic Times*, April 21, 2015. http://statisticstimes.com/economy/world-gdp-ranking.php (검색일: 2016.12.1).

18 Mearsheimer(2014a), *op. cit.*, p. 82.

말한 바 있다. 즉 강대국들은 자신의 영향권 축소는 물론 국경 주변의 안보적 완충지의 붕괴를 수용하기 힘들다는 것이다. 1962년 미사일 위기 때의 미국의 쿠바 봉쇄나 중국의 완고하고 일관된 "하나의 중국"에 기반을 둔 타이완 정책은 이와 같은 맥락에서 이해될 수 있을 것이다. 우크라이나 사태가 일어나기 6년 전에 발생한 2008년의 조지아 사태는 NATO 확장과 EU의 동방파트너십에 대한 러시아의 극도의 민감한 반응이라고 말할 수 있다. 우크라이나 사태 관련, 크림반도의 세바스토폴(Sevastopol) 기지는 러시아 흑해함대 기지로서, 만일 함대가 제 기능을 상실할 경우 지중해 진출이 불가능해지는 것은 물론 러시아 본토의 안보가 위협에 노출되며 우크라이나 및 코카서스 지역의 아르메니아, 아제르바이잔 등에 대한 영향력 상실이 불가피해졌을 것이다.[19]

셋째, NATO-EU의 공격적 힘은 실로 러시아의 공포 대상이었다. 러시아는 2013년 친러시아적 야누코비치가 EU의 경제협력 제안을 거부하고 150억 달러 규모의 러시아 제안을 수용하자 안도하였을 것이다. 그러나 곧바로 이어지는 시민들의 유로-마이단 항쟁, 즉 친러적 야누코비치 정권에 대한 타도운동 및 급기야 정권의 붕괴를 목격하면서, 러시아는 유로-마이단이야말로 자유민주주의의 힘이라고 파악하고 이것이 자신의 안보에 대한 위협이라고 인식하게 되었다. 이 같은 맥락에서 미어샤이머는 정권붕괴를 가져온 저항으로 연계되는 EU의 확장이 우크라이나 사태에 "불을 질렀다(ignited the fire)"고 표현한 바 있다.[20]

19 Daniel Treisman, "Why Putin Took Crimea: The Gambler in the Kremlin," *Foreign Affairs* (May/June 2016), pp. 49-50.

20 Mearsheimer(2014a), *op. cit.*, p. 175.

넷째, NATO-EU의 공세적 의도는 최소한 러시아에게는 명확한 것이었다. 러시아가 크림반도를 합병한 직접적 계기는 EU의 동방 파트너십, 그중에서도 자유민주주의 가치의 전파를 추구하는 NATO-EU의 전략이었다. 크림반도 병합 직전인 2014년 2월의 시민저항은 단순히 비민주적 정권에 대한 데모라기보다는 국가의 주요 정책에 관한 시민의 알 권리와 의견 개진의 권리를 무시한 정부에 대한 탄핵이었으며, 그 같은 저항의 저변에는 자유민주주의 가치, 특히 EU의 가치가 자리 잡고 있었다. 자유주의 이론가들은 이 같은 변화가 서구에게 긍정적 피드백(positive feedback)이나 점증하는 수익(increasing return)을 가져온다고 보았던 반면에, 세력균형 및 위협균형이라는 관점에서는 러시아에게는 사활이 걸린 제로섬 게임이었던 것이다.

이상 네 가지 외에도 러시아의 행동을 유인하는 요인으로 우크라이나 국내 행위자인 러시아인 동포를 들 수 있다. 크림반도는 인구 2,300만 명 중 과반수가 러시아인의 정체성을 지니고 있으며 러시아어를 사용한다.[21] 또한 우크라이나 동남부 지역의 도네츠크와 루한스크에는 소련의 산업화과정에서 이주해 들어온 러시아인들이 인구의 대다수를 차지해 러시아의 군사적 지원하에 자치가 아닌 분리독립 전쟁을 수행했다.[22]

이상을 종합한다면, 냉전 종식 이후 NATO-EU 대 러시아 관계에서 세력균형이 급속히 전자 쪽으로 기울어지게 되었으며, 월트의 위협균형론에서 본다면, 러시아는 현상파괴의 경향을 보이는 국제질서의 변화들을 안보 위협으로 판단하였다. 국제질서 변화의 예로는 러

21 "Why Crimea Is So Dangerous", BBC News, March 11, 2014. http://www.bbc.com/news/world-europe-26367786 (검색일: 2016.11.29).

22 김선래, 앞의 글, 141-144쪽.

시아의 반대를 무릅쓴 미국과 NATO의 코소보 개입, 미국과 EU국가들 특히 동유럽 국가들의 이라크 전쟁에서의 연대, NATO의 리비아 개입, 그리고 NATO와 EU의 공세적 동방 파트너십 등이다.[23] 무엇보다도 2008년 조지아에 뒤이어 2013~2014년 당시 서방의 우크라이나에 대한 적극적 및 공세적 접근은 러시아에게는 균형의 파괴를 의미했다. 러시아는 NATO-EU에 대해 행사할 수 있는 위협의 정도보다 NATO-EU가 자신에게 미치는 위협이 훨씬 크다고 판단하였고, 러시아의 크림반도 합병과 우크라이나 개입은 이 같은 인식에서 비롯된 전략적 행위였다고 볼 수 있다. 러시아가 이미 2010년의 군사독트린에서 NATO를 "적"으로 간주했는데,[24] 여기서 러시아가 지닌 위협인식이 상대방이 상상하는 수준을 훨씬 능가한 상태였음을 엿볼 수 있다.

한 가지 질문은 개입 당사국인 러시아의 리더, 즉 블라디미르 푸틴이 차지하는 역할은 무엇인가 하는 점이다. 러시아 정치에서 푸틴의 막강한 영향력은 1999년으로 거슬러 올라간다. 푸틴은 옐친 대통령기 말기인 1999년부터 총리를 역임했으며, 2000년부터 2008년까지는 대통령으로서 전임자의 서구화 정책을 일변시켜 강력한 러시아를 추구하였다. 2008년부터 4년간 드미트리 메드베데프를 대통령으로 전면에 세우고 푸틴은 총리로서 지속적으로 국내외 정책에 절대적 영향력을 행사해 왔으며, 2012년 대통령에 재취임함으로써 그의 권력을 과시하였다. 마이클 맥폴(Michael McFaul)은 푸틴의 정치적 성향이나 강대국 간 관계에 대한 인식을 우크라이나 사태의 주요 요인으로 지적한다. 맥폴은 푸틴이 특유의 모험주의적 정치지도자로서 미국(그리고

23 Bock, Henneberg, & Plank (2015), p. 104.

24 James C. Corum, *The Security Concerns of the Baltic States as NATO Allies* (U.S. Army War College Press, 2013), p. 18, p. 38.

유럽)과의 경쟁관계를 제로섬으로 판단한다고 보며, 우크라이나 사태를 푸틴의 "절제되지 않은, 일정치 않은 모험주의(unconstrained, erratic adventurism)"에 기인한 것으로 설명한다.[25] 푸틴의 리더십 스타일로 보아 맥폴의 지적을 일부 시인할 수는 있겠지만, 한 강대국의 행태를 최고지도자 개인의 성향으로만 환원시킬 수는 없다.

우크라이나 사태에서 푸틴의 행위를 이상과 같은 모험주의에 기초했다고 보기보다는 세력균형과 위협균형을 인식한 전략적 선택이라고 보는 것이 더 타당할 것이다. 미어샤이머는 그를 "일등급의 전략가(a first-class strategist)"라고 부르기도 했다.[26] 푸틴은 더욱이 러시아의 옛 영광으로의 회귀를 외치는 외로운 또는 유일한 복고주의자, 민족주의자가 아니었다. 즉 러시아 제국주의적 영광의 복원을 바라는 러시아인들의 열망을 푸틴의 성향으로만 돌릴 수 없다는 말이다. 열망은 이미 옐친이 자진 퇴진하던 시기에 무르익어 있었다. 옐친은 소련연방 해체 후 러시아의 정치적·외교적·경제적 회복을 위한 구조적 상황 때문에 서구화 정책을 추진하였지만, 그가 푸틴에게 권력을 이양할 때 "러시아를 돌보아라!" 또는 "러시아를 지켜라!(Beregite Rossiyu!)"라고 말했던 것은 의미심장하다. 여기서 러시아는 과거 제국의 영광을 회복해야 하는 러시아였던 것이다. 실제 2000년 당시의 여론조사에 의하면, 55%의 러시아인들은 위대한 러시아를 원한 반면, 오직 8%만이 친서방적 러시아를 원한 것으로 나타났다.[27] 즉, 옐친 자신은 물론 러시아인들은 이미 NATO의 확장과 유럽의 영향력 확대를 목도하였으며,

25 McFaul, *op. cit.*, pp. 170-171.

26 Mearsheimer(2014a), *op. cit.*, p. 84.

27 "Take Care of Russia", *Economist*, October 26, 2016. http://www.economist.com/news/special-report/21708881-mr-putin-not-setting-about-it-best-way-take-care-russia (검색일: 2016.12.8).

푸틴은 정치가로서 이 같은 러시아인의 내면을 활용해 권력을 지속할 수 있었다. 결국, 러시아의 2014년 우크라이나 개입을 푸틴의 리더십 성향으로 환원하기보다는 하나의 강대국인 러시아가 세력균형의 파괴를 저지하기 위한 맥락에서 나온 선택된 행동으로 보아야 한다. 또 세력균형이라는 관점에서, 우크라이나 사태는 러시아-우크라이나 관계에서 발생한 것이라기보다는 러시아 대 NATO-EU의 경쟁의 결과이다.

3) 발트3국에 주는 의미

우크라이나 경우와 마찬가지로, 발트3국의 경우에도 러시아 대 NATO-EU의 경쟁이 안보에 결정적 요소이다. 우크라이나 사례를 발트3국에 적용할 때 유의점으로는, 우크라이나는 러시아의 영향권하에 있었던 반면 발트3국은 러시아에서 독립하여 러시아의 직접적인 영향으로부터 벗어나 있었다는 차이점이다.

러시아의 우크라이나 개입에 대한 분석을 바탕으로, 발트3국에의 개입 요건으로서의 네 가지 위협 요소를 다음과 같이 적시해볼 수 있다. 첫째, 총괄적 힘에서는, 발트3국을 둘러싼 러시아 세력 대비 NATO-EU 세력의 우위는 우크라이나의 사례에서와 마찬가지로 상수(constant variable)로 남아있다고 보아야 할 것이다. 둘째, 지정학적 인접성에서는, 러시아에게 우크라이나와 발트 지역은 유사하다고 판단된다. 발트 지역의 경우, 우크라이나의 크림반도처럼 첨예한 러시아의 이익이 걸린 지역이 있다면 발트 지역의 크림반도에 비유될 수 있는 칼리닌그라드이지만(추후 설명), 지정학적 성격은 다소 다르다. 우크라이나와 발트3국의 관점에서는 러시아에의 에너지 의존이 간과할 수 없는 중요한 문제이다. 셋째, 공격적 힘에서, NATO-EU의 동방정책이 러시아에 주는 위협은 우크라이나와 발트3국 사례가 유사하다고 할 수 있다. 우크라이나의 경우가 유로 패키지였다면, 발트3국에게는

EU 에너지권으로의 편입이 유사한 사례이다. 단, 우크라이나에서는 자유민주주의가 원심력으로 작용(즉 러시아의 영향권으로부터의 이탈)했던 반면, 발트3국에서는 자유민주주의가 정착되어 그 자체가 러시아의 입장에서 원심력은 아닐 것이다. 넷째, 공세적 의도에서는, 러시아의 관점에서 NATO-EU의 동방정책은 우크라이나와 발트3국 모두에게 공세적이다. 러시아는 발트3국에 대한 NATO의 군사적 지원 증대와 EU 에너지권 편입을 포위 전략의 의도를 지닌 것으로 간주할 가능성이 높다. 단, 러시아가 보는 NATO-EU의 의도는 두 사례에서 다른 의미를 지닌다. 우크라이나의 경우에는 러시아 영향권으로부터의 이탈을 의도하는 원심력이었던 반면, 발트3국의 경우는 이미 러시아로부터 독립된 실체를 강화하려는 것이다. 요약하자면, 우크라이나와 발트3국 사이에는 다소의 차이가 있기는 하지만, NATO-EU의 동방정책은 지속적으로 러시아에게 공격적 힘과 공세적 의도를 지닌 위협으로 여겨지며, 지정학적 인접성으로 인해 발트3국의 경우에도 NATO-EU 대 러시아의 상호 경쟁과 위협은 에너지 안보와 군사적 억제를 둘러싸고 러시아가 개입할 위험성을 안고 있다.

3 발트3국의 안보 딜레마: NATO-EU의 동방정책 대 러시아의 공세

우크라이나 사태에 대한 분석에서 드러난 바와 같이, 발트3국의 안보는 러시아-발트3국 양자 관계에 의해서 규정되기보다는 NATO-EU의 정책에 대한 러시아의 대응에 달려 있게 될 것이다. 발트3국은 모두 자신의 안보를 NATO에 절대적으로 의존하고 있으며 EU의 경제 지원, 에너지 네트워크가 없이는 안보가 직접 위협받을 수 있다. 하지만 NATO와 EU의 정책은 러시아의 관점에서는 공세적이고 위협적인 것이므로 발트3국에게는 양날의 칼과 같다고도 할 수 있다. 본 절은 NATO-EU의 동방정책과 러시아 공세의 중간에 끼인 발트3국의 안보상의 딜레마를 분석한다.

1) 에너지 안보의 지정학

발트3국의 에너지 안보는 독립 이후 줄곧 취약점을 지니고 있었다. 1990년대 및 2000년대에는 석유와 가스 등 주요 안보자원을 러시아에 의존해 왔기 때문에, 러시아가 이 같은 에너지 자원의 공급을 중단하게 되면 안보가 치명적으로 위협받을 수 있었다. 물론 취약의 정도는 3개국이 서로 다르다. 리투아니아는 러시아의 석유와 가스에 거의 전적으로 의존했으며, 상당량의 전기를 벨라루스와 우크라이나로부터 도입했다. 라트비아 역시 석유와 가스의 러시아 의존성이 높았다. 다만 에스토니아는 다른 국가들보다 취약성이 상대적으로 낮았는데, 동북부에서 쉐일오일(shale oil)을 생산하였기 때문이다.[28] EU는 2004년 회원국이 된 이들 발트국가들의 에너지 문제를 EU의 에너지네트워크 구상 속에서 완화시켜 주려는 노력을 기울였다.

실제 발트3국의 에너지 안보는 러시아의 이른바 석유제재(oil sanctions)로 인해 위협받아 왔다. 러시아는 발트국가들이 자신의 이익에 반하는 결정을 한다고 판단할 때 공급중단 조치를 취한다는 점에서 보복의 성격을 띠고 있었다. 러시아는 라트비아의 벤츠필스 나프타 항구터미널(러시아의 두 번째 규모의 석유수출 터미널)에 이르는 파이프라

28 Corum, *op. cit.*, p. 21, pp. 33-34.

인을 2003년부터 중단하였고, 발트 지역 유일의 리투아니아 소재 마제이키우 나프타 정유소에 대한 파이프라인 공급을 2006년부터 중지하였으며, 에스토니아에 대해서는 철도를 통한 석유운송을 2007년 중단했다. 라트비아의 벤츠필스 나프타에 대한 중단은 루코일(Lukoil)을 비롯한 러시아 석유회사들과 트란스네프트(Transneft) 파이프라인 회사가 관심을 보였음에도 라트비아 정부 및 소유주들이 러시아를 거부했던 것에 대한 응징이었다. 러시아는 라트비아 대신 자신의 영토 내 프로몰스크항에 이르는 파이프라인으로 돌렸다. 이와 비슷하게, 리투아니아에 대한 중단을 러시아 측은 기술적인 문제 때문이라고 하였지만, 사실은 마제이키우 나프타 정유소의 소유권이 러시아의 유코스(Yukos)에서 폴란드의 올렌(PKN Orlen)에 이전되는 것을 리투아니아 정부가 승인한 데 따른 보복이었던 것으로 보인다. 당시 러시아는 정부와 밀접한 관계를 가진 루코일이 인수하기를 원했던 것이 드러났다. 에스토니아에 대한 석유, 가스의 철도운송 중단은 2007년 5월의 러시아 제2차 세계대전 전승기념일 직전에 에스토니아 정부가 수도 탈린 중심부에 자리했던 소련군 기념동상을 외곽으로 이전한 것에 대한 대응이었다. 러시아는 철도 수리 때문에 에너지 자원의 운송을 중단했다고 발표하였지만, 중단 이후에도 기념동상 이전을 둘러싸고 에스토니아에 대한 사이버공격과 러시아계의 시위를 지지한 것으로 보아 보복이었을 가능성이 높다.[29]

발트3국은 러시아에 대한 석유 의존성과 공급중단 사태를 국제적 해상운송을 통한 비러시아산 석유 수입으로 점차 완화시킬 수 있었던 반면, 가스의 러시아 의존을 탈피하기는 어려운 문제였다. 발트3국의

29 Agnia Grigas, "Legacies, Coercion and Soft Power: Russian Influence in the Baltic States", Chatham House Briefing Paper, August 2012, pp. 4-5.

가스 인프라는 구소련 시기의 파이프라인에 의존하였고 전적으로 러시아산에 의존하였다. 따라서 가스 문제도 발트 지역의 안보불안의 요소로 남았다. 다만 러시아가 가스중단으로 발트3국을 압박하지는 않았는데, 그 이유는 러시아 가스회사 가즈프롬(Gazprom)이 에스토니아, 라트비아, 리투아니아의 가스회사들인 에스티가스(Eesti Gaas), 라트비아가스(Latvijas Gaze), 리투아니아가스(Lietuvos Dujos) 들을 장악하는 지분을 보유하면서 가스시장에서 많은 이윤을 내고 있기 때문이었다. 가즈프롬은 우크라이나와 벨라루스에 제공하는 할인가를 발트지역에는 적용하지 않은 것으로 알려져 있다.[30]

러시아가 아직까지 시장의 이익 때문에 가스를 발트3국에 대한 제재수단으로 활용하지 않고 있지만, 러시아 정부는 언제나 자신의 안보위협과 가즈프롬의 시장이익을 저울질하고 있을 것이다. 이런 점에서 러시아가 NATO와 EU에 의해 자신의 안보가 크게 위협받는다고 판단한다면 가스공급을 발트 국가들에 대한 제2의 제재수단으로 사용할 가능성도 배제할 수 없다. 예를 들어, 다음 절에서 논하는 NATO-EU의 발트3국 및 러시아 주변국에 대한 공세적 지원과 관련하여, 러시아는 가스공급 중단 등 좁은 의미에서의 발트3국에 대한 개입 또는 넓은 의미에서는 서구에 대해 도전할 수 있다.

2) EU 에너지권에의 편입

EU는 발트3국을 포함한 발트해 연안국가들의 전기, 원자력, 가스 등 세 가지 에너지 자원이 러시아에 의존하는 것을 탈피하고 EU의 에너지 시장과 연계하여 효율을 높이기 위한 다양한 프로젝트를 추진해

30 Grigas, *op. cit.*, p. 6.

오고 있다.

발트3국이 회원국이 된 지 4년째인 2008년 8월 EU는 발틱 에너지시장 연결 계획(Baltic Energy Market Interconnection Plan; 이하 BEMIP)에 발트해 연안국가들 8개국을 참가시켜 추진하게 되었다. 8개국에는 덴마크, 독일, 에스토니아, 라트비아, 리투아니아, 폴란드, 핀란드, 스웨덴 등이 포함되고, 노르웨이는 옵서버로 참가하게 되었다. 이듬해인 2009년 6월 BEMIP를 실현시키기 위한 행동계획이 세워져 서부 발트해 연안국가들이 주축을 이루는 행동계획과 동부 발트해 연안국가들을 위한 천연가스 프로젝트 로드맵이 BEMIP의 행동계획에 포함되었다. 최근 진행보고서에 따르면, 이제 실행단계에 들어선 BEMIP의 내용은 다음과 같이 요약된다. 첫째, 전기 프로젝트로는 에스트링크(핀란드-에스토니아 연결), 스카게라크(덴마크-노르웨이 연결), 노르드발트(스웨덴-리투아니아 연결), 리트폴링크(리투아니아-폴란드 연결) 등이 있다. 둘째, 가스 연결을 위해 발트커넥터 파이프라인(에스토니아-핀란드 연결), 앰버 폴리트 파이프라인(폴란드-리투아니아 연결)을 건설하는 것과 함께 에스토니아 및 라트비아에 LNG시설, 라트비아에 가스저장소 건설이 추진 중이다.[31]

EU는 에너지 정책에서 전기와 가스의 생산(production), 이것의 공급(distribution), 소비자에게의 분배관리(transmission management)를 각각 분리하여 시장의 경쟁구도를 확립하려는 지침을 세웠다. 이 지침은 발트3국의 가스문제와 관련해 러시아에 대한 의존성을 감소시키는 효과도 감안한 것으로 보인다. EU는 이른바 분리가격(unbundling) 제

---

31 European Commission, "Baltic Energy Market Interconnection Plan, 6th Progress Report", July 2013-August 2014. https://ec.europa.eu/energy/sites/ener/files/documents/20142711_6th_bemip_progress_report.pdf (검색일: 2016.12.6).

도에 의해 공급자인 러시아 가즈프롬과 분배관리자인 발트3국의 가스 회사들 사이의 소유권을 분리할 것을 제안하였다. 리투아니아는 이 정책에 대해 가장 적극적으로 호응하여 러시아의 여러 압력과 회유에도 불구하고 가즈프롬과의 소유권 분리를 2014년 12월까지 완료하기로 합의하였다. 반면 에스토니아와 라트비아는 계약 변경에 따른 손실과 시장의 협소성을 이유로 소유권 분리를 지연하였다. 이에 대해 러시아 측, 즉 가즈프롬은 가스가 자신의 압박카드로 사용될 수 있음을 입증이라도 하듯이, 에스토니아와 라트비아에 대해서는 가스료를 15% 인하시킨 반면 리투아니아에 대해서는 인하율을 적용해 주지 않았다.[32]

EU의 에너지정책이 2000년대 말부터 유럽의 에너지 연결망 속에서 발트해 연안국들과 함께 추진된 것에 비해, EU의 동방 파트너십은 우크라이나 사태를 의식한 대러시아 주변국 정책이라 할 수 있다. 동방 파트너십은 러시아 주변의 비EU회원국들에 대한 정치, 경제, 안보에 이르는 다양한 지원정책인데, 발트3국도 EU회원국으로서 이 정책에 참여하고 있다. 따라서 동방 파트너십은 발트3국의 안보와 미묘하게 관련되어 있다. 동방 파트너십은 2015년 5월 21~22일 라트비아의 수도 리가에서 개최된 정상회담에서 채택된 동방 파트너십 공동선언(Joint Declaration of the Eastern Partnership Summit)이 그 절정이다. 회담에는 아직 EU의 회원국이 아닌 아르메니아, 아제르바이잔, 벨라루스, 조지아, 몰도바, 우크라이나 등 6개국의 정상들과 함께 EU 대표자들과 회원국들 정상들이 함께하였다는 데 의미가 있다. 구성으로 보자면 러시아 포위전략 또는 대러시아 연대를 의미한다고 해도 과언이 아니다. 실제로 공동선언은 상호이익과 약속에 기초한 전략적 계획을

32 Grigas, *op. cit.*, pp. 6-7; Agnia Grigas, *The Politics of Energy and Memory between the Baltic States and Russia* (Routledge, 2013), pp. 86-88.

포함한 파트너십을 강조하고 지속적 개혁을 지지하였는데 이는 러시아에게는 민감한 사항들이다. 공동선언은 민주주의 강화, 법치, 인권과 기본적 자유, 국제법의 원칙과 규범 등에 대한 공약도 확인하였다.

구체적으로 동방 파트너십은 네 가지 측면에서 다자적 협력을 강화하고 있는데, (1) 민주주의, 선한 거버넌스 및 안정, (2) 지속가능한 경제발전, (3) 에너지 안보, (4) 인적 접촉 등이다. EU가 동방 파트너십에 참가하는 비회원 6개국에 대한 협력은 상호성에 근거하기보다는 대부분 일방적 지원 형식을 띠고 있다. 예를 들어, 인적 접촉을 위해서 몰도바 시민 중 생체인식기술을 활용한 바이오메트릭 여권 소지자는 센겐지역(Schengen Area: 유럽 26개 서명국)을 비자 없이 자유롭게 여행할 수 있으며, 조지아와 우크라이나도 이와 같은 절차를 밟도록 지원하고 있다. 아르메니아, 아제르바이잔 등은 비자신청과 재입국을 간소화하는 협상을 진행 중이며, 벨라루스는 협상타결이 최종단계인 것으로 알려지고 있다.[33] BEMIP가 발트3국을 비롯한 발트해 연안국가들의 에너지 안보의 취약점을 위한 것인 반면, 동방 파트너십은 우크라이나 사태 이후 EU의 비회원국에 대한 공세적 연대 구축으로서 지정학적으로 러시아가 위협으로 인식할 수 있는 민감한 사항이라고 할 수 있다. 이렇게 유럽과 러시아 사이에는 이들의 동기와 상관없이 안보 딜레마 현상이 초래되고 있으며, 발트3국도 이런 역학관계의 영향으로부터 결코 자유로울 수 없을 것이다.

33 European Union External Action, "Eastern Partnership" (October 19, 2016). https://eeas.europa.eu/topics/eastern-partnership/419/eastern-partnership_en (검색일: 2016.12.6).

3) NATO의 대러시아 억제

우크라이나 사태 이후 NATO의 대러시아 정책도 더욱 강화되었다. 2010년 리스본 정상회의에서 채택된 NATO의 신전략개념(New Strategic Concept)에서의 집단적 방위(collective defence), 위기관리(crisis management), 글로벌 파트너십을 통한 협력안보(cooperative security)를 재확인하였다.[34] 신전략개념은 NATO의 원래 취지와 다른 것이라기보다는 NATO가 유럽의 방위뿐만 아니라 아프가니스탄에서의 대테러 전쟁과 같은 글로벌 동맹조직의 역할을 한 데서 추가적인 과제를 수행하기 위해서 나온 것이다.[35] 주목할 것은 2008년 러시아의 조지아 침공이 2009년과 2010년에 진행 중인 신전략개념에 워싱턴조약 5조의 집단적 방위와 재래식 군사억제가 NATO의 핵심요소로 남아있도록 만들었다는 점이다.[36] NATO 회원국으로서 동구국가들과 발트3국은 이 요소를 NATO의 신전략개념에서 재확인되도록 요청하고 로비했을 가능성은 매우 높다. 2014년 9월 영국 웨일스에서 개최된 NATO정상회담에서는 러시아의 공격적 개입, 초국경적 중동 사태 등에서 드러나듯이 안보환경의 불확실성이 높아졌다고 파악하였다. 이에 NATO 정상들은 1949년의 워싱턴조약 5조와 함께 유엔헌장의 목적과 원칙이 유럽 및 관련지역의 안정을 위한 기초라는 데 합의하였다.

2016년 7월 폴란드 바르샤바에서 개최된 NATO정상회담은 창설이념과 신전략개념을 다시 확인하면서, 발트3국과 폴란드의 안보

---

34 정은숙, "2014 NATO 웨일즈 정상회의", 『세종논평』, No. 287(2014.9.12), file:///Users/cellist901/Downloads/%EC%A0%95%EC%9D%80%EC%88%99(287%ED%98%B8).pdf (검색일: 2016.11.30).

35 Zbigniew Brzezinski, "An Agenda for NATO", *Foreign Affairs* (September-October 2009), pp. 2-10.

36 Corum, *op. cit.*, p. 20.

와 관련해 구체적인 대안을 제시하였다. 바르샤바 정상회담 선언문(Warsaw Summit Communiqué)의 제40항은 동맹국들의 단합, 결의, 신속대응능력을 보여주는 실질적 조치로서 이들 4개국의 안전을 위해 증강전방주둔군(enhanced forward presence)을 설치하기로 하였다. 주둔군은 4개 대대 규모의 전투군으로 구성되어 각국의 군대와 공동작전을 수행할 수 있도록 상주하는데, 캐나다, 독일, 영국, 미국이 주축국이 된다고 발표하였다. 그리고 유럽위원회의 동의에 따라 폴란드에 다국적군 사단본부를 설치한다고 발표하였다.[37]

RAND의 워게임 분석에 의하면, 발트3국은 NATO의 가장 취약한 안보 고리에 해당한다. 우선 발트3국의 군사력은 정규군에 예비군을 합하여도 매우 취약한 규모이다.[38] 2014년 기준, 에스토니아는 2만 2,550명, 라트비아는 1만 3,160명, 리투아니아는 1만 1,700명의 병력을 보유하고 있을 뿐이다.[39] 더욱이 에스토니아와 라트비아는 러시아와 국경을 접하고 있는 데다가, NATO의 작전 영역에서 가장 먼 지역에 위치해 있으며 러시아의 영토에 가장 깊숙이 박혀 있다. 리투아니아는 접경국가는 아니지만 러시아의 발트해 연안의 외곽영토(칼리닌그라드)를 껴안고 있어서 러시아와 첨예한 안보 관계에 있다. NATO 회

37 "Warsaw Summit Communiqué", Issued by the Heads of State and Government participating in the meeting of the North Atlantic Council in Warsaw, July 8-9, 2016. http://www.nato.int/cps/en/natohq/official_texts_133169.htm (검색일: 2016. 11.29).

38 David A. Shlapak and Michael W. Johnson, "Reinforcing Deterrence on NATO's Eastern Flank: Wargaming the Defense of the Baltics", RAND Corporation (2016). https://www.rand.org/content/dam/rand/pubs/research_reports/RR1200/RR1253/RAND_RR1253.pdf (검색일: 2016.12.8).

39 이상의 병력 수는 정규군과 예비군을 합한 것이다. Piotr Szymanski, "Between Continuation and Adaptation: The Baltic States' Security Policy and Armed Forces," OSW Commentary, Center for Eastern Studies, No. 190, November 23, 2015, p. 7, https://www.osw.waw.pl/sites/default/files/commentary_190.pdf (검색일: 2016.12.5).

원국들 중에서 발트3국이 러시아의 심장도시들인 모스크바와 상트페테르부르크에서 가장 가깝다. 만일 러시아가 지상군을 투입해 공격할 경우, 자체방어가 불가능한 것은 말할 나위도 없고 NATO군의 지원을 받기에도 쉽지 않다.

이상과 같은 안보 취약성 때문에, 우크라이나 사태 이후 발트3국은 나름대로의 군사력 강화를 위한 노력에 박차를 가하고 있다. NATO의 2006년 가이드라인에 따라 에스토니아는 2012년부터 GDP의 2%에 해당하는 군사비를 지출해 오고 있으며, 라트비아와 리투아니아는 2020년까지 GDP의 2%까지 증액할 계획이다. 우크라이나 사태 직후 2015년에는 군사비 지출도 크게 증대시켜 에스토니아는 4억 1,200만 유로(전년대비 7.3% 증가), 라트비아는 2억 5,400만 유로(14.9% 증가), 리투아니아는 4억 2,500만 유로(50% 증가)를 기록했다. 병력증강과 관련해서, 에스토니아는 2022년까지 6,200명, 라트비아는 2020년까지 4,700명을 증가시키며, 리투아니아는 징집제도를 부활하여 2021년까지 병력 수를 2배로 증가시킬 계획이다. 또한 이들 국가들은 공히 지상군의 장비를 강화할 뿐만 아니라 방공능력과 정찰능력을 보강하고 있으며, 군사훈련을 도시 및 주요 인프라 방어, 공수침투 방어 등을 포함하면서 실전화, 다양화하고 있다.[40]

NATO와의 협력에서 주목할 것은 발트3국들이 한결같이 미국과의 군사적 협력을 가장 중요시한다는 점이다. 이들은 미국과의 관계를 고려해 이라크와 아프가니스탄에 파병하였다. 심지어 팔레스타인의 유네스코 가입을 반대하였는데, 이는 미국의 외교적 입장을 지지하기 위한 것으로 유네스코의 멤버십 문제와는 무관한 행위였다.[41]

---

40 Szymanski, *op. cit.*, p. 4.

41 Corum, *op. cit.*, pp. 31-32.

4) 러시아의 소프트 파워 행사

러시아로서는 NATO-EU 역내에서 가장 취약한 안보 고리인 발트3국에 대한 개입이 타 지역보다 더 용이하다고 파악할 것이다. 실제로 러시아의 공세는 일찍이 시작되었다. 발트3국에 상존하는 러시아로부터의 위협의 배경(또는 러시아의 개입을 유인하는 요인)은 에스토니아와 라트비아의 민족구성에서 비롯된다. 러시아의 지배하에 있던 발트3국은 러시아혁명을 계기로 1918년 독립을 선언하였으나, 1939년 독-소 불가침 조약(Molotov-Ribbentrop Pact)에 의해 소련 점령하에 놓이게 되었고, 1940년 나치에 의해 점령당했다가 1944년에는 다시 소련군에 점령당해 독립을 상실하였다. 이들 국가는 1990년 독립을 선언하였고 1991년 소련 해체를 계기로 공식적으로 독립을 쟁취하였다. 소련은 점령기 발트3국의 산업화와 통치를 위해 많은 러시아인들을 이주시켜 정부, 당, 산업을 장악하게 하였으며 오늘날 에스토니아와 라트비아에는 러시아인이 4분의 1에 이를 정도이다. 에스토니아와 라트비아는 만만찮은 러시아인 비중으로 인해 독립 후 새로운 국가건설과 정체성 형성과정에 많은 내적 갈등을 빚어 왔다. 러시아인들에게 시민권을 부여하는 과정에서 언어 및 역사지식 시험을 부과함으로써 소수의 러시아인만이 동화된 반면, 그렇지 못한 러시아인들은 무국적자로서 참정권 행사 특히 중앙선거에서 투표권을 행사할 수 없었다. EU와 NATO 가입을 앞두고 러시아인에 대한 발트3국의 이민정책, 특히 시민권 부여와 관련해 이들 기구가 수차례의 현지상황을 조사하였으며 소수민족에 대한 언어, 시민권, 동화정책의 문제를 지적하기도 했다. 그러나 EU와 NATO의 이 같은 관여와 지적이 국제인권 기준에서 정당화되는 측면도 있었지만, 러시아계 소수민족의 문제가 소련의 강제점령과 이주정책에 기인했다는 점에서 일반적인 소수민족 차별과는 다른 차원의 문제라고 하겠다.[42]

러시아계 소수민족 문제는 발트 국가들의 국내적 차원에 그치지 않고 안보에 직결된 문제였다. 특히 러시아는 에스토니아와 라트비아 내 러시아인들에 대한 각종 문화정책을 구사해 왔다. 러시아정부의 러시아계 동포에 대한 문화정책은 크게 세 가지 목적을 지닌 것으로 분석된다. 첫째는 러시아인들의 인권을 보호하고 지속적인 민족 정체성을 유지시키려는 비교적 소극적 목적이며, 둘째는 러시아계 동포를 통해 러시아의 영향력을 발트 국가들에 지속시키려는 다소 적극적 목적이고, 셋째는 러시아가 이 같은 문화정책을 통해 필요시 발트3국의 안보는 물론 EU와 NATO에 대한 레버리지로 활용하려는 매우 공세적 목적이다. 물론 세 가지는 독립적이지 않고 계기적이거나 연계되어 있는 것이 사실이지만, 이들 사이에 썩 잘 조정된 역할이 있다고 말할 수는 없다.[43] 그럼에도 중요한 것은 러시아계 소수민족 문제는 지금은 물론 향후에도 발트3국 안보의 아킬레스건으로 남아있게 될 것이라는 점이다. 러시아 동포를 대상으로 하는 문화정책은 비군사적으로 영향력을 행사하는 소프트 파워라고 할 수 있다. 조지프 나이(Joseph S. Nye, Jr.)는 국력은 하드 파워뿐만 아니라 소프트 파워에 의해 뒷받침되며, 하드 파워는 강제를 그리고 소프트 파워는 매력을 낳는다고 본다.[44] 그런데 러시아와 발트3국의 관계를 보면 러시아는 하드 파워를 먼저 사용하기보다는 소프트 파워를 통해 간접적으로 개입하는 방식을 취하고 있다. 이는 러시아가 발트3국에 군사적 공격은 하지 않아도 끊임없는 안보 위협을 낳을 수 있음을 의미한다. 러시아가 발트3국에 행사

42 Uldis Ozolins, "The Impact of European Accession upon Language Policy in the Baltic States", *Language Policy*, Vol. 2, No. 3 (October 2003), pp. 217-238.

43 Greg Simons, "Perception of Russia's Soft Power and Influence in the Baltic States", *Public Relations Review*, Vol. 41, No.1 (2015), p. 10.

44 Jeseph S. Nye, Jr., *Soft Power: The Means to Success in World Politics* (Public Affairs, 2004).

하는 소프트 파워는 다음과 같이 세 가지 방법으로 이루어지고 있다.

첫째, 러시아의 대(對)발트국가 정책 중 러시아계 동포의 정체성 유지를 위한 것으로 문화이벤트를 꼽을 수 있다. 발트국가들에서도 러시아문화는 여러 민족들 사이에서 일반적으로 높이 평가되며 인기가 있다. 러시아 문화이벤트들은 러시아 정부의 지원이나 지역사업가의 지원과 지지를 받는 경우라도 대체로 비정치적이다. 라트비아는 러시아문화를 가장 잘 소비하는 국가로서, 모스크바시정부의 지원을 받는 "모스크바하우스"는 2004년 이래 러시아문화를 널리 알리는 가장 큰 역할을 해오고 있다. 또한 2007년 러시아-라트비아 관계의 긴장 완화에 힘입어 양국 정부가 공동으로 지원하는 "라트비아의 러시아문화의 날"과 "러시아의 라트비아문화의 날" 이벤트가 성공적으로 개최되어 러시아 영화, 음악 등 대중문화가 상당히 수용되고 있다. 그리고 러시아는 발트3국에서 러시아어가 점차 쇠퇴하고 있음에 주목하면서 모스크바가 지원하는 루스키 미르(Russkiy Mir)재단을 설립하여, 2008년에는 러시아어센터를 에스토니아에 한 개, 라트비아에 2개를 설치하고 2009년에는 리투아니아에 한 개를 설치하였다.[45] 러시아 대중문화와 언어센터가 러시아 동포들에게는 정체성, 연대감, 긍지를 유지시켜 주는 동인으로 작용하겠지만, 비러시아계 발트인에게는 소련의 잔혹한 점령사에 대한 적대감을 완화하려는 계략일 것이다.[46]

둘째, 이상의 문화-언어보다 적극적으로 러시아의 소프트 파워

45 Grias, *op. cit.*, pp. 10-11.

46 다수 발트인과 소수 러시아인 간의 대척적 정체성의 진화에 관한 논의로 Andres Kasekamp, *A History of the Baltic States* (Palgrave Macmillan 2010), pp. 184-188; Daina S. Eglitis & Laura Ardava, "The Politics of Memory: Remembering the Baltic Way 20 Years after 1989", *Europe-Asia Studies*, Vol. 64, No. 6 (August 2012), pp. 1033-1059 참조.

를 행사하는 방법으로 미디어 활용이 있는데, 특히 TV를 통한 친러적 정보 전달이 주목할 만하다. 에스토니아와 라트비아에서 러시아인들에게 가장 인기가 있으며 러시아어를 구사할 수 있는 40세 이상의 내국인들이 보는 채널은 PBK(First Baltic Channel)로서 시청자 수가 최대 400만 명에 이른다고 한다. 물론 이 채널은 러시아 정부의 통제를 받는 제1채널의 일부로서, 많은 프로그램을 제1채널에서 받아 활용하기 때문에 재정적 부담 없이 시청률 증대에 주력할 수 있다. 따라서 PBK는 세계정세와 지역문제에 대해 발트3국과는 다른 입장을 보이며, 러시아계 동포들의 정체성을 존속시키려 하거나 또는 적극적으로 이들의 정치적 행동을 유도하기도 한다. PBK를 통한 소프트 파워 행사의 대표적인 예로는 2007년 에스토니아 탈린 중심부에 위치한 러시아군 기념동상이 철거, 이전되었을 때, 러시아인들의 반대시위를 유도하였다. 또한 에스토니아의 러시아계가 지지하며 러시아로부터 지원을 받는 것으로 알려진 중앙당(Center Party)과 밀접한 관계를 유지하고 있다. 에스토니아 정부는 PBK에 대응하여 2015년 ETV+를 개설해 러시아어로만 방영하면서 국내 및 세계정세에 대한 소프트 파워 전쟁을 수행하고 있다.[47]

PBK는 라트비아에서만 약 50만 명에 이르는 러시아인들이 가장 선호하는 채널로서, 정부의 대소련 이미지와는 전혀 다른 해석을 전달하고 있다. 이 채널은 라트비아인들을 제2차 세계대전 중 독일군에 부역한 파시스트라고 비판하는데, 이는 라트비아 정부가 소련의 점령사에 대해서는 매우 적대적으로 묘사하면서도 독일의 점령에 대해서는

47 Freek Mulder, "The States that Cried Bear? An Assessment of Russia's Deniable Intervention as a Regional Threat", MA Thesis, Leiden University (January 2016), pp. 27-28.

별다른 해석을 내리지 않기 때문인 것으로 보인다.[48] PBK가 영향력을 발휘한 가장 충격적인 사건은 2009년 라트비아의 수도 리가의 의회에서 닐스 우사코프스(Nils Usakovs)를 의장 겸 시장으로 선출한 것이다. 우사코프스는 이타르-타스 통신사의 라트비아지국장, PBK 뉴스책임자 경력을 가진 언론인으로, 시장선출 때 러시아인 공동체의 구세주로 묘사되기도 했다. 그는 2014년부터 라트비아 러시아계의 지지를 받는 하모니(Harmony)의 당수이다. 이처럼 러시아계 채널 및 러시아계 정치인이 약진하는 데다가 우크라이나 사태가 발발하자 라트비아 정부는 2014년 4월 "안보상 이유"로 PBK 방영을 일시적으로 중단하면서 러시아의 공세에 대응하기도 하였다. 또한 2015년 5월 리가에서 개최된 EU의 동방 파트너십 정상회의에서는 크렘린 선전 위주의 러시아어 방송에 맞설 라트비아 주도의 러시아어 방송국 설립안이 제안되었다. 그러나 이 방안은 아직까지 성과를 보이지 못하고 있다.[49]

러시아가 소프트 파워를 행사하기 위해 활용하는 미디어는 PBK만 있는 것이 아니다. 온라인 미디어 레그늄(regnum.ru) 사이트는 10년 이상 정보왜곡에 활용되어 왔으며, 발트뉴스(Baltnews) 사이트는 에스토니아, 라트비아, 리투아니아에서 보도 주체도 없는 다량의 뉴스를 제공하고 있다.[50]

셋째, 러시아의 가장 높은 수준의 소프트 파워 행사는 사이버공

---

48 필자의 2006년 7월 발트3국 현지답사에서 그 같은 사실을 확인할 수 있었다. 에스토니아의 점령박물관, 라트비아의 점령박물관, 리투아니아의 희생자박물관 등은 소련 점령기의 암살, 고문, 박해, 강제추방, 그리고 "숲속의 형제"들과 같은 대소련 게릴라 투쟁 등에 초점을 맞추는 반면 독일의 점령에 대해서는 별다른 평가가 없었다.

49 Mulder, *op. cit.*, pp. 32-34.

50 Edward Lucas, *The Coming Storm: Baltic Sea Security Report*, Center for European Policy Analysis, June 2015, p. 11. http://cepa.org/sites/default/files/styles/medium/Baltic%20Sea%20Security%20Report-%20(2).compressed.pdf (검색일: 2016.12.8).

간에서 이루어지고 있다. 정보통신기술(information and communication technology, 이하 ICT)의 비약적 발전으로 세계적으로 사이버안보는 안보분야의 중요한 주제 중의 하나이다. 공격의 주체를 밝혀내기 어려우며 설사 밝힌다 하더라도 상황 중에 적절한 방어조치를 취하거나 상황 종료 후 보복, 응징이 용이하지 않다는 문제점이 있다. 비군사적 저강도공격 수단으로 사용되는 사이버공격은 정보탈취, 정보인프라의 마비, 심리적 위협 등 다양한 목적을 지니는데, 피해자도 방어를 위해서는 사이버공간에 참여해야 하기 때문에 사이버공격은 흔히 쌍방향으로 상승작용을 이루게 된다. 주목할 것은 사이버공격이 일반적인 해킹과는 달리 이미 적대적 관계를 가진 주체들 사이에서 발생하며 실제로 배후에는 국가권력이 존재한다는 점이다.[51] 러시아의 사이버 공격도 예외가 아닐 것이다.

발트3국 중에서 에스토니아가 가장 큰 사이버안보 위협을 받고 있는 국가이다. 에스토니아는 전 세계 157개국 중에서 ICT 발전지수(ICT Development Index) 22위를 기록할 정도로 정보통신기술분야에서는 강소국이라 할 수 있다. 국민총생산 대비 ICT 분야 자본확보 수준에서는 한국에 이어 2위를 차지하고 있다. 에스토니아의 기술이 앞서가는 만큼 이를 활용한 인프라는 행정, 금융, 공공서비스, 국민정보 등 거의 모든 분야에 걸쳐서 구축되어 있다.[52] 활용도가 높은 만큼 사이버공격의 대상이 되며 공격의 배후에는 대부분 러시아가 있다는 분석이다. 2007년 소련군 기념동상 이전문제를 놓고 러시아와 긴장이 고

---

51 Brandon Valeriano & Ryan C. Maness, *Cyber War versus Cyber Realities: Cyber Conflict in the International System* (Oxford University Press, 2015), p. 210.

52 정보통신산업진흥원, "에스토니아 정부 국가 사이버 보안 현황 보고서"(2014.8.29). http://web.www.nipa.kr/know/periodicalView.it?identifier=02-001-140829-000008&menuNo=28&code=B_ITA_24.

조될 때 에스토니아는 분산서비스 거부공격(DDos)으로 정보통신 인프라가 거의 마비상태에 이르렀다. 나중에 러시아의 친크렘린 청년단체 나쉬 회원이 주도한 것으로 드러났으며, 이에 대응해 에스토니아, 라트비아를 포함한 NATO 소속 7개국은 사이버방어센터를 공동으로 설립하였다.[53] 그만큼 발트3국의 사이버안보 위험은 높으며, 이 같은 상황은 ICT가 발전할수록 더 높아질 것으로 보인다.

요약하자면, 러시아가 발트3국에 대해 행사하는 소프트 파워 공세는 정치, 정체성, 미디어, 사이버 등 다양한 방식으로 전개되고 있는바, 이미 하이브리드 전쟁을 시작했다고 보아도 과언이 아니다.

4 러시아의 직접 개입 가능성

NATO-EU의 동방정책에 대한 러시아의 대응이 이상에서 본 바와 같은 소프트 파워의 행사에 그칠 것인가? NATO-EU와의 경쟁적 관계 속에서 러시아가 인식하는 위협은 어느 정도인가? 그리고 러시아가 그 위협에 대응하는 차원에서 발트국가들에 물리적으로 직접 개입할 가능성은 있는가? 이에 대해서는 그 정도를 파악하기 쉽지 않은 데다가 위협인식이 발트3국에의 개입이라는 행동으로 발전할 확률을 예측하기는 더욱 어렵다.

우선 발트3국이 2004년 NATO와 EU에 가입한 이래 서방의 영

53 연합뉴스, "에스토니아 사이버 테러는 내가 주도했다"(2009.3.13). http://www.yonhapnews.co.kr/culture/2009/03/13/0914000000AKR20090313194200080.HTML

향권에 속한 지도 14년(2018년 기준)이 경과하였다. 이 점은 우크라이나 사태(특히 러시아의 크림반도 병합) 당시 우크라이나가 서방권에 경도되고 시민저항에 의해 친러정권이 붕괴되어 세력균형이 급속히 붕괴되던 상황과는 다르다. 따라서 현시점에서 러시아가 발트 지역에 정치, 군사적으로 직접 개입할 가능성은 우크라이나에 비해 낮다고 볼 수 있다. 그러나 우크라이나 사태에서 살펴본 바와 같이 러시아는 지정학적 제약에서 발생하는 안보위협에 대해 가장 민감하며 직접 개입의 대상으로 유럽과 NATO가 대응하기 어려운 지역을 택할 수 있다는 점에 주목할 필요가 있다. 러시아가 NATO-EU의 동방정책이 공세적이며 물리적 힘에 근거한 것으로 자신의 안보에 심각한 위협을 초래한다고 파악하면, 다음과 같은 두 가지 방식으로 발트국가들에 개입할 가능성이 있다.

하나는 러시아의 영토수호 자체가 위기라고 인식하는 경우이다. 러시아가 지정학적으로 자신의 취약점인 동시에 가장 민감하게 반응을 보일 지역은 발트지역의 크림반도라고 할 수 있는 칼리닌그라드(Kaliningrad)이다. 칼리닌그라드는 발트해에 접해 있으며 리투아니아와 폴란드 사이에 끼어 있어 러시아 본토로부터 고립된 영토이다. 러시아는 우크라이나의 친러정권이 붕괴하자 흑해함대가 주둔하는 세바스토폴항이 위치한 크림반도를 병합하기에 이르렀다. 동일하지는 않지만, 칼리닌그라드에 이르는 철도운송, 가스, 송전은 리투아니아를 관통하는바, 러시아가 리투아니아에 대한 NATO 및 EU의 공세적 지원정책으로 칼리닌그라드의 안보가 극도로 위협받는다고 인식할 수 있다. 실제로 러시아의 선전 미디어는 이미 독일 영토회복주의자들의 지령에 의해 NATO가 칼리닌그라드를 점령하려 한다고 우려를 표명한 바 있다.[54] 제2차 세계대전 중 발트지역은 소련, 독일, 소련이 순차적으로 점령한 지역으로서, 최근 러시아 미디어가 그 같은 우려를 표명하는 것은 NATO의 확장 및 NATO와 발트3국과의 군사협력 증대가 안보위협이라고 보기 때문이다. 러시아가 물리력으로 개입할 가능성이 높은 지역은 리투아니아를 통과하는 운송로일 수 있다. 러시아가 칼리닌그라드에 이르는 생명선인 운송로가 위협당한다고 판단하면 리투아니아에 대해 군사적 조치를 취할 가능성이 있다.

다른 하나는 NATO-EU의 광범위하고 지속적인 러시아 영향권 잠식을 심각한 안보 위협으로 파악할 때 보복 또는 응징하는 형태이다. 여기서 질문은 러시아가 유럽에 대한 보복 또는 응징을 위한 개입 대상으로서 어떤 지역을 택할 것인가이다. 벨라루스나 코카서스 지역의 국가들이 러시아 영향권으로부터 일탈할 경우, 이들에 대한 물리적 개입이 될 수도 있다. 또 발트지역 내 러시아계 밀집지역인 에스토니아의 나르바(Narva)와 라트비아의 다우가프필스(Daugavpils) 등에 물리력을 사용할 가능성이 있다. 러시아는 이들 지역에서 우크라이나의 도네츠크와 루한스크에서 취했던 정치·군사적 개입과 유사한 행동을 취할 수 있다. 러시아는 러시아 동포를 보호한다는 명분으로 러시아계 주민들의 반에스토니아 또는 반라트비아 감정을 자극하여 자치 또는 분리독립을 요구하면서 개입할 가능성이 있다.[55] 우크라이나 사태 이후 러시아가 물리력을 사용하는 가장 취약한 지역이 될 수 있다.

주목할 것은, 칼리닌그라드 또는 나르바, 다우가프필스 등에 러시아가 개입할 경우 우크라이나 사태에서와 같이 서방권이 거부할 수 없는 상태로 상황 종료될 가능성이 높다는 점이다. NATO 사령관을 역임한 브리드러브(Philip M. Breedlove)의 평가에 따르면, 러시아의 개입 특히 군사적 행동에 대한 미국과 NATO의 신속대응 능력이 매우

---

54 Lucas, , *op. cit.*, p. 13.
55 Lucas, *Ibid.*, p. 11.

부족한 상태이다.[56]

발트3국에 국한한다면 러시아의 군사력이 NATO에 비해 우위임은 두말할 나위도 없다. 냉전기 NATO의 대공산권 전선은 서독 대 동독, 체코슬로바키아였으며 주둔 병력은 20개 사단에 이르렀던 반면, 발트3국과 러시아, 벨라루스 사이에는 동일한 거리의 국경임에도 3개의 경보병 여단 규모의 전력이 배치되어 있을 뿐이다. 미군을 포함한 NATO군이 순환 주둔하는 병력 규모도 대대 규모에 그치고 있다. 따라서 RAND의 워게임 시나리오에 따른다면, 아무리 길게 잡아도 러시아군이 에스토니아의 탈린과 라트비아의 수도 리가 외곽까지 진군하는 데는 60시간 정도라고 한다. RAND측은 이 같은 최악의 상황을 피하기 위해서 최소 7개 여단 병력, 그중에서 3개 여단은 중무장이 필요하며 이는 발트3국 방어에 따른 잠재적 손실을 고려하면 수용할 만한 비용이라고 설명한다.[57]

요약하자면, 발트3국에 대한 러시아의 물리적 개입 가능성은 우크라이나보다 낮지만 나름대로의 취약한 지역이 있다. 칼리닌그라드처럼 괴리된 영토가 러시아의 아킬레스건이자 군사적 대응의 소재로 작용할 수 있으며, 러시아 동포의 집중 지역이 정치·군사적 개입의 유인요인으로 작용할 수도 있다. 또 상황적 변수로 NATO-EU의 동방정책의 끝이 보이지 않는다는 점을 들 수 있는데, 이에 따라 러시아가 인식하는 위협도 증대될 것이다. 발트3국은 독립 유지 및 주권 보호를 위해 서방권에 의존해야 하지만 자신은 서방권의 취약한 주변부라는 안보 딜레마에 놓여 있다.

---

56 Philip M. Breedlove, "NATO's Next Act: How to Handle Russia and Other Threats", *Foreign Affairs* (July/August 2016), pp. 96-105.

57 Shlapak & Johnson, *op. cit.*

5
결론

오늘날 발트3국은 서방 대 러시아의 세력균형 및 위협균형에 자신의 안보가 달려 있다. 우크라이나 사례에서 보는 바와 같이, 앞으로도 강대국들의 경쟁 관계의 결과에 의해 발트3국의 안보가 좌우될 것이다. 과거 70여 년에 걸친 소련의 점령과 탄압의 기억을 지닌 발트3국은 독립 이후 자신의 안보를 서방권에 거의 의존하지만, 발트3국이 유럽의 주변부에 위치한다는 점이 딜레마이다. 러시아의 하드 파워가 발트3국 안보의 직접적 위협이면서도, 여기에 러시아계 주민의 언어·문화적 정체성이 러시아의 개입을 유인하는 변수로 작용할 수 있다. 즉, 발트3국의 안보는 NATO-EU, 러시아, 발트3국, 러시아계 동포 등 4자 관계(quadratic interactions)[58] 속에서 제대로 이해될 수 있을 것이다.

발트3국에 대한 러시아의 공세적인 개입 가능성은 우크라이나 사태에 견주어 볼 때 낮다고 볼 수 있다. 과거 우크라이나가 러시아 영향권으로부터 이탈할 가능성이 모스크바에게는 위협이었던 반면, 발트3국은 정치, 경제, 군사적으로 러시아의 영향권에서 벗어난 지 27년이나 경과하였다. 즉 발트3국의 경우 러시아가 영토주권을 주장할 여지가 있는 것은 아니다. 그러나 NATO-EU의 세력권 확장이 러시아로 하여금 안보 위협을 불러일으킨다는 점은 우크라이나 사례와 발트3국 사례의 공통점이다. 러시아의 위협 인식은 지정학적으로 서방세력이 자신의 영향권을 침범하거나 자신을 포위한다고 판단할 때 증대된다.

---

58 Ammon Cheskin, "Identity and Integration of Russian Speakers in the Baltic States: A Framework for Analysis", *Ethnopolitics*, Vol. 14, No. 1 (2015), p. 73.

러시아의 중심부에 깊이 들어온, 또는 NATO-EU 영향권의 주변부에 위치한 발트3국이 러시아의 전략적 개입의 최대 취약지역이다. NATO-EU에 대한 러시아의 대응, 구체적으로는 발트3국에 대한 러시아의 공세는 이미 소프트 파워의 행사를 통해 이루어지고 있다.

러시아는 발트해 쪽의 격리된 영토인 칼리닌그라드의 안보가 위협당한다고 판단하면 이에 군사적으로 민감 대응할 가능성이 있다. 전략적 차원에서, 러시아는 NATO-EU의 발트3국, 벨라루스, 코카서스 지역 국가 등 자신의 주변국들에 대한 군사적 팽창, 경제 및 에너지네트워크 편입, 또는 민주주의 전파를 공포로 인식하는바, 자신의 영향권 보호 또는 보복 차원에서 다양한 개입을 시도할 수 있다. 그 개입 방식 중의 하나로서 발트국가들 내의 러시아계 밀집 지역에 대한 소프트 파워 공세를 하드 파워의 공격으로 전환할 가능성을 배제할 수 없다.

발트3국의 안보 딜레마는 트럼프행정부 출범으로 더욱 가중되고 있는 것으로 보인다. 독일이 주도해야 하는 EU와 미국의 공약이 축소된 NATO가 유럽의 난제들을 해결해야 하는 상황에서 대러시아 억제 정책을 과거와 같이 행하기는 어려울 수 있을 것이다. 이런 맥락에서 발트3국의 안보는 더욱 예측하기 어려워졌다. 단, 미국이 NATO에 대한 공약을 축소하면서도 러시아와 함께 유럽 안보를 위한 대타협을 이룰 경우, 발트3국의 안보는 안정을 찾을 수도 있다. 이런 낙관적 전망은 미국, 러시아, 유럽 지도자들이 유럽의 균형적 안보를 위한 강력한 의지를 가지고 부단히 노력할 때에야 비로소 가능할 것이다.

| 참고문헌 |

고상두. 2015. "러시아의 우크라이나 사태 개입요인에 관한 내용분석". 『국방연구』 제58권 4호, 1-31쪽.

김선래. 2015. "우크라이나 사태의 발생과 심화 원인으로서 러시아인 디아스포라". 『동유럽발칸연구』 제39권 4호, 123-152쪽.

김성진. 2016. "러시아의 우크라이나정책과 유라시아주의". 『중소연구』 제39권 4호, 245-285쪽.

박병인. 2015. "러시아의 동진(東進)전략과 대한반도 정책 연구: 우크라이나 사태 이후, 국제 전략환경의 변화를 배경으로". 『세계지역연구논총』 제33권 3호, 127-146쪽.

박정호. 2014. "우크라이나 민족주의 집단의 정치적 위상에 대한 연구". 『유라시아연구』 제11권 4호, 63-78쪽.

연합뉴스. 2009. "에스토니아 사이버 테러는 내가 주도했다"(3.13). http://www.yonhapnews.co.kr/culture/2009/03/13/0914000000AKR20090313194200080.HTML (검색일: 2016.11.30).

온대원. 2015. "우크라이나 사태 이후 유럽의 신안보질서". 『EU연구』 40호, 35-65쪽.

정경택. 2014. "발트 3국의 언어정책". 『슬라브연구』 제30권 4호, 183-218쪽.

정보통신산업진흥원. 2014. "에스토니아 정부 국가 사이버 보안 현황 보고서"(8.29). http://web.www.nipa.kr/know/periodicalView.it?identifier=02-001-140829-000008&menuNo=28&code=B_ITA_24 (검색일: 2016.11.29).

정은숙. 2014. "2014 NATO 웨일즈 정상회의". 『세종논평』, No. 287(9.12). file:///Users/cellist901/Downloads/%EC%A0%95%EC%9D%80%EC%88%99(287%ED%98%B8).pdf (검색일: 2016.11.30).

홍완석. 2014. "2014 우크라이나 사태의 국제정치적 함의와 한반도". 『슬라브연구』 제30권 2호, 89-117쪽.

후쿠야마, 프란시스. 1992. 『역사의 종말』. 이상훈 역. 한마음사.

BBC. 2014. "Why Crimea Is So Dangerous". *BBC News* (March 11). http://www.bbc.com/news/world-europe-26367786 (검색일: 2016.11.29).

Bock, Andreas, M. Ingo Henneberg, and Friedrich Plank. 2015. "'If You Compress the Spring, It Will Snap Back Hard': The Ukrainian Crisis and the Balance of Threat Theory". *International Journal*, Vol. 70, No. 1, pp. 101-109.

Breedlove, Philip M. 2016. "NATO's Next Act: How to Handle Russia and Other Threats". *Foreign Affairs* (July/August), pp. 96-105.

Brzezinski, Zbigniew. 2009. "An Agenda for NATO". *Foreign Affairs* (September-October), pp. 2-10.

Campbell, Angus, Philip Converse, Warren Miller, and Donald Stokes. 1960. *The American Voters*. University of Chicago Press.

Corum, James C. 2013. *The Security Concerns of the Baltic States as NATO Allies*. U.S. Army War College Press.

Economist. 2016. "Take Care of Russia". *Economist* (October 26). http://www.economist.com/news/special-report/21708881-mr-putin-not-setting-about-it-best-way-take-care-russia (검색일: 2016.12.8).

Eglitis, Daina S. and Laura Ardava. 2012. "The Politics of Memory: Remembering the Baltic Way 20 Years after 1989". *Europe-Asia Studies*, Vol. 64, No. 6, pp. 1033-1059.

European Commission. July 2013-August 2014. "Baltic Energy Market Interconnection Plan, 6th Progress Report". https://ec.europa.eu/energy/sites/ener/files/documents/20142711_6th_bemip_progress_report.pdf (검색일: 2016.12.6).

European Union External Action. 2016. "Eastern Partnership"(October 19). https://eeas.europa.eu/topics/eastern-partnership/419/eastern-partnership_en (검색일: 2016.12.6).

Grigas, Agnia. 2012. "Legacies, Coercion and Soft Power: Russian Influence in the Baltic States". Chatham House Briefing Paper.

Grigas, Agnia. 2013. *The Politics of Energy and Memory between the Baltic States and Russia*. Routledge.

Ikenberry, G. John. 2000. *After Victory: Institutions, Strategic Restraint, and the Rebuilding of Order after Major Wars*. Princeton University Press.

Kasekamp, Andres. 2010. *A History of the Baltic States*. Palgrave Macmillan.

Kramer, Mark. 2002. "NATO, the Baltic States and Russia: A Framework for Sustainable Enlargement". *International Affairs*, Vol, 78, No. 4, pp. 731-756.

Lamothe, Dan. 2016. “Donald Trump Cast Doubt on the Baltics’ Involvement in NATO. Here’s What They Actually Do”. *Washington Post* (July 21). https://www.washingtonpost.com/news/checkpoint/wp/2016/07/21/donald-trump-cast-doubt-on-the-baltics-involvement-in-nato-heres-what-they-actually-do/?utm_term=.dad25cc9ef7f (검색일: 2017.1.22).

Lucas, Edward. 2015. *The Coming Storm*. Center for European Policy Analysis. http://cepa.org/sites/default/files/styles/medium/Baltic%20Sea%20Security%20Report-%20(2).compressed.pdf (검색일: 2016.12.8).

McFaul, Michael. 2014. “Moscow’s Choice” of “Faulty Powers: Who Started the Ukraine Crisis?”. *Foreign Affairs*, Vol. 93, No. 6, pp. 167-171.

Mearsheimer, John. 2014a. “Why the Ukraine Crisis Is the West’s Fault: The Liberal Delusions That Provoked Putin”. *Foreign Affairs*, Vol. 93, No. 5, pp. 77-89.

Mearsheimer, John. 2014b. “Mearsheimer Replies”, Response to Michael McFaul, “Moscow’s Choice” of “Faulty Powers: Who Started the Ukraine Crisis?”. *Foreign Affairs*, Vol. 93, No. 6, pp. 175-178.

Mulder, Freek. 2016. “The States that Cried Bear? An Assessment of Russia’s Deniable Intervention as a Regional Threat”. MA Thesis, Leiden University.

NATO. 2016. “Warsaw Summit Communiqué”. Issued by the Heads of State and Government participating in the meeting of the North Atlantic Council in Warsaw, July 8-9. http://www.nato.int/cps/en/natohq/official_texts_133169.htm (검색일: 2016.11.29).

Nye, Jeseph S. Jr. 2004. *Soft Power: The Means to Success in World Politics*. Public Affairs.

Ozolins, Uldis. 2003. “The Impact of European Accession upon Language Policy in the Baltic States”. *Language Policy*, Vol. 2, No. 3, pp. 217-238.

Shlapak, David A. and Michael W. Johnson. 2016. “Reinforcing Deterrence on NATO’s Eastern Flank: Wargaming the Defense of the Baltics”. RAND Corporation. https://www.rand.org/content/dam/rand/pubs/research_reports/RR1200/RR1253/RAND_RR1253.pdf (검색일: 2016.12.8.).

Simons, Greg. 2015. “Perception of Russia’s Soft Power and Influence in the Baltic States”. *Public Relations Review*, Vol. 41, No. 1, pp. 1-13.

Spiegel. 2015. “Where Putin’s Empire Meets the EU”. *Spiegel Online* (July 3). http://www.spiegel.de/international/world/concerns-grow-in-baltics-over-resurgent-russia-a-1041448.html (검색일: 2016.12.9.).

Statistic Times. 2015. “World GDP (nominal) Ranking” Source from International

Monetary Fund World Economic Outlook. *Statistic Times* (April 21). http://statisticstimes.com/economy/world-gdp-ranking.php (검색일: 2016.12.1).

Szymanski, Piotr. 2015. "Between Continuation and Adaptation: The Baltic States' Security Policy and Armed Forces". OSW Commentary, *Center for Eastern Studies*, No. 190. https://www.osw.waw.pl/sites/default/files/commentary_190.pdf (검색일: 2016.12.5).

The Telegraph. 2017. "Donald Trump Inauguration: President Returns Winston Churchill Bust to Oval Office before Dancing My Way at Inaugural Ball". *The Telegraph* (January 21). http://www.telegraph.co.uk/news/2017/01/20/president-donald-trump-gets-work-immediately-inauguration-day/ (검색일: 2017.1.22).

Treisman, Daniel. 2016. "Why Putin Took Crimea: The Gambler in the Kremlin". *Foreign Affairs*, Vol. 95, No. 3, pp. 47-54.

Valeriano, Brandon & Ryan C. Maness. 2015. *Cyber War versus Cyber Realities: Cyber Conflict in the International System*. Oxford University Press.

Walt, Stephen M. 1987. *The Origins of Alliances*. Cornell University Press.

제9장

발트에서의 탈사회주의 문화정치

'해방'에서 '점령'으로

정근식
(서울대학교 통일평화연구원장)

1
문제의 제기

우리의 삶은 개인들의 외부에서 객관적으로 작동하는 역사적 시간과 주관적 세계에서 작동하는 기억의 시간에 지배받는다. 공동체나 국가도 마찬가지여서 이들의 세계를 관철하는 세계사적 시간과 함께 각각의 공동체나 국가가 생산하고 재구성하는 사회적 기억의 시간을 가지고 있다. 역사적 시간과 기억의 시간은 항상 함께 진행하는 것이 아니라 상대적 자율성을 가지고 있어서 양자 간에는 항상 상당한 간극이 존재한다. 흔히 도시의 핵심적 상징공간에 위치하는 역사박물관이나 각종 기념비들은 국가의 사회적 기억을 형상화한 것으로, 물질성과 장소성을 지니며, 상징적 권력을 만들어내고 있는데, 이를 둘러싼 논쟁들은 이러한 두 가지 시간들의 간극 때문에 발생한다. 이들이 만들어진 과거에 부여된 의미와 현재의 입장에서 끊임없이 재해석되는 과거의 의미 사이에 존재하는 간극이 일정한 임계치를 넘어서면 이들은 해체되거나 다른 장소로 이전되는 운명에 처하게 된다.

제2차 세계대전에서의 연합군 승리를 계기로 만들어진 세계적 질서와 국제적으로 확산된 미국이나 소련의 영향력은 이후 약 40년간 지속된 세계적 냉전의 한 축으로 작용하였고, 이 과정에서 레닌 동상과 소련군기념비들은 사회주의 진영을 표상하고 결속시키는 문화적 장치의 하나였다. 그러나 1991년 소련의 해체 이후 사회주의 진영에 속해 있던 국가들의 역사박물관은 큰 변동을 경험했으며, 소련군기념비들은 해체되거나 이전되는 운명을 맞이하게 되었다. 이들의 운명은 해당 국가와 러시아와의 관계, 도시공간에서 차지하는 위치 등에 의해 조금씩 다르게 나타나지만, 이들이 다양하고 복잡한 탈냉전과 탈사회주의의 경로나 양상을 잘 보여주는 방법론적 지표라는 점은 부인할 수 없다.

필자는 근래에 중국과 북한에 있는 소련군기념비들에 관심을 갖게 되면서, 2007년 에스토니아의 수도 탈린에서 소련군기념비, 일명 청동군인(Bronze Soldier)을 둘러싸고 커다란 논쟁이 발생했고 국제적 관심을 끌었다는 사실을 상기하게 되었다. 소련군기념비들은 제2차 세계대전에서 사망한 병사들을 추도하고, 해당 지역을 '해방'시킨 것을 기념하기 위하여 건립된 것으로, 러시아뿐 아니라 중국과 북한을 포함한 동북아시아와 베를린과 비엔나를 포함한 동유럽 전역의 도시들에 분포하고 있는데, 탈린의 청동병사상 철거·이전 논쟁은 다른 지역에 남아있는 소련군기념비의 현재적 상황을 표상하거나 미래의 운명을 점치게 하는 것으로 간주되었다.

이 글은 에스토니아, 라트비아, 리투아니아로 구성된 발트3국에서의 탈냉전 또는 탈사회주의의 경로나 유형을 파악하기 위한 연구의 일환으로,[1] 소련군기념비와 소련해체 이후에 설립된 '점령박물관'에 관련된 논쟁들을 분석하기 위한 것이다. 필자는 이를 위하여 2016년 4월에 에스토니아의 수도 탈린과 라트비아의 수도 리가를 방문하여, 이 도시들의 핵심적 상징공간의 변화를 살펴보았는데, 이 과정에서 소련군기념비와 대응하는 문화적 장치가 '점령' 박물관임을 깨달았다. 그 후 이를 좀 더 자세하게 살펴보기 위하여 2016년 8월에 탈린과 리가 외에 리투아니아의 수도 빌뉴스와 남부지방에 있는 그루타스 소련기념비 유산공원을 방문하였다.

발트지역은 역사적으로 러시아와 독일 사이에 위치하고 있어서

1 발트3국을 하나의 지역단위로 파악할 수 있는가에 관해서는 Jurkynas(2004)를 참조할 것.

끊임없이 전쟁에 시달렸고, 그때마다 영토적 소속이 변경되었다. 제2차 세계대전의 와중에서 독립국가로서의 지위를 박탈당하고 15개 공화국으로 구성된 소련의 일부로 편입되었던 발트3국은 1991년 소련의 해체와 함께 다시 독립국이 되었고,[2] 근래에는 EU에 가입하게 되었다. 이 지역에서의 점령박물관이나 소련군기념비를 둘러싼 상징적 문화정치는 탈냉전과 탈사회주의의 다양하고 복잡한 양상을 보여주는 중요한 지표라고 할 수 있다.

2
노래혁명과 발트의 길

1) 노래운동과 민주화

우리는 구소련에 속했던 국가들이 소련의 해체 이후에 민주화와 탈사회주의적 경로를 걷게 되었다고 일반적으로 이해하고 있지만, 실제의 경로들은 지역마다 달랐고, 발트지역은 좀 더 빠른 시기인 1980년대 중반부터 사회 내부에서 강렬한 변화의 조짐들이 나타나고 있었다. 여기에서는 민주주의를 향한 시민들의 사회운동이 매우 강력했고, 노래를 통해 시민적 연대를 형성해 갔다는 독특한 특징들을 보여주면서 전개되었다. 탈린과 리가, 빌뉴스 등의 도시는 이른바 노래혁명(The Singing Revolution)의 근거지였다.

노래혁명은 대체로 발트3국에서 1987년부터 1991년 사이에 진행된 독립을 향한 여러 사건들이 노래합창을 매개로 진행되었음을 일

2 발트3국은 15개 공화국으로 구성된 과거의 소련을 구성하는 피점령국이었다. 냉전하의 사회주의제국은 소련과 그 위성국들로 구성되며, 소련은 다시 러시아와 피점령국으로 구성된다. 소련의 영토는 러시아 제국 시기에 편입된 지역, 러시아 혁명 직후에 편입된 지역, 그리고 1944~1945년 시기에 편입된 지역으로 구분된다.

컫는 말이다.[3] 노래혁명이라는 용어는 1988년 6월 10일과 11일 사이에 열렸던 탈린의 전통적인 노래축제에서 대중들의 자발적인 노래 시위가 일어나고, 그로부터 일주일 후에 에스토니아의 운동가이자 예술가였던 하인즈 발크(Heinz Valk)가 사용한 것이다. 스미첸스(Guntis Smidchens)의 상세한 설명이 있지만,[4] 이것이 일어난 배경에는 발트지역에서의 오래된 문화적 전통과 1985년에 시작된 고르바초프의 개혁개방 정책이 함께 있다. 노래혁명은 소련의 무력에 맞서는 힘없는 민초들의 평화의 힘을 상징하는데, 고르바초프의 개혁 개방 정책은 이들의 희망을 표출시키는 정치사회적 기회를 제공하였다. 고르바초프가 추락하는 소련 경제를 추스르고 생산성을 고양하기 위해 글라스노스트(개방)와 페레스트로이카(개혁) 정책을 수행할 것을 선언하자 발트지역에서도 그동안 내재해 있던 사회문제들이 공론장으로 표출되기 시작하였다. 이들의 내재적 불만은 당시 소련군의 아프가니스탄 침공과 체르노빌 원전사건에 대한 비판적 여론과 맞물려 폭발적으로 증폭되었다. 당시 에스토니아인들은 외국의 다른 민족들이 소련의 광산개발과 같은 대규모 프로젝트에 참여하기 위해 에스토니아로 밀려오는 것에 자극을 받았으며, 외국 이민자집단이나 핀란드의 공중파 방송을 통해 서구적 소비생활에 관한 정보에 노출되어 있었기 때문에, 사회주의 체제에 대한 불만을 표출하면서 대규모 시위에 나서기 시작했다.

소비에트 체제에 반대하는 대규모 군중시위는 민족적 감수성을 미처 고려하지 못한 체제 자유화 조치 이후에 발생하기 시작하였다. 소련 당국은 에스토니아 시민에게 표현의 자유를 허용하고, 또 과거의

---

3 노래혁명에 관해서는 Clare Thomson, *The Singing Revolution: A Political Journey through the Baltic States*(Joseph, 1992)를 볼 것.

4 Guntis Smidchens, *Power of Song: Nonviolent National Culture in the Baltic Singing Revolution* (University of Washington Press, 2013).

독립국이었을 때 사용했던 에스토니아 국기를 사용할 수 있도록 허용하면서도 에스토니아가 소련에 남아있기를 바랐다. 그러나 상황은 소련의 희망대로 흘러가지 않았다. 1989년에 이르면, 에스토니아는 소련으로부터의 자유와 독립을 외치는 군중들의 시위에 일상적으로 노출되었다. 이런 대규모 반체제 시위로 나아가는 길에 노래혁명이 놓여 있었다.

탈린에서 매년 개최되는 노래축제가 성격을 달리하면서 개최되기 시작한 것은 1987년이다. 이들은 록가수의 선창에 따라 소련 점령 시기에 엄격히 금지되었던 에스토니아의 국가를 부르면서 대규모 시위를 하였다. 1988년 5월 14일 에스토니아의 또 다른 도시 타르투의 팝 음악축제에서 처음으로 민족적 감정이 표출되었다. 여기에서 5개의 애국적 노래들이 연주되었는데, 시민들은 손에 손을 잡고 노래를 불렀다. 6월에 탈린의 구도시 축제가 열렸고, 공식적인 축제가 끝난 후 참가자들은 노래축제가 열리는 운동장으로 몰려가서 자발적으로 애국적인 노래를 부르기 시작했다. 이어 8월 26일부터 28일까지 록 여름축제가 열렸을 때, 알로 마티센(Alo Mattiisen)이 작곡한 애국적인 노래들이 연주되었다. 9월 11일에는, '에스토니아의 노래(Song of Estonia)'라고 불리는 노래축제가 탈린에서 열렸는데, 여기에 당시 에스토니아의 인구 4분의 1보다 더 많은 30만 명이 운집했다. 여기에서 에스토니아 문화유산협회 의장 트리비미 벨리스테(Trivimi Velliste)는 모든 시민과 정치지도자들의 뜻에 따라 다시 독립을 쟁취하겠다는 의지를 표현하였다. 이어 11월 16일, 에스토니아의 의회는 에스토니아의 주권을 선언하였다. 음악사회학자 워렌이 표현했듯이 에스토니아의 민주화에서 음악은 자원동원, 세대 간 통합, 정체성 강화, 자유로운 공간의 창출이라는 기능을 수행한 강력한 수단이었다.[5]

라트비아의 사정은 어떠했는가? 라트비아에서도 노래의 기능은 유사했다. 진켈은 라트비아인들의 정체성 형성과정에서 노래가 민족 간 갈등을 봉합하는 기능을 발휘했다고 보았다.[6] 다만 에스토니아와 달리 환경운동이 좀 더 중요한 역할을 한 것으로 보인다. 소련에서 고르바초프가 개방과 개혁 정책을 도입하자 라트비아에 잠재해 있던 반소정서가 점차 라트비아인의 민족적 각성으로 이어졌다. 1986년 라트비아의 제일 큰 다우가바강에 소련이 수력발전소를 지을 계획이 있다는 것이 알려졌고, 또 리가에 지하철을 건설하는 계획이 완성되었다. 모스크바 당국이 결정한 이 두 가지 계획은 라트비아의 아름다운 경치와 역사문화유산을 파괴할 위험이 있었다. 라트비아의 언론들은 이 계획에 시민들이 반대하도록 유도하는 기사를 게재하였다. 1987년 2월 28일, 환경보존협회가 결성되었고, 곧 대중적 영향력이 매우 큰 단체로 발전했다. 라트비아의 독립운동은 이처럼 노래운동뿐 아니라 환경운동을 매개로 발전하였다.

1987년 6월 14일, 이날은 1941년에 소련에 의해 이루어진 강제이주 46주년 기념일이었는데, 바로 1년 전에 결성된 '헬싱키-86'이라는 인권단체가 라트비아의 독립의 상징이었던 자유기념비에 헌화하는 운동을 조직하였다. 이 운동은 라트비아인들의 민족적 각성을 불러일으키는 촉매제가 되었다. 라트비아에서도 노래와 춤 축제가 이런 기능을 하였다. 1985년 축제에서 본 프로그램이 끝난 후 해랄드 메드니스(Haralds Mednis)의 지휘로 가이스마스 필스(Gaismas pils)라는 노래를

---

5 W. Waren, "Theories of the Singing Revolution: An Historical Analysis of the Role of Music in the Estonian Independence Movement", *International Review of the Aesthetics and Sociology of Music*, Vol. 43, No. 2(2012), pp. 439-451.

6 J. Ginkel, "Identity Construction in Latvia's "Singing Revolution": Why Inter-ethnic Conflict Failed to Occur", *Nationalities Papers*, Vol. 30, No. 3(2002), pp. 403-433.

연주하면서 합창을 유도한 적이 있었다. 자유로운 라트비아 민족의 부활을 외치는 이 노래는 소비에트 당국이 싫어했으므로 그동안 레퍼토리에서 제외되어 왔는데, 이때 다시 불렸다.

1988년 6월 1일과 2일, 라트비아 작가협회는 사회의 민주화, 경제주권, 소련으로부터의 이민 중지, 산업개혁, 라트비아어 수호 등의 의제를 토론하는 회의를 개최하였다. 이 회의를 하는 도중에 1939년 라트비아의 운명을 결정했던 몰로토프-리벤트로프조약(Molotov-Ribbentrop Pact)의 비밀 내용이 처음으로 공개되었다. 작가협회의 회의는 여론을 뒤집어놓았고 시민들이 민족적 재생을 위한 길로 나아가도록 자극했다.

발트3국의 시민운동에서 결정적인 역할을 한 것이 몰로토프-리벤트로프 비밀협정의 폭로이다. 제2차 세계대전 종전 이후 개최된 니른베르크 군사법정 이후, 서구 학자들은 몰로토프-리벤트로프 협정을 자주 언급했지만, 소련은 줄곧 이 비밀협정의 존재를 부인해 왔다. 소련은 발트지역을 점령하지 않았고, 발트3국이 자발적으로 소련에 합류했다고 선전해 왔다. 그러나 발트3국은 강제점령에 의해 소련으로 합병되었다고 주장하였고, 많은 사람들은 이 비밀협정이 점령의 불법성을 보여준다고 생각했다. 발트지역의 외교관들은 협정과 점령을 연결시키게 되면, 1940년 이후의 소련의 지배와 법이 무효가 된다고 주장했다. 이런 여론에 따라 발트지역에서 독자적인 주권을 확립할 것인가, 소련연방에 남아서 자치권을 확보할 것인가를 둘러싼 논쟁은 사실상 종식되고, 전간기에 존재했던 독립국으로서의 지위와 법률을 회복하는 길로 나아가게 된다.

1988년 여름에 라트비아 독립운동에서 가장 중요한 역할을 한 라트비아 인민전선(LPF)과 라트비아 민족독립운동(LNIM)이라는 두 개의 조직이 만들어졌다. 곧이어 더 급진적인 시민들의 의회(CC)가 소비에트 정권과는 어떤 타협도 하지 않겠다는 선언을 하였다. 이 조직들은 모두 민주주의와 독립의 회복이라는 하나의 목표를 공유하였다. 결국 10월 7일, 라트비아의 독립과 법치주의의 확립을 요구하는 대규모 시위가 일어났다. 바로 그 이튿날 라트비아 인민전선의 제1차 의회가 열렸다. 이 조직은 약 20만 명의 회원을 가진 독립운동의 대표적인 기구로 성장하였다.

1989년 8월 23일, 몰로토프-리벤트로프 비밀협정 50주년 기념일에 발트3국의 인민전선들은 탈린에서 리가를 거쳐 빌뉴스에 이르는 '발트의 길(Baltic Way)'이라는 600킬로미터가 넘는 인간띠를 만들어 냈다. 이것은 소련으로부터 독립을 요구하는 시민들의 상징적 시위였다. 여기에 불린 유명한 운동가요들은 Brīvību Baltijai, Dzimtā valoda, Lāčplēsis (rock opera), Manai Tautai, 그리고 Pūt, Vējiņi! 등이었다.

리투아니아에서도 상황은 유사했다. 리투아니아 전역에서 수천 명이 정기적으로 모여 민족 가요와 가톨릭 찬송가를 불렀다. 애국적인 노래들이 이 시기에 인기를 끌었다. 많은 대중가수들이 이런 흐름에 따라, 버나드 브라르지오니스(Bernardas Brazdžionis)나 유스티나스 마르친케비시우스(Justinas Marcinkevičius)와 같은 유명한 시인들의 시를 활용하여 노래를 불렀다. 1988년 6월 3일, 독립과 민주주의를 고취하는 정치사회운동단체인 사유디스(Sąjūdis)가 창립되었다. 이런 민족적 저항운동을 통하여 소련치하에서 미술관으로 사용되던 빌뉴스성당이 10월 21일에 다시 가톨릭교회로 돌아갔으며, 이 성당은 점차 독립기념비를 포함하는 민족적 상징이 되어 갔다. 리투아니아의 국가와 전통적인 삼색기도 1988년 11월 18일에 합법화되어 기존의 리투아니아 사회주의공화국의 국기와 국가를 대체하였다.

2) 발트의 길과 연대

발트지역에서의 노래혁명을 통한 민주화운동은 '발트의 길'이라는 역사에 기록되어야 할 국가 간 시민 연대를 낳았다.[7] 그것은 1989년, 비밀협정 50주년을 앞두고 구체화되기 시작했다. 직접적인 배경은 당시의 발트 지역과 모스크바 간의 고조된 긴장이었다. 리투아니아의 로물다스 오졸라스(Romualdas Ozolas)가 소련 적군의 철수를 요구하기 위하여 200만 명의 서명을 받는 운동을 시작하였고, 리투아니아 공산당은 소련 공산당으로부터 떨어져 나오는 방안을 숙고하기 시작했다. 1989년 8월 8일, 에스토니아인들은 러시아로부터 들어온 이민자들의 투표권을 제한하는 선거법 개정을 시도하였다. 모스크바 당국은 이를 종족 간 갈등으로 표현했다. 모스크바 당국이 발트지역 주민들의 요구를 수용하여 개혁조치를 할지도 모른다는 예측이 상당했지만, 폭력적인 진압을 할지도 모른다는 공포도 상당했다. 동독의 호네커(Erich Honecker)와 루마니아의 차우셰스쿠(Nicolae Ceauşescu)는 무력진압을 할 경우 소련의 군사적 지원을 희망했다.

소련의 공식 기관지 『프라우다』는 8월 15일, 에스토니아 노동자 파업을 소련 전체의 더 큰 이익에 반하여 협소한 민족주의적 입장을 따르는 극단주의자들의 히스테리라고 비판했다. 8월 17일, 소련 공산당 중앙위원회는 외교나 국방뿐 아니라 경제와 과학, 문화 등의 영역에서도 모스크바의 리더십을 유지한다는 방침을 발표하면서, 소련 내 공화국들에게 사법권이나 언어권에서 약간의 양보조치를 하였다. 이튿날, 『프라우다』는 몰로토프-리벤트로프 비밀협정을 조사하는 하원

7 발트의 길이 갖는 문화적 가치에 관해서는 "The Baltic Way — Human Chain Linking Three States in Their Drive for Freedom", UNESCO Memory of the World Programme, 2009-07-31을 볼 것.

의 26인 위원회 위원장 알렉산드르 야코블레프와의 인터뷰 기사를 실었는데, 여기에서 그는 이 비밀협정의 존재를 인정하면서도 이것이 발트지역의 병합에는 아무런 영향을 미치지 않았다고 언급하였다. 이처럼 모스크바 당국은 오랫동안 견지해 온 비밀협정에 관한 입장을 번복했지만, 1940년의 점령에 관해서는 양보하지 않았다. 그러나 이런 조치가 발트3국 사람들을 만족시키지는 못했다. 리투아니아의 최고위원회는 8월 22일, 1940년의 병합이 이 비밀협정의 직접적 결과이며 따라서 불법이었다고 선언하였다. 이것은 소련 내의 공식적인 기구가 소련 지배의 정당성에 대하여 행한 최초의 도전이었다.

좀 더 거슬러 올라가면 이 지역에서의 거리 시위는 1986년 고르바초프의 정책에 힘입어 많아지기 시작한 것이다. 1986년 8월 23일, 서구의 21개 도시에서 '검은 리본의 날' 시위가 일어났고, 소련이 행한 과거의 인권유린에 대하여 세계의 이목이 집중되었다. 1987년에는 빌뉴스를 포함하여 세계의 36개 도시에서 검은 리본의 날 행사가 개최되었다. 탈린과 리가에서도 그 비밀협정에 항의하는 시위가 이루어졌다. 1988년 처음으로 그러한 저항행위가 소련 당국에 의해 탄압되었다. 활동가들은 1989년 이 비밀협정 50주년을 앞두고 대규모 시위를 계획했다. 인간띠잇기라는 아이디어가 처음 누구에 의해 제안되었는지는 분명하지 않지만, 7월 15일 패르누(Pärnu)에서 열린 발트 3개국 활동가회의에서 제안되었고, 8월 12일 세시스(Cēsis) 회의에서 공식적으로 합의되었다. 발트지역의 공산당들은 이를 승인했고, 동시에 소련 점령을 비판하는 수십만 명의 서명 청원서가 여러 지역에서 만들어졌다.

인간띠잇기 시위의 조직자들은 구체적으로 각 마을 단위로 여기에 참여할 사람들을 정하여 서로 끊어지지 않도록 하고 별도의 교통수단이 없는 경우 무료 버스를 동원하여 시위 현장으로의 이동을 지원하였다. 전국적으로 준비가 이루어졌고, 한 번도 시위를 해보지 않은 시골의 농민들에게 힘을 불어넣었다. 8월 23일이 수요일이었으므로, 일부 고용주들은 종업원들에게 휴가를 주지 않았지만, 대부분은 이들이 버스로 이동하여 시위에 참여하는 것을 후원하였다. 시위가 있던 날, 지도자들은 라디오 방송으로 시위를 지원하였고, 에스토니아는 이날을 공휴일로 선포하였다.

발트의 독립운동을 이끌었던 지도자들은 세계와 유럽을 향해 공동선언을 발표하여 몰로토프-리벤트로프 비밀협정이 범죄행위에 해당하며, 처음부터 무효라고 주장하였다. 이들은 발트의 문제는 양도할 수 없는 인권의 문제이며 유럽 공동체의 인권에 관한 이중잣대를 비난하고, '히틀러-스탈린 시대의 마지막 남은 식민지'에 눈을 돌려줄 것을 호소하였다. 『프라우다』는 그날의 시위를 '오직 사실을'이라는 제목으로, 활동가들의 수용할 수 없는 반소비에트적 성격을 보여주는 말과 행동을 모아 보도하였다.

기념비적인 인간띠잇기 행사는 어디에서 이루어졌는가? 발트3국의 수도를 잇는 사람들의 행렬은 빌뉴스의 성당광장에서 시작하여 주로 고속도로를 따라 사람들이 배치되면서 탈린의 자유광장까지 이어졌다. 인간띠는 8월 23일 오후 7시에 평화적으로 만들어져 15분간 지속되었다. 이들은 손에 손을 맞잡고 인간띠를 만들고, 각자 자국의 언어로 "비바두스!"(에스토니아), "브리비바!"(라트비아), "라이스베스!"(리투아니아)를 외쳤다. '발트의 길'은 국경을 넘을 때마다 언어만 바뀔 뿐 "자유를 달라!"는 똑같은 구호를 외쳤다. 행사가 끝난 뒤 산발적으로 시위가 이루어졌다. 빌뉴스에서는 성당광장에 약 5,000명의 시민들이 촛불을 들고 타우티스카 기에스메(Tautiška giesmė)라는 노래를 포함한 민족적 노래들을 불렀다. 다른 곳에서는 사제들이 대중과 함께했고 교회의 종을 쳤다. 에스토니아와 라트비아의 인민전선 지도자들은 두 나라의 국경에 모여 검은 십자가에 불을 밝히는 상징적인 장례식을 거행하였다. 이들은 촛불과 함께 소련이 자행한 테러들, 즉 '숲의 형제들(Forest Brothers)',[8] 시베리아 유형자, 정치범, 그리고 다른 '인민의 적들'이라는 이름으로 희생된 자들을 기억하는 검은 리본으로 장식한 전전의 국기를 들고 참여하였다. 라트비아 리가의 경우, 1935년 건립된 자유기념비는 시민들의 정신적·공간적 중심이 되었다. 모스크바의 푸시킨광장에서 수백 명의 시민들이 동조시위를 하려고 하자 특별진압경찰들이 고용되었다. 타스통신은 평화를 지키기 위하여 75명을 구속했다고 말했다. 몰다비아 사회주의공화국에서는 약 1만 3,000명의 시민들이 비밀협정에 항의하는 시위를 하였고, 서독의 본에 위치한 소련대사관 앞에서는 발트지역 출신 이민자들과 독일의 동조자들이 시위를 하였다.

노래혁명의 과정에서 형성된 발트지역의 민주화를 위한 연대는 1989년 8월 23일의 '발트의 길'이라는 대규모의 연대 시위를 낳았다.[9] 발트의 길은 자유의 사슬(Chain of Freedom)이라고 불리기도 하는데, 거의 200만 명에 이르는 시민들이 675.5킬로미터의 인간띠를 만들었다. 이 시위는 발트3국의 독립운동단체였던 에스토니아의 라흐바린(Rahvarinne), 라트비아의 타우타스전선(the Tautas fronte), 그리고 리투아니아의 사유디스(Sąjūdis)에 의해 조직되었다. 이들은 이 인간띠잇기 행사를 통해 독립을 위한 열망과 3국 간 시민연대를 전 세계에 드러내려고 하였다. 이것은 많은 시민의 가슴을 뭉클하게 하고 일대 장관을 연출해낸 효과적인 캠페인이었다. 이 시위는 소련의 불법 점령을 공론화했고, 발트지역의 독립을 정치적 문제가 아닌 도덕적 문제로 다루게

8 숲의 형제들은 소련이 제2차 세계대전 전후 발트3국을 점령하였을 때, 게릴라 전쟁으로 저항한 에스토니아, 라트비아, 리투아니아 빨치산들을 의미한다.

9 발트의 길은 에스토니아어로 Balti kett, 라트비아어로 Baltijas ceļš, 리투아니아어로 Baltijos kelias라고 표기한다.

하였다. 소련 당국은 이에 대해 강력하게 대응했지만, 발트3국과 소련 간의 벌어지는 간극을 메꿀 수 있는 어떤 건설적인 대안을 제시하지 못했다. 이 시위가 있은 지 7개월이 지나서 리투아니아가 최초로 독립을 선언하는 소비에트 공화국이 되었다.

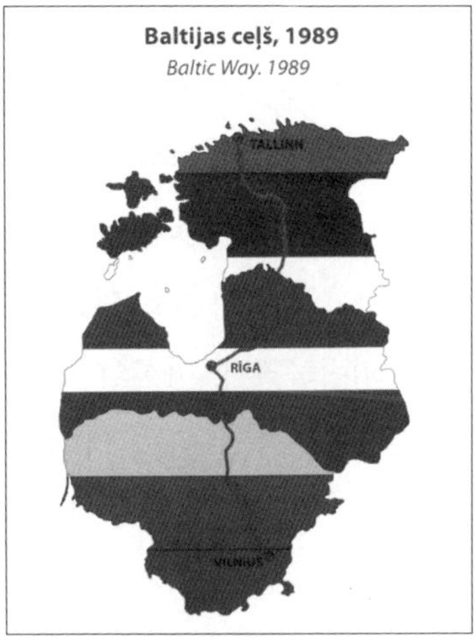

〈그림 9-1〉 발트의 길(3국의 국기 문양 합성)

〈그림 9-2〉 발트의 길 기념조각(탈린)

소련치하의 발트지역에서 원주민들이 느끼는 사회적 불만 중의 하나는 러시아계 주민의 지속적 이입이었다. 특히 에스토니아와 라트비아에서 그런 현상이 두드러졌다. 1959년부터 1989년까지 30년간의 토착인구 비율이 10% 이상 감소할 정도로 러시아계 주민들의 이입이 많았다.

이 지역에서 1989년 8월의 대규모 민주화운동에 참여한 인구는 100만 명에서 200만 명 사이로 추정된다. 로이터통신은 70만 명의 에스토니아인과 100만 명의 리투아니아인이 시위에 참여한 것으로 보도하였다. 라트비아 인민전선은 40만 명이 참여한 것으로 집계하였다. 이 시위가 있기 전에 시위조직자들은 발트3국의 800만 인구 중에서 약 150만 명이 참여할 것으로 기대했다. 타스통신에 따르면 소련 당국은 에스토니아인 30만, 리투아니아인 50만 명이 참여했다고 발표했다. 실제로 인간띠를 만들기 위해서는 3개국에서 각각 20만 명이 필요했다. 발트지역 시민들의 움직임에 대하여 소련의 텔레비전에서는 8월 26일, 민족주의 극단주의 집단이 점차 반사회주의, 반소련주의로 몰아가고 있다고 강력히 경고하였다. 발트의 길은 민족주의적인 집단 히스테리이며 파멸의 길로 갈 것이라고 주장하였다. 모스크바 당국은 무력을 사용할 수 있다고 위협하면서 외교적인 수단으로 갈등을 해결하면 좋겠다는 희망을 피력하였다. 미국의 부시 대통령과 서독의 콜 수상은 평화적 개혁을 촉구하고 몰로토프-리벤트로프 협정을 비판하였다. 발트지역의 사회운동가들은 자신들이 공격의 위협에 직면해 있으며, 상황을 모니터할 국제위원회를 보내 줄 것을 유엔 사무총장에게 요청하였다. 그러자 소련은 갑자기 태도를 누그러뜨렸다. 결국 9월에 이르러 당 중앙위원회는 발트지역의 자율성을 인정하는 조치를 취하지 않을 수 없었다.

인간띠는 발트지역의 대의를 세계에 밝히고 이 지역 시민들 간의 연대를 상징화하였다. 비폭력적 노래혁명이 가진 긍정적 이미지는 서구의 미디어 사이에서 크게 확산되었다. 비타우타스 랜드버기스를 포함한 활동가들은 발트지역의 독립이 정치적인 문제가 아니라 도덕적인 문제라고 역설하였다. 독립은 역사적 정의를 복원하고 스탈린주의를 청산하는 것이라고 주장하였다. 이 시위는 불과 1년 전까지만 해도 모스크바로부터 더 많은 자유를 요구하는 것이었는데 이제는 완전한 독립을 요구하는 것으로 급속히 변화하였다. 1989년 12월, 고르바초프는 비밀협정을 비난하는 야코블레프 위원회의 보고서에 서명했다. 1990년 2월, 처음으로 리투아니아 최고위원회 위원에 대한 자유롭고 민주적인 선거가 치러졌고, 독립파 후보들이 다수가 되었다.

1990년 3월 11일 리투아니아 소비에트 사회주의 공화국 최고회의가 소비에트 연방으로부터의 독립을 선언하였다. 리투아니아는 소련으로부터 독립을 선언한 첫 번째 공화국이 되었다. 그러나 아이슬란드를 제외한 국제사회가 1991년 8월까지 리투아니아의 독립을 승인하는 것을 주저했다. 소련은 1991년 1월 9일 군 병력을 투입하여 이에 대응했고 1월 13일에는 국립 라디오·텔레비전 건물과 빌뉴스 텔레비전 철탑을 공격하는 과정에서 민간인 14명이 죽고, 700명이 심한 부상을 입었다. 리투아니아인들은 이 사건을 피의 일요일이라고 부른다. 탱크와 장갑차에 맞서서 팔짱을 끼고 노래를 부르던 시민들의 규율과 용기가 더 많은 인명 피해를 막았고 전 세계에 리투아니아의 민족적 독립을 지킬 수 있는 역량이 있음을 보여주었다. 1991년 8월의 쿠데타가 실패한 이후 국제사회는 비로소 리투아니아의 독립을 승인하였다.

소련이 해체된 후, 8월 23일은 발트지역뿐 아니라 유럽연합과 그 밖의 국가들에서 스탈린주의와 나치즘에 의해 희생된 자들을 위한 '검은 리본의 날'이나 유럽의 '기억의 날'이 되었다. 그 후 빌뉴스는 소련 시절의 흔적을 지우고 현대 유럽 도시로 탈바꿈하려 노력하면서, 빠른 속도로 변화하고 있다. 옛 건물들은 수리되고 네리스강 북쪽에 새로운 상업 지역이 발달하고 있다.[10] 발트의 길을 기록한 자료들은 2009년 유네스코 세계기록으로 등재되었다.

라트비아의 상황은 어떠했는가? 이 나라의 상징적 문화정치의 중심에는 전간기의 독립을 상징하는 '자유의 기념비'가 있다. 이 기념비는 1935년에 리가 중심부에 세워졌으며, 라트비아의 3개 지역을 뜻하는 3개의 별을 들고 있는 여신상 모습을 하고 있다. 소련시대에 이 기념비는 출입금지 지역에 속했다. 이 기념비의 거리 뒤편에 레닌 동상이 세워졌고, 1985년 다우바강 맞은편에 거대한 소련군기념비가 세워졌다. 소련지배하의 리가는 이 소련군기념비와 '붉은 소총병

10 국가 통계청이 실시한 2001년 인구조사에 따르면, 빌뉴스시 인구는 54만 2,287명으로, 이 중 57.8%가 리투아니아인, 18.7%는 폴란드인, 14%는 러시아인, 4.0%는 벨라루스인, 1.3%는 우크라이나인, 0.5%는 유대인이었다.

(Riflemen)' 동상 및 소총병 박물관, 그리고 레닌 동상이 일직선상으로 배치되면서 핵심적 상징공간을 구성했다. 이 축선상에 위치한 자유의 기념비가 해체되지 않고 그대로 유지되었다는 것 자체가 의외일 정도였다.

1987년부터 반체제 민주화운동이 가시화되면서 상징정치도 변화하기 시작하였다. 스탈린이 시베리아로 강제 추방한 라트비아인들을 추모하기 위한 집회가 자유의 기념비 앞에서 열리게 되었고, 1989년 8월에는 유명한 발트의 길로 불리는 대규모 시위가 이루어졌다. 레닌 동상은 1991년 모스크바에서 일어난 쿠데타가 실패로 돌아간 뒤 철거되었다. 자유의 기념비는 다시 라트비아 독립의 상징이 되었다.

라트비아에서 최고소비에트위원회를 구성하는 선거가 1990년 3월 18일 이루어져 독립지지파가 승리하였다. 5월 4일 새로 구성된 위원회는 과거의 독립국 지위와 1922년 제정했던 헌법을 회복하는 독립선언 준비에 들어갔다. 1991년 1월, 그러나 공산당을 지지하는 세력들이 무력을 동원하여 의회를 해산하고 소비에트 권력을 만회하려는 시도를 하였다. 라트비아의 시민들은 가까스로 소련군의 주요 거점 점령 작전을 중지시켰다. 이를 바리케이드의 날(Days of the Barricades)이라고 부른다.

1991년 8월 19일, 모스크바에서도 쿠데타 시도가 있었지만 실패로 돌아갔다. 그러자 곧바로 라트비아의 독립 분위기가 고조되었다. 8월 21일, 라트비아 최고소비에트위원회는 1990년 5월 4일 이루어진 독립으로의 길이 완성되었다고 선언하였다. 라트비아는 1940년 7월 17일의 소련군 점령 이전으로 돌아갔다.

발트의 길은 독립 이후 새로운 기념의 대상이자 꿈의 시간으로 재구성되었다. 라트비아의 발트의 길 20주년 행사를 연구한 에글리티스(D. Eglitis)와 아르다바(L. Ardava)는 이를 기념 스펙타클(commemoration spectacle)이라고 개념화하면서, 1989년의 기억이 2009년의 시점에서 어떻게 기억되고 있는가를 질문하였다.[11] 이들은 발트의 길이라는 과거의 경험이 현재의 제도적 정당성, 정당체계, 정당정치 그리고 시민적 평화에 큰 영향을 미치고 있다고 주장하였다.

노래혁명은 4년 이상 지속되었다. 1991년 소련 탱크가 에스토니아의 독립으로 가는 흐름을 저지하려고 했을 때, 에스토니아의 최고소비에트는 의회와 함께 독립국의 지위를 회복하고 소련의 법률을 거부할 것을 선언했다. 사람들은 소련 탱크로부터 방송국을 지키는 인간방패가 되어 주었다. 이런 행동을 통하여 에스토니아는 유혈사태 없이 독립을 다시 쟁취하였다.

1991년 8월 20일 서로 다른 정당들 간의 합의를 거쳐 독립이 선언되었다. 이튿날 소련군이 탈린의 텔레비전 송신소를 점령하려 했으나 실패하였다. 옐친이 이끌었던 대중적인 민주주의 시위가 이루어지는 상황에서 모스크바에서는 공산당 강경파의 쿠데타 시도가 실패로 돌아갔다. 1991년 8월 22일, 새롭게 독립을 쟁취한 에스토니아를 아이슬란드가 처음으로 승인하였다. 이를 기념하여 외무성 밖의 담에 기념표지판을 붙였다.

3 현대사의 재해석과 점령박물관의 설립

1) 제2차 세계대전의 재해석

발트3국이 독립을 쟁취한 후에 발생한 가장 중요한 변화는 소련지배 50년간에 대한 재평가였다. 이런 재평가는 과거의 정부시설이나 역사

11 D. Eglitis & L. Ardava, "The Politics of Memory: Remembering the Baltic Way 20 Years after 1989", *Europe-Asia Studies*, Vol. 64, No. 6(2012), pp. 1033-1059.

박물관을 개조하여 설립한 새로운 박물관으로 귀결되었다. 이런 흐름은 1992년 리투아니아 빌뉴스의 KGB건물을 박물관으로 개조한 것으로부터 시작되었고, 라트비아 리가의 점령박물관(1993), 에스토니아 탈린의 점령박물관(2003)의 설립으로 이어졌다.[12]

이들은 독립을 위한 시민운동의 과정에서 1939년 체결된 몰로토프-리벤트로프 비밀협정을 무효화하고, 1940년의 소련의 점령과 뒤이은 나치독일의 침략, 그리고 1944년의 소련군의 재점령 등을 모두 점령으로 개념화하였다. 점령은 이 시기의 세 개의 연속된 군사적 사건을 지칭할 뿐 아니라 이후 1991년까지 지속된 소련으로의 편입과 소련의 지배를 지칭하기도 한다. 특히 1944년 소련군이 나치독일과의 전투에서 승리하고 이 지역을 점령한 것을 해방으로 해석하던 것을 철회하고, 점령으로 재해석하였다. 이를 기억하고 교육하기 위하여 점령박물관을 도시의 핵심적 상징공간에 설립한 것이다.

1939년 8월 24일 이른 아침, 독일과 소련은 10년 기간의 독일-소련 불가침 조약을 맺었다. 이 조약에는 독일과 소련의 북유럽과 동유럽의 영역을 분할하는 내용도 포함되어 있었다. 소련은 9월 18일 폴란드 잠수함의 오르젤 사건을 빌미로 에스토니아의 중립을 추궁하면서, 9월 19일 빌뉴스를 장악하고 이 도시를 폴란드와 합병하였다. 이로부터 며칠 후인 9월 24일, 모스크바는 에스토니아에 최후통첩을 내렸다. 소련은 에스토니아에게 상호 군사 기지 구축과 지원 조약을 체결할 것을 압박하였다. 이 조약은 9월 28일 서명되었다.

1939년 10월 6일의 소련의 폴란드 침공 이후, 소련은 핀란드와 발트3국에게 압력을 넣어 상호 원조 조약을 체결했다. 이 조약은 라트

---

12 S. Kattago, "Commemorating liberation and Occupation: War memorials along the road to Narva", *Journal of Baltic studies*, Vol. 39, No. 4(2008).

비아에서는 10월 5일, 리투아니아에서는 10월 10일에 체결되었다. 이 조약들은 유럽의 전쟁 기간에 소련의 군사 기지 구축을 허용하고, 에스토니아에서 2만 5,000명, 라트비아에서 3만 명, 리투아니아에서 2만 명의 소련군이 주둔하는 내용이었다. 10월 10일 소련의 최후통첩을 받은 리투아니아는 폴란드에 속했던 빌뉴스를 얻는 대신 리투아니아 각지에 소련군 군사 기지를 세우는 것을 허락하였다. 이어 소련은 핀란드에게도 군사 기지 구축을 요청했다. 핀란드가 이를 거부하자 소련은 11월에 핀란드를 공격함으로써 겨울 전쟁이 시작되었다. 전쟁은 1940년 3월 핀란드의 패배로 끝났다. 핀란드는 일부 영토를 잃었지만 주권은 유지되었다. 발트3국은 겨울 전쟁 당시 중립이었으나, 소련은 이를 좌시하지 않았다.

리투아니아는 수도를 카우나스에서 빌뉴스로 이전하는 작업을 시작하였지만,[13] 미처 이를 끝내기도 전인 1940년 6월 14일, 소련은 리투아니아 전국을 점령하였고, 라트비아와 에스토니아도 점령하였다. 리투아니아 소비에트 사회주의 공화국의 수도가 된 빌뉴스에는 공산주의 정권이 세워졌다. 이때 리투아니아인 4만 명 정도가 소련의 비밀경찰인 내무인민위원회에 체포되어 강제 수용소로 보내졌다.

1941년 6월 22일 바르바로사 작전으로 전격적으로 독일이 발트 지역을 점령하였다. 1941년 7월에는 이 지역이 나치 독일의 동부지역 국가판무관부로 편입된다. 빌뉴스의 경우, 독일군에 함락된 구시가에는 유대인들을 위한 게토가 두 군데 세워졌다. 이 가운데 작은 게토는 같은 해 10월에 해체되었고, 두 번째 게토의 주민들은 이른바 악티오

---

13 리투아니아의 독립 이후의 정체성 변화는 과거의 수도였던 카우나스와 새로운 수도인 빌뉴스에서 약간 다르게 나타난다. 이에 관해서는 Aleksandravičius(2006)의 연구를 참조할 것.

넨(독일어: aktionen)의 일환으로 수시로 학살되었다. 1943년 9월 1일 게토 반란이 실패로 끝난 후 두 번째 게토도 파괴되었다. 26만 5,000명에 달했던 빌뉴스의 유대인 인구의 95% 정도가 독일군과 리투아니아인에 의해 살해되었는데, 이들의 다수는 구시가에서 서쪽으로 10킬로미터 떨어진 파네리아이(Paneriai)에서 죽음을 맞았다.

1944년에는 폴란드 향토군과 소련군이 차례로 빌뉴스를 장악하였다. 빌뉴스는 다시 리투아니아 소비에트 사회주의 공화국의 수도로 소련에 합병되었다. 1944년 발트 공세의 결과로 소련은 발트 지역의 대부분을 탈환하고 쿠를란트 포위전을 전개하여 1945년 5월 독일이 항복할 때까지 독일군을 압박하였다.

제2차 세계대전 종전 직후 소련은 리투아니아와 벨라루스의 폴란드인들을 추방하기로 결정했다. 여기에 농촌의 리투아니아인들과 소련의 타 공화국들에서 러시아인들이 이주하면서 빌뉴스는 주민 구성, 문화, 전통이 완전히 바뀌었다. 소련의 발트 지역 "편입 점령"은 1991년 8월 독립할 때까지 지속되었다.

2) 새로운 박물관의 설립

소련 지배기에 사회주의 국가 모두에서 그렇듯이, 리투아니아의 수도인 빌뉴스에는 레닌 동상이 있었고, 그 동상의 이름을 딴 레닌 광장이 있었다. 독립 이후 이 동상은 철거되었고 광장의 이름도 바뀌었다. 이 광장의 맞은편에 나치 독일 때는 게슈타포의 본부였으며 소련 시대에는 리투아니아 KGB 본부로 사용된 건물이 있다. 독립 후인 1992년 리투아니아는 이 건물을 KGB박물관으로 만들어 소련이 어떻게 리투아니아를 지배했는가를 보여주었다. 이 건물의 한쪽 부분은 대량 학살 희생자 박물관으로 사용되고 있다.

이 박물관 직원의 상당수는 과거에 이 감옥에 수감되었던 사람들이다. 박물관 내부에는 그들이 고문받았던 감방과 처형당했던 감방이 전시되어 있다. 이 감방의 벽은 그들이 흘렸던 피로 얼룩져 있으며, 다른 방에는 이 도시의 공원에서 발견된 유골들이 있는데, 소련 시기에 KGB가 대량 학살한 후에 공원에 몰래 파묻은 사람들의 것이다.

1994년 이 공원에서는 706구의 시신을 묻은 비밀 무덤이 발견되었다. 조사결과 이 시신들은 소련 통치에 저항하여 무장 투쟁을 벌였던 리투아니아 빨치산들의 것으로 밝혀졌다. 1944년부터 KGB는 그들을 현재의 박물관 건물에서 총살하고 이 비밀 무덤에 파묻었다. 당시 리투아니아 빨치산들은 4만 명으로 추정되었고, 그들은 빌뉴스에서 북쪽으로 75킬로미터 떨어진 숲에서 활동했다. 빨치산 활동을 하다가 붙잡힌 사람들은 곧바로 재판을 거쳐서 유죄판결을 받았고, 빌뉴스에 있는 KGB 감옥에 가서, 극도의 보안이 유지된 채 비인간적인 대우를 받으면서 수감되었다. 죄수들은 알파벳 A, B 등과 같이 불렸기 때문에 서로가 누구인가를 아는 것은 불가능했다. 만일 서로 대화를 나누려고 했을 경우에는, 독방에 보내져서 속옷이 벗겨진 채로, 하루에 300g의 빵과 1리터의 물만을 먹으면서 보내야 했다.

심문을 받는 동안 KGB에 자백하기를 거부했던 사람들은 악명 높은 다른 감방으로 보내졌다. 그곳은 고문받는 사람들의 비명을 잠재우고 그들을 때리는 소리가 밖으로 들리지 않도록 방음시설을 잘 갖추어 놓았기 때문에 일명 "부드러운 감방"이라고 불렸다. 때로 죄수들은 미칠 만큼 캄캄하고 조용한 방에 갇혀 있기도 했다.

또 다른 심문실은 바닥이 차가운 물로 채워진 곳인데, 겨울에는 물이 얼어서 참을 수 없이 추운 곳이었다. 이런 심문실은 KGB 건물에 두 곳이 있었는데, 감옥 도서관 밑바닥에 위장된 채로 숨겨져 있다. 심문에서 살아남은 사람들은 시베리아의 강제 노동 수용소로 보내져서 거기서 혹독한 감시 속에 수년 동안 중노동을 해야 했다. 이후에 그들은 도망가지 않겠다는 선서를 한 후 어느 정도 자유로운 생활을 하기는 했지만, 곧바로 고향으로 돌아갈 수는 없었고 정기적으로 간수들에게 자신의 활동을 보고해야 했다. 이들은 마치 제정 러시아 시절 러시아 황제가 시베리아로 유형을 보냈던 죄수들의 처지와 비슷했다.

빌뉴스 시내에는 이 박물관 외에도 소련군이 1991년에 리투아니아에 무력을 사용하여 쳐들어왔을 때를 상기시키는 건물이 한 곳 더 있다. 바로 텔레비전 방송국 타워이다. 이곳은 이 방송국을 지키려다 러시아 특수부대에 의해 죽은 12명의 희생자와 부상당한 많은 사람들을 상기시키는 장소이다. 여기에는 희생자들을 추모하는 나무 십자가와 양초가 세워져 있고, 매년 1월 13일에 많은 사람이 모여서 그들을 추모하며 촛불 의식을 갖는다. 또한 이 타워 내부에는 침입 당시를 기억시키는 물품들이 전시되어 있다.

빌뉴스에서와는 달리 리가에서는 1993년에, 탈린에서는 2003년에 점령박물관이 설립되었다. 라트비아의 수도 리가의 핵심적 상징공간은 오래전에 만들어진 한자동맹의 상징인 검은 머리 성당과 1935년 조성된 독립기념탑(자유의 여신상), 그리고 1971년 레닌 탄생 100주년 기념으로 세워진 소총병 박물관과 동상, 레닌 동상, 1985년 다우가바강 건너편에 조성된 '해방자 기념비' 등으로 구성되었다. 이들은 중앙의 광장을 가로지르는 도로를 따라 일직선으로 배치되었다. 독립 후에 레닌 동상은 철거되고, 소총병 박물관은 점령박물관으로 대체되었다. 이 핵심적 상징공간은 구성요소가 바뀌었지만, 구조는 그대로 유지되었다.

라트비아 점령박물관(Latvijas Okupācijas muzejs)은 리가의 구시가지의 중앙에 위치한다. 여기에 작은 규모의 시청 광장이 있고, 그 중심부에 러시아 혁명 때 볼셰비키 군대를 지원한 군인을 상징하는 붉은 소총병 동상이 있다. 그 바로 뒤쪽에 점령박물관이 위치해 있다. 이

〈그림 9-3〉 리가의 핵심적 상징공간. 가까이에 점령박물관, 소총병 동상 그리고 멀리 건너편에 소련군기념비가 보인다.

〈그림 9-4〉 리가의 (임시)점령박물관

박물관은 소련과 나치 독일이 라트비아를 점령하고 있는 동안 저지른 만행을 고발하기 위하여 만든 곳이다. 또한 이 박물관은 소련 통치 당시 라트비아에서 끝까지 소련 당국과 맞서 싸웠던 라트비아 비밀 조직들의 활동 모습과, 해외로 망명하여 라트비아의 독립을 위해 싸웠던 사람들의 모습을 보여주기 위한 것이다. 그러나 2016년 현재까지도 리모델링을 끝내지 못하여 이 박물관은 문이 닫혀 있고, 대신 여기로부터 약 500미터 떨어진 곳에 임시로 사용하는 점령박물관이 있다. 이곳은 라트비아에서 발생한 1940년, 1941년, 1944년의 점령이 전시되어 있다.

소련군이 1940년 라트비아를 점령했고, 이어 나치 독일군이 1941년에 이곳을 점령했다. 나치군은 처음에는 해방군으로서 환영받았으나, 후에는 여느 다른 유럽 국가들에서처럼 많은 유대인들을 강제 수용소로 보내 학살했다. 1944년 다시 소련이 이 땅을 점령한 후 대대적인 소비에트화가 진행되었다. 소련 통치기간에 KGB와 같은 비밀경찰이 많은 라트비아인들을 정치, 종교, 이념적인 이유로 감금하고 고문하고 죽였다.

리가의 점령박물관은 1993년 설립되었다. 이 박물관의 자료(2005)에 따르면, 박물관의 사명은 "1940년부터 1991년까지의 두 전체주의 체제하에서 영토와 시민들에게 어떤 일이 있었는가"를 보여주는 것이며, "외세에 의해 저질러진 범죄들을 상기시켜 주는 것"이다. 외국인 고위층이 공식 방문하는 경우, 가급적 이 박물관을 공식 방문기관에 포함시키고 있다. 원래 이 박물관이 사용하는 건물은 1971년 레닌 탄생 100주년 기념으로 지은 것으로, 1991년까지는 라트비아 붉은 소총병을 기념하는 박물관이었다.

점령박물관의 내부 전시는 서장과 함께 라트비아의 현대사를 7개 장으로 구분하여 전시하고 있다. 전시도록에 따르면, 서장은 점령 이전의 라트비아 역사의 복합성과 '점령의 전조 1939~1940'이다. 두 번째 장은 '제1차 소련의 점령 1940~1941'이고, 세 번째 장은 '나치 독일의 점령 1941~1945'이다. 네 번째 장은 '제2차 소련의 점령: 스탈린의 테러 지배 1944~1953'이다. 이 장의 끝에 기억하기, 기념하기,

되새기기(Reminding)라는 부분에서 이 국면에 관한 유물들을 보여주고 있다. 다섯 번째 장은 '〈해빙〉과 라트비아의 민족 공산주의(National Communism) 1953~1959'이다. 여섯 번째 장은 '라트비아의 산업화와 식민화 1959~1985'이다. 마지막 일곱 번째 장은 '민족 재탄생과 독립을 향하여 1985~1991'이다. 이 박물관은 라트비아의 탈소련화와 민주화의 기간을 6년으로 설정하고 있다.[14] 이 박물관의 전시는 미국 라트비아협회의 재정 지원으로 이루어졌고, 아날로그적 전시방법을 취하고 있다.

리가의 핵심적 상징공간을 구성하는 자유광장은 2009년 조성공사를 완료하였다. 이곳은 라트비아의 자유를 상징하는 기념비가 서있고, 주변에는 1989~1991년의 민주화운동 희생자들을 기념하는 표지석들이 흩어져 있다.

탈린의 점령박물관은 정확하게는 '점령과 이로부터의 자유를 위한 투쟁 박물관'이다. 탈린의 구도시 성곽의 바로 아래에 있는 툼피아거리(Toompea St.)에 있으며, 2003년 7월 1일 개장했다. 1940년부터 1990년까지 세 차례의 점령과 소련의 지배를 중심으로 한 에스토니아 현대사를 전시하고 있다.[15]

박물관 건물의 외부에도 소련점령기에 해외로 떠났던 사람들이 들고 나갔던 가방 모형의 작품들이 전시되어 있다. 박물관 내부는 소련점령기를 기억하게 하는 여러 장면들이 전시되어 있다. 내부 상설전시는 '두 개의 전체주의 세력의 세 번의 점령'을 주제로 이루어진다는 설명으로 시작된다.

---

14 V. Nollendorfs (ed.), *Museum of the Occupation of Latvia: 1940-1991 Latvia under the Soviet Union and National Socialist Germany* (Occupation Museum, 2012).

15 S. Kattago, "War Memorials and the Politics of Memory: the Soviet War Memorial in Tallinn", *Constellations*, Vol. 16, No. 1(2009), pp. 150-166.

〈그림 9-5〉 탈린의 점령박물관

탈린 점령박물관은 에스토니아의 현대사를 크게 8개의 장, 7개의 국면으로 나누어 전시하고 있다. 첫째는 에스토니아의 현대사를 '분단되고 정신분열적인 반세기'로 규정하는 서장이다. 둘째는 최초의 점령 국면으로 1939년 8월 23일부터 1941년 8월 28일까지의 소련 점령을 다룬다. 셋째는 독일의 점령으로 1941년 8월 28일부터 1944년 9월 22일까지이다. 넷째는 스탈린에 의한 점령기로 1944년 9월 22일부터 1949년 3월 25일까지이다. 종점은 스탈린에 의한 에스토니아인들의 대량 강제 이주가 이루어진 때이다. 다섯째는 1949년 3월 25일부터 1956년 11월 4일까지로 종점은 헝가리사태를 지칭한다. 이 기간을 스탈린주의의 시기로 규정했다. 여섯째는 1956년 11월 4일부터 1968년 8월 20일까지인데, 이 시기를 안정화의 시기로 규정하고 있고, 종점은 체코사태를 의미한다. 일곱째는 정체의 시기로 1968년 8월부터 1987

〈그림 9-6〉 탈린 점령박물관에 설치된 전시물. 나치와 소련이라는 두 개의 점령을 시각적으로 상징화하였다. 전시물 앞에 놓인 가방은 축출되거나 떠난 사람들을 표현한 것이다. 현재는 철거되었다.

년 8월 23일까지이다. 종점은 몰로토프-리벤트로프 밀약의 세부 내용이 알려진 것을 지칭한다. 마지막 여덟째는 '자유로의 귀환' 국면으로 1991년 8월 20일까지이다. 종점은 에스토니아 최고 소비에트가 독립을 선언한 날이다. 이런 현대사의 국면 구분에서 흥미로운 것은 초기 3개 국면이 점령을 의미한다면, 그다음의 두 개 국면이 스탈린 사후에 발생한 헝가리와 체코의 저항이나 자유화운동에 의해 매듭되고 있다는 점이다. 그만큼 이 두 사건은 동유럽 전체에 영향을 미쳤다. 소련지배하의 마지막 국면은 4년간의 탈소련화 민주화운동기이다.

리가의 점령박물관과는 달리 탈린의 점령박물관의 전시는 아날로그적 방법과 디지털적 방법을 혼용하고 있다. 전시관 지하층에는 거대한 사회주의 영웅 조각상들이 전시되어 있다. 이 박물관은 키슬러 리스토 에스토니아 재단(Kistler-Ritso Estonian Foundation)이 창립하여 관리하고 있는데, 라트비아에서 추방당하여 미국으로 이주한 라트비아인들의 후원을 받았다. 이 재단의 구성원들은 1999년부터 자료를 수집하고 연구를 수행하였다. 에스토니아의 반인권 범죄조사를 위한 국제위원회, 에스토니아의 억압정책조사위원회, 소련 탄압 희생자 기념사업회 등과 협력하고 있다. 이들은 고국으로 돌아오지 못한 추방된 사람들을 기억하는 복합적 기념시설 조성도 계획하고 있다. 이 기념시설은 이름 없이 죽어간 사람들의 묘비이기도 하다. 점령박물관은 소련 치하에서 고통을 당한 에스토니아인뿐 아니라 러시아인, 독일인, 유대인, 스웨덴인 등 인종적 소수자들을 기억하고 기념한다. 이 박물관을 운영하는 재단은 전시와 연구를 동시에 수행하며, 유사한 목적을 가진 박물관과도 협력을 시도하고 있다.

4 소련군 기념동상 논쟁

1) 탈린의 '알로샤' 논쟁과 이전

발트3국에서 독립 이후의 국가적 정체성의 변화를 보여주는 대표적인 프로젝트는 점령박물관의 설립과 함께 이루어진 소련군기념비의 해체나 이전이다. 전자가 1992년부터 2003년까지의 변화를 대표한다면, 후자는 2004년부터 서서히 논란의 초점이 되기 시작했다. 물론 소련군기념비가 본격적인 논란의 대상이 되기 전에 과거의 역사를 표상하는 기념비의 복원이나 해체의 움직임이 지방에서 먼저 시작되었고,[16] 5월 9일 모스크바에 열리는 전승절 행사에 발트3국이 참석할 것

16 S. Burch & D. Smith, "Empty Spaces and the Value of Symbols: Estonia's 'War of Monuments' from Another Angle", *Europe-Asia Studies*, Vol. 59, No. 6(2007), pp. 913-936.

인가를 둘러싼 논쟁도 있었지만,[17] 본격적인 정체성 논쟁은 2007년 4월에 이루어진 탈린의 청동병사상의 이전을 통하여 정점에 달했다.[18] 이 논쟁과 저항은 발트3국에서 각각 다수를 점하는 3개 민족의 정체성뿐 아니라 여기에 거주하는 소수자로서의 러시아계 주민들의 정체성의 변화, 또는 이들 간의 역동적 관계를 보여주는 지표이다.[19]

스미스(D. J. Smith)가 2004년부터 2007년까지 에스토니아에서 전개된 정체성 논쟁을 '기념비전쟁'이라고 부를 정도로 소련군기념비를 둘러싼 사회적 갈등이 심했고,[20] 이의 중심에 탈린에 있는 청동병사(Estonian: Pronkssõdur)라는 이름의 소련군 병사상이 있다. 이 기념물은 종종 러시아인들의 흔한 이름인 알렉세이의 애칭인 '알로샤(Alyosha)'로 불리기도 한다.[21] 이것은 제2차 세계대전의 막바지에 탈린에서 희생된 소련군 병사들을 추모하기 위하여 1947년에 탈린의 구시가지 옆에 있는 퇴니스매기에 건립되었다. 이 기념동상의 원래 이름은 탈린의 해방자 기념비(Monument to the Liberators of Tallinn)였는데 후에 제2차 세계대전 희생자 기념비(Monument to the Fallen in the Second World War)로 바뀌었고, 종종 퇴니스메(Tõnismäe) 기념비로 불리기도 한다. 이 동상은 소련군 점령 3주년 기념으로 1947년 9월 22일에 제막되었다.

---

17 E. Onken, "The Baltic states and Moscow's 9 May commemoration: Analysing memory politics in Europe", Europe-Asia Studies, Vol. 59, No. 1(2007), pp. 23-46.

18 에스토니아에서 소련군기념비 논쟁이 본격화되기 이전에 1920-30년대에 건립되었다가 1940년대에 파괴된 독립전쟁기념비들을 복원하려는 운동이 있었다. 그 대표적인 것이 2002년 복원된 리훌라(Lihula) 기념비이다. 브뤼거만과 카세캄프(Brüggemann & Kasekamp, 2008)는 에스토니아의 리훌라 기념비와 청동병사상의 문제를 '기억의 민주화'라는 관점에서 파악하였다.

19 M. Ehala, "The Bronze Soldier: Identity Threat and Maintenance in Estonia", *Journal of Baltic Studies*, Vol. 40, No. 1(2009), pp. 139-158.

20 D. J. Smith, "'Woe from stones': Commemoration, Identity Politics and Estonia's 'War of Monuments'", *Journal of Baltic studies*, Vol. 39, No. 4(2008), pp. 419-430.

21 Kattago, *op. cit.*, pp. 150-166.

이 기념비는 제2차 세계대전 당시의 소련군 복장을 한 2미터 높이의 청동병사상이다. 원래는 1945년 4월 소련군을 재안장했던 장소 바로 위에 있는 퇴니스매기의 작은 공원에 있었는데, 이 공원은 소련 시기에 해방자 광장으로 불렸다. 2007년 4월, 에스토니아 정부는 이 공원에 묻혀 있던 소련군 유해를 감식을 거쳐 가족의 요청에 따라 과거에 소련에 속했던 여러 장소로 이장하고, 일부는 청동병사상과 함께 탈린 교외의 군사묘지로 이전하였다.

이 과정에서 에스토니아 정부와 러시아계 주민들 간에 격렬한 논쟁과 항의시위가 잇따랐다. 이 논쟁은 에스토니아 내의 민족집단 간 문제였을 뿐 아니라 두 국가 간 문제이기도 했다. 에스토니아인들은 과거에 부정당한 민족정체성을 회복하고 이를 표현하고 싶어한 반면, 러시아계 주민들은 지배민족에서 소수민족으로 전락하면서 자신의 정체성이 부정당하는 것을 참을 수 없었다. 이 청동병사상에 대한 에스토니아 주민들의 비판과 조롱은 2005년부터 시작되었다. 익명의 주민들이 붉은 페인트로 동상에 조롱하는 글을 쓰거나 배후의 돌 벽에 페인트를 뿌리고 자취를 감추는 방식이었다.

이 청동병사 논쟁은 이를 교외로 이전하는 것이 결정된 2007년 4월 격렬해졌다. 특히 교외 군사묘지로의 이전 결정을 전후한 이틀간 러시아계 주민의 반발이 가장 격렬했는데, 에스토니아에서는 이를 청동의 밤(Bronze Night)이라고 부른다. 이때 모스크바에서도 소란이 있었다. 러시아인들은 모스크바의 에스토니아대사관을 포위하고 일주일 동안 항의하였고, 에스토니아인 단체들에 대한 사이버공격도 이루어졌다.

원래 이 기념비는 1944년 9월 22일의 소련군의 탈린 전투[22]를 기념하기 위해, 소련 당국이 세운 것이다. 처음 세워진 기념비는 높이 1미터, 직경 20센티미터의 나무로 만든, 붉은 별을 장식한 푸른색 피라미드였다. 이 기념비는 에스토니아 10대 소녀 두 명에 의해 1946년 5월 8일 밤에 파괴되었다. 그들은 에스토니아의 독립전쟁의 유산을 파괴한 소련군에 복수하기 위해서였다고 말했다. 이들은 체포되어 강제수용소로 끌려갔다.

이 사건이 있은 후, 1947년 조각가 엔 루스(Enn Roos)와 건축가 아놀드 알라스(Arnold Alas)에 의해 청동병사상이 만들어져 9월 22일 적군의 탈린 진입 3주년에 제막되었다. 전쟁에서 희생된 병사를 추모하기 위한 것이었다. 1964년 이 기념비 앞에 '영원의 불꽃'이 추가로 만들어졌다. 에스토니아의 독립 이후 이 기념비는 소련군의 해방이라는 주제는 희생자를 위한 것으로 바뀌고, 영원의 불꽃은 꺼졌다.

원래 이 소련군 병사의 모델이 누구인지는 확실하지 않다. 어떤 사람은 1936년 베를린 올림픽에 참가하였던 에스토니아 레슬링 금메달리스트 크리스찬 팔루살루(Kristjan Palusalu)를 닮았다고 주장하기도 하는데 조각가 엔 루스는 이를 부정하고 인근의 젊은 노동자를 모델로 했다고 말했다. 어떤 사람은 그 노동자가 앨버트 아담슨이라는 목수였다고 말한다. 팔루살루의 딸은 실제 모델은 자기 아버지였는데, 루스가 부인한 것은 자신의 아버지가 소련군에 체포되어 이를 인정하면 공산당으로부터 불이익을 받을 것이 두려웠기 때문이라고 말했다. 원래 기념비가 있던 퇴니스매기는 1944년 9월 25일 두 명의 소련군 병사가 묻히고, 1945년 4월 추가로 소련군 유해가 안장된 곳이다. 1945년 6월 12일 이곳은 해방자 광장으로 명명되었으며, 2년 후 청동병사

22 이 전투는 원래 소련홍군이 압박해 옴에 따라 독일군이 스스로 물러났기 때문에 엄밀하게 말하면 전투다운 전투가 아니었다. 당시 에스토니아 국가위원회는 이 전투가 있기 전인 9월 18일 탈린을 장악하는 것을 예상하여 에스토니아의 독립을 위한 임시정부를 구성하고 독립을 선언했다. 그러나 상황은 다르게 흘러갔다. 소련은 독립을 인정하지 않았다.

상이 들어섰다.

2006년 에스토니아 외무성이 이곳에 묻힌 소련군 유해에 관하여 종합적인 조사를 하도록 했는데, 군사위원회의 공식기록에 의해 미하일 쿨리코프 중령 등 13명의 군인들이 1945년 4월에 재안장된 것으로 밝혀졌다. 2007년 5월 2일, 에스토니아 국방성에 따르면 12구의 유해가 발굴되어 6월 말 청동병사상이 옮겨간 군사묘지에 재안장되었다. 고고학자들은 더 이상 유해가 없다고 말했다. 모스크바 당국은 이들의 DNA검사를 요청했는데, 그 결과 11명의 남성과 1명의 여성으로 밝혀졌다.

에스토니아의 러시아인들은 청동병사가 대조국전쟁에서의 승리를 상징할 뿐 아니라 자신들이 에스토니아에서 거주할 수 있는 권리를 부여했다고 생각한다. 그러나 에스토니아인들에게 청동병사는 소련의 점령과 그 이후의 압제를 상징하는 것으로 인식되었다. 2006년 에스토니아 시민단체는 탈린 시의회에 이 기념비를 해체해야 한다는 청원을 하였다. 2007년 1월 에스토니아 대통령은 이 기념비를 해체하지 않고 도심에서 이전하라고 결정하였다. 2007년 2월, 에스토니아의 민족주의자들은 이 기념비에 '에스토니아 인민의 살인자들'이라는 현판을 철사로 달아매려고 했으나 실패하였다. 러시아 방송이 이를 보도하면서 소란스러워졌다.

2007년 3월 선거에서 정치적 논쟁이 진행되면서 새롭게 출범한 안십(Ansip) 정부는 4월, 이전을 구체화하기 시작하였다. 그는 도심의 번잡한 곳에 청동병사와 유해들을 그대로 두는 것은 적절하지 않기 때문에 이를 이전해야 한다고 주장하였다. 이에 대한 러시아계 주민들의 불만이 이틀간의 큰 저항으로 이어졌다. 이들은 4월 26일 밤, 여기에 모여 시위와 농성을 하였다. 그러자 정부는 27일 이른 아침에 긴급회의를 열어 안전상의 이유로 이 기념비를 즉시 해체할 것을 결정

〈그림 9-7〉 2007년 이전의 청동병사상(붉은 페인트가 뿌려진 모습)

〈그림 9-8〉 2007년 이후의 청동병사상

하여 오후에 청동병사의 뒤를 받치고 있던 석조물을 해체하였다. 4월 30일 오후에 청동병사는 석조물과 분리되어 군사묘지로 이전되었다. 5월 8일 이전 기념식이 열렸다. 그러나 5월 9일 전승절을 맞아 관련자들이 많이 몰려와 이 청동병사상에 헌화했다. 6월에는 석조물이 재건되었다. 과거의 석조물에는 청동병사 머리 뒤 부분에 소련군 문양이 조각되어 있었지만, 새로 만들어진 벽면에는 이것이 사라졌다. 가족이 있는 유해 4구를 제외한 나머지 유해도 7월 3일 군사묘지로 이전하여 재안장되었다.

2) 빌뉴스의 소련군기념비 이전과 그루타스 공원

소련군기념비 문제는 리투아니아와 라트비아에서도 유사하게 제기되었다. 리투아니아의 수도 빌뉴스는 전간기에 리투아니아 대공국, 후에 폴란드 · 리투아니아 연방의 영토에 속했고, 제2차 세계대전 이후 리투아니아 소비에트 사회주의 공화국의 수도가 되었다, 현재는 독립국 리투아니아 공화국의 수도이다. 54만 2,287명의 인구 중 57.8%가 리투아니아인이고, 18.7%가 폴란드인, 13.9%가 러시아인, 4.0%가 벨라루스인이다.

빌뉴스의 도심에는 네리스강을 가로지르는 녹색다리(Green Bridge)가 있는데, 이곳에 소련군기념비가 있었다. 이 다리는 1536년에 처음으로 건설된 것으로 그 후 여러 차례 이전 보수된 유서 깊은 것이다. 현재의 다리는 1952년에 완공된 것으로, 소련장군 체르냐콥스키(Ivan Chernyakhovsky)의 이름을 따서 불렀는데 리투아니아 독립 후에 녹색다리로 개칭되었다. 이 다리의 네 모퉁이에는 사회주의 리얼리즘에 입각한 4개의 군상들이 이 다리의 완공과 함께 세워졌다.[23] 이 군상들은 사회주의체제가 이념화한 4개의 사회계급 즉, 병사, 노동자, 농민, 학생 등을 표상하고 있다. 기단을 포함하여 3.2미터 높이이고 병사

〈그림 9-9〉 빌뉴스 녹색다리에 있었던 기념상들

상은 깃발을 포함하여 4미터에 이른다. 이 조각군상들은 서로 다른 조각가들에 의해 조성되었다. 농민상은 부카스와 바이바다, 젊은 교육이라는 이름의 학생상은 미케나스, 산업과 건설이라는 이름의 노동자상은 비스니아우스카스와 페트룰리스, 평화 수호라는 이름의 병사상은 푼드지우스가 조각했다.[24]

리투아니아가 소련으로부터 독립하자 소련 시기에 조성된 대부분의 조각상들이 해체되거나 제거되었다. 그러나 녹색다리 입구의 네 귀퉁이에 있는 조각 군상들은 그대로 유지되었다. 2013년 8월, 이 조각군상들의 역사적 중요성을 인정하는 빌뉴스의 시장 주오카스(Artūras Zuokas)가 20만 달러를 들여 이 기념동상들을 재단장한다고 말하자 리투아니아 민족주의자들이 이의를 제기하고 이들을 어떻게 할 것인가를 둘러싼 논쟁이 시작되었다. 이로부터 약 2년 후, 2015년 7월 16일, UPI통신은 이 기념물들을 옮길 계획이 있고, 이에 대해 러시아계 주민들은 이 이전계획을 불행한 것으로 믿고 있다고 보도하였다.[25]

---

23 사회주의 리얼리즘에 입각한 조각에 관하여는 Clark(2003)의 논의를 참고할 것.

24 이 기념비들의 원래의 명칭은 다음과 같다. "Agriculture" (Žemės ūkis) by Bernardas Bučas and Petras Vaivada, "Youth Education" (Mokslo jaunimas) by Juozas Mikėnas, "Industry and Construction" (Pramonė ir statyba) by Bronius Vyšniauskas and Napoleonas Petrulis, "Guarding Peace" (Taikos sargyboje) by Bronius Pundzius.

25 http://www.upi.com/Top_News/World-News/2015/07/16.

로이터통신은 7월 20일, 빌뉴스의 새로운 시장 시마시우스(Remigijus Šimašius)가 "소비에트적 인물들의 영웅적 모습은 거짓이며, 소련지배하의 실제 인민들을 잘못 형상화한 것으로 리투아니아의 수도에서 퇴장해야 한다고 말했다"고 보도했다.[26] 그러나, 시마시우스 시장은 이 군상들을 제거할 때 이들을 보수하기 위한 것이라고 말하면서 상당히 조심스럽게 접근했다.

이 군상들을 제거하기로 결정하자 많은 논쟁이 일었고, 특히 러시아어를 사용하는 주민들은 이전은 필요하지 않으며, 소비에트 시기의 예술품들은 문화 유산의 일부라고 항의하였다. 여성 국회의원이자 리투아니아 러시아인협회 지도자는 가디언지 기자에게 이 조각들은 리투아니아의 과거를 보여주는 것이며, 이전 결정은 절대적으로 포퓰리즘의 산물이라고 말했다. 결국 위생과 안정상의 문제라는 이유로 이 군상들이 제거되었다.

2016년 3월, 부동산 문화유산 평가위원회에서 이 다리를 재평가하고, 군상들을 문화적 가치가 있는 것으로 결정했지만, 제자리로 돌려놓을 수는 없었다. 위원회의 성원들은 군상들을 박물관에서 잘 보관하고 전시할 것을 희망하였다. 2016년 8월, 리투아니아 정부는 러시아가 이 군상들의 모습을 동전으로 발행하자 이를 강하게 비판하였다. 외무성 정치국장 카친스카스(Rolandas Kacinskas)는 "리투아니아의 역사에서 소련군의 역할과 위상은 의심할 바 없다. […] 러시아가 동전을 발행한 것은 소련 점령의 역사적 진실을 밝힐 준비가 아직도 안 되어 있음을 다시 한 번 증명한 것이다."라고 말했다. 리투아니아인들은 소련의 점령이 단지 나치를 대체한 또 하나의 비극일 뿐이라고 주장

26 *Reuters*, 20 July 2015, Retrieved 5 April 2016.

하고 있다.

그렇다면 철거된 소련군기념비는 어디로 갔을까? 이들은 리투아니아 미술 박물관(Lithuanian Art Museum)으로 이전되었으나, 전시를 위해 그루타스 공원으로 갈 수도 있다고 관계자들이 말했다.[27] 그루타스 공원(리투아니아어: Grūto parkas)은 리투아니아 남부 드루스키닝카이에 있는 공원으로, 비공식적으로는 스탈린의 세계로 불리기도 하며, 빌뉴스의 남서쪽 131킬로미터 지점에 있다. 리투아니아가 소련에 점령되었던 시기에 설치되었던 조각품들을 모아 한자리에 전시해 둔 조각공원이다. 2001년 기업가 빌류마스 말리나우스카스(Viliumas Malinauskas)가 세웠다. 말리나우스카스는 소련의 리투아니아 점령이 끝난 이후, 소련 시대에 세워진 여러 조각상들이 철거되어 여러 곳에 나뉘어 방치되고 있는 것을 보고, 이를 모아 박물관을 세우기로 하고 조각상에 대한 권리를 줄 것을 리투아니아 정부에 요청하였다. 이 공원은 드주키야 국립공원의 습지 내에 자리잡고 있는데, 공원 시설은 소련 굴락 강제 수용소를 재구성한 것으로, 나무로 포장된 길, 감시탑, 철조망 등이 남아 있다.

〈그림 9-10〉 그루타스 공원 안내지도

공원 설립 당시 강력한 반대가 있었기 때문에 계획되었던 시설

27 "Authorities mull transferring Soviet-era Green Bridge sculptures to museum", *DELFI* (2017.2.17). http://en.delfi.lt/lithuania/society/authorities-mull-transferring-soviet-era-green-bridge-sculptures-to-museum.d?id=73784784. 필자가 2016년 8월 그루타스 공원을 방문했을 때 이 기념상들은 보지 못하였다.

〈그림 9-11〉 그루타스 공원의 조각상

중 일부는 지어지지 못했다. 원래 계획에는 리투아니아인을 굴락으로 강제 이주시켰을 때 사용했던 것과 비슷한 기차를 통해서 입구에서 공원까지 수송하는 것이 포함되어 있었으나, 열차 모형을 전시하는 것으로 그쳤다.

그루타스 공원 및 그 창립자 말리나우스카스는 2001년 이그노벨(Ig Nobel)상을 수상하였다. 이 공원에는 46명의 작가가 작업한 86명의 조각상이 있으며, 인물에 따라서 분류되어 있다. 전체주의를 다루는 공간에서는 블라디미르 레닌, 이오시프 스탈린, 칼 마르크스를 비롯한 공산주의 지도자 및 사상가의 조각상을 전시하고 있다. 공포를 다루는 공간에서는 리투아니아 공산당 창립자 지그마스 알렉사앙가리에티스(Zigmas Aleksa-Angarietis), 빈차스 미츠케비추스캅수카스(Vincas Mickevičius-Kapsukas) 및 붉은 군대 장교 펠릭사스 발투시스제마이티스(Feliksas Baltušis-Žemaitis), 이에로님 우보레비흐(Ieronim Uborevich), 펠릭스 제르진스키의 조각상을 전시하고 있다. 소련을 다루는 공간에서는 1926년 리투아니아 쿠데타로 인하여 처형된 리투아니아 공산주의 지도자 4명의 조각상 및 1918~1919년 리투아니아-소련 전쟁 당시의 공산주의자들의 조각상을 전시하고 있다. 마리테 멜니카이테(Marytė Melnikaitė)를 비롯한 소련 빨치산도 별개의 공간에 전시되어 있다. 공원에 있는 실내 전시실에서는 대량 강제 이주, 리투아니아 빨치산 탄압 등 소련 정권이 리투아니아에 끼친 피해를 소개하고 있다. 그 외 부대시설로는 놀이터, 동물원, 카페가 있으며, 소련 시대의 양식을 모방하여 설계되었다. 실외 무대에서는 소련 시대에 열린 축제를 재현하는 행사가 부정기적으로 열린다.

이 공원은 아주 훌륭한 사회주의 조각 공원이라고 할 수 있는데, 한 가지 문제는 이 공원에 전시된 조각품들의 저작권 문제가 남아 있다는 것이다. 2007년 1월에는 리투아니아 저작권 위원회가 공원에 전시된 작품 중 일부에 대하여 이를 제작했던 7명의 작가들에게 저작권료를 줄 것을 요청했다.

3) 리가의 기념비를 둘러싼 긴장

발트지역에서 소련군기념비는 대체로 해체되거나 이전되었지만, 현재까지 제자리에 남아있는 것은 리가에 있는 해방자기념비(Monument to the Liberators of Soviet Latvia and Riga from the German Fascist Invaders)이다. 후에 소련군 전승기념비(The Victory Memorial to Soviet Army; Latvian: Uzvaras piemineklis)로 명칭이 바뀐 이 기념물은 다른 소련군기념비들보다 늦은 1985년에 세워졌는데, 79미터 높이의 오벨리스크와 두 개의 군상들로 구성되어 있다.

이 기념비가 서 있는 공원부지는 러시아 피오트르 대제를 기념하여 피오트르 공원으로 불리기는 했으나 황무지나 다름없었다. 칼리스 울마니스(Kārlis Ulmanis)가 1934년 쿠데타로 정권을 장악하면서 나치 독일이나 소련의 대규모 건물에 영감을 받아서 정권을 홍보하는 대

〈그림 9-12〉 스탈린지배 시기의 전승기념식

형 건물을 지으려고 하였다. 그는 1936년 승리광장의 건물에 관한 법률을 제정하였다. 이때의 승리란 1919년 라트비아와 동맹군의 승리를 의미하였다. 1938년에 베를린올림픽 경기장보다 더 큰 건물을 짓기 위한 건축공모가 이루어졌다. 공모가 이루어진 지 수 주가 지난 후에 제9회 노래와 춤 축제가 승리광장에서 개최되었고, 공모전에는 44개의 제안이 접수되었다. 당선작이 결정되고 전국적인 모금이 진행되었다.

그러나 그때 제2차 세계대전이 발발했다. 1940년 소련군이 라트비아를 점령한 후, 이 계획은 취소되었다. 그래서 소련과 나치의 점령기에 이 공간은 빈 공간으로 남겨졌다. 1944년 소련군이 이곳을 다시 점령한 후 승리광장이라는 이름을 그대로 유지했지만, 이제 승리는 1919년의 승리가 아니라 나치 독일에 대한 승리를 의미하는 것으로 바뀌었다. 1946년 2월 3일, 4,000명의 주민이 보는 앞에서 나치 전범 제켈른과 그의 동료 4명의 교수형이 집행되었다. 종전 후 이곳에 춤과

〈그림 9-13〉 라트비아 소련군 전승기념비

노래 축제를 위한 시설을 만들 것을 제안하는 사람도 있었지만, 다른 장소에 건축되었고, 이곳은 소련군을 위한 전승광장으로 변화하였다. 1950년대 초, 스탈린 지배 시기에 거대한 전승 기념식이 이곳에서 열렸다.

1961년 흐루쇼프 시절에 이 공원은 소련공산당 22차 대회 공원으로 개칭되었다. 브레즈네프는 자신의 집권기에 대승리를 새로운 지배이데올로기로 삼고, 5월 9일을 공휴일로 지정하고, 소련의 모든 주요 도시에 소련군 병사 기념비들을 세웠다. 그래서 이곳에 1976년 전승기념비를 세우는 새로운 프로젝트가 시작되었다. 이 기념비는 역설적이게도 라트비아의 나치 친위대에 복무했던 레프 부콥스키(Lev Bukovsky)가 설계하였다. 더 아이러니한 것은 제켈른이 교수형을 당했던 장소 바로 옆에 79미터의 기념비가 설치되었다는 점이다. 이 기념비는 1985년 조국전쟁 전승기념일에 완성되었고, 다시 공원의 명칭이 승리공원으로 되돌아왔다. 1985년은 불경기의 절정이어서 22차 당대회의 이상이 더는 실현될 수 없었고, 마지막 대규모 전승기념식이 이루어진 해였다. 바로 그다음 해부터 고르바초프의 개혁이 시작되었기 때문이다.

라트비아가 다시 독립한 후 이 장소가 문제의 장소로 변화한 것은 1997년이었다. 라트비아의 극우 민족주의자 집단 페르콘크루스트(Pērkonkrusts)의 성원들이 여기에 폭탄을 던졌으나 파괴하는 데 실패하였고 그들 중 두 명이 이 과정에서 사망하였다. 이 기념비를 없애려는 시도가 여러 차례 있었지만 급진적인 러시아 민족주의자들은 이에 강력하게 저항하였다. 라트비아가 1994년에 러시아와 맺은 조약은 소련의 유산을 보존한다는 내용으로, 철거하려는 움직임에 제동을 거는 역할을 해왔다.

이 사건의 배경을 좀 더 자세하게 살펴보자. 소련 해체 이후 라트비아에서 소련에 대한 향수를 느끼던 사람들이 전승절인 5월 9일이나 소련군의 리가 해방기념일인 10월 13일(1944년)에 이 기념비에 모여들기 시작했다. 이들은 레닌 동상이 철거된 이후에 자신과 동일시할 수 있는 기념물이 이것밖에 없었기 때문에 이곳으로 운집했다. 1995년 제정된 시민권법이 라트비아 사회의 균열을 조장했다. 라트비아에 거주하는 러시아인들에게 시민권을 유보하는 조치를 취했기 때문이다. 이런 상황에서 페르콘크루스트가 전전의 라트비아 민족주의운동의 부활을 시도하였다. 1997년 6월 5일 저녁에 폭발물을 설치하고 이를 터뜨리려 했지만, 모의자 두 명만 죽고, 파괴되지 않았다. 이 사건에 대해 러시아계 주민들은 엄청난 비난을 퍼부었다.

기념비는 이때부터 주목을 끌지 못하는 대상으로 전락했다. 어떤 사람들은 이를 보존할 것을 주장하지만, 현재의 필요에 맞게 수정하자는 의견도 만만치 않다. 가장 강력한 의견은 이를 완전히 허물고 울마니스 전승광장 프로젝트(Ulmanis Victory Square project)를 복원하자는 것이다.

사회 일각에서는 위대한 전승 숭배를 부활하려는 푸틴 정권의 영향을 받기도 하였다. 러시아계 소수자들은 이에 호응하여 축제에 이 기념비를 활용하려는 현상이 2008년 5월 9일 전승절부터 나타났다. 러시아인 단체의 재정적 지원과 행정적 자원을 활용하여 하모니 센터는 전승절 기념식을 주관하였다. 그래서 매년 5월 9일에 전승광장은 위대한 승리를 기념하는 축제장으로 변하였고, 노래와 음료가 이들의 축제에서 활용되었다. 이리하여 이 기념비는 라트비아 민족주의자들에게 모든 악의 상징으로 변했다. 리가 시내에서 하모니센터와 전승기념비는 라트비아 민족주의에 대한 경쟁자가 되었다. 이 때문에 만약 이 기념비를 누군가가 옮기려고 한다면, 탈린에서 나타났던 것처럼, 리가에서도 물리적 충돌이 나타날지 모른다는 우려가 제기되었다. 오늘날 정부 수준에서 전승기념비를 제거하고 원래의 울마니스 구상을 실현하려는 계획이 논의되고 있으나, 이런 권위주의적 스타일의 프로젝트가 21세기에 적절한 것인가에 대한 문제제기도 있다. 전승광장은 항상 지배이데올로기에 복무하여 왔으므로, 가장 좋은 것은 이 공간을 탈이념화하는 것이라는 주장도 제기된다.

2008년 러시아와 라트비아 외무성은 과거 소련군 병사들의 묘지를 잘 보존하자는 합의서에 서명했다. 소련 지배 시기에 사망한 러시아 병사들과 민간인들의 묘지를 보존하고 여기에 기념공간을 설치하자는 것이었다. 그러나 이에 대한 비판이 계속되고 있다. 전승광장에는 묘지가 없기 때문에 이 합의는 타당성이 없다는 것이다.

2013년 10월, 전승공원에 있는 이 기념비를 둘러싸고 다시 라트비아의 민족적 균열을 보여주는 격렬한 논쟁이 있었다.[28] 어떤 사람은 이를 소련 점령의 상징으로 보지만, 제2차 세계대전에서 함께 싸웠던

〈그림 9-14〉 리가의 소총병 기념상의 모자와 훈장

관계자들에게는 성스러운 장소이자 좋았던 소련시절의 상징으로 여겨졌다. 오늘날 라트비아인들의 다수가 이 기념비를 제2차 세계대전에서의 소련군의 승리뿐 아니라 소련군의 재점령을 상징하는 것으로 간주하여 논란에 휩싸여 있다. 이런 논쟁은 리가의 핵심적 상징공간인 시청광장에 남아 있는 소총병 기념비에도 옮겨 붙었다. 2016년 4월 9일의 와바트(Wabat) 보도에 따르면, 라트비아 소총병은 1915년 러시아제국 군대 소속으로 창설된 라트비아의 8개 연대의 병사들로, 제1차 세계대전에서 독일과 전투를 벌인 병사들이었다. 러시아혁명 과정에서 이들의 다수는 '붉은 소총병'이 되어 러시아 내전에서 큰 공을 세웠고 레닌의 충직한 경호병들로 선발되었다. 그러나 일부는 차르를 옹호하는 러시아 백군이 되었다. 다수의 적색 병사들은 1918년부터 1920년까지 진행된 라트비아 독립전쟁에서 조국과 등졌으며, 이 때문에 라트비아인 다수에게 이들은 반역자로 인식되었다. 이런 이유로 라트비아의 제1차 독립 후에 상당수의 라트비아 병사들은 러시아에 남았고, 1944년 소련의 라트비아 점령 후에도 소련의 지배를 떠받치는 사람들이 되었다. 1970년 소비에트 편에 섰던 붉은 병사들을 기념하는 기념비가 시청 광장에 세워졌다. 이들의 가슴에는 스탈린 훈장이 붙어 있었다.

---

28 The Soviet Victory Monument in Riga (https://latvianhistory.com/2013/10/27).

1991년 제2차 독립 후에 이 기념비를 철거해야 할 것인가 말 것인가를 둘러싸고 논쟁이 벌어졌다. 논쟁 끝에 이들의 가슴에 붙어있는 훈장을 떼어내고 적색이나 백색을 가릴 것 없이 제1차 세계대전에서 독일군의 진공을 막았던 모든 병사들을 기념하는 것으로 바꾸자는 합의가 이루어졌다. 그리고 '라트비아의 붉은 소총병을 위하여'라는 현판을 뜯어내고 대신 '라트비아의 소총병(1915~1920)을 위하여'라는 현판을 새로 달았다. 그렇지만 한 병사의 모자에 새겨진 붉은 별은 그대로 유지되었다. 다른 별 하나 또는 두 개는 지워졌다. 이 사례는 라트비아에서 소련의 유산을 청산하기가 얼마나 어려운가를 잘 보여준다. 20세기 초반에 형성된 근대국가로서의 라트비아의 몸 안에 러시아의 영향력이 너무 깊이 각인되어 있기 때문이다.

물론 소총병들을 둘러싼 논쟁에서는 적군에 참여했던 여성 의용군에 관한 이야기가 없기 때문에 라트비아의 정체성이나 기억논쟁에서 민족뿐 아니라 젠더도 고려해야 할 변수라는 점도 간과되어서는 안 된다.[29] 이념과 젠더, 민족 등이 오늘날의 라트비아 정체성 논쟁을 구성하는 핵심 변수들이 되었다.

5 맺음말

발트3국의 역사적 시간에서 점령은 1939년 소련의 점령, 1940년 나치의 점령, 그리고 1944년 소련의 재점령 등 3차례가 있었지만, 1990년

29 D. Eglitis & V. Zelče, "Unruly actors: Latvian women of the Red Army in post-war historical memory", *Nationalities Papers*, Vol. 41, No. 6(2013), pp. 987-1007.

까지 이 역사적 점령들은 자신의 이름을 갖지 못했다. 특히 1944년 소련의 점령은 '해방'으로 명명되었고, 이후의 소련의 지배와 세계적 냉전은 이 명칭을 그대로 유지시키는 힘이었다. 소련 해체 이후 발트3국에서 이 역사적 사건을 바라보는 시각이 달라지면서, 이 사건은 '점령'으로 재정의되었다. 이것은 1991년 이전에 드러나기 시작한 민주화의 연장선상에서 새로운 사회적 기억을 형성하는 계기였다. 리투아니아는 약간 다르지만, 라트비아와 에스토니아는 새롭게 부여한 이 개념을 사회화하기 위하여 차례로 점령박물관을 설립하였다.

탈냉전 후의 발트3국의 50년간에 대한 기억의 시간에서 가장 중요한 변화는 해방을 점령으로 대체한 것이다. 오래 지속된 '해방' 패러다임은 소련의 지배질서와 함께 해체되었고 '점령' 패러다임이 형성되면서 유럽 공동체라는 새로운 질서에 편입되는 계기를 마련해 주었다. 이런 인식의 변화는 한편으로는 제2차 세계대전 이전의 독립국이었던 시기의 기억을 되찾으려는 운동과 소련의 지배를 정당화해 온 기념비의 해체로 나타났다. 독립된 발트3국에서의 지배적인 담론은 소련 점령하의 고통과 서구로부터의 인정으로 특징지워진다.[30] 발트지역의 사례는 소련 시기에 형성된 지배자와 피지배자의 구도가 독립 이후에 다수자와 소수자로 전환된 것으로부터 생성된 문화정치의 딜레마를 잘 보여준다. 매우 논쟁적인 소수자정치라는 맥락에서 기억의 상기, 망각, 유럽연합으로부터의 인정 추구의 과정이 새로운 박물관의 설립과 기존에 있었던 소련군기념비 논쟁에서 잘 표현되는 것이다. 소련군기념비는 원래 그것이 만들어질 때 핵심적 상징공간으로서의 도심에

30 I. Melchior & O. Visser, "Voicing past and present uncertainties: The relocation of a Soviet World War II memorial and the politics of memory in Estonia", *Focaal*, Vol. 59(2011), pp. 33-50.

위치하기도 하고, 소련군 묘지에 위치하기도 하는데, 특히 도심에 있는 기념비들은 사회적 기억의 역전에 따라 해체되거나 이전되어야 했다. 탈린의 '알료샤'는 소련군 묘지로 이전되었고, 빌뉴스의 녹색다리에 설치되었던 소련기념비들은 미술박물관 또는 한적한 남부 소도시의 그루타스 유산공원으로 옮겨졌다. 리가의 거대한 소련군기념비는 해체의 위기에 놓여 있다.

핵심적 상징공간에 있던 기념비가 이념을 생산하는 살아있는 기념비였다면, 묘지나 유산공원으로 옮겨진 기념비는 자신에게 부여된 원래의 기능을 다하고 죽었거나 가사상태에 빠져드는 기념비라고 할 수 있다. 물론 이전된 소련군기념비가 완전히 죽었다고 할 수는 없다. 문화유산으로 간주되어 새로운 기능을 하게 되기 때문이다. 비록 논쟁의 대상이 되고 있지만, 리가의 소련군기념비는 여전히 자신의 장소성을 유지하고 있으며, 매년 5월 9일에는 자신의 방문객들과 만나기도 한다. 소련군의 해방을 기념하거나 사망한 소련군을 '희생자'로 추도하는 사람들이 거기에 모여든다. 탈린의 소련군 묘지로 옮겨진 알료샤 또한 5월 9일에는 자신의 방문객들을 만나고 있지만, 과거와는 달리 방문하는 사람들이 크게 줄어들었다.

어느 사회나 자신의 정체성을 새롭게 규정하고 이를 공간적으로 재현하는 것은 매우 중요한 문화정치의 일부이다. 국가의 정체성은 대체로 해당 국가의 수도에 있는 핵심적 상징공간에 재현되어 있다. 여기에는 역사박물관을 비롯하여 가장 중요한 광장이나 거리 등이 포함된다. 냉전기에 사회주의권에 속했다가 새롭게 독립한 국가들에서 제2차 세계대전과 공산주의 시기를 어떻게 재평가하고 있는가, 냉전기에 만들어진 기념물이나 역사박물관을 어떻게 재구성하고 있으며, 민족국가 형성에서 새롭게 만들어지는 것은 무엇인가, 어떤 요인들이 영향을 미치고 있는가라는 질문들은 이런 정체성의 문화정치를 이해하는 길잡이이다.

과거의 역사적 사건을 물질화하고 내면화하는 장치로서의 역사박물관과 특정 사건을 기념하기 위해 만들어진 기념비에 대하여 국가나 각종 기념공동체들은 특정한 태도와 행위를 취하며, 이를 통해 자신의 정체성을 재구성한다. 국가와 기념공동체가 항상 동일한 태도를 취하는 것은 아니다. 기념공동체가 단일하지 않을 수 있기 때문이다. 국가나 기념공동체의 역사인식의 변화, 그리고 과거의 소련과는 비교할 수 없다고 하더라도, 현재의 러시아와의 관계 등은 역사박물관의 재구성이나 소련군기념비의 지속적 보존이나 방치, 이전이나 해체 등을 포괄하는 다양한 기념비 현상을 설명하는 주요 변수이다. 이들은 잘 통합된 '다문화 민주주의(multicultural democracy)'를 추구하는 발트 지역[31]에서 우리가 눈여겨보아야 할 핵심적 지점들이다.

31 Eglitis & Ardava, *op. cit.*.

| 참고문헌 |

정근식. 2015. "냉전과 소련군기념비: 중국과 북한에서의 형성, 분화, 영향". 『아시아리뷰』 제5권 제1호, pp. 195-230.

Aleksandravičius, E. 2006. "Post-communist transition: The case of two Lithuanian capital cities". *International Review of Sociology*, Vol. 16, No. 2, pp. 347-360.

Brüggemann, K. & A. Kasekamp. 2008. "The Politics of history and the "war of monuments" in Estonia". *Nationalities Papers*, Vol. 36, No. 3, pp. 425-448.

Burch, S. & D. Smith. 2007. "Empty spaces and the value of symbols: Estonia's 'War of Monuments' from another angle". *Europe-Asia Studies*, Vol. 59, No. 6, pp. 913-936.

Clark, K. 2003. "Socialist realism and the sacralizing of space". In Dobrenko, E. and Eric Naiman, eds., *The Landscape of Stalinism: The Art and Ideology of Soviet Space*, pp. 3-18. University of Washington Press.

Eglitis, D. & L. Ardava. 2012. "The politics of memory: Remembering the Baltic way 20 years after 1989". *Europe-Asia Studies*, Vol. 64, No. 6, pp. 1033-1059.

Eglitis, D. & V. Zelče. 2013. "Unruly actors: Latvian women of the Red Army in post-war historical memory". *Nationalities Papers*, Vol. 41, No. 6, pp. 987-1007.

Ehala, M. 2009. "The Bronze Soldier: Identity threat and maintenance in Estonia". *Journal of Baltic Studies*, Vol. 40, No. 1, pp. 139-158.

Evans, M. 2006. "Memories, monuments, histories: The re-thinking of the Second World War since 1989". *National Identities*, Vol. 8, No. 4, pp. 317-348.

Feldschreiber, J. M. 2015. "Lithuania plans to remove remaining Soviet-era monuments in capital: The Russian-speaking minority believes the removal is unfortunate as statues reflect their heritage". *UPI*. July 16.

Gerovitch, S. 2011. ""Why are we telling lies?": The Creation of Soviets Space history myths". *The Russian Review*, Vol. 70, No. 3, pp. 460-484.

Ginkel, J. 2002. "Identity Construction in Latvia's "Singing Revolution": Why Inter-ethnic Conflict Failed to Occur". *Nationalities Papers*, Vol. 30, No. 3, pp. 403-433.

Jurkynas, M. 2004. "Brotherhood Reconsidered: Region-Building in the Baltics". *Journal of Baltic Studies*, Vol. 35, No. 1, pp. 1-31.

Kaiser, R. 2012. "Reassembling the Event: Estonia's 'Bronze Night'". *Environment and Planning D: Society and Space*, Vol. 30, No. 6, pp. 1046-1063.

Kattago, S. 2008. "Commemorating Liberation and Occupation: War Memorials along the Road to Narva". *Journal of Baltic Studies*, Vol. 39, No. 4, pp. 431-449.

Kattago, S. 2009. "War Memorials and the Politics of Memory: The Soviet War Memorial in Tallinn". *Constellations*, Vol. 16, No. 1, pp. 150-166.

Larr, M. 2010. *The Power of Freedom: Central and Eastern Europe after 1945*. Brussels: Unitas Foundation.

Lasas, A. G. 2008. "Sympathy and Cooperation: EU-Baltic Relations in the Early 1990s". *Eastern European Politics and Societies*, Vol. 22, No. 2, pp. 347-372.

Levinson, S. 1998. *Written in Stone: Public Monuments in Changing Societies*. Durham, NC: Duke University Press.

Melchior, I. & Visser, O. 2011. "Voicing Past and Present Uncertainties: The Relocation of a Soviet World War II Memorial and the Politics of Memory in Estonia". *Focaal*, Vol. 59, pp. 33-50.

Nollendorfs, V. (ed.). 2012. *Museum of the Occupation of Latvia: 1940~1991 Latvia under the Soviet Union and National Socialist Germany*. Occupation Museum.

Onken, E. 2007. "The Politics of Finding Historical Truth: Reviewing Baltic History Commissions and Their Work". *Journal of Baltic Studies*, Vol. 38, No. 1, pp. 109-116.

Onken, E. 2007. "The Baltic States and Moscow's 9 May Commemoration: Analysing Memory Politics in Europe". *Europe-Asia Studies*, Vol. 59, No. 1, pp. 23-46.

Schulze, J. L. 2010. "Estonia Caught between East and West: EU Conditionality, Russia's Activism and Minority Integration". *Nationalities Papers*, Vol. 38, No. 3, pp. 361-392.

Smith, D. J. 2008. "'Woe from Stones': Commemoration, Identity Politics and Estonia's 'War of Monuments'". *Journal of Baltic Studies*, Vol. 39, No. 4, pp. 419-430.

Smidchens, Guntis. 2013. *Power of Song: Nonviolent National Culture in the Baltic*

Singing Revolution. University of Washington Press.

Yampolsky, M. 1995. "In the Shadow of Monument". Condee N. (ed.), *Soviet Hieroglyphics: Visual culture in late twentieth-century Russia*. Indiana University Press.

Waren, W. 2012. "Theories of the Singing Revolution: An Historical Analysis of the Role of Music in the Estonian Independence Movement". *International Review of the Aesthetics and Sociology of Music*, Vol. 43, No. 2, pp. 439-451.

河原祐馬. 2011. "エストニアにおけるロシア語系住民の社会統合:「戦争記念碑」問題を中心として—".『社会科学論集』49, pp. 61-85.

에필로그

정근식
(서울대학교 통일평화연구원장)

2016년 여름, 서울대학교 통일평화연구원은 새롭게 탈사회주의 연구 시리즈를 시작하면서, 그 첫 사례로 발트3국(에스토니아, 라트비아, 리투아니아)을 선정하고 일주일가량의 일정으로 답사를 떠났다. 당시 한국은 무더위와 열대야가 기승을 부리던 시기여서, 답사기간 내내 다소 위도가 높아 서늘하고 쾌적한 지역에 있는 것이 큰 행운처럼 여겨졌다.

답사를 준비하면서 사전 세미나와 조사를 하였지만, 사실 연구진 대다수는 발트3국에 대해 그리 자세히 알지 못했다. 유럽 각국을 찾아다니는 한국의 여행객들에게도 발트3국은 아직 잘 알려지지 않은 곳이었다. 우리는 사전 조사를 한 후 각 국가의 수도인 탈린, 리가, 빌뉴스를 방문해 구 시가지와 주요 박물관 등을 방문했다. 그리고 현지의 전문가들과 토론하는 기회를 가졌다. 이곳 도시의 풍경들은 기존에 방문해 본 동유럽의 여느 도시들과 달리 상대적으로 풍요롭고 평화로워 보였다. 휴가철이라 유럽 각지에서 온 많은 관광객들과 마주쳤지만, 다른 번잡한 관광지에 비하면 사람이 많지 않았고, 여유가 있었다.

우리가 마주친, 발트3국이 누리는 평화와 풍요는 사실 오래된 것은 아니다. 발트3국은 1980년대 말 90년대 초 소련의 붕괴와 동유럽의 체제전환으로 다시 민주주의와 자본주의 체제로 전환한 국가들 중, 비교적 성공적으로 전환했고, 오늘날 빠른 경제성장과 정치적 발전을 이룬 것으로 평가되는 곳이다. 우리는 현재의 풍요 뒤에 있는 역사를 이해하기 위해 에스토니아, 라트비아, 리투아니아 순으로 발트 국가들의 현대사를 추적해 나갔다.

7월 25일 탈린 공항에 도착해 구시가지에 도착하자 곧이어 커다란 십자 모양의 기념비가 있는 '자유의 광장'이 등장했다. 발트 국가들에게는 늘 독립이 큰 과제였다. 주변의 러시아나 독일은 말할 것도 없고 스칸디나비아 국가들과 비교해도 상대적으로 작은 발트 국가들은 주변국으로부터의 침략과 지배가 오래 이어졌고, 이로부터 독립하는 것이 가장 큰 국가적 과제였던 것이다. 같은 맥락에서 30여 년간 소련 체제에 편입된 것 역시 이들에게는 강제된 '점령'으로 기억되고 있었고, 이로부터 벗어난 것이 바로 자유와 독립의 역사로 쓰여지고 있었다.

성곽으로 둘러싸인 구시가지를 다니다 보니 시내에는 보리스 옐친의 기념현판이 있었다. 나중에 안 것이지만, 소련의 개혁과 개방을 주도했던 고르바초프는 발트3국의 독립을 지지하지도 인정하지도 않았다고 한다. 고르바초프가 물러나고 새롭게 취임한 보리스 옐친에 이르러서야 비로소 발트3국은 독립을 인정받고 지원받았던 것이다.

시내 중심부 구시가지에 남아있는 성벽과 성문들을 둘러보다 보니 작은 공원이 나왔는데, 그곳은 "끊겨진 선(Broken Line)"이라는 이름의 설치 예술이 자리하고 있는 추모 공원이다. 1994년 9월 28일 에스토니아에서는 '에스토니아 호'라는 이름의 큰 여객선이 운항하다가 사고가 발생해 승객 825명이 사망하는 비극적 사건이 있었다. 희생자들을 추모하기 위한 조형물과 공원이 마련된 곳이었다. 당시엔 아직 세월호 문제가 해결되지 않고 있던 상황이었기에, 우리는 에스토니아의 시내 중심부에 추모 공원이 있다는 것에 큰 인상을 받았다.

이튿날부터 본격적으로 답사를 시작하며, 에스토니아의 민속학자인 엘로 한나(Elo-Hanna) 교수로부터 간략한 에스토니아의 역사와 정체성, 정치-사회적 문제들에 대한 강연을 듣고 토론을 했다. 러시아인들이 다수 거주하는 이 국가들에서는 늘 이들의 시민권과 정체성, 통합정책이 큰 정치적 문제로 남아있었다. 탈린 에스토니아 예술 박물관 KUMU(Art Museum of Estonia)에서 사회주의 미술에 관한 세미나를 하고 그곳에 전시된 작품들을 둘러보았는데, 가장 인상적인 것은, 에스토니아에 다양하고 풍부한 예술이 발달해 있고, 그것들이 1950~70년대의 사회변화를 민감하게 반영하고 있다는 점이었다. 어떤 회화 작품들에는 사회주의 시절을 반영하여 레닌과 스탈린이 등장하고, 적군

〈그림 1〉 탈린 에스토니아 예술 박물관 (KUMU)의 전시작품

과 진지한 대화를 나누는 장면들이 담겼는데, 부드러운 색채와 인상파 기법으로 그려져 있었다. 사회주의의 예술이라면 사회주의 리얼리즘 밖에 모르던 관점에서는 도저히 어울리지 않을 것 같은 표현들이 다양하게 발달해 있었다. 이렇게 풍요롭게 발달한 예술은 이후에 방문한 리가와 빌뉴스의 미술관에서도 비슷하게 경험할 수 있었다. 같은 사회주의 국가라도 발트지역에서 다양한 예술과 표현이 존재하고 발전할 수 있었던 배경이 무엇일지 궁금해졌다.

이어서 해변가에 있는 사회주의 기념비 유적지를 방문했다. 그곳에는 에스토니아가 20세기에 겪은 전쟁들의 흔적이 남아있었다. 한편에는 1939~45년 제2차 세계대전 동안 전투에서 사망한 독일군, 에스토니아 군인의 묘지가 있었고, 다른 한편에는 이 기간에 독일군에 맞서 싸웠던 소련군의 묘지가 자리잡고 있었다. 한 장소에 서로 다른 두 개의 외국군 묘지들이 있었고, 그 외국군에 참여한 에스토니아인들의 묘지가 있는 셈이었다. 해방자로서의 러시아의 흔적이 한편에 남아 있는 반면, 새롭게 민주주의 체제로 전환한 후 교류와 협력을 늘려 가고 있는 독일의 기억이 다시 복원되고 있었다. 에스토니아의 지정학적 관계가 전쟁 기념의 변화에 반영되고 있었던 셈이다. 이어서 도시의 남부에 별도로 조성된 군인 묘지를 방문했는데 그곳에 그 유명한 청동 병사상이 있었다. 이를 둘러싼 논란들은 전쟁과 점령, 체제전환을 겪은 국가가 겪을 수밖에 없는 기억 정치의 어려움들을 생각해 보게 했다.

다음날 리가를 살펴보기 위해 버스편으로 이동했는데, 탈린에서 리가를 거쳐 빌뉴스로 이어지는 긴 도로가 바로 발트3국이 독립운동을 위해 수백만 명이 인간 사슬을 만들며 노래를 불렀던 발트의 길(Baltic Way)이라고 생각하니 감회가 새로웠다. 국경을 넘어서, 실제로 수백만 명의 사람들이 인간띠를 만들어 독립을 요구했다는 것이 믿기지 않았다. 그만큼 세 나라의 국민들이 길게 늘어서서 같은 마음으로 연대했다는 것은 세계사적으로 깊은 인상을 남긴 일이었다.

이튿날부터 리가의 구시가지를 둘러보았는데, 이곳에는 좀 더 전통적인 건물들이 많이 남아있었다. 중세에 세워진 블랙헤드 기사단(Brotherhood of Blackheads) 건물이 대표적이었다. 고풍스러운 옛 건물들과 함께, 소련시절의 전투를 기념하는 소총병(Rifle men) 동상도 있었고, 소련 시기의 역사를 기록한 점령 박물관도 있었다. 러시아 정교회의 상징이 되는 큰 교회들도 눈에 띄었다. 러시아 정교회뿐 아니라 다양한 교회들이 남아있었는데, 사회주의 국가들이라고 하여 모두 이미 오랜 기간 존재해 온 기존 종교들을 완전히 없애지는 못했으리라는 것을 짐작할 수 있었다.

시내에 위치한 전쟁 박물관에는 라트비아의 현대사가 고스란히 전시되어 있었고, 특히 1940~50년대 라트비아인들이 소련으로 강제이주된 경로와 장소들, 노동 강제수용소(Gulag)의 위치들이 상세하게 기록된 지도가 전시되어 있었다. 훗날 이 강제이주의 기억은 독립을

〈그림 2〉 평화의 춤을 상징하는 조각상

요구하는 사회적 힘을 결집하기 위한 중요한 매개고리가 되었음을 알게 되었다.

리가에도 탈린처럼 1989~90년 독립을 기념하는 자유의 여신상이 세워져 있었다. 독립을 염원한 국가에서는 자유라는 것이 가장 크고 기본적인 정치적 상징이란 것을 쉽게 이해할 수 있었다. 물론 자유만 중요했던 건 아니었다. 주변의 공원에는 다양한 조각상들이 있었는데, 유명 인물의 조각상들보다 인상적이었던 것은 평화의 춤을 상징하는 조각상이었다. 1970년대에 만들어진 이 작품은 세 명의 여인이 손을 잡고 춤을 추는 모습을 형상화했는데, 전쟁과 점령, 체제전환을 모두 겪은 라트비아가 이미 오랫동안 염원해 온 평화의 모습임을 짐작할 수 있었다.

리가의 외곽에 있는 공동묘지에도 같은 희망의 문구가 새겨져 있었다. 그곳은 제1차 세계대전 이후 라트비아의 독립을 기념하기 위해 1920년대에 조성되었는데, 1915년부터 20년까지 라트비아의 독립을 위해 싸우던 군인들의 묘지에는 '평화와 안식의 장소(Miera Vieta)'라는 문구가 쓰여 있었다. 라트비아의 역사에서 평화와 자유는 늘 짧았고, 그만큼 오랫동안 염원해야 했던 것임을 알 수 있었다. 매년 노래축제가 열린다던 외곽의 공원을 방문해 수십만 명이 한꺼번에 모일 수 있는 큰 무대를 보고, 축제의 형태로 결집되는 독립의 염원과 민족감정이 남다를 것이라는 짐작을 할 수 있었다.

7월 28일 마지막 여정으로 리투아니아를 방문하기 위해 빌뉴스로 이동했다. 빌뉴스 시가지는 탈린이나 리가보다는 덜 발달하고 좀 더 전통적인 모습이 많이 남아있다는 인상을 주었다. 다음날 아침부터 우리 일행은 KGB 박물관을 방문했다. 매우 관료적인 느낌을 주는 큰 3층짜리 건물에 자리한 이 박물관에는 소련 지배 시절의 탄압과 통제의 상징인 KGB의 정책과 역사, 이에 대한 빨치산 운동과 저항의 기록들이 전시되고 있었다. 지하에 남아있는 감금시설과 처형 장소들에서는 냉전시기라고는 하지만 여느 정보기관과는 매우 다른 거대하고 체계적인 통제기구로서 가장 어두운 기억을 남긴 KGB라는 실체를 마주할 수 있었다.

이어서 방문한 곳은 시내 중심부의 광장에 남아있는 '발트의 길' 시위가 시작된 역사적 장소였다. 그곳에는 사람의 발 모양이 그대로 남아 있어, 그곳에 서서 탈린에서부터 리가를 지나 이곳까지 이어진 역사적 순간을 상상할 수 있게 해주었다.

그리고 우리는 소련 시절 곳곳에 세워져 있던 동상들을 모아 만들었다던 그루타스 공원(Grutas Park)을 방문하기로 했다. 소련이 붕괴하고 체제전환을 하던 대부분의 국가들에서는 중요한 장소에 서 있던 레닌 동상과 스탈린 동상 등을 모두 철거했는데, 리투아니아에서는 한 민간 기업가가 이를 모두 모아서 공원을 만들어 놓았던 것이다. 그곳에는 마르크스와 엥겔스는 물론이고 스탈린과 레닌, 그리고 리투아니아 사회주의자들의 다양한 동상들이 곳곳에 세워져 있었다. 20세기 수많은 사회주의 국가들에 공통의 이념을 제공했던 인물들의 동상이 일순간 철거되고, 별도의 유적 공원에 보존되어 있는 모습이, 체제전환 30년이 흐른 2016년 리투아니아의 현실이었다.

발트3국을 방문하는 내내, 크고 작은 의문들이 생겨났다. 언어와 문화도 생소했지만, 세 나라의 차이와 공통점이 궁금해졌고, 다양한 정치, 문화적 상징들을 이해하고 싶었고, 발트3국의 탈사회주의 체제전환의 경로와 그 결과 현재의 성취와 도전들을 이해하고 싶었다. 우리는 각자 이런 질문들을 품고 다시 탈린으로 돌아와 여정을 마무리하고 한국으로 귀국했다. 답사에서 얻은 영감과 자료를 바탕으로 2016년 가을부터 각각의 연구 주제를 선정하고 집필을 시작했다. 이를 통해 답사 당시에 마주친 현상의 이면들을 기존 연구와 자료들을 통해 다시 이해하게 되었고, 발트3국의 역사와 경제, 정치, 사회와 문화의 다양한 측면에 대해 좀 더 폭넓고 깊이 있는 논의를 이어갈 수 있었다.

이 책은 이렇게 2016년 여름의 답사 이후 이어진 연구의 산물이다. 또한 이 책은 서울대학교 통일평화연구원이 연속적으로 수행하는 탈사회주의 체제전환 비교 연구 시리즈의 첫 번째 산물이기도 하다. 우리는 지난 20세기 세계사의 가장 중요한 경험 중 하나인 사회주의의 역사를 글로벌한 시야에서 비교 분석하고, 이러한 폭넓은 이해를 바탕으로 다양한 탈사회주의 체제 변동의 경로와 특성, 그 결과들을 깊이 이해하고자 한다. 각 사회의 역사적 조건, 지정학적 특성, 근대 국가건설과 민주주의의 역사, 문화와 종교적 차이, 인종과 민족의 구성, 전쟁 경험과 기억의 정치에 이르기까지, 각국의 사회주의 경험과 탈사회주의 체제전환 경험의 차이를 초래하는 수많은 요소들이 있다. 이미 여러 국가들의 역사적 경험 차이로 인해 체제전환의 유형이 다르다는 것이 알려져 있지만, 우리는 다시 한 번 사회주의의 역사와 탈사회주의 전환의 경로에 대해 더 새롭고 구체적인 앎을 추구하고자 한다.

이러한 우리의 지적 노력은 결국 한반도의 평화와 북한 사회의 미래에 대한 관심으로부터 촉발된 것이다. 유럽과 아시아의 사회주의 경험의 공통점과 차이점, 탈사회주의 전환 경로의 차이점과 각각의 변화가 직면하는 도전들을 면밀히 이해함으로써, 우리는 궁극적으로 북한의 사회주의 경험의 특이성과 성격을 더욱 선명하게 이해하고, 미래에 북한이 겪을 수 있는 체제전환을 좀 더 체계적으로 준비할 수 있으리라 믿는다. 발트3국이라는 거울은 그동안 우리에게 비교적 낯설고, 우리와 무관한 것으로 여겨졌지만, 이 새로운 거울을 통해 비춰본 한반도의 역사가 좀 더 정교하고, 보편적이고, 다차원적으로 이해될 수 있기를 염원한다. 이를 통해 이념의 세기가 남긴 상처들이 조금이라도 치유되고, 한반도가 평화로운 미래에 조금 더 가까이 다가가는 데 기여할 수 있기를 바란다.

찾아보기

집필진 소개

정근식

서울대학교 사회학과를 졸업하고 동 대학원에서 박사학위를 받았으며, 전남대학교 교수를 거쳐 현재 서울대학교 사회학과 교수로 재직 중이다. 서울대 평의원회 의장을 역임했으며 통일평화연구원장으로 일하고 있다. 하버드·옌칭연구소, 교토대학, 시카고대학, 대만 중앙연구원, 베를린자유대학 등에서 방문교수로 활동했다. 한국사회사학회, 비판사회학회, 냉전학회, 구술사학회 회장을 지냈으며 대통령 소속 친일반민족행위 진상규명위원회 위원, 민주화운동기념사업회 한국민주주의연구소장을 역임했다. 『소련형 대학의 형성과 해체』, 『북한의 대학: 역사, 현실, 전망』, 『냉전의 섬, 금문도의 재탄생』, 『한국전쟁의 기억과 기념의 문화정치: 전쟁기념관연구』 등의 저서와 "On the Ruins: Forgetting and Awakening Korean War Memories at Cheorwon" 등의 논문이 있다.

김병로

성균관대학교 사회학과를 졸업하고 미국 인디애나주립대학교에서 석사학위를, 뉴저지주립대학교(럿거스)에서 사회학 박사학위를 받았다. 통일연구원 북한연구실장, 아세아연합신학대학교 교수를 거쳐, 현재 서울대학교 통일평화연구원 HK교수로 재직 중이다. 저서로 『다시 통일을 꿈꾸다: 한반도 미래전략과 '평화연합' 구상』, 『북한, 조선으로 다시 읽다』, 『북한 김정은 후계체제: 구축과정 · 엘리트 · 정책 · 안정성』(공저), 『노스코리안 디아스포라』(공저), 『북한-중국 간 사회 · 경제적 연결망의 형성과 구조』(공저) 등이 있다.

김성철

캘리포니아대학교(얼바인)에서 정치학 박사학위를 받고, 통일연구원 선임연구위원(1992~2003), 위스콘신대학교 방문교수(2002~2003), 히로시마시립대-히로시마평화연구소 교수(2003~2012)를 거쳐, 현재는 서울대학교 통일평화연구원 HK교수로 재직하고 있다. 저서로 『재난과 평화』, *Partnership within Hierarchy: The Evolving Security Triangle in East Asia, North Korea and Nuclear Weapons: Entering the New Era of Deterrence* (공저), *State Violence in East Asia* (공편) 등이 있고, 논문으로는 "Endangering Alliance or Risking Proliferation: US-Japan and US-Korea Nuclear Energy Cooperation Agreements", "Dynamics of Nuclear Power Policy in the Post-

Fukushima Era: Interest Structure and Politicisation in Japan, Taiwan and Korea"(공저) 등이 있다.

김학재

서울대학교 사회학과에서 박사학위를 받았고, 베를린자유대학 프리드리히 마이네케 연구소의 지구사 연구 프로젝트 연구원, 베를린자유대학 동아시아대학원 전임연구원을 거쳐 현재 서울대학교 통일평화연구원 HK교수로 재직 중이다. 저서로 『판문점 체제의 기원: 한국전쟁과 자유주의 평화기획』, *The Quality of Democracy in Korea: Three Decades after Democratization*이 있고 논문으로는 "냉전과 열전의 지역적 기원: 유럽과 동아시아 냉전의 비교 역사사회학", "김대중의 통일·평화 사상", "Fatal affinity of Sonderweg revisited: The diffusion of emergency powers in Germany, Japan and Korea(1871~1987)" 등이 있다.

백지운

연세대학교 중어중문학과를 졸업하고 동 대학원에서 근대성 담론을 통해 본 梁啓超 계몽사상 재고찰」로 박사학위를 받았다. 중국 칭화대학교, 일본 게이오대학교, 대만 텅하이 대학교에서 수학했다. 성공회대학교 동아시아연구소, 인하대학교 한국학연구소, 연세대학교 국학연구원 연구교수를 거쳐 현재 서울대학교 통일평화연구원 HK교수로 재직하고 있다. 저서로 『대만을 보는 눈』, 『양안에서 통일과 평화를 생각하다』(공편), 『혁명후/기: 인간의 역사로서 문화대혁명』(번역), 『중국 일상 속 북한 이미지』(공편)이 있고, 논문으로 "East Asian Perspective on Taiwanese Identity", "폭력의 연쇄, 연대의 고리—오키나와 문학의 발견", "後冷戰時代「和解」與民族主義的 糾葛—閱讀《色，戒》和《南京！南京！》" 등이 있다.

이문영

서울대학교 약대를 졸업하고 모스크바국립대학에서 대화주의 사상가 바흐친(M. Bakhtin) 연구로 박사학위를 받았다. 현재 서울대학교 통일평화연구원 HK교수로 재직 중이며, 관심분야는 평화인문학, 러시아 및 탈사회주의권 문화연구, 탈경계 연구 등이다. 저서로 『톨스토이와 평화』, 『평화를 만든 사람들: 노벨평화상 21』, 『폭력이란 무엇인가』가 있고, 주요 논문으로는 "The Dynamism of Trans-Boundarisation: From the Perspective of Critical Regionalism", "형제국가들의 역사전쟁: 우크라이나 사태와 러시아의 크림반도 합병의 기원", "탈/경계 시대 동아시아 평화와 러시아 극동에 대한 상상력", "21세기 폭력의 패러다임과 폭력/비폭력의 경계" 등이 있다.

이찬수

서강대학교 화학과를 졸업하고 같은 대학교 대학원 종교학과에서 불교학과 신학으로

각각 석사학위를, 칼 라너(Karl Rahner)와 니시타니 게이지(西谷啓治)를 비교하여 박사학위를 받았다. 강남대학교 교수, (일본)WCRP평화연구소 객원연구원, 대화문화아카데미 연구위원 등을 지냈고, 종교철학에 기반한 평화인문학의 심화와 확장을 연구 과제로 삼고 있다. 저서로 『평화와 평화들: 평화다원주의와 평화인문학』, 『다르지만 조화한다, 불교와 기독교의 내통』, 『사람이 사람을 심판할 수 있는가: 사형폐지론과 회복적 정의』(공역), 『아시아평화공동체』가 있고, 논문으로는 "베트남공화국의 몰락: 지엠 정권의 식민지적 민족주의, 서구적 종교편향, 하향적 반공주의를 중심으로", "平和はどのように構築されるか: 減暴力と平和構築", "Disaster: The Otherization of Nature, the Reification of Human Beings, and the Sinking of MV of Sewol", "祭祀の政治学 II：明治時代の国家神道と公私観" 등이 있다.

정동준

서울대학교 외교학과를 졸업하고 미국 플로리다 대학교(University of Florida)에서 정치학(비교정치) 박사학위를 받았다. 현재 서울대학교 통일평화연구원 선임연구원으로 재직 중이며, 동유럽 탈사회주의 민주화, 선거와 정당, 시민사회, 정치태도 등을 주제로 연구하고 있다. 주요논문으로는 "Does Partisanship Hurt Electoral Accountability? Individual- and Country-Level Comparisons of Western and Postcommunist Democracies", "Irrationalizing the Rational Choice Model of Voting: The Moderating Effects of Partisanship on Turnout Calculi in Western and Postcommunist Democracies", "경제평가가 통일의식에 미치는 영향: 2007~2017년 통일의식조사 설문결과 분석", "Making Embedded Knowledge Transparent: How the V-Dem Dataset Opens New Vistas in Civil Society Research"(공저), "The Wages of Extrication: Civil Society Strength at Regime Termination and Inequality in Postcommunist Eurasia"(공저), "2016년 국회의원 선거 이후 시민들의 통일의식 변화: 이념적 양극화인가, 당파적 편향인가?" 등이 있다.